本丛书由澳门基金会策划并资助出版

澳门研究丛书 MACAU STUDIES

镜海微澜

黄鸿钊澳门史研究选集

Waves on the Sea of Mirror:
Selected Monographs on the History of
Macau by Huang Hongzhao

黄鸿钊 / 著

序　言

时光流逝，一转眼间我从事澳门研究有 30 年了。如今趁着《镜海微澜》出版的机会，对我这段澳门史学之路做一个简短的回顾。

我 1935 年出生于广东省中山县石岐镇。中山旧名香山县。父亲黄民兴少时从台山来到香山香烛店铺做学徒和店员，晚年是四邑公会职员。母亲李萍心是香山叠石乡人，出身贫苦，文盲。父亲在我两岁时去世，我与母亲和姊姊相依为命，共同度过日军侵华时期家乡沦陷的苦难生活。五岁入学，读私塾，后相继在启智小学、世光小学和妇女会小学就读。1945 年日军投降，县城光复后进入杨仙逸小学读书，1947 年毕业，考入县立中学。

1951 年开展抗美援朝运动，我投笔从戎，入伍后曾在空军服役。转业后进入大学读书九年。之后留校从事历史教学与研究工作。

中学时我的学习成绩平庸，高中也只读了半年。晚年自我反思，我之所以能在著名的南京大学立足，主要得益于国家政策的关怀。当时干部报考大学有加分优惠，读书时还有干部助学金。试想如果没有这些优惠政策，我无法上大学，即使被录取了，我这个城市贫民子弟也无法读下去。上大学后，我发现我所具备的基础知识与高中毕业生的有明显差距，但后来我赶上来了，以优良成绩毕业，并考上了研究生。这又得益于几年部队生活的磨炼，它使我有了比较健康的体格，以及战胜困难的信心和勇气。

20 世纪 80 年代初，我参与了史学界前辈创建中国世界史学会的工作，担任常务理事和副秘书长。受学会的委托，我们三个"年轻人"承担主编《世界近代史》以作为全国高等学校专业教材的工作。之后我又参加了中国国际关系史学会联合主编《国际关系史》十卷本的宏大计划，并成为第三卷的主编之一。90 年代初，我主编了一套世界史丛书，在香港开明书局（中华书局）出版。该丛书先后出版了英国、美国、法国、德国、俄罗斯、日本、加拿大、澳大利亚八国的历史，以及东欧史、中东史和远东史共 11 种。丛书出版后，香港中华书局又转让版权给台湾书局，该丛书远销海外。

此外我还对中外关系史方面做了一些研究，先后出版了《香港近代史》、《西藏问题的历史渊源》、The West Powers and Tibet（《西方列强与西藏》英文版）和《澳门史》等专著，根据大量史料，客观地论证了香港、澳门和西藏的历史发展，以及帝国主义国家对这些地区的侵略阴谋。尤其是在澳门历史的研究方面，我在 1987 年出版了《澳门史》，为国内首创之作，开澳门史研究的先河。以后又陆续撰写、翻译和编辑有《澳门海洋文化的发展和影响》、《濠镜集》、《濠镜新集》、《镜海涛声》、《香山商澳·濠镜春秋》、《中葡澳门交涉史料》、《澳门史料拾遗》、《历史上的澳门》（英译中）、《澳门文化与文化澳门》等。其中有些成果在澳门及内地均获得重要奖项。澳门历史研究是我的学术特色，退休以后也一直延续至今。

追忆自 20 世纪 50 年代入门学史，我走了两段不同的道路，本来打算毕业后长期从事世界史方面的教学，为此也投入了巨大的热情和精力；但到了 80 年代以后，我又突然间转入了另一个方向。我开始在系内开设澳门史研究课程；在香港出版第一本《澳门史》著作；在澳门参加学术会议，发表学术论文。此后便一发不可收拾，慢慢地竟把澳门史研究作为主项，而世界史老本行却慢慢被搁下了。这些年我在澳门各报刊先后发表了总计数十篇论文，各报刊名称如下：《澳门研究》《文化杂志》《中西文化研究》《"一国两制"研究》《行政》《濠镜》《澳门理工学报》《澳门历史研究》《澳门杂志》《澳门月刊》《澳门文献信息学刊》《澳门日报》等。另外还发表了若干篇有关香港和西藏的论文。此外还在珠海和中山刊物发表过文章。这些以澳门为主题的论文记录了我 30 多年探索的轨迹和研究的心得，是我奉献给澳门的礼物。

我热爱澳门历史也绝非偶然。在《澳门史》再版时，我曾经说过澳门情结对我研究澳门历史的影响，以及我所获得的多方面的帮助。

"澳门本是中山市（旧名香山县）的一部分，而中山是我的故乡。由于地理贴近，澳门的松山镜海、大三巴和妈阁庙等等，都是我少年时代非常熟悉的去处。我从小时候就获知葡萄牙人占领和统治澳门的历史，并为这种民族的耻辱深感义愤。记得抗日战争胜利后，中山人民曾发起收回澳门运动，学校里也以此事命题作文。小小年纪的我，也执笔奋书，表达一个普通中国人要求收复失地的强烈愿望。这些往事铭刻心底，难以忘怀。50年代末我在大学攻读历史，便选择以澳门史命题，撰写毕业论文。毕业以后，又长期注意国内外澳门研究的动向，广泛收集史料，以期作进一步的研究。80年代初，我在南京大学历史系讲授澳门史，撰写了《澳门史稿》作为教学讲义。"这部讲义随后修订成书稿，先后由香港商务印书馆（1987年）和福建人民出版社（1991年）出版。

我虽然出生于广东中山，本与澳门邻近，但长期生活和工作于南京，又与之遥隔千里，这就为及时获取有关资料和讯息带来困难。令我感到欣喜幸运的是，在我学习道路上多年来一直得到了众多师友们的热情相助，大大弥补了这一缺陷。已故的广东文史馆长郑彼岸先生和澳门史专家戴裔煊教授，以及英国伦敦大学博克萨（C. R. Boxer）教授等，均曾给我以极大的鼓励和支持；澳门文化学会主席彭慕治先生曾赠送许多澳门书籍；学友郑奕钧先生惠赠参考资料；谈小伦先生盛情邀请我去澳门访问，使我得以实地考察和拍摄照片；周灵女士也协助我收集了许多澳门报纸资料；等等。由于有了他们的帮助，本书的初版才能顺利问世。

此后，在我继续研究澳门史的过程中，我有了较多的机会前往澳门，结识了更多的学友，得到了更多的帮助与支持。其中，澳门基金会的吴志良博士先后惠赠该会出版的百余种图书，使我受益匪浅。澳门大学黄汉强教授、霍启昌教授、郑炜明博士、杨允中博士、澳门文化司魏美昌先生、黄晓峰博士、澳门日报社李鹏翥先生和陈树荣先生，以及澳门中华教育会刘美冰理事长、郑国强先生等都曾相继赠予新书和资料。谭志强博士寄来台湾版全套《澳门专档》，令我如获至宝。此外我每次南行，均先后得到邓开颂教授、汤开建教授、邱树森教授、章文钦教授，以及刘芳、杨仁飞、彭海铃等女士赠送的书刊和图片。李保平教授和陈永祥教授曾帮助审订英文目录。还有在多次学术会议上，许多旧友新交，均曾有新作赠予，恐难——列举，遗漏之处，尚祈鉴谅。总之，学友们给予我充分的学术养料，是我得以完成这次重写澳门史的先决条件。如果没有他们的帮助，我将一筹莫展，难以前进。

这次将以往在澳门各报刊发表过的文章汇集出版，也意味着对我从事澳门学术研究30年的反思。我是热爱澳门历史文化的学人，也许我的文章曾在镜海文坛引发过微小波澜，但自然规律不可抗拒，随着时间的流逝，我将逐渐从这个舞台离去，仅留下本书以为纪念。

我已是80岁的老人，退休多年，但仍保持着对历史研究的浓厚兴趣。最近我又开始涉猎中山乡土历史文化，先后出版了《香洲开埠史料辑录》《辛亥革命时期的香山社会》《动荡年代》等书。通过研究拨开历史的迷雾，探明历史的真相，表彰先贤的业绩，感悟人生的真谛，使人感到无穷乐趣。既然历史有如此魅力，我又何乐而不为呢？

回顾我的一生，虽然平淡，但数十年坚守在平凡的史学岗位上，没有虚度年华；学业无止境，能在有限的生命中学到一点东西，深感知足无憾。而我最为幸运和欣慰的是有一个幸福美满的家庭，儿女贤惠孝顺，生活和谐温馨。尤其是在我的人生道路上，始终得到老伴周淑英女士的鼓励、支持和帮助。我们共同生活了半个世纪，经历过曲折坎坷的蹉跎岁月，始终相濡以沫、患难与共。她为了保证我有足够的时间和精力研习史籍、伏案爬格，总是包揽一切事务，不让我操心分神。即使是我家住房改建或搬迁装修时，她也是独自挑起全部生活重担。她对我工作的理解和支持，以及她面对困难的勇气，使我大为感动，并且成为我工作的一股动力。因此，她对我研究所取得的微末成绩着实做出了巨大的贡献。

编撰本书最初缘于一次与友人的谈话。2013年岁末一个晴朗的早晨，胡根博士与我在拱北茶聚。他从澳门带来学会年刊，谈及20世纪80年代以来澳门史学发展的盛况。胡根兄古道热肠，极力劝我出版一本论文集。我对他的建议也甚表赞同，因为这样可以促使我进行再创作。我深知过去发表的论文无论观点和史料方面必有陈旧而需要更新改进之处，如果给以时间，坐下来仔细推敲一下，重新核实资料，勘正错漏，精简润色，然后以新的面貌汇集成书出版，这样未尝不是一件好事。我又想到从事澳门学术研究几十年，在离开的时候整理和反思一下也是很有必要的。但当时因《动荡年代》一书后期工作尚未结束，就将此事搁置下来。直至今年春天才向基金会提出申请，开始启动文集的编撰工作。

我历年来在澳门各报刊发表的论文主题以澳门历史文化居多，但间或撰写一些其他论题，诸如香港和西藏问题，以及宗教问题的文章。这次《镜海微澜》所选的40多篇文章，内容比较广泛，主要包含澳门史上各个方面的问题，大体上分为几类：第一、二部分为澳门社会政治和经济的论述；第三部分为文化；第四部分为人物；第五部分为史学文献和其他。

最后，承蒙澳门基金会领导吴志良博士和黄丽莎处长的热心支持、允诺立项，还有李静莹和林文诗女士的悉心帮助，以及社会科学文献出版社王晓卿女士等编辑在精心审读过程中改正了一些不易察觉的错漏，本书才得以顺利出版，在此表示衷心的感谢。

黄鸿钊
2017年春于珠海宝源

目　录

第一编

近代远东国际格局的演变 …………………………………… 003
葡萄牙人的东方之旅 ………………………………………… 016
葡萄牙早期的东方商业霸权 ………………………………… 031
葡萄牙早期入侵南海之失败 ………………………………… 040
浙闽抗葡名将朱纨之死 ……………………………………… 051
汪柏私许葡人通市 …………………………………………… 059
早期中国政府对澳门的管治 ………………………………… 070
澳门与果阿的关系 …………………………………………… 083
明代澳门海外贸易的兴盛 …………………………………… 090
清初禁海政策与澳门 ………………………………………… 101

第二编

澳门同知的设置及其历史地位 ……………………………… 113
18 世纪以来澳门的对外事务 ………………………………… 125

葡萄牙1783年《王室制诰》剖析 …… 134
英国舰队入侵澳门 …… 145
赫德与1887年《中葡和好通商条约》 …… 152
早期葡人在华掠买人口活动 …… 162
骇人听闻的澳门苦力贸易 …… 168
清末澳门划界争端 …… 179
澳门界务交涉的余波 …… 194
澳葡当局暴政下的悲剧 …… 208
抗日烽火中的濠江儿女 …… 213
抗日战争后的收回澳门问题 …… 219

第三编

澳门海洋文化的发展和影响 …… 227
澳门与早期的西学东渐 …… 238
中西文化在澳门的碰撞与融合 …… 252
16~19世纪澳门的外来动植物 …… 266
早期传入澳门的西洋器物 …… 270
澳门道教文化志略 …… 278
妈祖信仰在澳门的流行 …… 287
澳门华侨的地位和作用 …… 293

第四编

耶稣会圣人沙勿略在远东 …… 301

葡使皮来资的坎坷命运 ·············· 308

葡萄牙诗人贾梅士在澳门 ·············· 313

汤显祖的澳门诗 ·············· 320

出洋留学第一人郑玛诺 ·············· 328

海盗张保仔与澳门 ·············· 335

澳门人谢清高述著《海录》 ·············· 344

沈志亮智袭澳门总督 ·············· 358

张之洞的澳门情结 ·············· 365

孙中山与同盟会在澳门 ·············· 376

澳门爱国学者黄汉强 ·············· 386

第五编

澳门史学的发展和思考 ·············· 395

东波塔澳门古文献探秘 ·············· 405

《澳门记略》的问世及其意义 ·············· 411

龙思泰的《早期澳门史》 ·············· 420

徐萨斯的《历史上的澳门》 ·············· 425

镜海微澜

第一编

近代远东国际格局的演变[*]

16世纪以来的远东历史，大致分为三个发展阶段，先后形成三种不同的国际格局。它们依次是：远东封贡体系、远东殖民体系和远东的崛起。本文拟对远东国际格局演变的历史过程，谈一点粗浅看法。

一 远东封贡体系的形成和发展

远东是近代出现的一个政治地理概念。16世纪西方国家开始向东方扩张时，按照地理距离的远近，分别把西欧以外的地区称为远东、中东和近东。一直以来，这种划分并没有明确的规定，因此各种说法大相径庭，难以统一。大体上说，近东是指巴尔干、海峡地区和北非；中东是指土耳其至阿富汗，以及埃及地区；至于远东，则指东亚与东南亚诸国，它包括：中国、日本、朝鲜、韩国、蒙古、俄罗斯远东地区、缅甸、泰国、越南、老挝、柬埔寨、马来西亚、新加坡、文莱、印尼、菲律宾等国家，此外还包括北太平洋主要岛屿、关岛、帝汶等地区。中国是远东的文明古国，这个地区的所有国家"都曾经受到过中国文明的直接影响。这些地方的许多最优秀的文化，显然是渊源于中国文明的"。[①] 因此，具有悠久历史和灿烂文化的中国，很自然地成为远东的中心。

在世界市场形成以前，国际关系一般仅限于地区性的范围；在远东地

---

[*] 原文题为《西化东渐与远东格局的演变》，原载于《澳门研究》2006年总第34期，第149～155页。

[①] 马士·宓亨利：《远东国际关系史》，姚曾廙译，北京：商务印书馆，1975，第10页。

区，这种区域性国际关系可以被称为"远东封贡体系"。这是以中国为中心，以封贡为交往模式的天朝大国与藩属之间的封建关系。这种制度可以追溯到中国的周朝。周天子分封诸侯，建立了朝贡制度。朝即朝聘，诸侯有义务定期朝见天子。《礼记·王制》称："诸侯之于天子也，比年一小聘，三年一大聘，五年一朝。"贡即贡献，诸侯朝聘时须进献方物于朝廷。可见朝贡本是特指天子与诸侯之间隶属关系的交往模式。其后朝贡制度被推广到处理中央政权与少数民族政权之间的交往上面，再后又被推广到同周边国家之间的关系上面，最后又被推广到同一切来访的国家，包括同近代西方国家的交往上面。历代中国政府用这种制度维护其"天朝至尊"的地位，把朝贡国视为藩属。这是一种以小事大的不平等关系，也是中国封建统治者用以羁縻外国、怀柔远人的外交手段。中国古代封建统治者一概视外国访华使节为"贡使"，迟至1793年，当英国特使马戛尔尼访华时乘坐的船只驶进中国内河航道时，负责接待工作的官员硬是下令在船头插上"英吉利贡使"的旗帜。

实际上，封贡体系主要表现为远东各国与中国的官方贸易，即朝贡贸易；至于各国内政，中国一向不多加干涉。因此，封贡体系基本上是以中国为中心的、松散的政治、经济、文化体系，在这一体系中，各国既互相独立又互相依存。在封建时代，远东各国的自然经济均占主导地位，商品交换并不发达。各国除了定期进行朝贡贸易之外，相互之间的交往甚少，至于同本地区以外国家的交往则更少了，这表现出封贡体系的地区闭塞性。

几千年来，封贡体系不断演化，到明代发展至顶峰。这一时期，与中国交往的国家日益增多，朝贡制度也日趋完备，而这一切，与郑和七下西洋的开拓性贡献是分不开的。15世纪初，明朝政治稳定、经济繁荣，采取了主动发展海外贸易的措施。1405～1433年，杰出的航海家郑和七下"西洋"（关于东西洋，古人以印尼的苏门答腊岛西北端为分界线，以东称东洋，以西称西洋，今孟加拉湾、印度半岛和阿拉伯海沿岸，均为西洋范围），"每次统领官兵数万人，海船百余艘"，[①] 其规模之大，在当时世界上是罕见的。其船"体势巍然，巨无与敌"，"大者长44丈4尺，阔18丈，中者长37丈，阔15丈"，尽管海洋上气候变幻无常，经常飓风陡起，怒涛来袭，船队仍

---

① 娄东刘家港天妃宫石刻《通番事迹记》。

然能够"云帆高张,昼夜星驰,涉彼狂澜,若履通衢"。① 这次航海史上的盛举,对中国与亚非国家的贸易发展产生了巨大影响。自郑和下西洋后,中国不仅加强了与远东地区国家的关系,而且将影响扩展至西亚和东非,先后与30多个国家和地区建立了贸易关系。其中东南亚国家为24个,东亚国家2个。这些国家有:

日本群岛	日本
菲律宾群岛	吕宋、苏禄
中印半岛	安南、占城、林邑、扶南(以上属越南),真腊(柬埔寨),暹罗、赤土(以上属泰国),顿逊、蒲甘(以上属缅甸)
马来半岛	满剌加(马六甲)、彭亨、大尼(大年)、急兰丹(吉兰丹)、览帮
印尼群岛	爪哇,苏门答腊,三佛齐,阇婆,浡泥、婆利(以上属婆罗洲),阿鲁,溜山(明打威群岛)②

它们的使节频繁奉派到中国。郑和第一次下西洋于1407年(永乐五年)回国,"是年,琉球中山、山南,婆罗,日本,别失八里,阿鲁,撒马儿罕,苏门答剌,满剌加、小葛兰入贡";③ 1419年(永乐十七年),郑和五下西洋回国,带回17国使节;1423年六下西洋时,随船来朝贡的"有十六国,遣使千二百人贡方物至京"。④ 一些国家不仅派来的使节级别极高,而且有时是国王亲自率团来朝贡。

明朝把这些国家纳入封贡体系,根据各国的不同情况,分别规定贡期为两年、三年或五年一次,指定广东、福建和浙江等省为朝贡的贡道,广州、泉州和宁波为朝贡国使团的居留地。此外,明朝还规定每次贡船的数目、随从的人数、贡物的种类数量,以及勘合的检验手续等。勘合是将一份盖印文件截成两半,一半由朝贡国保存,另一半由市舶司掌管。当朝贡国商船抵达

---

① 巩珍:《西洋番国志》,北京:中华书局,1961,第53页。
② 屈大均:《广东新语》(卷一五),《货语·诸藩贡物》。
③ 《明史·成祖本纪》。
④ 《明太宗文皇帝实录》(卷一二七)。

贸易港口后，由市舶司检验勘合，确认无误后，方准予入贡。朝贡制度中还有严格的礼仪程序，包括外国使节进入宾馆的礼节、上朝时的服饰、跪拜动作、站立位置、进退路线等。朝贡品一般为本国的特产，如各种香料、海珠、宝石、稀有禽兽和手工业产品等。中国政府接受贡品后，依例给予"赏赐"，通常为丝织品、瓷器、金银和钱钞等。一般来说，赏赐远比贡品价值高得多。这使得各国贡使乘兴而来，满意而返。这种朝贡关系，实质上是一种官方贸易产品交换关系。

各国贡使定期到中国来，除了完成官方朝贡外交礼仪之外，还附载货物进行贸易。据《明史·食货志》记载："明初……海外诸国入贡，许附载方物与中国贸易，因设市舶司（海关），置提举官以领之……洪武初设于太仓、黄渡，寻罢。复设于宁波、泉州、广州。"这种贸易的商品数量，远远超过朝贡物品的数量。不过，当时中国政府对这种贸易的限制也很严格，规定贡使住在会同馆，中国商人到会同馆中洽谈生意，而不允许各国使节直接到市场上做买卖。

总之，在远东封贡体系中，繁荣富强的中国像磁石般紧紧吸引着周边国家，在双方以朝贡关系维持的频繁交往过程中，中国在政治、经济和文化方面对远东各国产生了重大影响，促进了这些国家的繁荣与进步。

由于贸易频繁，当时的中国铜钱在东南亚一带广为流通，例如爪哇"行市交易用中国铜钱并布帛之类"。① 一些国家还采用中国度量衡，如苏门答腊"国中一应买卖交易，皆以十六两为一斤"。② 在满刺加建造的一些房子所用的砖瓦，是由郑和的船队从中国运去的。中暹罗、满刺加所建造的一些宝塔和寺庙，所用的琉璃瓦是由郑和提供的。郑和还从海外带回一些烧制玻璃的技术工人，这不仅是一种经济现象，也是一种文化交流。

当时随同郑和船队下西洋的一些人，回国后写了一些著作，包括马欢著《瀛涯胜览》，费信著《星槎胜览》，巩珍著《西洋番国志》。这些书广泛地介绍了东南亚各国的概况，增进了中国人对这些国家生产、生活和风俗习惯的了解。同时郑和船队所到之处，留下了许多纪念郑和航海的文物和古迹，如在爪哇有三宝洞、三宝公庙，在泰国有三宝寺等。这些都是中国和东南亚

---

① 巩珍：《西洋番国志·爪哇国》。
② 马欢：《瀛涯胜览·苏门答刺国》。

近代远东国际格局的演变

各国传统友谊的象征。

至于中国与半岛各国，如越南、老挝、缅甸、泰国等国的关系就更密切了。除了经济上的关系，更有政治上的关系，这些国家基本上都奉中国为宗主国，是中国的藩属。

二 欧美国家同远东关系的开端

15世纪末的地理大发现将东西方联系起来，推动了世界市场的形成，并为现代国际关系掀开了新的一页。

主动要求消除东西方隔离状态的是西方国家。西方殖民扩张和霸权政治是伴随资本主义产生而开始的。15世纪欧洲资本主义的产生，诱发了一股寻找东方新航路的热潮。西方人热衷于到东方来，至少有两个重要原因。

一是寻找黄金。15世纪，由于欧洲各国商品经济的发展和王室贵族的奢侈挥霍，黄金的需求量大大增加。可是欧洲金银矿源枯竭，产量不敷使用。每年东西方贸易逆差，又使大量金银外流，于是欧洲社会产生了追求黄金的强烈欲望。著名航海探险家哥伦布（Columbus）曾经在日记中写道："黄金真是一个奇妙的东西，谁有了它，谁就成为他想要的一切东西的主人。有了黄金，甚至可以使灵魂升入天堂。"[①] 东方是欧洲人心目中的黄金宝地。13世纪以来，一些到过东方的欧洲旅行家发表过许多游记，如马可·波罗（Marco Polo）的《马可·波罗游记》，鄂多立克（Odoric）的《东游录》等。这些书盛赞东方物产丰富，遍地黄金。于是"西欧这一时期被黄金所迷"，希望到东方来获得黄金。

二是谋求稳定的东方货源和直接贸易。东方素以物产丰富闻名于世，早就是欧洲市场上商品的重要来源地。有些产品如丝绸、地毯、珠宝、瓷器等精美绝伦，使欧洲产品相形见绌，无法与之竞争；还有的产品如胡椒、肉桂、丁香、肉豆蔻等香料，是欧洲人十分喜爱的腌肉佐料。长期以来，东西方没有直接贸易关系，一向由中东商人把上述商品从远东运至地中海东岸地区，在亚历山大里亚、贝鲁特或君士坦丁堡等港口进行贸易，货价十分昂贵。1453年奥斯曼土耳其攻下君士坦丁堡，截断了欧亚之间的大陆商路，

---

① 李纯武：《简明世界通史》（上册），北京：人民教育出版社，1983，第304页。

007

此时欧亚贸易只剩下由埃及出红海,沿阿拉伯海岸抵达印度这条海上商路,而这条商路的贸易被控制在威尼斯商人和阿拉伯商人手里。阿拉伯商人负责把远东的商品经红海运至埃及,再由威尼斯商人转运至威尼斯市场上高价出售。当时欧洲的商人和封建主们不甘于忍受阿拉伯商人和威尼斯商人对东方贸易的垄断,力图寻找一条通往东方的新航路。葡萄牙人和西班牙人是探索东方新航路的先驱。不过西班牙在"地圆说"理论指导下,试图跨越大西洋向西航行至东方,结果却发现了美洲新大陆。于是,通往东方的新航路便为葡萄牙人所发现。

1498年,达·伽马(da Gama)船队开辟新航路到达东方,拉开了西方国家向东方扩张的序幕。大体说来,16~18世纪是扩张的第一个时期。这时,西方资本主义处于原始积累阶段,其海外扩张以商业资本为基础。在这个时期,西方国家主要从事海盗活动、商品贸易和奴隶贩卖。他们在远东沿海地区占领殖民据点,建立商馆、兵站,从事海盗贸易。除了西班牙人开始深入菲律宾群岛内陆外,其他国家的殖民势力均未进入远东国家的腹地。

1511年葡萄牙人征服马六甲,标志着西方入侵远东的开始。从这时开始,整个16世纪是葡萄牙远东霸权的极盛时代。当然,这主要是指商业霸权。葡萄牙人控制远东海上商路,建立一系列贸易据点,包括马六甲、帝汶岛、安汶岛、德那第岛、万丹、提多尔岛、澳门、长崎等,并以此为基础,形成其在远东的海上势力范围。当时,葡萄牙在印度果阿建立东方总部,统率一支强大的海军舰队;同时在霍尔木兹(波斯湾入口处港口)建立海军基地,以控制西亚海域;在马六甲建立另一个海军基地,以控制远东海域;对其他西方国家严加防范,不许它们的船队进入它的势力范围,如有违反禁令者,则一律没收其商船和货物。葡萄牙人以海洋霸主的口吻声称:"葡萄牙人,作为海洋霸主,没收未经他们许可而在地球的海洋上航行者的财产是正当的。"①

紧随葡萄牙之后,第二个到达远东的是西班牙。1521年麦哲伦(Magellan)率领船队绕过南非好望角,横渡印度洋,到达菲律宾。1565年西班牙侵入并占领宿务,1571年5月占领马尼拉,随后,便同葡萄牙争夺在香料群岛②的贸易权。到1580年,西班牙同葡萄牙合并,又由于荷兰的

---

① 转引自艾周昌、程纯《早期殖民主义侵略史》,北京:人民出版社,1982,第45页。
② 即马鲁古群岛,在印度尼西亚东北部。

势力开始侵入香料群岛，于是葡萄牙人与西班牙人联手对抗荷兰人，保护香料贸易。但是，随着1588年"无敌舰队"的覆灭，西班牙的实力被大大削弱，葡萄牙和西班牙对远东的海上控制权遂逐渐丧失。

代之而起的是荷兰。它是第三个到达远东的国家。16世纪末至17世纪中叶是荷兰海上霸权的极盛时期。经过民族革命的荷兰摆脱了西班牙的统治，资本主义经济发展迅速，对外贸易发达。荷兰建立了一支庞大的商业舰队，有大小商船1.6万艘，总吨数达90万吨。这一数字恰好是英、法、葡、西四国商船吨数的总和。荷兰商人远航世界各地进行贸易，故荷兰有"海上马车夫"之称。1595年，荷兰商船队首航远东，到达爪哇岛。1619年荷兰占据雅加达，建立香料贸易基地。荷兰人击败了葡萄牙的远东舰队，成为远东的海洋霸主，并从葡人手中夺取了马六甲等贸易基地。但荷兰的霸权地位又在17世纪后期被英国所取代。

继葡、西、荷等国之后，第四个到达远东的是英国。1580年，英国海盗德雷克（Drake）曾到达香料群岛，带回了有关远东的讯息。1600年英国东印度公司成立，开始从事远东贸易活动。17世纪中叶，经过了巨大变革的英国，实力日益增强，建立了一支强大的舰队，敢于向荷兰的霸权挑战。17世纪50~70年代，英荷之间先后进行了三次战争，英国打败了荷兰，成为新的海洋霸主。从此，在远东，再也不是英国商船躲开荷兰人的袭击，而是荷兰商船要躲开英国的舰队了。17世纪初，英国人在远东的苏门答腊、香料群岛、爪哇、婆罗洲、暹罗和日本等国家和地区建立了12个商馆，另外在印度也建立了7个商馆，[①] 贸易发展迅速。1601~1620年，平均每年输入东方的商品价值为15383英镑，白银和铸币为28847英镑；至1674~1675年，已分别达155000英镑和410000英镑；到1710~1759年，平均每年又分别达到184966英镑和536672英镑。[②] 到18世纪中期，英国在远东的军事、政治和经济势力已经雄居首位了。在英国人之后，法国、美国、丹麦、瑞典等国也纷纷来到远东地区进行贸易，但是它们在远东的势力远不如英国。

总之，16~18世纪，西方势力已经侵入远东，使原有的远东封贡体系

---

① 马士：《东印度公司对华贸易编年史》（第一、二卷），区宗华译，林树惠校，广州：中山大学出版社，1991，第7~8页。

② 马士：《东印度公司对华贸易编年史》（第一、二卷），区宗华译，林树惠校，广州：中山大学出版社，1991，第8~9页。

受到巨大的冲击，但这个体系基本上仍然存在，这是西方殖民关系和远东封贡关系的并存时期。

三 远东殖民体系的形成和瓦解

19～20世纪初是西方向远东扩张的第二个时期。这时，西方资本主义进入了发展阶段。从18世纪末开始，欧美国家掀起资产阶级革命高潮，与此同时，又开展了工业革命，完成了从工场手工业向工厂的过渡，生产力得到了迅速发展，资本主义经济实力更加强大，迫切要求扩大商品市场和原料产地。因此，进入19世纪以后，英、法等较早完成工业革命的国家率先发动瓜分远东的强大攻势。随后，其他欧美国家亦接踵而来，展开激烈的竞争。它们迫使远东国家打开国门，割让领土，它们划分势力范围，灭亡国家，建立殖民统治。在瓜分远东的竞争中，它们时而携手合作，密切配合，共同宰割殖民地国家；时而反目成仇，为争夺一个目标而拼命厮杀。到了19世纪末20世纪初，西方列强科学技术的新突破，使生产力取得了突飞猛进的发展，并推动了资本的集中和垄断的形成，自由资本主义过渡到了垄断资本主义、帝国主义阶段。在帝国主义时期，资本输出代替商品输出，成为列强主要的剥削手段，欧美国家更加要求独占殖民地和势力范围。这样，列强瓜分远东的斗争就更加激烈，当一个国家被瓜分之后，还往往进行再瓜分的斗争。如1898年的美西战争（瓜分菲律宾），1904～1905年的日俄战争（瓜分中国东北与朝鲜），以及第一次世界大战时的日德交战（瓜分中国山东与太平洋岛屿），等等。这一切表明列强再瓜分远东殖民地的斗争，比在地球上其他任何地区都来得更为激烈。经过列强长期的瓜分，远东地区除了少数国家保持实质或形式上的独立外，基本上都被西方列强征服和占领。这时候，原有的远东封贡体系已经不复存在，远东殖民体系形成了。

在第一次世界大战以前，欧美列强在远东占领殖民地的情况如下所示。

俄国占领西伯利亚远东区，包括中国的黑龙江以北、乌苏里江以东地区，殖民地面积达311万平方公里。

英国占领缅甸、马来亚、文莱、沙捞越（砂拉越）、沙巴、新加坡和中国香港，面积共101万平方公里。

法国占领越南、老挝、柬埔寨，面积共74万多平方公里。

近代远东国际格局的演变

荷兰占领印度尼西亚群岛，面积共190多万平方公里。

美国取代西班牙，占领菲律宾群岛，面积共29.97万平方公里。

葡萄牙占领东帝汶岛、中国澳门，面积共1.89万平方公里。

德国占领中国胶州湾及太平洋岛屿，面积共0.5万平方公里。

只有日本、中国和泰国（暹罗）等远东国家仍保持实质或形式上的独立。

在远东殖民体系中，各个殖民地、保护国的政治体制表面上有所不同，但基本上都是实行总督集权制，大权完全集中在殖民地总督或驻扎官手里。同时，列强又不同程度地在殖民地保留原有的统治机构，扶植本地封建主贵族或部落酋长作为统治工具。列强还将本国的某些政制引进殖民地，如建立联邦制，以当地人统治当地人，实行分而治之；或实行宪政改革，建立三权分立的政治体制；又或在殖民地建立咨询性议会和法院，实行文官制度，并成立一些政党；等等。这一切在列强看来，只是为了加强其殖民统治，但无疑也改变了殖民地社会的政治结构。它使得远东殖民地国家的政治体制，既保持着东方原有的封建专制主义的因素，又涂上了西方资产阶级民主政治的色彩。同时，在经济上，殖民统治也使得东方同西方的生产体系接轨，把东方各国纳入了资本主义经济体系。随着远东各国资本主义工商业的发展，原有的封建的自然经济随之瓦解，交通发达，城市兴起，社会各个阶级也相应发生变动。工人阶级、资产阶级和城市小资产阶级成长和发展起来。所有这些变化，为远东地区的民族解放运动创造了先决条件。

远东殖民体系从它形成之日起，就存在两种矛盾。一种是列强之间殖民利益的对立和斗争。在瓜分远东过程中，列强的矛盾十分尖锐，如英法在中南半岛、英俄在中国西藏、日俄在中国东北和朝鲜、日德在中国山东半岛、美国和西班牙在菲律宾等，都发生过极其激烈的争夺。其后，有的矛盾得到缓解而消失了，可是又有新的矛盾产生。西方列强总是彼此瞄准对方的殖民地，寻找时机予以夺取。日本是远东再瓜分的主角。第一次世界大战期间，它乘机对德宣战，一举夺取了德国在山东和太平洋的殖民地；俄国十月革命和内战期间，它又进军苏俄远东区；其后，日本同英美争夺远东霸权的斗争加剧，演变成为太平洋战争，日军大举南进，占领了英、美、法、荷等国在远东的殖民地。当然，其最终结果是日本彻底失败。但列强的火拼，加速了远东殖民体系的瓦解。

另一种矛盾是，反对殖民主义、争取民族解放的远东人民与殖民者之间

011

的矛盾。从殖民入侵开始，远东各国人民的反殖民主义斗争就风起云涌，高潮迭起。19 世纪末 20 世纪初，远东民族资本主义日益发展，西方资产阶级民主政治思潮的日益传播，促进了远东的民族觉醒，激起了空前高涨的反帝民族解放运动，如 1884～1913 年的越南人民反法起义，1893～1895 年的朝鲜东学党起义，1896～1901 年的菲律宾民族独立战争，1903～1904 年的印尼民族运动，1905～1911 年的朝鲜义兵运动和文化启蒙运动，以及 1911 年中国的辛亥革命，等等。这些革命运动标志着远东殖民体系的危机日益加深，帝国主义列强肆意宰割远东的时代即将终结。

第一次世界大战和俄国十月革命，大大推动了远东的民族解放运动。20 世纪 20～30 年代，远东各国共产党先后建立。太平洋战争期间，日军铁蹄蹂躏远东，英、美、法、荷等国殖民地相继沦陷，原有的殖民体系遭到破坏。各国人民奋起抗日，为驱逐日军、争取民族解放而斗争。第二次世界大战结束后，英、美、法、荷等国卷土重来，企图重建殖民体系。但是，经过世界大战洗礼的远东人民，再也不愿重新遭受殖民主义的奴役。1945 年 8 月，印尼和越南爆发八月革命，建立了印度尼西亚共和国和越南民主共和国。同年 10 月，老挝宣布独立。1946 年菲律宾宣告独立。1948 年 1 月，缅甸联邦共和国建立。1945 年 8 月，朝鲜半岛获得解放，1948 年分别建立朝鲜和韩国两个国家。1949 年 10 月，中国革命胜利，中华人民共和国成立。1953 年 11 月，柬埔寨赢得了独立。1955 年马来亚获得部分自治权。1957 年 8 月，马来亚联合邦独立。1959 年，新加坡和文莱实现内部自治。1965 年 9 月，马来亚、新加坡、沙捞越、沙巴组成马来西亚联邦。1965 年新加坡脱离联邦，成立新加坡共和国。1984 年文莱独立。同年，《中英联合声明》签署，香港定于 1997 年回归中国。1987 年《中葡联合声明》签署，1999 年中国恢复对澳门行使主权。这样，到 20 世纪末，西方列强在远东地区的殖民主义被彻底铲除。远东人民终于完全站起来了。

四　远东的崛起及其发展前景

现在我们经常听到这样的议论：21 世纪是远东的世纪，或亚洲的世纪，或亚太的世纪，或中国的世纪，等等。这些话充分表现了人们对远东的灿烂未来的美好憧憬，并且透露出一个重要事实：远东正在崛起。

综观近代以来的世界历史，富强的西方与贫弱的东方形成了强烈的反差。西欧和北美向来是时代的骄子,在世界历史舞台上大领风骚,成为全世界瞩目的政治、经济与文化的中心。而远东则被视为愚昧落后的化外之邦,理应遭受西方的掠夺与奴役。可是近几十年来,情况发生了显著的变化。远东再也不像过去那样贫穷落后,任人欺负宰割。它已成为当今之世政治和经济最具活力的三个地区之一。

第一个是西欧,它曾是世界资本主义的摇篮,从18世纪后半期工业革命发生后迅速勃兴,位居世界前列。如今的欧盟,雄风犹存。第二个是北美,它是在19世纪下半叶和20世纪上半叶发展起来的,后来居上,是资本主义世界的排头兵,如今又建立世界上面积最大、人口最多的北美自由贸易区,实力强劲,活力充沛。至于远东,则是20世纪下半叶发展起来的第三个地区。该地区的中国内地、日本、亚洲"四小龙"、东南亚等国家和地区兴旺繁荣,对国际事务的影响力愈来愈大,远东将与西欧、北美地区形成鼎足、互争雄长之势。

据世界银行出版的名为《东亚奇迹》的调研报告,东亚经济持续高速增长的记录是令人瞩目的。在1965～1990年,东亚23个国家和地区的经济增长速度高于世界其他地区。这种成绩的取得主要归功于其中8个经济实体近乎奇迹般的增长:日本、亚洲"四小龙"——中国香港、韩国、新加坡、中国台湾,以及东南亚的3个新兴工业化国家,即印度尼西亚、马来西亚和泰国。"从1960年以来,HPAEs(8个亚洲经济实体)的增长速度比东亚其他国家的地区快一倍多,比拉丁美洲和南亚将近快两倍,比撒哈拉以南非洲快5倍。同样,它们的发展速度也高于工业化国家和中东北非的石油输出国。在1960年到1985年之间,日本和'四小龙'的实际人均收入增加了4倍多,东南亚新兴工业化国家则增加了一倍多……如此集中的区域性高速增长是极为罕见的。"[①] 显然,远东正在崛起,这已是毋庸置疑的事实。远东地区的重要地位也愈来愈突出了。那么,展望未来远东的国际关系,将会有哪些变化呢?

在政治上,过去由于西方的殖民扩张政策,远东地区长期战争频繁。首先是欧洲殖民者对远东频频出击,用军舰和大炮征服远东各国,后来是欧美强国和日本争夺远东霸权的战争,以及远东人民反殖民主义的起义和战争。

---

① 世界银行工作人员编《东亚奇迹:经济增长与公共政策》,北京:中国财政经济出版社,1995,第1、3页。本书主要研究东亚8个国家和地区,并不包括中国。但作者承认,中国也是东亚经济奇迹的最重要的组成部分,并在许多章节中都加以阐述。

经过整整一个世纪不停的战乱，在20世纪最后十年，远东终于迎来和平共处的新时代。当前，对远东局势发挥决定性影响的美、中、日、俄四国的关系已经走出了冷战时代。美国成了世界上唯一的超级大国，更加注重发展自身的经济和保护其在国外的经济利益。俄罗斯正在进行艰难的经济改革，备受民族纠纷动荡之苦，它需要有一个稳定的国际环境。美俄之间已由昔日的对抗转化为"伙伴"关系。日本继续保留和平宪法，依靠美国的军事保护，在不断巩固经济大国地位的同时，争取成为政治大国，这就要努力争取远东邻国的友好支持。中国则在已经是政治大国的基础上，一心一意开展经济建设，争取在不太长的时间内，成为世界经济强国，更是真心诚意地希望不发生战争，维持长时间的和平。可以说，只要这四大国不再倒退回冷战时代的对抗状态，远东的和平与稳定是有保证的。远东其他曾是热点地区的朝鲜、越南、柬埔寨、菲律宾等国家，也已进入民族和解、发展本国经济的新阶段。亚洲"四小龙"和东盟国家则继续为保持经济的高增长势头而努力。欧洲大国由于丧失了远东殖民地，已先后退出远东政治舞台，因而已不可能在远东推行争霸政策。经过以上分析，可以肯定地说，21世纪的远东再也不会像20世纪那样战火连绵了。

在经济上，远东的一大问题，是如何缩小贫富差距。当前，在远东地区，发达国家（地区）与不发达国家（地区）的差距正在扩大。1975年，远东人均国民生产总值最高的是日本，为4460美元，最低的是柬埔寨，为70美元，两者之差是64∶1。到1988年，两国之差已扩大为263∶1（见表1）。

表1　1975年与1988年远东各国人均国民生产总值的变动情况

单位：美元

国家/地区	1975年	1988年	国家/地区	1975年	1988年
日　本	4460	21020	泰　国	350	1000
文　莱	—	15390	朝　鲜	430	910
中国香港	1720	9220	菲律宾	370	630
新加坡	2120	9070	印　尼	180	440
中国台湾	890	6335	中国内地	250	330
韩　国	550	3600	缅　甸	110	200
蒙　古	700	1054	老　挝	70	180
马来西亚	720	1940	柬埔寨	70	80

资料来源：《世界发展报告》《美国百科全书1978年年鉴》。

近代远东国际格局的演变

由表1可见，按人均产值计算，远东的穷国占一半以上。因此，远东各国的首要任务，就是推进南北合作，加快穷国的发展，以缩短穷国与富国之间的差距，使远东绝大多数国家的人民得以享受工业文明的成果。总之，和平与发展将是21世纪远东各国人民的共同要求，也将是21世纪远东国际关系的主旋律。

随着苏联解体、冷战结束、"雅尔塔体系"瓦解，历史上列强在远东争霸的时代已经一去不复返了。目前，远东格局朝多极化方向发展。美国虽是全世界仅存的超级大国，但已无力独霸远东地区。与此同时，中国作为远东最有发展潜力的大国，一向反对集团政治与强权政治，主张在和平共处五项原则基础上，建立远东国际新秩序。中国提出的这个倡议，现已为大多数国家所接受。美国、日本、俄罗斯在同中国发表的联合公报中，都表示承认和遵守这些原则。中国在远东的重要地位使它的主张变得极有分量，只要中国始终不渝地坚持自己的倡议，并身体力行，一个公正合理的远东国际新秩序必定会在和平共处五项原则的基础上建立起来。但是，当前建立这一新秩序还有许多阻力和困难。困难之一是传统的强权政治不可能自行退出历史舞台，它将以各种新的形式、新的手段在国际关系中出现。例如，有的国家企图将自己的价值观强加于别国，对别国内政说三道四、指手画脚，常以"己所不欲，要施于人"的态度对待别国人民，等等。这就迫使一些国家奋起反抗。强权政治的幽灵是国际局势动荡的根源，也是缔造远东国际新秩序的主要障碍。困难之二是法西斯主义阴魂不散。在日本国内，军国主义分子不时为法西斯侵略史实翻案，为战争罪犯涂脂抹粉，有的甚至仍在重温"大东亚共荣圈"的迷梦。这股逆历史潮流而动的势力似有蔓延之势。近年不断发生日本官员发表否认侵略战争史实言论的事件，势必会成为建立远东新秩序的阻力。困难之三是远东各国之间存在某些利害冲突。例如南沙群岛的主权自古属于中国，有些国家却自行宣布对南沙拥有主权，其实无非是看中了那里的鸟粪肥、周围海域的渔场、海底石油和天然气资源。利益上的冲突会引发国际争端，从而影响远东国际新秩序的建立。类似的困难和阻力还可举出一些。但只要远东各国真正互相尊重，平等对待，互相帮助，协同努力，一个公正合理的远东新秩序必将在21世纪建立起来。

葡萄牙人的东方之旅[*]

一　历史呼唤新航路

1498年是亚洲历史上划时代的界标。东方新航路的发现是东西方文明会合的历史性的起点。

欧、亚、非三洲同处东半球，所谓西方，是指东半球的西部。自古以来，既有西方向东方的扩张，如亚历山大帝国东征、十字军东征等；也有东方向西方的扩张，如蒙古、阿拉伯和土耳其帝国的西征等。除此之外，在新航路发现之前，东西方之间很少发生直接的关系。他们之间所有政治的、军事的、经济的和文化的联系，主要是通过欧亚大陆和地中海航线间接进行的。东方素以物产丰富闻名于世，早就是欧洲市场商品的重要来源地。自中世纪以来，东西方贸易一向由阿拉伯商人把商品从远东运至地中海东岸地区，在亚历山大里亚、贝鲁特或君士坦丁堡等港口进行贸易。另一条海上商路，是由中国到印度，再从印度经阿拉伯海岸进入红海，再抵达埃及和地中海地区。这时东方的货物便转卖到意大利商人手里，由他们运往欧洲各地。所有东方货物经过阿拉伯商人和威尼斯商人转手之后，价格十分昂贵，他们从中大获其利。当时欧洲商人和封建主们不甘于忍受阿拉伯人和威尼斯人对东方贸易的垄断，早就企图寻找一条通往东方的新航路，同东方建立直接的贸易关系。

---

[*] 原文部分曾以《葡萄牙人首航东方的历史性创举——纪念瓦斯科·达·伽马首航印度500周年（1498~1998年）》及《葡萄牙人的早期东方之旅》为题发表，原载于《东南文化》1998年第2期，第117~120页；后载于《"一国两制"研究》2010年总第6期，第150~161页。

葡萄牙人的东方之旅

14世纪土耳其帝国崛起，西亚与地中海地区长期对峙，由此而来的频繁的战争严重阻隔了欧亚之间的交通，传统的欧亚大陆通道和地中海航线由于不安全而日趋衰落，于是使用大洋航线以推进东西方之交流的议题便提上了日程。而且这时西方国家开始进入资本原始积累时期，封建王室、贵族和商人都怀有强烈的海外扩张和掠夺的愿望，他们大力倡导航海、寻找通往东方的新航路，不仅为了获得稳定的东方货源，更为了取得黄金和土地，并进行宗教征服。

15世纪，由于欧洲各国商品经济的发展，以及王室贵族的奢侈挥霍，黄金的需求量大大增加。可是欧洲金银矿枯竭，产量不敷使用，每年东西方贸易逆差，又使大量金银外流，于是欧洲社会产生了追求黄金的强烈欲望。葡萄牙大诗人贾梅士（又译卡蒙斯）发表的著名史诗《卢济塔尼亚人之歌》中写道：

> 如果你想到东方去寻找，
> 遍地的黄金，无穷的财富，
> 辛辣的香料，桂皮与丁香，
> 益智健身的名贵的补药，
> 如果想寻找晶莹的珠宝，
> 坚硬的钻石，瑰丽的玛瑙，
> 此地的宝藏便堆积如山，
> 你的愿望在此就能实现。[1]

于是，这一时期的西欧人被黄金所迷，希望到东方来寻找黄金。

另外，土地也是欧洲国王们大力倡导航海探险时所疯狂追求的重要目标之一。因为正如哥伦布所说："凡土地如此富庶之地，定能创造无数财富。"[2]

此外，宗教的扩张在航海探险中也起了一定的作用。[3] 这时，欧洲出现一股基督教传教的狂热。基督教以普世教自居，宣称凡有人类的地方，就应

---

[1] 路易斯·德·卡蒙斯：《卢济塔尼亚人之歌》，张维民译，北京：中国文联出版公司，1995，第46页。
[2] 《哥伦布航海日记》，孙家堃译，上海：上海外语教育出版社，1987，第76页。
[3] 裴培、李在芹：《新大陆发现的宗教因素》，《世界历史》1990年第2期。

017

该有基督教。因此，航海探险队伍中总是少不了传教士，殖民扩张与传播宗教几乎是同步进行的。

既然新航路必须通过大西洋去探索，大西洋沿岸国家便取代了地中海国家，成为东西方交流的主角。尤其是南部的葡萄牙和西班牙两国，处在地中海通往大西洋的出口处。这一特殊的地理位置，使其成为最先关注开辟通往东方的新航路的国家。

在当时，这两个国家都具备了发现新航路的必要前提。尤其是西欧文艺复兴运动以来科技的进步，解决了扬帆远航、征服海洋的一系列技术问题。

15世纪之后，西欧造船技术大大提高，已经能够制造多桅帆船。葡萄牙人的造船技术迅猛发展，不仅使行船速度加快，也使船的载重量有所增加。① 他们根据自身的航海实践，对三桅船不断加以改进，使之更加牢固和平稳。与此同时，葡萄牙人通过长期海上航行的实践，取得了丰富的航海经验，提高了航海技艺，航海设备也不断得到完善。12世纪末，中国罗盘经阿拉伯人传到欧洲，很快便广泛流传。1485年，葡萄牙人将罗盘用于海上航行，以此来计算位置和纬度。一种以钟漏来粗略估算经度的设备也投入了使用。15世纪末，西欧又出现了行星运行表，大大便利了海上计算纬度的工作。②

地理学领域关于"大地球形说"的理论，也大大激励着西欧人去航海探险。古希腊科学家亚里士多德根据月食时地球的投影和地面位置的移动引起恒星位置的变化，断定大地是球体。③ 到了15世纪晚期，意大利著名地理学家托斯卡内利也坚信地球是圆的。1474年，他曾写信给葡萄牙红衣主教马丁列沙，并附上一幅海图，劝他说服葡王派探险队前往东亚。哥伦布曾经多次去信向托斯卡内求教。托氏给哥伦布寄去有经纬网的世界地图，并告诉他，中国"富厚无匹"，到中国去"可以致富"。④ 新地理学的科学论断，坚定了葡人发现新航路的信心。

军事技术的改进与完善，对推进航海事业也发挥了巨大作用。中国人发明的火药于13世纪传入欧洲。到14世纪20年代，西欧已能生产火炮。⑤ 15

---

① J. H. 萨拉依瓦:《葡萄牙简史》，李均报、王全礼译，北京：中国展望出版社，1988，第83页。
② 斯米林主编《世界通史》（第四卷上），北京编译社译，北京：北京编译社，1962，第61页。
③ 贝尔格:《地理发现与地理学史译文集》，郝克奇译，上海：新知识出版社，1956，第9页。
④ 张星烺:《中西交通史料汇编》（第二册），北京：中华书局，2003，第377页。
⑤ 中国地图出版社编制《最新实用世界地图册》，北京：中国地图出版社，1994，第58页。

世纪初,葡萄牙人依靠用火炮装备的一支新型海军,保护商船队和进行征服。16世纪初,正是这支装备坚船利炮的新海军,在印度洋的洋面上初露锋芒,先后打败了印度、埃及、阿拉伯和土耳其人的舰队。

历史呼唤新航路。到了15世纪,人们探索新航路的一切条件都已具备,既有客观的需求,又有现实的可能。于是,葡萄牙人便奋力东航,去开辟东西方关系的新纪元。

二 葡萄牙在东方扩张的开始

葡萄牙位于欧洲伊比利亚半岛的西部,东面和北面与西班牙接壤,西面和南面濒临大西洋,海岸线长800多公里,国土面积92212平方公里。葡萄牙古称卢济塔尼亚,因最早居住在这里的卢济塔尼亚人部落而得名。公元前219年,罗马军队在第二次布匿战争中打败迦太基。战争结束后,直至公元5世纪初,罗马帝国统治着这个地区。

公元5世纪初,随着罗马帝国的衰落,许多日耳曼部族侵入葡萄牙,破坏了罗马人在那里建立起来的行政组织。他们把先到来的那几个部族赶跑之后,占领葡萄牙达300年之久。至公元711年,西哥特王国崩溃,阿拉伯人又入侵和征服了它。此后几个世纪之内,葡萄牙处于阿拉伯人统治之下。11世纪末,阿拉伯的统治开始衰落。这时国内信奉基督教的莱昂王国趁机兴起,国王阿丰索·恩里克斯通过长期斗争,在1143年使葡萄牙结束了1000多年漫长的异族统治的历史,获得了独立。

葡萄牙先后遭受若干个异族的统治,从而也受到了不同文化的影响。它就像美国一样,是多民族、多文化聚合杂处和相互融合的地方,有基督教徒、犹太人和穆斯林。目前的葡萄牙语言中,尚有300个日耳曼语系的词语,另有1000多个阿拉伯语词语。[1] 不同来源的体格、智力、气质、传统、审美观念与文化修养互为补充,提供了种种能力和驳杂的知识,这是远航至大海和返回家园所必需的条件。就以航海而论,它从罗马人和阿拉伯人那里学会了制造兵船的技术和海战的战术,建立了一支强悍的海军。在与阿拉伯

---

[1] 雅依梅·科尔特桑:《葡萄牙的发现》(第一卷),邓兰珍译,北京:中国对外翻译出版公司,1996,第194~195页。

镜海微澜：黄鸿钊澳门史研究选集

征服者作战过程中，这支海军不断地得到锻炼和发展，成为葡萄牙向海外扩张的实力基础。在争取民族独立期间，国王实行中央集权体制，大大削弱贵族的封建割据势力，从而使中央集权制得到了进一步加强。异族的统治也造就了葡萄牙的开放性，促进它的海外贸易扩张活动的发展。

葡萄牙的海外扩张活动，是在国家的组织下展开的。1415年，葡萄牙国王和他的大臣一起，精心策划了侵略摩洛哥北部重要港口城市休达的行动，并由国王率领一支由19000名陆军、1700名海军和200艘战船组成的远征军，浩浩荡荡地去进攻这个城市。① 休达位于直布罗陀海峡，控制着地中海通往大西洋的通道，战略地位十分重要；同时它又是陆地和海上的贸易中心，其附近地区在农业上也非常富庶。在世界历史上，1415年攻占休达这一事件通常被认为标志着葡萄牙海外扩张的正式开始。自此以后，海外扩张活动就成为葡萄牙的主要政策，它持续不断地向海外扩张达几百年之久。

除国王以外，早期的扩张活动主要是由航海家亨利王子（1394~1460）策划和组织进行的。亨利王子曾随同葡王远征休达，回国后担任葡萄牙基督骑士团团长，这是一个半宗教半军事的组织，拥有充足的资金，可用于推广航海事业。亨利王子来到葡萄牙南端的圣维森特角（此处又称为王子镇），在这里建造了一座城堡，作为他的总部。他在这里发动、组织和指挥了近代人类开拓性的探险事业。他使这里成为地图绘图学、航海业和造船业的中心。他把四面八方的航海家、旅行家和学者专家吸引到这里，让他们贡献各自的新见解和新经验。这些人中有犹太人、阿拉伯人、热那亚人、威尼斯人、德国人和斯堪的纳维亚人。亨利王子依靠他们设计出最新的航海仪器，发展航海技术，特别是制造出一种新型的船舶，即轻便多帆快船。他动用军团资金建造了一座天文台，研究航海学、地理学和天文学，竭力鼓吹航海思想，指挥海上探险活动，为葡萄牙的海外扩张活动做好了技术上和组织上的准备。亨利王子读过马可·波罗的书，对印度和东方"满怀甜蜜的幻想"。② 从此，他组织一支远征队，搜集通往印度航路的资料。

由于葡萄牙地处西欧之角，要到达遥远的东方，中间隔着一个非洲。因

---

① J. H. 萨拉依瓦：《葡萄牙简史》，李均报、王全礼译，北京：中国展望出版社，1988，第82~84、106、113页。
② 约·彼·马吉多维奇：《世界探险史》，屈瑞、云海译，北京：世界知识出版社，1988，第115页。

此，葡人海外扩张的第一阶段，是探明非洲的情况。这一阶段的探险活动几乎花费了一个世纪的时间（见图1）。

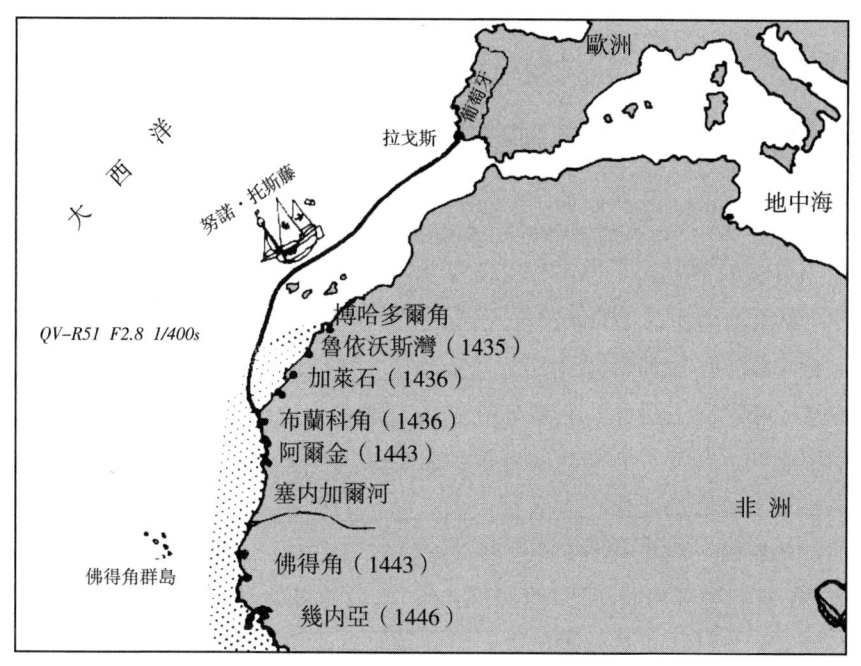

图1　15世纪上半叶亨利王子在非洲的殖民扩张

资料来源：〔葡〕戴维·亚诺尔德：《大发现时代》，附图，澳门东方文萃出版社，1994。

1416年，葡人龚沙洛·维利约到达博哈多尔角（今西属撒哈拉西部海岸）和加那利群岛（在今摩洛哥西南的大西洋海面上）。

1418年，葡人茹安·萨尔库和特利什坦·泰舍拉占领马德拉群岛。"马德拉"在葡语里是"森林"之意。亨利王子把这个群岛送给了这两个贵族作为领地。

1432年，葡人费·德卡斯特罗航行至亚速尔群岛。

1441年，葡人安坦·冈萨尔维什和努尼尤·特利什坦航行至布朗角（今毛里塔尼亚西部海岸努瓦迪布角）。"布朗"一词在葡语中是"白色"的意思。

1444年，努尼尤·特利什坦到达塞内加尔河口；迪尼什·迪亚斯到达距布朗角以南800公里的佛得角（绿色角）。

1456年，阿·达·卡达莫斯托占领佛得角群岛。

1460年，佩罗·德·辛特拉到达塞拉利昂。

1460年11月13日，一向不遗余力倡导航海活动的亨利王子去世。他是一位不屈不挠的航海教育家和组织家，在葡萄牙乃至世界航海史上起过相当大的作用。他在45年的活动中，为葡萄牙培养和造就了一大批富有经验的航海家，使葡萄牙船队雄居世界之前列。他所派出的探险船队占领了大西洋东部海域的四个群岛，其中三个划入了葡萄牙的版图（加那利群岛后来转让给西班牙）；探测了从直布罗陀海峡至塞拉利昂约4000公里长的非洲海岸线。亨利王子终其一生，虽然没有发现通往东方的新航路，但是他的航海活动正是沿着前往东方的航路推进的，并为新航路的发现打下了良好的基础。

在亨利王子航海活动的带动下，葡萄牙的造船业有了巨大的发展。15世纪初，葡萄牙人仍要恭敬地向外国的造船家学习造船技术。而到了15世纪的下半叶，却反过来是西欧各国前来向葡人学习造船技术了。直到16世纪末，葡人的造船业仍在欧洲独占鳌头，他们装置三角形斜帆的三桅帆船，船体结构特殊，质量优良轻巧，易于操纵，航速很快，顺风每小时可达22公里。① 亨利王子的航海活动在开始时，曾因为耗费基督骑士团的大量资金而频频遭到批评。可是他航行之经济效益也逐渐被人们看到了。首先，是对所占领的大西洋岛屿进行殖民开发。他们获得马德拉群岛后，开始向岛上移民，并放火烧荒，开辟居留地，但由于火势失控，烧毁了大片森林。此后葡人在大西洋岛屿上普遍种植谷物和甘蔗，尤其是马德拉群岛的甘蔗种植园的产量很大，据说1508年，它已生产了7万厄罗伯（arroba，西班牙旧计量单位）的蔗糖。其次，在非洲沿岸大肆抢掠奴隶，进行获利丰厚的奴隶贸易。1441年，葡人到达布朗角之后，登岸捕捉了十个男女黑人，并抢掠了一些金砂献给亨利王子，这是葡人掠夺黑人奴隶的开始。1443年，葡人绕过布朗角抵达阿尔金，在那里抓获30多个身体健美的黑人渔民，以高价在里斯本出售，大获其利。次年，由六艘船组成的船队驶向阿尔金，一举抓获235名黑人。这样一来，亨利王子在人们心目中，就不再是肆意挥霍的浪子，而是为葡萄牙人开辟新财路的英雄。除了捕捉黑人之外，葡人在热带西非的沿海地区也进行了贸易。他们用欧洲商品换来了金砂、象牙、麝香、香料和辣椒的代用品。

---

① 约·彼·马吉多维奇：《世界探险史》，屈瑞、云海译，北京：世界知识出版社，1988，第122页。

葡萄牙人的东方之旅

从此，非洲的航行成为非常有利可图的事业，葡人遂更加醉心于前往非洲西部海岸探险，经过几代人的航行，终于到达遥远的东方。

自从亨利去世后，葡萄牙政局动荡，海外扩张活动一度停滞。1469 年，里斯本富商费尔南·戈麦斯向国王申请几内亚五年的贸易垄断权，组织人员探险，在五年内先后到达赤道以南的几内亚湾海岸、圣多美和普林西比岛、安诺本岛和斐南多波岛（今称比奥科岛）等地方。他在非洲阿散蒂人居住区发现了象牙海岸和黄金海岸（今加纳）。这里拥有丰富的金矿，葡人在此开采了大量的金砂。他还在沃尔特河河口与尼日尔河三角洲之间发现了奴隶海岸。这些发现为葡萄牙人带来了源源不断的财富，因此费尔南·戈麦斯被晋封为贵族。后来他又被任命为御前大臣。①

1474 年，王位继承人，未来的唐·若奥二世开始亲自领导航海事业。他从一开始就提出了十分明确的目标：绕过非洲，抵达印度。1481 年即位后，他即于当年年底和 1482 年初，精心组织了一支探险队，前往非洲黄金海岸的米纳，并在这里建造了一座要塞。这个地区对葡萄牙有三个作用：它是葡萄牙管治殖民地的权力中心；又是葡萄牙与当地居民贸易的据点，每年都有大批贵重商品从这里运送回欧洲；最后，它又是进一步向未知地区探险的前进基地。

葡萄牙人在米纳找到了一座大型金矿，开采黄金需要大量黑人奴隶。于是，若奥二世又派遣迪奥戈·卡奥率领船队向南航行，寻找新的捕捉奴隶的地区。1482 年，卡奥从葡萄牙起航。② 船队在米纳稍作停留，即继续前进，到达刚果河口。卡奥在河口的左岸立下第一根标柱，并同当地黑人进行贸易，又派人溯河而上，去向刚果国王致意，劝诱他改信基督教。接着，卡奥船队又继续向南航行到达安哥拉的圣玛丽角，在那里竖立了第二根标柱（该标柱现已运回葡萄牙，存于里斯本地理学会）。其上有刻文写道：公元 1482 年，葡萄牙国王若奥二世派王室侍臣迪奥戈·卡奥发现这块土地并竖立标柱。③ 卡奥在返航时途经刚果，绑架了几个黑人，把他们带回葡萄牙，教他们学葡语和使之皈依基督教，

---

① J. H. 萨拉依瓦：《葡萄牙简史》，李均报、王全礼译，北京：中国展望出版社，1988，第 128 页。

② 关于起航时间，另一说是 1484 年，此据近年发现的卡奥所立标柱予以更正。参见查·爱·诺埃尔：《葡萄牙史》，南京师范学院教育系翻译组译，南京：江苏人民出版社，1974，第 93~94 页。

③ 参见查·爱·诺埃尔：《葡萄牙史》，南京师范学院教育系翻译组译，南京：江苏人民出版社，1974，第 93~94 页。

镜海微澜：黄鸿钊澳门史研究选集

准备派他们返回刚果充当内应。1484年4月，卡奥船队从特茹河出航，到达西南非海岸，在沃尔维斯贝北面的克罗斯角竖立了最后一根标柱。①

1487年，若奥二世派了两支船队沿非洲海岸继续探险，以求绕过非洲到达遥远的东方——印度。其中一支选择横渡地中海、穿越红海进入印度洋的传统贸易路线，目的是收集关于香料贸易的消息，以及打听有关东方的基督教王国——埃塞俄比亚的情况。②另一支船队由巴尔托洛梅乌·迪亚士率领，于1487年8月从里斯本启程，沿着非洲西海岸航行。1488年1月间，船队进入南部非洲的圣赫勒拿湾附近，海上刮起飓风，船队突然向西急转。迪亚士担心船只触礁，便把船队驶入大海，远离了非洲海岸线，在风暴中一直向南飘荡了13天。当风暴停息后，迪亚士掉转船头，向东行驶了几天，没有发现非洲大陆的海岸线。他意识到船队可能已经绕过非洲的最南端，于是又驾船向北航行，两三天后（1488年2月3日），远方出现了山脉，以及覆盖着绿茵的海岸线，其走向是由西向东。这就是南非东部的莫塞尔湾。在这里，葡人见到有黑人放牧羊群，故又称这里为"牧人湾"。尔后，迪亚士船队又从莫塞尔湾继续向东航行，一直抵达阿尔哥阿湾，这是一个面向印度洋的宽阔海港。经过几代人的不懈努力，葡人终于在发现东方新航路方面，取得了重大突破性进展。

迪亚士率领船队返国途中，沿南非海岸西行，经过曾发生两周风暴的海域，发现那里有一个突出海洋很远的海角，迪亚士便称之为"风暴角"（Cape of Storm），并在海岸上竖立了一根标柱。然后船队转头向北行驶，于1488年12月返回里斯本。若奥二世听了迪亚士的报告后，立即下令把风暴角改名为"好望角"（Cape of Good Hope）。因为他认为，尽管这里风浪险恶，但毕竟已是非洲大陆西面海岸线的尽头，新航路就在眼前，展望未来，前景无限美好。

三　达·伽马与东方新航路的发现

若奥二世晚年曾制订了航海计划，并选定埃斯特旺·达·伽马为船队指

---

① 这根标柱于1893年被一艘德国船运走，现保存于柏林，另有一根复制品仍在原处。路易·约斯：《南非史》，史陵山译，北京：商务印书馆，1973，第33页。
② 埃塞俄比亚国王埃扎纳于公元320年即位后，即在叙利亚基督教徒的影响下，宣布全国改奉基督教。

葡萄牙人的东方之旅

挥官。曼努埃尔一世于1495年即位后，立即坚决执行若奥二世的航海计划。不过埃斯特旺·达·伽马在船队组建过程中死去，其子瓦斯科·达·伽马又被任命为船队指挥官。达·伽马（1460~1524）当时只是一个30多岁的贵族宫廷官员。许多历史学家感到大惑不解，曼努埃尔一世何以会委任非常平凡的宫廷官员去承担如此重任。其实这正好说明葡王善于正确地审度形势和知人善任。原因有以下两点。第一，这次航行与早期的海盗探险有所不同，它是一次带有外交使命的航行。葡王认为，航海船队成功抵达印度和东方的其他国家之后，主要目的是进行香料贸易，因此决定起用善于交涉的宫廷官员去完成这一艰难的使命。第二，达·伽马本人是一个精明能干、具有非凡的组织才能的指挥官，早在1492年就曾奉当时的若奥国王的命令，率领船队在海上截击法国船只，以报复法国对葡萄牙船只的劫掠。在行动中，达·伽马大显身手，出色地完成了任务。[①] 毫无疑问，达·伽马以其忠诚能干、勇于任事赢得了国王的充分信任。

　　与此同时，曼努埃尔又命令迪亚士协助达·伽马的工作，在迪亚士的监督和指导下，达·伽马精心筹划组建船队。到1497年7月，这次东方之行的准备工作已基本就绪。船队一律采用迪亚士负责改制的新型三桅船，共由四艘船组成。

　　1497年7月8日，达·伽马船队从里斯本特茹河起航，开始其为时两年的东方航行（见图2）。船队由阿伦克尔领航，他完全听从迪亚士的指示，按照迪亚士航行的路线前进。为了避开赤道非洲和南部海岸的逆风海流，船队不再靠近海岸行驶，大胆地离开海岸，深入南大西洋。从8月3日至11月8日，三个多月时间里，船队处在看不见陆地的茫茫海洋中。他们在大洋中绕了半个大圈，往南行驶。直到11月8日，西风把他们吹送到东面的好望角，在圣赫勒拿湾见到了陆地。他们在这里短暂停留，但同当地土著布须曼人发生冲突。于是达·伽马船队在11月22日绕过好望角，又在莫塞尔湾停泊，与当地的霍屯督人进行了互不谈话的物物贸易。之后，船队沿着东非海岸继续向北航行。

　　1497年圣诞节时，船队到达南纬31度附近的海岸，达·伽马把这个海

---

① 中国大百科全书编委会编《简明不列颠百科全书》（第三卷），北京：中国大百科全书出版社，1985，第250页。

025

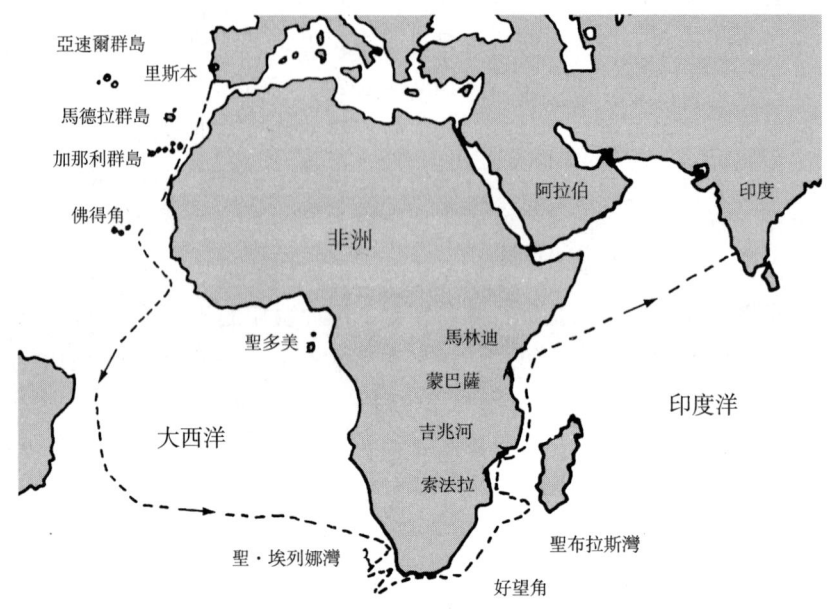

图 2　1497～1498 年达·伽马发现东方新航路的航程路线

资料来源：〔葡〕戴维·亚诺尔德：《大发现时代》，附图，澳门东方文萃出版社，1994。

岸称为纳塔尔。① 次年 1 月 11 日，船队在一个河口内停泊，船员登上海岸，与闻讯而来的班图黑人联络。这里人口稠密，居民以农耕为生，处于较高的文化发展阶段，能冶炼铁和其他有色金属。黑人家里有铁制的箭矢、标枪头、短刀、铜制的手镯和其他金属装饰品。同时黑人对葡人也十分友善，于是达·伽马称这个地方为"善良人之地"。

接着，船队于 1 月 25 日来到南纬 18 度的克利马内河口。2 月 24 日，船队离开克利马内河口向前航行。五天之后，船队抵达南纬 15 度的莫桑比克港。这是一个贸易港口，每年都有阿拉伯人来往其间，贩运黑人奴隶、黄金、象牙和琥珀。这个港口的居民由阿拉伯人、班图人以及两者的混血人种组成，而且居民大多数信仰伊斯兰教。当他们获知葡萄牙人的来历时，表现出了明显的仇视和敌对，并拒绝供应淡水和食物。达·伽马发现形势不妙，就用大炮轰击阿拉伯人，抢夺了几条船，获得淡水和食物之后，于 4 月 1 日离开了这个港口。

① 葡萄牙语中，"纳塔尔"的意思是"圣诞节"。

葡萄牙人的东方之旅

船队继续向北航行。在莫桑比克港所发生的事件使达·伽马对雇佣的两名引水员也产生了不信任感，他下令严刑鞭挞其中一人；同时又对俘获的阿拉伯船主严刑拷问，希望获得可靠的航行资料。一星期后，船队抵达另一个阿拉伯人贸易港口蒙巴萨（在今肯尼亚南部），该城位于南纬4度左右。这里的阿拉伯人首领是一个大奴隶贩子，此人十分精明，清楚地意识到葡萄牙人是竞争对手，但他不露声色，表面上仍友好地接待这些外来客人。第二天，当船队驶进港湾时，船上被俘的阿拉伯人，包括那两个莫桑比克引水员，突然纵身跳到靠近的阿拉伯人船上逃跑了。这一突发事件表明，蒙巴萨是一个危险地区，阿拉伯商人是他们的主要敌人。达·伽马不敢久留，连忙率领船队离去。船队在向北面航行途中，又截击了一艘阿拉伯船，俘获18人。

4月18日，船队到达位于南纬3度的肯尼亚的另一个贸易港马林迪。这里的贸易虽然也是在阿拉伯商人的垄断之下，但因为与相邻的蒙巴萨存在尖锐矛盾，故对受到蒙巴萨排斥的葡萄牙人表示热烈欢迎，想同达·伽马结盟以反对共同的敌人。阿拉伯人首领亲自到船上探访葡萄牙人，并向达·伽马推荐了忠实可靠的艾哈迈德·伊本·马德内德担任船队领航员。马德内德出生于阿拉伯半岛的阿曼，[①] 也有说他出生于印度古吉拉特的。他是当时著名的阿拉伯航海家，同时也是一个学者，曾经编著一部关于航海的理论和实践的巨著——《航海指南》。该书大量汇集了古代阿拉伯人航海的文献资料，以及许多西印度洋航海指南的资料，此外还有他本人亲身的航海经历，等等。因此，马德内德对印度洋航线的情况了如指掌。

4月24日，船队由马德内德的掌舵领航，朝着东北方向航行，这是他所熟识的比较平静的航线，印度洋的季候风顺利地把他们吹送到彼岸。5月17日，印度海岸线遥遥在目。接着马德内德掉转船头向南航行。三天以后，他们远远看见一个高耸的海角，位于北纬12度的卡利卡特到了。这时，马德内德指着前面这个海港对达·伽马说道："这就是您所向往的国家。"5月20日下午，达·伽马船队在卡利卡特城的河对岸停泊。

达·伽马船队的到来惊动了卡利卡特的印度人统治者萨摩林。[②] 第二天

[①] 约·彼·马吉多维奇：《世界探险史》，屈瑞、云海译，北京：世界知识出版社，1988，第227页。

[②] "萨摩林"原文为"Zamorin"，意为"海上的主人"，卡利卡特印度教的世袭执政者，亦是印度的土邦王公。

027

镜海微澜：黄鸿钊澳门史研究选集

整日都有当地官员前来参观船队，询问葡萄牙人来自何方。他们对这些不速之客表示惊讶和欢迎。他对达·伽马说："你们真幸运，真幸运！这里的红宝石、绿宝石多得很。你们真该大大感谢上帝把你们带到有这些珍宝的国家来！"①

当时卡利卡特城里有许多阿拉伯商人，他们垄断着当地的贸易。达·伽马派人上岸与阿拉伯人周旋，企图沟通贸易关系。但是阿拉伯商人不允许外人进入他们的势力圈，因此他们在萨摩林面前告恶状，大肆攻击和诋毁葡萄牙人，称他们为海盗掠夺者，企图使之无法在当地容身。而达·伽马又不懂得向萨摩林送礼贿赂，交涉很不顺利。当他亲自把国王的信传递给萨摩林时，他和他的部下都被拘留了，直到次日葡人按照指令把一部分货物卸到岸上后，他们才得以获释。此后，萨摩林对于葡人与阿拉伯人的争夺持中立态度，既不协助也不阻挠葡人进行贸易。但是阿拉伯人以货物质量低劣为由，拒绝购买葡人的货物，而当地印度人普遍贫穷，出的价格较低，生意很不好做。当然也有一些阿拉伯人，对达·伽马船队表示真诚的欢迎，提供了有效的帮助，使达·伽马卖出了他的货物，换来了一些香料、肉桂和宝石。

两个多月以后，达·伽马准备回国。8月9日，他派人携带琥珀、珊瑚等礼物前去拜会萨摩林，通报返国消息，并请求萨摩林派人携带香料为礼物，跟随船队前往访问葡萄牙。然而萨摩林对此建议不予理会，却宣布查封货栈里葡萄牙的货物，禁止留在岸上的葡萄牙人返回船上，勒令达·伽马必须交纳600舍拉芬（1800金卢布）的关税，才将人货放行。这一突发事件使达·伽马陷入困境。但是恰好在这时候，有一些印度船只在船队附近停泊，怀着好奇心的市民常常上船参观。达·伽马热情地接待了这些参观者。当有一天获知参观者中有当地知名人士时，他便扣留了几个人作为人质，要求萨摩林送回人货交换人质。后来萨摩林被迫释放葡人，但仍然扣留货物。达·伽马便也只放了部分人质，而将其余的人带回葡萄牙。在达·伽马看来，这些人比货物更为重要。8月29日，达·伽马船队悄然离开卡利卡特回国。

1499年8月底，达·伽马终于回到了里斯本。国王曼努埃尔兴高采烈地欢迎胜利归来的航海家，给予他们崇高的荣誉和巨额的奖赏。达·伽马受封为印度海军上将和维迪格拉伯爵。

---

① 丹尼尔·J. 布尔斯廷：《发现者：人类探索世界和自我的历史（时间、陆地与海洋篇）》，严撷芸等译，上海：上海译文出版社，1992，第262～263页。

葡萄牙人的东方之旅

四 东方新航路的历史意义

达·伽马就这样以两年时间和百折不挠的努力，完成了历史性的航行，胜利地到达印度。这个被称为伟大的地理大发现的事件，是自亨利王子以来，葡萄牙航海家历时 100 年的艰苦探索的最终成果。毫无疑问，达·伽马在最后发现东方新航路的航行中，建立了伟大的历史性的功勋。但就这次航行本身而论，如果在此之前，没有迪亚士航行好望角的经验，没有迪亚士的具体而微的指导，没有迪亚士的部属阿伦克尔担任总领航员，达·伽马不可能顺利地绕过好望角。而在这以后，如果没有阿拉伯航海家马德内德的领航，达·伽马也不可能顺利地跨越印度洋到达东方。因此，我们在充分肯定达·伽马的历史功绩的同时，也应该认识到这是葡萄牙举国上下通力合作的冒险事业，是许多人共同奋斗的成果。它好比是一项长距离的航海探险接力赛，前面有许多优秀航海家完成了其中一段航程，最后轮到达·伽马发起冲刺、突破障碍，胜利地到达目的地。总之，在葡萄牙人长期航海探险事业中，涌现出一批精通航海科学知识，善于组织国内人力、物力，以保证航海事业顺利进行的杰出人物，如亨利王子、若奥二世、卡奥、迪亚士、达·伽马等人。他们组成葡萄牙航海家群体，为人类的航海探险事业做出了伟大贡献。

东方新航路的发现，充分证明了葡萄牙探险路线的正确性。15 世纪东方探险史上，存在两条航线的竞争。一条是西班牙人选择的、由哥伦布实施的航线——从欧洲跨越大西洋向西航行到达印度；另一条是葡萄牙人选择的、由达·伽马等人实施的航线——沿非洲西部海岸南下，绕过好望角到达印度。葡萄牙人的探险事业，比哥伦布的探险更为现代化、更有革命意义。因为哥伦布所走的航线，在古代，科学家便已根据"地圆说"的原理设计出来了。当时人们认为，地球是圆的，因此只要一直往西航行，就一定能到达东方。哥伦布只不过按照一个"已知的"方向，驶向"已知的"地方。当然他当时并不知道航程的长短，但他心里很笃定，坚信只要一直往西航行，就一定能到达目的地。

与之相反，环绕非洲的航线，却没有前人的论证可循，而是葡萄牙人依据大胆的假设和传闻进行的探险。这条探险航线是向来被科学家否定的。例如古希腊大科学家托勒密，在他的名著《地理学指南》中，充分论证了"地圆说"原理，这激励着哥伦布这样的大探险家大无畏地向西航行，使其认为这样可以到达亚洲，这无疑是正确的。可是与此同时，他又论证"绕道非洲东航，不可能到达印度和中国"。他断言，赤道以南的非洲是一个"未知世界"，东航不可能到达亚洲。因此，葡萄牙人的航线是对古代科学家的挑战，是具有开拓性的探索，并且他们最终以自己的航海实践证明了东航路线的正确。而哥伦布的航行，虽然意外地发现了新大陆，意义十分重大，但他终究未能到达本来的航行目标——印度和东方的其他国家，因此在两条航线的竞赛中，葡萄牙人是当之无愧的胜利者。

东航的成功开辟了新的贸易航路，东方再也不是那遥远而神秘的国度了。紧随葡萄牙人之后，欧洲其他国家如西班牙、荷兰、法国、英国、瑞典、丹麦等国接踵来到东方，寻找商品市场和原料产地。其中多数国家以后逐渐在东方占据殖民地，奴役和压迫东方人民。于是东方成为欧洲资本原始积累的主要来源，一些西方国家靠掠夺和剥削东方致富，发展为资本主义先进工业国。

新航路的发现架起了东西方直接交往的桥梁，使当时世界上最发达的欧亚两大洲摆脱了相互隔绝的状态，推进了东西方经济与文化的交流。西化之风迅速吹送到东方来，在一些国家的沿海城市产生了一定影响，并逐渐推动了东方社会的现代化进程。

葡萄牙早期的东方商业霸权[*]

1498年葡萄牙人绕过非洲好望角,跨越印度洋到达印度,完成了历史性的航行。欧洲通往印度新航路的发现,是东西交通史上的创举,具有伟大的历史意义,但大发现也为欧洲国家的殖民掠夺铺平了道路,葡萄牙随即实施其野心勃勃的称霸东方计划。其主要目标是在印度建立一个牢固的基地,以达到垄断东南亚的香料贸易的目的。

一 印度洋贸易控制权的建立

在葡萄牙人到达印度之前,阿拉伯人和埃及人已经控制了这里的贸易。为了争夺殖民权和商业利益,葡萄牙人与他们发生了尖锐冲突。达·伽马第一次到达印度时,就遭到当地阿拉伯人的反对,但葡萄牙人最后还是在当地居住下来。

1500年3月9日,葡王任命佩德罗·阿尔瓦雷斯·卡布拉尔为新的指挥官,率领由13艘船组成的大船队远征印度。他们于1500年9月到达卡利卡特,然而由于兵力不足,未能征服卡利卡特。最终葡人只好转移到南部的柯钦等地居留与贸易,获得了大量的辣椒、肉桂、乳香、麝香等香料,以及本地的纺织品和药材。1501年1月卡布拉尔启程返航,7月回到里斯本。卡布拉尔这次印度之行建立了贸易基地,带回的货物获利相当于这次航行开支的几十倍。[①]

---

[*] 原文题为《论葡萄牙的东方商业霸权》,载于《中西文化研究》2003年总第4期,第63~71页。

[①] 一说利润达60倍。参见梁英明、梁志明、周南京、赵敬《近现代东南亚(1511~1992)》,北京:北京大学出版社,1994,第21页。

1502年2月，达·伽马重新出山，率领20艘船再次远航印度。由于当时葡萄牙人同阿拉伯人、埃及人和印度人的矛盾激化，从这时起，葡人对东方实行炮舰政策，派出大批军队进行军事远征，控制海洋，以武力确立其东方霸权。

有了几次往来印度的经验，葡萄牙人已经熟识了这条航线，懂得了选择从里斯本起航的最佳时间，以便让季风将他们很快地从非洲东部吹送到印度。达·伽马船队10月初驶近马拉巴尔海岸时，残酷地洗劫了从麦加朝圣归来的穆斯林大帆船。据达·伽马的船员记述："我们夺取了一艘麦加船，上有380名男子和许多妇孺；我们从船上足足拿到了12000枚金币，还有至少价值1万金币的货物。然后我们用火药把船烧毁，船上的人也同归于尽，这天是10月的第一天。"① 10月底，达·伽马率领船队进攻卡利卡特城。他屠杀向船队卖鱼的渔民，封锁和不断炮轰这座城市，抢夺和烧毁驶近城市的货船。与此同时，达·伽马船队持续几个月往返于坎纳诺尔和柯钦一带抢掠香料，所得甚丰。然而，虽然他多次作战取得了胜利，却仍然不能征服和占领卡利卡特。

葡萄牙舰队之后又发现，该处只不过是一个重要的贸易集散地，并不是香料产地。葡人便决定暂时放弃占领卡利卡特，转向其他西海岸城市寻求立足之地。1505年3月，葡王任命弗朗西斯科·德·阿尔梅达为总督，派他到印度的安杰迪夫、坎纳诺尔和柯钦等地建造炮台，以强化占领，并使这些地方成为葡人搜集、储存和装运香料的基地。其中柯钦更成为殖民地总督的大本营。与此同时，葡人在东方航行途中，又在非洲攻占了基勒瓦、莫桑比克港和索法拉等城市，建造炮台。在友好的马林迪，葡人也开设了商馆，建立了贸易据点。

1507年葡萄牙派遣阿丰索·德·阿尔布克尔克（Albuquerque）接任总督。他率领一支由六艘战舰组成的舰队前往印度，途中占领了控制红海入口的索科特拉岛群岛，然后侵入波斯湾霍尔木兹海峡，洗劫了海峡的马斯喀特，以及阿曼湾沿岸几座城市和村庄，打死和俘虏了许多阿拉伯人和伊朗人。阿尔布克尔克下令割掉俘虏的鼻子，砍掉男人的右手和女人的耳朵。葡人占领

---

① 丹尼尔·J. 布尔斯廷：《发现者：人类探索世界和自我的历史（时间、陆地与海洋篇）》，严撷芸等译，上海：上海译文出版社，1992，第263~264页。

葡萄牙早期的东方商业霸权

霍尔木兹岛,以及南海岸的古姆勃隆港(Gombroun),① 建造炮台,强行征收贡赋。葡萄牙人在东方的殖民势力逐渐扩大。

葡萄牙人在印度洋冲破了阿拉伯人、伊朗人和埃及人的贸易势力圈,取而代之,让这些国家的商人惊恐不安。他们各自抵抗葡人的进攻均遭到了失败,于是他们联合起来,缔结大同盟与葡人对抗。这个同盟的主要支柱是埃及和古吉拉特苏丹。此外,卡利卡特和其他几个城市也加入了同盟。在威尼斯商人的帮助下,他们在红海建立了一支颇为强大的舰队,决心与葡人做殊死的斗争。

卡利卡特舰队首先向葡萄牙人发起攻击。可是,葡人显然事先获得了有关情报,总督的儿子洛伦索·德·阿尔梅达很快击退了卡利卡特的舰队。接着,小阿尔梅达奉命率领舰队北上巡航,监视古吉拉特的动向。但这时埃及舰队已经抵达第乌岛(Diu),与古吉拉特舰队联手,在第乌附近海面上,给予小阿尔梅达致命的打击。葡萄牙舰队被全部歼灭,小阿尔梅达当场阵亡。阿尔梅达总督发誓要报仇雪耻。这时阿尔布克尔克已经来到柯钦接任总督,但阿尔梅达坚持要打完这一仗才交权。1509年,阿尔梅达集中全部兵力起航北上,在第乌附近海面与埃及联合舰队相遇,双方发生一场恶战。联合舰队虽有第乌炮台的大炮掩护,但还是被打败,大部分船舰被击毁,残余船只溃逃。古吉拉特孤立无援,被迫投降。这次战役驱除了葡萄牙人在印度洋上的敌对势力,奠定了它在东方长达一个世纪的霸权。

1509年,阿尔布克尔克接任殖民地总督后,力求进一步扩大葡萄牙的殖民势力,于1510年3月至10月,先后三次出兵攻打印度西海岸重镇果阿,每次都对城内居民实行惨无人道的大屠杀,造成死亡人数达6000之多。最后葡人占领了果阿,并将总督府移至该地。果阿从此成为葡萄牙的东方殖民总部。它是葡人在东方的贸易中心,是船舶制造和修理中心,拥有军用物资储藏库和军械库,并于1558年成为天主教东方传教基地。

同一时期,葡人相继于1534年占领巴森(Bassein);1537年占领第乌;1518年在科伦坡建立要塞;到16世纪中叶取得对锡兰(斯里兰卡)的控制权。果阿总督又称为副王,代表葡王领导莫桑比克、霍尔木兹、马斯喀特、锡兰、马六甲和澳门等地的总督。葡人在印度的着眼点是贸易,因此他们只

---

① 马赫德维:《伊朗外交四百五十年》,元文琪译,北京:商务印书馆,1982,第8页。

镜海微澜：黄鸿钊澳门史研究选集

占领了一些沿海港口，并没有深入大炮射程以外的内陆地区去。他们对这些港口进行殖民统治，通过与当地人通婚而扎根，建立炮台堡垒以巩固占领，还向当地酋长每年发放黄金津贴，使之承认葡人的霸权。①

二 对马六甲和霍尔木兹的征服

葡萄牙在印度站住脚跟之后，阿尔布克尔克总督下一步的目标便是封锁印度洋的出入口。这在战略上包含三点：首先攻占马六甲，控制东部入口；其次在红海的入口占领亚丁；最后夺取波斯湾的霍尔木兹。虽然霍尔木兹此前已经归顺葡萄牙，但只有占领才能实现完全控制。

马六甲在东西方贸易中具有特殊的重要性。它位于马六甲海峡，是东西航线的必经之路，也是东南亚、印度和中国三角贸易的中心。16 世纪葡萄牙旅行家汤美·皮雷斯说："谁是马六甲的主人，谁就扼住威尼斯的咽喉。"② 葡萄牙人认为，只要把马六甲海峡控制在手上，就能把印度和阿拉伯商人排除在欧亚贸易航路之外，而使葡萄牙获得对东南亚香料贸易的垄断权。

1509 年，阿尔布克尔克派石圭伊拉（Diogo Lopes de Sequeira）率领一支由五艘军舰组成的小舰队前往马六甲。葡萄牙舰队在马六甲的出现，引起了控制当地贸易的阿拉伯人和印度人的恐慌。他们担心香料贸易的专利被新来的欧洲竞争者夺走，于是号召人们对葡萄牙进行"圣战"，把这些基督徒商人赶跑。在他们怂恿下，马六甲苏丹马哈茂德（Mahmud）和首相盘陀诃罗·端·穆塔希尔（Bendahara tun Mutahir）策划以邀请石圭伊拉赴宴的方法，把葡萄牙人一网打尽。但机事不密，葡萄牙人知道了这个阴谋。石圭伊拉仓皇逃脱。马六甲政府只抓了 20 多名在岸上收集货物的葡萄牙人。

1511 年 5 月 5 日，阿尔布克尔克以石圭伊拉事件为借口，亲率舰队从柯钦出征。这支舰队共有军舰 19 艘、兵员 1400 人。马六甲政府释放了葡萄牙俘虏，并答应赔偿损失，请求和平了结，但无济于事。阿尔布克尔克认

---

① 辛哈、班纳吉：《印度通史》，张若达等译，北京：商务印书馆，1964，第 491～492 页。
② 梁英明、梁志明、周南京、赵敬：《近现代东南亚（1511～1992）》，北京：北京大学出版社，1994，第 20～22 页。

葡萄牙早期的东方商业霸权

为,马六甲是其东方商业霸权的关键所在,征服马六甲,把那里的贸易垄断权从阿拉伯人手里夺取过来,"开罗和麦加完全被摧毁,那末没有什么香料可以转运到威尼斯,除非由它的商人到葡萄牙去购买"。① 因此,他对马六甲志在必得。7月24日,葡人发动第一次攻城。当时马六甲以河为界,分南北两个部分。城南为苏丹的王宫所在地,城北为各国商人聚居的商业区。葡军兵分两路,从南北两方夹击。他们首先试图夺取马六甲河上的一座桥,以切断马六甲南北之间的联系,但是遇到马六甲军队的顽强抵抗,激战一天后,葡人因无法获得粮食与军需品供应,被迫中断进攻。他们纵火焚烧城内建筑物后,便撤回船上。

此后葡军经过十多天的休整和精心准备,又于8月8日破晓前两小时再次攻城。这次葡军集中兵力首先攻打城北;同时,葡军舰队强行冲入马六甲河,用猛烈炮火掩护步兵作战。这时马六甲军队有2万多人,在数量上居优势。苏丹之子艾哈迈德统率战象和3000名士兵英勇作战,战斗十分激烈。马六甲拥有由印度输入的意大利大炮,其威力虽不如葡人的大炮,但亦使登陆葡人付出80多人伤亡的惨重代价。可是,城内的爪哇富商乌蒂穆提拉贾暗中勾结葡人,提供军事情报,使葡人于8月24日攻占马六甲。阿尔布克尔克为了对马六甲实行报复,下令屠城洗劫。"下令男女老少,概不赦免。被屠杀者不计其数。"② 豪华的马六甲苏丹的王宫被抢夺一空,王室的金银珠宝塞满了葡兵的私囊,阿尔布克尔克把苏丹马末沙的锦绣轿和金舆送回本国献给葡王,他还夺取马六甲王坟上的六个大铜狮用于修建自己的坟墓。据估计,葡王得到了战利品的1/5,共20万杜卡(ducat,当时欧洲流行货币),即95000英镑。③ 而他们所抢夺的财物,总计折合黄金达3.5万克之多。从此,葡萄牙人开始了对马六甲长达130年的殖民统治。

葡萄牙力图把马六甲建成一个稳固的殖民据点。他们拆除了当地的古代王陵和清真寺,利用这些建筑物的石料兴建石头堡垒,配置大炮,并修建一道厚实的城墙,在城内兴建了总统府、修道院、军营、监狱、医院和学校

---

① 理查德·温斯泰德:《马来亚史》(上册),姚梓良译,北京:商务印书馆,1974,第122~123页。
② 理查德·温斯泰德:《马来亚史》(上册),姚梓良译,北京:商务印书馆,1974,第124页。
③ 林家劲:《十六世纪马来人反抗葡萄牙殖民者的斗争》,《东南亚历史论丛(第一集)》,中山大学东南亚研究所,1979,第232~234页。

035

等。但是葡萄牙毕竟是个小国，16 世纪全国人口只有 150 万，能够派驻马六甲的军队通常不过 200 人，加上非军职人员总共不过 500 人。因此，为了巩固殖民统治，他们鼓励葡萄牙人和当地居民通婚，期望通过这种政策，产生一大批拥有一定地方势力又忠于葡萄牙王室的欧亚混血儿。

马六甲沦陷后，其苏丹逃亡邻近地区，派使节到中国向明朝皇帝控诉"佛郎机"①的侵略罪行。武宗皇帝发布谕令谴责这种侵略行为，命令暹罗国王驱逐葡萄牙人，帮助马六甲复国。可是暹罗国王与马六甲苏丹之间存在矛盾，因此对马六甲的灭亡抱着一种隔岸观火的态度，没有按照明朝皇帝的谕令采取行动。阿尔布克尔克闻讯大喜，认为这是与暹罗发展贸易关系的大好时机，立即派遣使节携带礼物前往暹罗访问。随后暹罗国王也遣使回访马六甲，双方开始有了贸易往来。

阿尔布克尔克对马六甲的征服轰动了欧洲。葡王曼努埃尔得意地向教皇利奥十世报告了攻占马六甲的经过。利奥十世祝贺葡王获得新属地，特别于 1514 年 11 月 3 日颁布了名为《胜于贡献》的训谕，禁止各国基督教徒侵入葡萄牙在东方所占领的新领土。

1512 年阿尔布克尔克回到印度，镇压了果阿军队的起义。随后，这个年届花甲的殖民军司令和总督又向西航行，继续为实现其征服印度洋的野心而行动。1513 年他的舰队驶向亚丁附近，打算攻占这座城市，从而控制曼德海峡。但是亚丁人早就做好准备，给予这个狂妄的殖民总督以迎头痛击。阿尔布克尔克的进攻遭遇了惨重的失败。其后他率领舰队驶向红海北部观察形势，企图使尼罗河改道从而毁灭埃及，但这只不过是痴心妄想。最后他像一头斗败的老狮子，精疲力竭地退回果阿去舔他的伤口，准备日后的反扑。

1515 年 2 月，阿尔布克尔克率领 26 艘战舰再度西进，远征波斯湾的霍尔木兹。霍尔木兹是亚洲最富裕的城市之一。它名义上隶属于波斯王朝，但实际上是在本地酋长突朗·沙赫的统治之下，保持着相对的独立性。阿尔布克尔克在八年前已使其初步归属于葡萄牙，可是现在突朗·沙赫重新归附波斯，断然拒绝向葡萄牙人交纳年贡，这就成了阿尔布克尔克实行征服的借口。他充分利用酋长家族内部的矛盾，拉一派打一派，很快就完全占领霍尔木兹，并迫使波斯签订条约，放弃对霍尔木兹的主权。从此，该岛酋长臣服

---

① 当时中国人称葡萄牙为佛郎机。

于葡萄牙人,每年进贡纳税。葡人在岛上建造了一座要塞,开始了对这个城市 100 多年的统治。与此同时,葡萄牙商船穿梭往来于霍尔木兹、巴士拉、马斯喀特和巴林之间,垄断了波斯湾一带的贸易。①

三 东方贸易霸权的确立

葡萄牙人来到东方之后,逐渐明白:印度西海岸的港口城市,以及马六甲等地,都只是香料贸易的集散地,而不是香料的产地。阿尔布克尔克本来认为马六甲是当时南洋的贸易中心,是波斯、中南半岛、中国、日本和爪哇商人蜂拥而去贸易的商业城市。要想发展东方贸易,唯有进占马六甲。可是这时他们又发现了香料贸易的秘密:"印度尼西亚群岛之间及与印度支那、菲律宾之间的海运,主要掌握在爪哇人手中。他们从马鲁古把香料运往东爪哇,再从此地运往马六甲。"② 于是,在攻占马六甲之后,阿尔布克尔克立即着手查找运出香料的地方。他在马六甲成立了一个香料观察站,每当有外国商船路过海峡,该站官员驾船上前拦住去路,要求每条船允许一名葡人随同前往考察香料贸易。这样他们终于查明了被称为巨大迷宫的印度尼西亚群岛的各个航道。葡萄牙人随即继续向东航行。1511 年 11 月,阿尔布克尔克派出三艘船前往马鲁古群岛(又称摩鹿加群岛,在印度尼西亚东北部)侦察。这个船队由安东尼奥·德·阿布雷乌率领。船队先后到达安汶和班达群岛,在塞兰岛登陆,绘制了松巴哇、帝汶、安汶、塞兰等岛屿的地图。船队返航途中遇上了风暴,有一艘船在班达海上触礁沉没,船长弗朗西斯科·塞拉奥获救,并被带到马鲁古群岛的德那第岛,担任苏丹顾问,在该岛居住了九年。德那第苏丹国与蒂多雷苏丹国是当时马鲁古群岛两强,长期争当群岛的首领。葡萄牙人利用了这一矛盾,通过塞拉奥的活动,与德那第苏丹缔结同盟,使其势力渗入德那第。1521 年葡人在岛上修造了炮台等军事设施以对抗蒂多雷。

葡人这时并没有立即侵吞香料群岛(即马鲁古群岛)的意向,只是满

---

① 至 1622 年,伊朗趁荷兰在波斯湾击败葡萄牙的机会,出兵夺回霍尔木兹。1650 年葡人又丧失马斯喀特。从此,其势力被逐出波斯湾。参见马赫德维《伊朗外交四百五十年》,元文琪译,北京:商务印书馆,1982,第 18、89、103 页。
② 萨努西·巴尼:《印度尼西亚史》(上册),吴世璜译,北京:商务印书馆,1972,第 220~221 页。

足于垄断香料贸易。但在同一年,西班牙的麦哲伦船队到达马鲁古群岛,支持蒂多雷苏丹与德那第对抗。西班牙人认为,按照教皇子午线的划分,马鲁古群岛应该属于西班牙的势力范围。西班牙人的行动促使葡人立即把一支舰队开进马鲁古群岛,占领了德那第。第二批西班牙人来到马鲁古群岛时,便同葡萄牙军队发生了激烈的战斗,结果西班牙军队战败投降。战后,双方于1529年签订了《萨拉戈萨条约》。西班牙将其在马鲁古群岛的权利以现金卖给葡萄牙。从此,葡萄牙人在东方香料贸易中的垄断地位被西班牙承认。1520年葡人占领了小巽他群岛最东面盛产檀香的帝汶岛;1522年葡人舰队到达爪哇的巽他葛拉巴(雅加达);1545年在万丹建立贸易基地。万丹是向印度和中国输出胡椒的主要港口。葡人又同文莱苏丹缔约,取得通过苏禄群岛和苏拉威西(西里伯斯)海北部航线的航行权。1562年和1564年,安汶和德那第两岛也先后变成了葡萄牙的属地。葡萄牙人终于控制了东方的香料产地。每当11月东北季风吹起之后,他们便把用低价买来的或抢来的或强迫当地纳贡所得的丁香、肉豆蔻、胡椒等,一船一船地运回欧洲牟利。据当时物价,一公斤胡椒在印度售价为2~5个扎卡特,而在里斯本则高达50个扎卡特。葡萄牙商船每年向里斯本运销7000吨这种香料。① 高额的商业利润使大量的财富落到商人和贵族手里,其中葡萄牙国王得利最多。1495年至1521年在位的曼努埃尔国王的"奢侈和豪华,是罗马皇帝以来从未有过的。他的宫殿是最华丽的,他的宴会是最奢侈的,他的大使是欧洲最阔气的"。② 在马鲁古群岛,葡萄牙人除了控制香料贸易之外,还积极传播天主教。这些活动遭到穆斯林商人的坚决反对。1538年爪哇人的舰队进攻安汶岛的葡人,被葡人击败。1565年德那第联合爪哇再次进攻安汶岛,1000名葡军从果阿赶来增援,并暗杀德那第苏丹,打败联军,重占德那第。然而不久德那第又掀起反抗怒潮,围攻岛上葡人要塞达五年之久,终于在1574年攻陷要塞,将葡人赶至蒂多雷岛。

与此同时,葡人又向中南半岛地区扩张其贸易势力。1511年,葡人同暹罗建立了贸易关系。1555年又有一些传教士和商人到柬埔寨通商,并积

---

① 《苏联大百科全书》(第三十四卷),"西班牙、葡萄牙"词条,转引自黄鸿钊《澳门史纲要》,福州:福建人民出版社,1991,第38页。
② 查·爱·诺埃尔:《葡萄牙史》,南京师范学院教育系翻译组译,南京:江苏人民出版社,1974,第146页。

葡萄牙早期的东方商业霸权

极参与柬埔寨国内的政治活动。

以上是葡萄牙在东南亚建立霸权的概况。应当指出，强大的海上军事力量和奋勇冒险精神，是葡人在东方扩张成功的基本保证；而印度洋周边各国社会的分裂状态，则是葡人成功的客观前提。在穆斯林中间，逊尼派与什叶派存在鸿沟，使葡人得以同什叶派的波斯建立同盟，反对逊尼派的土耳其。印度教和伊斯兰教之间的对立，又使葡人在印度和印度尼西亚利用这一矛盾谋求利益。由于当时印度洋沿岸各国政治上的不统一状态，各个港口城市各行其是，只顾本身的贸易与生产利益，而漠视其他地区的命运，这也使葡人的各个击破战术得以奏效。还应看到，当时葡萄牙人建立的是商业霸权，而不是殖民霸权。他们在东方所到之处，不是企图吞并整个国家，而是占领一系列殖民据点和控制海上商路，在此基础上确立贸易的垄断地位。因此，他们虽然同东方国家有矛盾冲突，有些时候冲突还十分尖锐，但这种冲突毕竟是局部的。同时，他们的贸易也给东方国家带来商业利益，这是他们同西班牙在新大陆的殖民政策上的不同之处。

葡萄牙东方殖民帝国的统治中心是印度的果阿，中国人称之为"小西洋"。果阿总督是葡萄牙国王在东方的代理人，权力很大。葡萄牙为了牢牢控制东方商路，分别在果阿、马六甲和霍尔木兹建立了三个海军基地。每年3~4月，从里斯本派出一支舰队前往东非；9月从东非随西南季风驶往印度。舰队包括两类船只：一种是货船，在东方装好货物之后，第二年便顺着东北季风回国；另一种是军舰，用于补充印度洋上海军基地的舰队。当时，果阿是最重要的海军基地，它集中了葡萄牙在东方的大部分军舰，果阿基地定期派出军舰在其势力范围内巡逻。马六甲也有一支常驻舰队保证该海峡以东航路的畅通无阻。这样，印度洋就从数千年来的公海，变成了葡萄牙人控制的禁区。葡萄牙的东方海洋霸权大约维持了一个世纪之久。

葡萄牙早期入侵南海之失败

一 葡萄牙军舰入侵屯门

1511年葡萄牙占领马六甲后，势力已到达中国南海水域的边缘。此后葡人花了几年时间，做了一系列侵入广东沿海地区的准备工作。一方面，通过利诱中国商人，获取有关情报，大致摸清了沿海地区的情况，入侵之前，"凡我虚实，皆了然已久"；① 另一方面，不断从马六甲派出军舰到中国沿海打探虚实。1514年，乔治·阿尔瓦利斯（Jorge Álvares）在中国商人的引导下，来到东莞县屯门岛（在今香港新界）。当地中国官员允许他们贸易，但不许登陆定居。可是阿尔瓦利斯偷偷地在岛上立了一块石碑，上刻葡萄牙国徽，企图以此作为殖民地的标志。七年以后，此人死在屯门，遗体就埋葬在这块石碑下面。② 阿尔瓦利斯的航行在葡萄牙人中影响很大。葡萄牙商人高萨利斯（Andre Corsalis）在1515年1月6日写道："去年葡商到中国，本地人民借口中国不习惯允许外人进宅，而拒绝登陆。然而葡商在此贸易，确能得到很丰富的利益。他们喜不自禁地说道：到中国贩卖香料，同到葡国贩卖香料所得的利益一样大。"③ 1515年初，葡商拉菲尔·佩雷斯特罗（Rafael Perestrello）也到屯门进行贸易，获利20倍，并收集了大量情报，后于1516年8~9月返航。

通过这两年所谓的"试探性的远征"，④ 葡人摸清了珠江口外的贸易和

---

① 姚虞：《岭海舆图·南夷图序》。
② 张天泽：《中葡通商研究》，王顺彬、王志邦译，北京：华文出版社，1999，第34、36~37页。
③ 转引自裴化行《天主教十六世纪在华传教志》，萧濬华译，北京：商务印书馆，1936，第48页。
④ 马士：《中华帝国对外关系史》（第一卷），张汇文等译，北京：商务印书馆，1963，第45页。

葡萄牙早期入侵南海之失败

海防情况。1516年1月，葡萄牙国王命令果阿总督选派一名特使前往中国，要求特使到中国后，注意搜集中国人写的名著，将其译成葡文，还要他们带一些中国男子和妇女到葡萄牙来。① 果阿总督挑选了一个名叫皮来资（Thomas Pirez）的药剂师担任这个差使。

1517年6月，果阿葡萄牙总督派啡瑙·比利·达·安特拉德（Fernao Perez de Andrade）率领舰队从马六甲起航入侵中国。舰队共八艘军舰，每艘载重800吨，全部装载从巴赛购回的胡椒。舰上枪炮配备齐全，并有中国人领航。果阿总督派出的特使皮来资与舰队同行。舰队于8月15日抵达珠江口，在屯门港强行登陆，"盖屋树栅，恃火铳以自固"。②

葡萄牙人占领屯门，将其作为入侵基地，并不是偶然的。珠江出口处左右两方，分别由香山县、东莞县把守门户。屯门属东莞县，与澳门隔海相望，历来是外国商船停泊的港口，也是广东海防的战略要地。据胡宗宪《筹海图编》一书，敌人要进入广州，则屯门港"乃其所必由者"。③ 葡萄牙人认识到了它的战略地位，所以选它作为入侵据点。

盘踞屯门的葡萄牙殖民者表现出海盗本性，疯狂地在广东沿海地区骚扰破坏，"擅违则例，不服抽分，烹食婴儿，掳掠男归，设栅自固，火铳横行，犬羊之势莫当，虎狼之心叵测"。④ 一个叫迪亚戈·卡尔福（Diogo Calvo）的舰长，曾参加过侵略屯门的活动，几年后他追述那次海盗活动时写道："他们不愿服从中国皇帝的命令而想在中国打仗，戮掠这个国家，做了很多恶事。"⑤

1517年9月间安特拉德带领两艘军舰前往广州港怀远驿，要求进行贸易。广东官员顾应祥负责接待处理，广东官员不知葡萄牙是什么国家，只见其人皆高鼻深目，以白布缠头，如回回打扮，于是称他们为佛郎机（Frank）。广东官员以其人不知礼，令于光孝寺习仪三日，而后接见了他们，并向明朝中央政府报告了他们的通商要求。明朝政府查《大明会典》一向

---

① 徐萨斯：《历史上的澳门》，黄鸿钊、李保平译，澳门：澳门基金会，2000，第3页。
② 严从简：《殊域周咨录》（卷九），"佛郎机"词条。
③ 胡宗宪：《筹海图编》（卷三），"广东事宜"词条。
④ 王希文：《重边防以苏民命疏》，转引自印光任、张汝霖《澳门记略》（上卷），《官守篇》，清乾隆五十六年修，嘉庆五年重刊本。
⑤ 转引自张天泽《中葡通商研究》，王顺彬、王志邦译，北京：华文出版社，1999，第55页。

041

并无此国入贡,认为"其国素不列王会",不同意与其建立贸易关系,"诏给方物之值,遣还"。但葡萄牙使团自恃武力,强行驻扎在广州怀远驿,久留不去。①

第二年西南季风刮起后,马六甲总督又派比利·安特拉德的弟弟西蒙·德·安特拉德(Simão de Andrade)率领四艘军舰增援屯门,以强化殖民占领。此人公然在屯门竖起绞架,任意绞死中国平民,殖民者的残暴行径,激起当地人民的强烈义愤。②

【附记】关于西蒙·德·安德拉德在屯门的恶行,葡人徐萨斯也不否认:"满剌加战役的另一位英雄西蒙·德·安德拉德对此进行了大胆的尝试。1518年,他率领一艘军舰、3艘平底帆船到达屯门。他率人建造了一座炮台,以保卫这块地方不受海盗侵袭。为了威慑敌人,他在邻近的一个小岛上竖了一具绞架,还确实在此处决了一个犯罪少年。绞刑的全过程都是葡萄牙式的,使人印象深刻。这种僭越中国主权的行径使中国人大为不悦。当地的盗匪又冒充外国人,抢劫了几个城镇。于是当地人对葡萄牙人恨之入骨,怨恨之声不绝于耳。甚至有谣传说广东有许多清白人家的童男童女被拐卖给了西蒙·德·安德拉德,因为他想烤人肉吃。这种恶意煽起的偏见,由于西蒙·德·安德拉德蛮横专制而日益强烈。他控制了屯门的贸易和运输,拒不付税,甚至还鞭笞了一名中国海关官员。据克鲁斯的观点,中国人之所以怨恨他,乃是他虐待明朝官员之故。"③

二 葡萄牙特使被逐出北京

其后顾应祥调离广东,吴廷举接任广东布政使兼海道副使,他主张解除海禁,同意与葡萄牙人进行贸易。葡萄牙人抓住机会贿赂了广东布政使吴廷举等地方大吏,而且"夤缘镇守中贵",当时最受武宗皇帝宠信的官员江彬也被买通,葡萄牙使团被允许入京。有些官员不赞同吴廷举的政策,指责他

---

① 《明史》(卷三二五),《佛郎机传》。
② 路易斯·德·阿尔布克尔克:《葡萄牙的大发现》(第二卷),范维信译,澳门:纪念葡萄牙发现事业澳门地区委员会,1995,第122页。
③ 徐萨斯:《历史上的澳门》,黄鸿钊、李保平译,澳门:澳门基金会,2000,第3~4页。

"启佛郎机之衅……为患无穷"。①

关于江彬受贿的事,《明史》说得比较含糊,但起草林富奏疏的广东学者黄佐明确指出:"在毅皇帝时,佛郎机夷人假贡献以窥我南海,逆彬受贿使侍上,肆夷语。于是夷酋凭恃宠灵,部见踞骜。"②

1520年1月23日,葡萄牙使团一行30人由广东启程,乘船北上,于5月间到达南京。正好这时明武宗因为宸濠之乱南巡到了南京,皮来资和火者亚三等通过江彬,很快被引见于明武宗。随后于1521年1月使团一行到达北京。

1520年至1521年初,皮来资使团的一切阴谋活动似乎都很顺利。但是由于原马六甲国王的儿子、宾塘王公的使者穆罕默德来到北京,向礼部送交了控诉葡萄牙"夺国仇杀等情"的政府文书,③说佛郎机强盗公然大举入侵马六甲,蹂躏土地,掠杀人民,许多人被投入监狱,幸免者均处于佛郎机统治之下。伏望中国皇帝援救马六甲国王及其人民,使其国土得以重光。④ 于是葡人冒充马六甲使节的骗局被揭穿,形势急转直下,他们的图谋终于落空。

与此同时,吴廷举调离广东后,广东地方官员纷纷上奏,痛陈葡人在广东沿海地区的种种海盗行径。明朝政府就如何处置葡萄牙人的问题展开了激烈的辩论。曾任广东顺德县令的御史丘道隆,以及来自顺德的御史何鳌两人强烈反对与葡人通好。丘道隆说:"满剌加乃敕封之国,而佛郎机敢并之,且啖我以利,邀求封贡,决不可许。宜却其使臣,明示顺逆,令还满剌加疆土,方许朝贡。倘执迷不悛,必檄告诸番,声罪致讨。"何鳌在奏章中说:"佛郎机最凶狡,兵械较诸番独精。……今听其往来贸易,势必争斗杀伤,南方之祸殆无纪极。……乞悉驱在澳番舶及番人潜居者,禁私通,严守备,庶一方获安。"⑤

武宗命令礼部负责处理这个问题。礼部官员讨论之后,赞同丘、何两人

---

① 《明武宗实录》(卷一四九),正德十二年五月辛丑条。
② 黄佐:《泰泉集》(卷五二),《通奉大夫湖广左布政使雁峰何公墓志》。
③ 顾炎武:《天下郡国利病书》(卷一一九),《海外诸番》。
④ 转引自张天泽《中葡通商研究》,王顺彬、王志邦译,北京:华文出版社,1999,第43~44页。
⑤ 《明史》(卷三二五),《佛郎机传》。

的观点，并提出了几条处理意见：①会同马六甲使臣，诘佛郎机番使侵夺邻国扰害地方之故，奏请处置；②对失职的广东官员逮捕问罪，以后严加禁约；③凡违反规定的外国商船，一律驱逐；④吴廷举"倡开事端"有罪，由户部革职查办。①

关于马六甲求援问题，武宗命令兵部进行讨论。兵部提出的处理意见是："请敕责佛郎机，令归满剌加之地，论暹罗诸夷以救患恤邻之义。"同时指出，广东地区巡海和备倭的官员，没有及时报告葡萄牙的侵略罪行，亦应逮捕问罪。②

这时又发生了另一件大事。1521 年 3 月 20 日，武宗病亡。江彬失去了后台，不久即被处决。皮来资使团失去了政治上的庇护者，日子越来越不好过了。不久，火者亚三被捕下狱，他供认自己本是个中国人，为了贪图好处而充当汉奸。他随即被处死。③ 接着，明政府又于 5 月 22 日将皮来资赶出北京。同年 9 月 22 日，皮来资"其人押回广东，驱之出境去讫"。④ 但事实上他此后仍在中国内地流浪，并把其精力放在传播基督教的事业上。⑤

三　汪鋐指挥屯门之战

明政府察觉了葡萄牙人的侵略阴谋，抓捕了葡萄牙使团之后，又命令广东军队驱逐盘踞屯门的葡萄牙人。1521 年 6 月，中国军队在海道副使汪鋐的指挥下，进行了历史上第一次反抗西方殖民者侵略的战争。

当时葡萄牙殖民者已占领屯门四年。其间，他们不断从马六甲增派军队，加固工事，先后在屯门港口建造了炮台、城壕等防御设施，并配备有新式枪炮。葡萄牙人在屯门集中了 12 艘军舰，这些军舰被中国人称为"蜈蚣船"（见图 1）。严从简在《殊域周咨录》中谈到这种战船时说：

> 佛郎机番船用挟板，长十丈，阔三尺，两旁架橹四十余枝，周

---

① 《明武宗实录》（卷一九四），正德十五年十二月己丑条。
② 《明世宗实录》（卷四），正德十六年七月戊寅条。
③ 参见《明史》（卷二），《太祖纪》。
④ 胡宗宪：《筹海图编》（卷一三），《经略三》。
⑤ 徐萨斯：《历史上的澳门》，黄鸿钊、李保平译，澳门：澳门基金会，2000，第 6 页。

围置铳三十四个。船底尖，两面平，不畏风浪。人立之处，用板捍蔽，不畏矢石。每船二百人撑驾，橹多人众，虽无风可以疾走。各铳举发，弹落如雨，所向无敌，号蜈蚣船。其铳管用铜铸造，大者一千余斤，中者五百余斤，小者一百五十斤。……其火药制法与中国异，其铳一举放，远可去百余丈，木石犯之皆碎。①

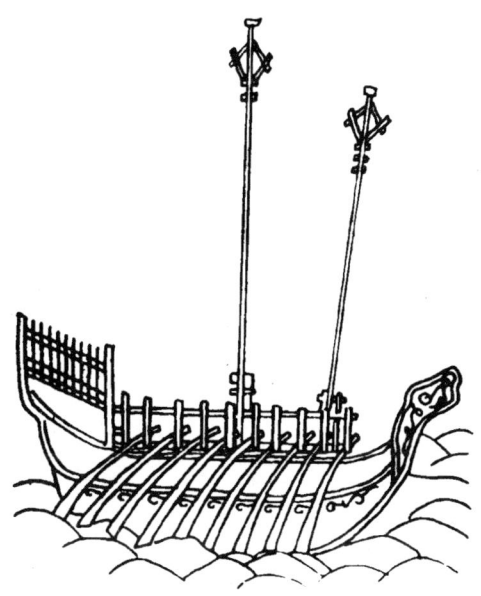

图1　蜈蚣船（16世纪出现在南海的葡萄牙战船）

资料来源：俞大猷：《正气堂集》，附图，明嘉靖八年刻本。

与葡萄牙军队相比，中国军队的武器装备显然处于劣势，但葡人孤军入侵，远离后方，补给困难，从这方面来看，又是我优敌劣。而且，当时明朝正处于国家统一、国力强盛时期，葡萄牙在中国南海地区炫耀武力，必定会碰上一颗硬钉子。广东海道副使汪鋐奉命攻打屯门。1521年4～5月，他率军进驻与屯门仅一海之隔的东莞南头镇，以50艘战船对屯门形成半圆形包围。6月15日，明军发动进攻。葡萄牙人虽然"据险逆战"，但始终未能摆脱困境。汪鋐指挥果断，斗志坚定，每战必"亲冒风涛"，身先士卒。他又

---

① 严从简：《殊域周咨录》（卷九），"佛郎机"词条。

善于接纳别人的献策，集思广益，采用了各种机动灵活的战术。其中一种是火攻，针对"藩舶大而难动，欲举必赖风帆"的弱点，选派轻舟，"多载枯柴燥荻，灌以脂膏，因风纵火，火及敌舟，通被焚溺，众鼓噪而登，遂大胜之"。①另一种战术是潜水凿船。葡军船坚炮利，无法从水面上接近，便改从水底发动攻击，"使善泅者凿沉其舟"，②则往往收到显著效果。还有就是仿造西洋火炮来打击敌人。汪鋐根据东莞官员何儒的报告，知道"蜈蚣船"上有两名水手是中国人，服役多年，已学会造船铸炮方法，便派人动员他们弃暗投明，为国效力。这两个人从葡舰逃出后，帮助汪鋐成功地仿造了佛郎机火铳，发挥了重要作用。

屯门之役持续40天后，葡军伤亡惨重，每条军舰只剩下八名士兵，其余的都是奴隶，不能战斗。作战期间，葡人杜阿特·库尔胡（Duarte Coelho）于6月27日率领两艘军舰从马六甲赶来声援，但无法扭转战局。最后葡人举行会议，决定把剩下的士兵集中到三艘军舰上，准备突围。9月8日凌晨，三艘葡舰趁天黑突围，正好遇到汪鋐的战船，双方发生激战。葡舰寡不敌众，陷入绝境。信奉天主教的葡人突然想到，这一天正巧是圣母诞辰，便伏地祈祷，求圣母玛利亚护佑。不久海上风暴骤起，三艘葡舰得以乘机逃脱，狼狈不堪地返回马六甲。③汪鋐与何儒因驱葡有功，分别升任按察使和县主簿。东莞人民为了纪念汪鋐驱葡功绩，在南头镇修建了一座"汪公遗爱祠"。④汪鋐又把战争期间所仿造和缴获的洋枪洋炮推广到边防和海防中使用。他与何儒都是率先将西方枪炮引入中国的有功之臣。

【备考】关于屯门之战，葡人的说法是："（1521年）他们被告知，中国皇帝驾崩了，所有的外国人必须全部离开这个帝国。葡萄牙人拒绝服从并采取了防御措施。于是，一支由50艘帆船组成的中国舰队包围了屯门。与此同时，几个去广州通商的葡萄牙人也遭到逮捕。那些从暹罗和北大年来中国的人，也在海上遭到中国舰队的袭击，或被杀死，或被俘虏。就在这时，又有两艘葡船到达屯门。其中一艘是装备精良，由杜瓦尔特·科埃略率领的

---

① 张天泽：《中葡通商研究》，王顺彬、王志邦译，北京：华文出版社，1999，第55页。
② 严从简：《殊域周咨录》（卷九），"佛郎机"词条。
③ 张天泽：《中葡通商研究》，王顺彬、王志邦译，北京：华文出版社，1999，第50页。
④ 陈伯陶：《东莞县志》（卷三一），《前事略三》引陈文辅《汪公遗爱祠记》。

葡萄牙早期入侵南海之失败

炮舰。他指挥部队袭击敌方的辎重，用猛烈的炮火给敌人以重创。相反，中国人虽然包围了葡萄牙人，但他们只是偶然发起进攻，不敢过分靠近。血战一场之后，他们就离开战场，退到9英里以外的一个海湾去掩埋同伴的尸体。这时又有一艘葡舰悄悄驶入了港口。屯门的形势很吃紧。葡萄牙舰队人手不够，每条船上的士兵不足8人。面对这种情况，船长们举行了一次军事会议，最后决定将所有人员集中到两艘军舰及一只平底帆船上。在夜幕的掩护下，他们冲出了长达43天之久的包围圈。第2天（1521年9月8日）清晨，这三艘军舰与中国战船遭遇，双方发生激战。葡军寡不敌众，陷入绝境。这时，笃信天主教的葡人突然想起这一天是圣母诞辰。杜瓦尔特·科埃略令众人伏地祈祷，求圣母玛利亚保佑。这时，海上风暴骤起，使得这些笃信圣母的葡萄牙人奇迹般地逃走了。为了纪念此事，杜瓦尔特·科埃略抵达满剌加后，以圣母的名义盖了一座济贫院。"①

其实早在1510年前后，福建地区便有人会制造佛郎机铳。很可能这是因为闽人曾去南洋经商，学会制造这种新型火炮的技术后将其引进福建。② 然后林见素又向王守仁推荐，将其用于军事行动。

葡人到达广东后，与他们打过交道的顾应祥、汪鋐与何儒等官员也获得了这种新式大炮的制造技术。

1517年，顾应祥任广东佥事，署海道事，当年葡人入占屯门，又派两艘兵船闯入珠江，直达广州港停泊，鸣放大炮，铳声如雷，称系佛郎机国进贡。威猛的炮火引起顾应祥的注意。当时顾应祥着手征剿海寇雷振，葡人为了讨好广东官员，由其通事"献铳一个，并火药方"。顾应祥命人在教场中演习试验，证明铳乃"海船中之利器也"。他对这门火炮的特征做了详尽描述："其铳以铁为之，长五六尺，巨腹长颈，腹有长孔，以小铳五个轮流贮药，安入腹中放之，铳外又以木包铁箍，以防决裂。海船舱下，每边置四五个于船舱内，暗放之。他船相近，经其一弹，则船板打碎，水进船漏，以此横行海上，他国无敌。"③ 但顾应祥认为，这种火炮只能用于海战或守城，

---

① 徐萨斯：《历史上的澳门》，黄鸿钊、李保平译，澳门：澳门基金会，2000，第4~5页。
② 王守仁：《王文正公全书·书佛郎机遗事》（卷二四），上海涵芬楼四部丛刊影印本，第12~13页。
③ 胡宗宪：《筹海图编》（卷一三），第31页。

047

"持以征战则无用矣",因此没有进一步推广。

在顾应祥之后,对引进和推广佛郎机铳制作技术贡献较大的人是汪鋐与何儒。1521年汪鋐指挥屯门之战时,仿造了葡人的火炮去攻打葡人,赢得了战争的胜利。《殊域周咨录》中记载了有关他们获得佛郎机铳和火药制造方法的经过:"有东莞县白沙巡检何儒,前因委抽分,曾到佛郎机船,见有中国人杨三、戴明等,年久住在彼国,备知造船、铸铳及制火药之法。鋐令何儒密遣人到彼,以卖酒米为由,潜与杨三等通话,谕令向化,重加赏赉,彼遂乐从。约定其夜,何儒密驾小船,接引到岸,研审是实,遂令如式制造。鋐举兵驱逐,亦用此铳取捷,夺获伊铳大小二十余管。"①

屯门之战结束后,汪鋐将佛郎机铳送到北京朝廷,并上了一道奏章,说明这种火器的威力,建议朝廷加以推广。汪鋐认为:"佛郎机(即葡萄牙)凶狠无状,惟恃此铳与此船耳。铳之猛烈,自古兵器未有出其右者,用之御房守城,最为便利,请颁其式于各边,制造御房。"② 当时甘肃、延绥、宁夏、大同、宣府等边关重镇都有墩台城堡,汪鋐建议,每个墩台配备一门重量20斤以下、射程为600步的鸟铳,每个城堡配备一门重量70斤以上、射程为5~6里的火炮。"五里一墩,十里一堡,大小相依,远近相应,寇将无所容足,可坐收不战之功。"③ 明朝采纳了汪鋐的建议,将火炮"铸造千余,发与三边"。后来南京守备徐鹏举等人上奏章,请求把广东造佛郎机铳的工匠等调来南京铸炮,也得到明朝批准。何儒也被调到南京,升任上元县主簿。

西洋火器的威力,在它传入之初便受到人们的赞叹。1565年到过澳门考察的叶权说:"余亲见佛郎机人投一小瓶海中,波涛跳跃间击之,无不应手而碎。恃此为长技,故诸番舶惟佛郎机敢桀骛。昔刘、项相距广武间,羽数令壮士挑战,汉王使楼烦辄射杀之。羽怒,自出。楼烦不敢动。使有此物(指手枪)数支……何惧项羽哉!三国时斗将令有此,虽十吕布可毙也。"④

1522年4月,另一支由四艘军舰组成的舰队从柯钦出发,统率这支舰队的

---

① 严从简:《殊域周咨录》(卷九),"佛郎机"词条。
② 严从简:《殊域周咨录》(卷九),"佛郎机"词条。
③ 《明史》(卷三二五),《佛郎机传》。
④ 参见叶权《贤博编》,北京:中华书局,1987。

葡萄牙早期入侵南海之失败

是马丁·阿方索·德·梅洛·库丁霍（Martim Afonso de Melo Coutinho）① 少校。葡萄牙国王当时声称，派舰队来中国是为了缔结和平友好条约，而其真正目的是巩固对屯门的占领。舰队到达马六甲时，葡人获知屯门已被中国收复，于是又增派了两艘军舰，于7月10日由马六甲海峡进入中国南海地区。8月，明军和葡军在新会西草湾附近对峙。库丁霍致信广东地方当局，声称带来货物，希望同中国贸易。中方拒绝让葡人重返屯门。于是双方发生激战。此时汪鋐已因屯门之战立功升任广东按察使，由胡琏（1469~1542，江苏沭阳人）接任海道副使，指挥西草湾战役。库丁霍舰队曾经征服苏门答腊的巴赛国，作战凶悍。但明军刚刚获得屯门战役的胜利，总结了实战经验，又引进葡人的大炮，"造船铸铳，为守御计"，海防实力也大大加强。这一战，从西草湾海面一直打到梢州海面。明军夺得两艘敌舰，生擒舰长别都卢等42人，斩首35人，并救回被敌舰掳掠的中国男女10人。库丁霍指挥其余军舰继续顽抗，纵火焚毁明军夺得的两艘军舰，又打死明军百户王应恩，最后突出重围逃走了。②

【备考】一说西草湾为莆草湾之误。莆草湾在台山、新会之间，具体位置即在今上川岛、下川岛北面之海湾。另有指为香港大屿山之茜草湾及新界屯门之间的茜草湾。参见《澳门百科全书》第189页。关于西草湾战役，葡人徐萨斯说："唐·曼努埃尔又向中国派遣了一支舰队，由新任命的使节末儿丁·甫思·多·减儿率领。末儿丁·甫思·多·减儿肩负使命，负责在屯门，或者其他更合适的地方建立一座要塞，以保护在华葡萄牙人的安全。要塞建成后，就由他负责指挥，并率领部分船员驻守此处，与中国人进行全面谈判，帮助托梅·皮来资摆脱厄运。这支由6艘船只组成的舰队于1522年8月到达屯门。杜瓦尔特·科埃略也随船抵达，但他非常谨慎，没有上岸。舰队神不知鬼不觉地驶进了港口。不久，鉴于中国人敌意甚浓，他们试图逃离港口。可是晚了，一支强大的中国舰队向他们发起了进攻。葡萄牙舰队人数处于绝对劣势，又有一艘军舰起火爆炸了。别都卢驾着一只小船去营救那些落水的士兵。他的这一行动展示了大无畏的气概。不幸的是，他在救

---

① "马丁·阿方索·德·梅洛·库丁霍"，即《明实录》的"米儿丁甫思多灭儿"。
② 《明世宗实录》（卷二四），嘉靖二年三月乙卯条。

援行动中牺牲了。葡军发现情况非常不利,就用大炮轰开一条通路,逃向了满剌加。舰队很多士兵成了中国军队的俘虏。"①

屯门和西草湾战役是葡萄牙人向东方扩张以来遭到的第一次重大失败。经受了这次打击之后,葡人无可奈何地悲叹道:"葡萄牙人要想成为征服者,就要付出极其沉重的代价。就像神话中用双肩掮天的阿特拉斯一样,从霍尔木兹到满剌加,葡军在许多战场上都取得了胜利,而现在葡萄牙的荣誉和尊严却一再遭到不如他们那样强大的中国人肆无忌惮的践踏,民族尊严在中国被一扫而光。"②

---

① 徐萨斯:《历史上的澳门》,黄鸿钊、李保平译,澳门:澳门基金会,2000,第6~7页。
② 徐萨斯:《历史上的澳门》,黄鸿钊、李保平译,澳门:澳门基金会,2000,第7页;张天泽:《中葡通商研究》,王顺彬、王志邦译,北京:华文出版社,1999,第66页。

浙闽抗葡名将朱纨之死[*]

朱纨，字子纯，号秋崖，江南长洲（今江苏苏州）人。1547年巡抚浙江，兼督浙闽海防军务。他力主禁海，坚决打击海盗走私贸易，立下赫赫战功，然而遭到东南沿海与海外贸易有利益关系的豪门贵族的忌恨，被群起攻击而问罪。最后于1549年被劾落职，饮鸩自尽。朱纨的悲壮人生，折射出16世纪初期反对以葡萄牙人为首的武装走私势力的斗争的艰巨性和复杂性。

一 三股势力葡人为首 酿成浙闽沿海祸患

16世纪，中国东南沿海祸患不断，危机重重，有三股走私势力危害着浙闽沿海地方的安全。一是私人武装走私集团的猖獗。二是东洋倭寇的滋扰。三是葡萄牙殖民者的入侵。

濒海居民出海贸易古已有之，随着商品经济的发展，私人海上贸易更加活跃。他们不顾政府禁令，进行武装走私，同时往往也进行海盗活动。而在走私集团中，与葡人、倭寇勾结最紧、为害最大的是邓獠、李光头和许栋一伙。邓獠是浙江第一个同葡人勾结的私商。1526年，他"诱引番夷，私市浙海双屿港"。许栋，歙州人，李光头，闽人，皆以罪系福建狱，1540年越狱下海，以浙江定海的双屿港为基地横行海上，既从事走私贸易，又寇掠闽浙地方，被称为"正门庭之寇也"。[①] 他们"勾

---

[*] 原文题为《浙闽海患与抗葡名将朱纨之死》，载于《"一国两制"研究》2012年第1期，第189～192页。

① 朱纨：《甓余杂集》（卷四），《双屿填港工完事》，《四库全书存目丛书》集部，第78册，齐鲁书社，1997年1月影印版，第93页。

引佛郎机夷人，络绎浙海，亦市双屿、大茅等港"。① 东洋倭寇是破坏力更强的走私势力。明洪武初年，日本正处在南北朝分裂的混战年代（1333~1392年），室町幕府不能控制局面，诸侯割据，互相攻战。在战争中落败的封建主就组织武士、商人和浪人到中国沿海地区，进行武装走私和抢掠烧杀的海盗活动，这些所谓的"倭寇"与中国走私商人合流，危害东南沿海海域。

早在1517年安特拉德舰队占领屯门的同时，葡萄牙马六甲总督就派马斯客伦哈斯（Mascarenhas）率领一支舰队到漳州地区活动，为侵入福建沿海做准备。② 16世纪20年代中国收复屯门后，广东实行海禁。葡萄牙人丧失广东贸易市场，便把矛头转向福建和浙江沿海地区，频频"越境商于福建，往来不绝"，③"潜泊漳州，私与为市"。④ 福建沿海的走私贸易顿时猖獗起来。

私人武装走私集团、东洋倭寇和葡萄牙殖民者，这三股海上势力相互勾结，推波助澜，席卷东南海域，其中葡萄牙殖民者居主导地位，因为这股势力掌握先进武器，战斗力强，所造成的危害也最为巨大，其他两股势力均依附于他，扮演次要角色。

葡萄牙人在福建的活动集中于漳州地区。漳州是当时福建著名的海外贸易港口城市之一。它与周围海岛组成了一个对外贸易的港口群体。漳州地区月港，原属龙溪县，后属海澄县，是厦门港兴起之前的一个重要的贸易港，即今之龙海市海丁镇，在漳州城外东南50里，因"其形如月得名"。同安县的浯屿（今金门岛）、诏安县的走马溪等，也都是当时重要的走私贸易据点，被政府称为"贼澳"。"贼船往来，俱泊于此"，⑤ 而"接济者，夕旦往来，无所忌避"。⑥ 葡萄牙人在当地得到走私贩的配合。"夷人初入境内，未敢肆然直入，先托接济之徒，上下打点，方敢入境。"这些接济之徒就是当

---

① 郑舜功：《日本一鉴》（卷六），"海市"词条。
② 张星烺：《中西交通史料汇编》（第二册），北京：中华书局，2003，第386页；又见马士《中华帝国对外关系史》（第一卷），张汇文等译，北京：商务印书馆，1983，第46页。
③ 陈寿祺：《重纂福建通志》（卷二六七），《杂录·明外纪》。
④ 《明世宗实录》（卷一〇六），嘉靖八年十月己巳条；顾炎武：《天下郡国利病书》（卷一二〇），《海外诸番入贡互市》引"林富奏疏"。
⑤ 沈定均：《漳州府志》（卷二二），《兵纪上》。
⑥ 俞大猷：《正气堂集》（卷二），《呈福建军门秋厓朱公揭》。

浙闽抗葡名将朱纨之死

地的海盗和走私商人。张燮说："奸人阴开其利窦，而官人不得显收其利权。初亦渐享奇赢，久乃勾引为乱，至嘉靖而弊极矣。"① 地方官员的受贿纵容，也是走私猖獗的重要原因。浯屿把总丁桐身负海防重任，却屡次受贿枉法。明政府在查处他时指出："犯人丁桐纵容土俗哪哒通番，屡受报水分银，不啻几百，交通佛郎夷贼入境。听贿买路沙金，遂已及千，海寇乘此纵横，居民数被剽掠。"②

浙江是葡萄牙人走私活动的另一重要地区，这里的走私活动集中于宁波的双屿港。

16世纪30年代以后，葡人强占了宁波附近的双屿港，将其作为走私贸易基地。据记载，双屿港"在1533年时，已经非常繁荣"。③ 相传前来经商之人，一时云集万人之多，其中葡人有1200人左右。④ 每年的贸易总额超过300万金币。⑤ 葡人强占了双屿岛后，在岛上建造了1000多座房屋，又建造了货栈、炮台、教堂和医院等，大肆经营，企图长期盘踞下去。

葡人在浙江与当地的奸商勾结起来，共同组成了武装走私集团，亦商亦匪，给浙江沿海带来无穷灾难。当时深晓敌情的将领俞大猷指出，当地奸商"勾引西南诸番，前至浙江之双屿港等处买卖，逃免广东市舶之税，及货尽将去之时，每每肆行劫掠"。⑥ 如双屿港殖民头子裴利亚（Belial）的儿子贝留拉（Laucerot Pereyra），纠集了20名葡萄牙海盗，打家劫舍，杀人越货。他曾袭击双屿附近的西边通村（Xipaton），劫掠10户农家，掳去农妇，并杀害10人。这件血案轰动一时，激起沿海人民的无比义愤。⑦ 臭名昭著的海盗头目法里亚是葡萄牙贵族军官，1526～1528年曾任果阿要塞司令，1528～1529年及1539～1542年两次出任马六甲要塞司令。此人是官、商、匪合一的海盗，他亲自率领武装商船队，游弋于中国东南沿海地区，在做生意的同时肆行劫掠，而且残忍狠毒，杀人如麻。法里亚船队于1542年来到

---

① 张燮：《东西洋考》（卷七），《饷税考》。
② 朱纨：《甓余杂集》（卷六），《夷船出境事》。
③ 马士：《中华帝国对外关系史》（第一卷），张汇文等译，北京：商务印书馆，1983，第46页。
④ 藤田丰八：《中国南海古代交通丛考》，北京：商务印书馆，1936，第384页。
⑤ 周景濂：《中葡外交史》，北京：商务印书馆，1936，第45页。
⑥ 俞大猷：《正气堂集》（卷七），《论海势宜知海防宜密》。
⑦ 方豪：《十六世纪我国走私港Liampo考》，《方豪文录》，北京：上智编译馆，1948，第29页。

053

镜海微澜：黄鸿钊澳门史研究选集

宁波双屿港，此处是葡萄牙人的殖民据点。法里亚在此逗留五个月之久，并在华人引导下图谋盗掘皇陵。但引路华人在途中因不满法里亚所作所为而悄然离去。船队抵达钱塘江口一个葡人称为卡伦普卢伊岛（Calempluy）的大岛，洗劫了一座古刹，获得无数珍宝。① 朱纨受命巡视浙闽海防，经过深入调查后确认，这些走私集团"常年于南风迅发时月，纠引日本诸岛、佛郎机……暹罗诸夷，前往宁波双屿港内停泊，内地奸人交通接济，习以为常，因而四散流劫，年甚一年，日甚一日，沿海荼毒，不可胜言"。② 可见当时在沿海肆虐的这三股势力的危害之大。

二　朱纨横扫海盗战绩辉煌

葡人与倭寇在浙闽海疆的骚扰活动愈演愈烈，引起明政府的不安。1547 年，明政府任命朱纨为浙江巡抚，兼督理浙江和福建的海防军务，厉行海禁。"前去巡抚浙江，兼管福建福、兴、建宁、漳、泉等处海道提督军务，在杭州省城住札"，以"调度官员，实署剿捕防御"。③ 1548 年，又给朱纨旗牌，授其便宜行事之权。据《明史》载，朱纨的军事生涯始于四川兵备副使，其职"专一整饬兵备、综理粮储、操练军马、玩治羌夷"，④ 他同时"抚安军民、修理城池、禁革奸弊"，以及严督相关官员剿捕盗贼。⑤ 朱纨在处理这些事务的过程中积累了大量与寇盗土匪势力斗争的经验。他临危受命打击海盗，到达闽浙之后，针对严重的海盗之患，采取了强有力的措施。

首先，严禁乡官之渡船。朱纨认为，"漳泉地方，本盗贼之渊薮，而乡官渡船又盗贼之羽翼……惟不禁乡官之渡船，则海道不可清也"，⑥ 于是厉行"革渡船，严保甲，搜捕奸民"。⑦ 朱纨的这个措施严重损害了地方乡官

---

① 费尔南·门德斯·平托：《远游记》（上册），金国平译，澳门：葡萄牙大发现纪念澳门地区委员会等，1999，第 219~228 页。
② 朱纨：《甓余杂集》（卷三），《海洋贼船出没事》。
③ 朱纨：《甓余杂集》（卷一），《浙江巡抚》。
④ 朱纨：《甓余杂集》（卷一），《威茂兵备》。
⑤ 朱纨：《甓余杂集》（卷一），《南赣军门》。
⑥ 朱纨：《甓余杂集》（卷二），《阅视海防事》。
⑦ 《明史》（卷二〇五），《朱纨传》。

浙闽抗葡名将朱纨之死

的利益。

其次,在沿海地方推广保甲制度。朱纨认为,"惟沿海官兵保甲,严加防范,使贼船不得近港湾泊,小船不得出港接济。贼船在海久,当自困,相机追击,乃胜算耳"。保甲制度很快收到成效,"旬月之间,虽月港、云霄、诏安、梅岭等处,素称难制,俱就约束"。①

再次,整顿军队,加强海防军事力量。朱纨在闽、浙设置了一些军事防御设施,添置了战船,并培养了一支训练有素的部队,分驻在各海防要塞。又在辖区内募乡兵、募民船,从广东购买乌尾船等大船,做好严厉打击佛郎机、倭寇、中国海盗等海上势力的准备。

1548年初,朱纨调兵遣将进攻双屿港。先派遣副使柯乔、都指挥黎秀等分驻漳、泉、福宁诸地,阻遏双屿港湾的走私船只。又命柯乔从福建"选取福清惯战兵夫一千余名,船三十只","又行浙江温、处兵备副使曹汴选取松阳等县惯战乡兵一千兵",俱委福建都司都指挥卢镗统领,约在浙江海门屯扎。②卢镗率水师向双屿"开洋追剿",发现"大贼船一只",遂派船追击。"追至九山大洋,与贼对敌","攻杀番贼落水不计数,斩首级二颗,生擒日本倭夷稽天、新四郎二名,贼犯林烂四等五十三名"。③这就是"九山洋之战"。

初战告捷之后,卢镗统各路兵直捣双屿,葡萄牙人和中日私商则坚壁不出,又企图乘夜突围。明军奋勇截击敌人,大获全胜。是役,"俘斩溺死者数百人","贼巢从此荡平"。明军"将双屿贼建天妃宫十余间,寮屋二十余间,遗弃大小船二十七只,俱各焚烧尽绝"。④接着朱纨下令以木石阻塞通往双屿港的南北各水口,使所有船只无法进入内港,从此葡萄牙人和中外私商经营多年的国际贸易大港遂成废墟。

双屿港战役后,葡萄牙的残余舰队于1548年7~8月流窜到福建的月港和浯屿,"行劫民财,烧毁房屋"。⑤明军很快追踪而至,于1549年初收复

---

① 朱纨:《甓余杂集》(卷二),《阅视海防事》;(卷三),《海洋船出没事》。
② 朱纨:《甓余杂集》(卷二),《瞭报海洋船只事》。
③ 朱纨:《甓余杂集》(卷二),《捷报擒斩元凶荡平巢穴以靖海道事》。
④ 胡宗宪:《筹海图编》(卷五);朱纨:《甓余杂集》(卷二),《捷报擒斩元凶荡平巢穴以靖海道事》。
⑤ 朱纨:《甓余杂集》(卷三),《海洋捷报事》。

055

月港和浯屿。葡舰又转移至闽粤交界的诏安县海面进行骚扰,舰队停泊于走马溪。同年 3~4 月,明军在走马溪和梅岭水陆两路夹击敌人,共擒斩敌人 239 人。① 漏网的残余者 30 人逃到浪白澳。② 从此,"全闽海防,千里清肃"。③

三 朱纨在反海盗斗争中的失误

1547~1549 年,朱纨在浙闽地区同葡萄牙海盗作战,具有反对侵略、保卫海疆安全的正面意义。但是朱纨所推行的海禁政策,又有不加区别、杜绝一切海外贸易的倾向。这是违反当时历史发展潮流的。明人张燮说:"顾海滨一带,田尽斥卤,耕者无所望岁,只有视渊若陵,久成习惯。富家征货,固得捆载归来;贫者为佣,亦博升米自给。一旦戒严,不得下水,断其生路,若辈悉健有力,势不肯缚手困穷。于是所在连结为乱,溃裂以出。其久潜踪于外者,既触网不敢归,又连结远夷,向导以入。漳之民始岁岁苦兵革矣。"④ 当时的情况很复杂,海盗与走私贸易混成一体,朱纨在斗争中不可能做到既反海盗,又扶持正常贸易。因此,他的海禁政策既遭到与海外贸易有利害关系的豪门世族的反对,也得不到沿海人民的有力支持。这就奠定了他的悲剧角色。

因此,朱纨在浙闽沿海清剿海盗大获全胜,却没有获得朝廷的褒奖,反而招来一片指责声。因为清剿海盗虽然给予葡人、倭寇与走私商以沉重打击,但也切断了闽浙世家大族的通番之利,遭到强烈的质疑和责难。在浙江,"未闻浙中官兵肯赞一词,效寸忠,徒鼓浮言,造巧谤,恐吓当事之人",还有"城中有力之家素得通番之利,一闻剿寇之捷,如失所恃,众口沸腾,危言相恐",甚至有"定海把总指挥马奎倡言军人劳苦,欲罢双屿工役"。在福建,

---

① 朱纨:《甓余杂集》(卷五),《六报闽海捷音事》。按朱纨报告的各项数字应作 244 人,而不是 239 人。
② 马士:《中华帝国对外关系史》(第一卷),张汇文等译,北京:商务印书馆,1983,第 46 页。
③ 朱纨:《甓余杂集》(卷五),《六报闽海捷音事》。
④ 张燮:《东西洋考》(卷七),《饷锐考》。

浙闽抗葡名将朱纨之死

有奸人"扇动人心,沿海汹汹,各携族属沙中聚语,不知几千家"。① 走马溪之战后,"漳人大恐,有尽室浮海者,日走往聚观诸俘,偶语藉藉,踰时乃定。捷闻,则与连者无所释憾,反疏言其擅杀作威"。② 可见,朱纨虽然取得军事上的胜利,但并未解决问题,反而使得局势更加紧张。在此情形下,朱纨决定采取果断措施,将李光头等96名海盗斩首。而这更激发反对者的责难,他们纷纷指控朱纨滥杀无辜和草菅人命。福建巡按御史陈九德上奏说,被杀"九十六人者未必尽皆夷寇也,同中国姓名者,非沿海居民乎?又恐未必尽皆谋叛者也"。对于众人的指责,朱纨上章辩解:"臣看得闽中衣食父母尽在此中,一时奸宄切齿,稍迟必贻后悔。漳州反狱入海,宁波教夷作乱,俱有势鉴。兵机所系,间不容发,先声夺人,事当早计,一面差官责捧钦给旗牌驰赴率前行事,一面具本于本年三月十八日题请。"③ 从当时形势看,东南海域海盗肆虐,情况危急,海盗祸患是主要矛盾,打击海盗是明朝政府面临的最重要事件。朝廷把如此重任交给朱纨,并授予便宜行事之权。朱纨倾其全力完成了任务,其功劳卓著。至于处置海盗有失当之处,其过失与功劳相比总是次要的。按理朝廷应该给予奖赏,同时指出其错误,或至少也应认为其功过相抵。可是当时朝廷官员中浙闽势力巨大,他们攻其一点,不及其余,以致朝廷最终倾向反对派,完全丢开功劳不问,一味打压朱纨等人,一瞬间朱纨从清剿海盗功臣变成负罪之臣。朝廷下旨差兵科给事中杜汝桢会同巡按御史陈宗夔从实查勘具奏,而"朱纨不待奏请,辄便行杀,革了职听勘;卢镗、柯乔等差去官提了宪问"。④ 其后兵部三法司根据杜汝桢等人的调查进行复审,判处朱纨、卢镗、柯乔有罪,翁灿等人交由巡按御史审问,汪有临等人分别扣除薪俸。⑤

朱纨获悉朝廷判处他有罪的消息后,心中十分悲愤:"去海中之盗易,去中国之盗难;去中国之盗易,去中国衣冠之盗难。"又说:"纵天子不欲

---

① 朱纨:《甓余杂集》(卷八),《公移二·福建浙江提督军务行》;(卷二),《议处夷贼以明典刑以消祸患事》;(卷五),《旷官违众乞残喘以存大体献末议以图久安事》;(卷六),《奉行军令军法以安地方事》。
② 刘凤:《续吴先贤赞》(卷六),《朱纨传》;王士骐:《皇明驭倭录》(卷五),《续修四库全书》史部,第428册,上海古籍出版社,2013,第335页。
③ 朱纨:《甓余杂集》(卷六),《奉行军令军法以安地方事》。
④ 朱纨:《甓余杂集》(卷六),《兵部一本为六报闽海捷音事》。
⑤ 《明世宗实录》(卷三六三),嘉靖二十九年七月壬子。

死我，闽、浙人必杀我。吾死，自决之，不须人也，制圹志，作俟命词，仰药死。"① 就这样，在浙闽地区的官僚、地主、商人势力集团的反对下，朱纨被免职候审，愤而自尽。

朱纨死后，朝廷罢设巡视大臣，沿海弛禁，浙闽走私贸易又活跃起来。"岛夷为寇，海邦荐惊。庚戌（1550年）②、戊午（1558年），首尾垂及十年，南粤东齐，绎骚且亘万里。"③ 虽然后来明政府又于1552年恢复海禁，但无效。在这种情况下，葡萄牙海盗商人又卷土重来。

---

① 《明史》（卷二〇五），《朱纨传》。
② 引文中此类年份括注为作者所加，以下不再一一注明。——编者注
③ 张燮：《东西洋考》（卷七），《饷锐考》。

汪柏私许葡人通市[*]

一　葡人获准参加市舶贸易

屯门之战后，广州市舶贸易因葡人的侵扰而被迫停止。广东为了防范葡萄牙海盗，厉行海禁，"自是海舶悉行禁止，例应入贡诸番亦鲜有至者"。[①] 1522年，市舶从广州迁至僻处一隅的高州府电白县，这里是越南、暹罗诸国来华贸易的必经之处，向有"番船澳""番货澳"等泊口进行走私贸易（见图1）;[②] 但毕竟远离贸易中心广州港，这显示了广东当局为了保障广州海域的安全，而对市舶贸易的冷落。但如此一来，广东经济萧条，人民生活困苦。黄佐、林富上奏章之后，16世纪30年代初，广东开始放松海禁，外国商人相率集聚于香山、东莞、新宁县各个港口停泊贸易，"而浪白澳为尤甚"，[③] 但浪白澳风大浪高，"水土甚恶，难久驻"。[④] 在他们的活动之下，市舶又于1535年迁至香山澳门。1535年，广东地方政府决定市舶船只移往澳门停泊贸易，从此澳门便成为正式的对外贸易港口。

广东海禁的解除和澳门港的开辟，并不是为了与葡人通商。1535年，葡人曾混入澳门进行贸易。可是广东方面对葡人的恶行记忆犹新，防备较严，葡人难以混迹其中。他们主要的海盗贸易活动地区仍是在浙闽沿海一带；但在16世纪40年代末，葡人遭到中国军队痛剿，尤其是盘踞双屿港多

---

[*]　原载《"一国两制"研究》2015年第2期，第187~192页。
[①]　顾炎武：《天下郡国利病书》（卷一二〇），《海外诸番人贡互市》；（卷一〇二），《广东》。
[②]　郭棐：《粤大记》（卷三二），"广东沿海图"。
[③]　胡宗宪：《筹海图编》（卷三），《广东事宜》。
[④]　顾炎武：《天下郡国利病书》（卷一〇二），《广东》。

图 1　16 世纪电白县海港形势

资料来源：郭棐：《粤大记》，"广东沿海图"。

年的海盗被朱纨荡平，少数海盗残余分子从浙闽逃回珠江口浪白、上川等岛屿进行走私活动。他们不久便通过汪柏进入澳门贸易。之所以能够如此，主要是因为 1550 年朱纨被追责自杀后，海禁派受到很大打击，朝廷对走私贸易的管控更加放松了，"中外摇手不敢言海禁事"。[①] 葡人从而乘机谋划加入了珠江口的市舶贸易。"自是佛郎机得入香山澳为市。"[②] 那时香山县有两个澳，一个是濠镜澳，另一个是浪白澳。葡萄牙的商船在这两个澳都停泊过。所以后来他们又窜至浪白澳，从事走私活动。16 世纪入居澳门之前，在浪白澳的葡萄牙人有 500～600 人之多。[③]

葡人加入市舶贸易，与汪柏有关，因为这事发生在汪柏海道副使任期之内。与葡萄牙远东贸易船队的长官索扎（Leonel de Sousa）谈判的人是汪柏。

索扎于 1553～1555 年在广东沿海活动，通过行贿使广东官员同意葡商

---

① 王世贞：《弇州史料后集》（卷二五）。
② 《明史》（卷三二五），《佛郎机传》。
③ 马士：《中华帝国对外关系史》（第一卷），张汇文等译，北京：商务印书馆，1983，第 47 页。

入澳贸易。1555年他回到印度,于1556年1月15日写信给葡萄牙路易斯亲王,报告活动经过,并向王室邀功请赏。信中提到以下几点。

一是葡萄牙人在华贸易陷入困境。"我辗转中国三载。生意一笔接一笔,可获利菲薄。中国各处港口堡垒森严,船队严阵以待,决不允许我们从事贸易。""佛郎机被视若无法无天的强盗、逆贼。""于是,我传令各船严加防守,并要求与我同行的葡萄牙人不得从事任何会再引起当地人群情激愤之事,亦不得重蹈覆辙,令当地人再次哗然。即便如此,本地人仍拒绝为我们提供给养,致使我们陷入重重困难之中,供应短缺。""人们推举我议和,商定习惯上缴纳的关税。与众人磋商后,我采纳了这一建议。"也就是说,索扎在走投无路的情况下,决定放弃非法走私活动,争取纳税参加市舶贸易。

二是索扎通过一名"穿针引线的正派商人"与广东官员联系。根据中国方面的记载,此人可能就是周鸾。"岁甲寅(1554年),佛郎机夷船来泊广东海上。比有周鸾号客纲,乃与番夷冒他国名诳报海道,照例抽分,副使汪柏故许通市。"①

三是关于纳税贸易的谈判,当时"……广州城海道遣人议和定税。……商议的结果是,我们必须遵照习惯按百分之二十纳税……我只同意支付百分之十。海道答复我说,他无法压低税率,因为这是皇帝规定的税则。……于是,将当时我们所携带的货物一半按百分之二十纳税,这样平摊下来也只有我所说的百分之十"。"因此,在我离开中国之际,达成了和约,一切恢复了正常。""于是,在华商务出现了和局,众人得以高枕无忧做生意、赚大钱。许多葡萄牙人前往广州及其他地方行商,所到之处,总算有了几天舒心的日子,自由经商,无拘无束。除支付上述税率外,无其他苛捐杂税。许多商人隐报。实际上,仅仅支付三分之一货物的关税。"

四是汪柏这次允许葡商贸易,只是临时性的安排。"在我启程之际,海道派人转告我说,若我们欲在华通商,希望我获得陛下大使的资格,以便他可禀报皇帝我们系何许人也,这样便可永享和平,因为凡是在华通商者,无不具有皇帝的特许且泊有定口。"很明显,汪柏曾要求葡人今后以官方特使身份来正式谈判贸易问题。可是,看来葡人未能这样做,只是以不断的贿赂

---

① 郑舜功:《日本一鉴》(卷六),"海市"条。

镜海微澜：黄鸿钊澳门史研究选集

来取得贸易的便利。①

以上索扎信中所说的同中国海道副使联系、争取得到正式市舶贸易机会的过程，与我国古籍中有关汪柏受贿的记载基本上吻合。但至今未发现汪柏有关奏稿，很可能是葡萄牙人没有派出正式特使，汪柏根本就没有奏报朝廷，只是擅自同意葡人在广东通商的请求。

二 汪柏有没有受贿？

目前对于汪柏受贿问题存在争议，有人认为汪柏是个品德高尚的清廉官员，没有也不可能有受贿行为。

究竟汪柏有没有受贿？如何看待汪柏接受葡人贿赂这一问题？汪柏曾经接受葡人贿赂，是依据大量的记载，而不是某个人的推论。这是毋庸置疑的事实。

索扎本人就在上述信件中，承认自己对中国官员进行过贿赂。当官员上船抽税时，"我好生招待了他们，美味佳肴，礼品馈赠。他们暗中收下了赠礼"。显然葡萄牙商人为了达到贸易目的而采取贿赂手段。所有贿赂官员、打通门路、争取贸易的工作都由两个人去做。一个是葡萄牙商人西蒙·德·阿尔梅伊达（Simão de Almeida）。此人有一条船在华贸易已久，熟悉情况，经验丰富，而且热心效劳。索扎说："为获此生意及和约，颇费心机与财帛。其详情恕不赘述。"他对贿赂过程讳莫如深，但又透露出阿尔梅伊达曾自掏腰包，"向海道手下及官员送礼，并同海道进行了简短的谈判"，"此事之所以玉成，全亏他的参谋与襄助，因为我囊中羞涩，打点人情已捉襟见肘"。

与汪柏同时的郭棐于万历年间主编《广东通志》，曾揭露葡萄牙人采取贿赂广东官员的方式混入澳门："嘉靖三十二年（1553年），舶夷趋濠镜者，托言舟触风涛缝裂，水湿贡物，愿借地晾晒。海道副使汪柏徇贿许之。初仅篷累数十间，后工商牟奸利者，始渐运砖瓦木石为屋，若聚落焉。自是诸澳

---

① 金国平：《莱奥内尔·德·索扎与汪柏》，金国平著《中葡关系史地考证》，澳门：澳门基金会，2000，第38~44页。

062

汪柏私许葡人通市

俱废,濠镜为舶薮矣。"① 郭棐又在该书《丁以忠传》中提到:"佛郎机违禁潜住南澳,海道副使汪柏受重赂从臾之。以忠曰:'此必为东粤他日忧,力争弗得。'"② 郭棐编书时间距离汪柏任海道副使不过20多年,他记载的史料属于当代史料,可信度很高。何况提到汪柏受贿的不止郭棐一人。其他学者谈及这一事件时也有类似说法。明末广东学者屈大均,清代我国第一部澳门史作者印光任、张汝霖等人的著作中也有与上述大致相同的记载。③

有人说汪柏与葡人索扎签订了中葡之间的第一个协议。这种提法不妥当,也不符合历史事实。

首先,葡人没有官方身份,没有官方文书,只是以走私商人头目身份请求加入市舶贸易。其次,汪柏只是听取了葡人的贸易请求,接受了贿赂之后,擅自给予某些允诺,属于私相授受性质,双方不是正式的谈判,没有任何协议文献。汪柏曾要求索扎设法获得特使身份前来进行正式谈判,但葡人始终没有做到这一点。因此,把汪柏受贿之事改为谈判达成协议,似乎有抬高葡人索扎身份、将葡人居澳合法之嫌。

三 葡人非法占居澳门

葡人居澳没有事先得到允许,完全是一种非法行为。汪柏接受贿赂之后,只是同意葡人纳税加入市舶贸易,并没有允许葡人居留澳门。即使葡人"托言舟触风涛缝裂,水湿贡物,愿借地晾晒",他也只是允许其上岸"晾晒"货物,"守澳官权令搭篷栖息,迨舶出洋即撤去"。④ 正如摩利逊所说,那时澳门只是葡萄牙商人的"暂时栖泊所"。

但是葡萄牙人赖着不走,硬是要在澳门长期居留。郭棐说1553年葡人开始居澳门时,"初仅篷累数十间,后工商牟奸利者,始渐运砖瓦木石为屋,若聚落焉"。⑤

---

① 郭棐:《广东通志》(卷六九),《澳门》。
② 郭棐:《广东通志》(卷一三),《丁以忠传》。又见郭棐《粤大记》(卷九),《丁以忠传》。
③ 屈大均:《广东新语》(卷二),《地语·澳门》;印光任、张汝霖:《澳门记略》(上卷),《官守篇》。
④ 庞尚鹏:《百可亭摘稿》(卷一),《陈末议以保海隅万世治安疏》。
⑤ 郭棐:《广东通志》(卷六九),《澳门》。

063

镜海微澜：黄鸿钊澳门史研究选集

一般认为葡人是在 1557 年入居澳门的。"1557 年，澳门这个中国南方的小半岛被租用了，成为几个世纪以来欧洲人在天朝的惟一立足点。"① "1555 年（葡人）贸易移于浪白澳，1557 年由此转移于澳门，在这里由于做小买卖和大生意的关系，一个人口稠密的居留地发展起来。"这些说法最初是从平托那里来的。平托是葡萄牙海盗船长，曾长期在中国和亚洲其他国家海岸从事海盗活动，1556 年离开中国。他晚年写《远行记》，谈到葡人居留澳门问题时说：

> 直至 1557 年广州官员在当地商人的要求下，将澳门港划给了我们做生意。以前那里是个荒岛，我们的人把它建成了一个大村落。里面有价值三、四千克鲁扎多的房屋，有大堂，代理主教，有受俸教士、城防司令、王室大法官、司法官员。众人在那里感到非常的安全，如同在自己的家园一样，如同该岛在葡萄牙最安全的一个地方。②

平托的书中关于居澳年代的记载，有一定的参考价值。中国同样也有资料说葡萄牙人居留澳门始于 1557 年。如万历四十五年（1617 年）五月，两广总督周嘉谟、广东巡按御史田生金的奏疏中谈到葡人居留澳门的年代，有"其群夷去故土（数）万里，居澳中六十年"之语。兵部批复也说"澳夷去故土数万里，居境澳六十年"。③ 因此葡人居澳始于 1557 年大致可信。

但是需要补充说明的是，葡人入澳贸易，搭棚晾晒"贡物"，贸易完毕即要拆除离去，他们却在澳门私自筑室定居下来。这种情况我国亦有详细记载。俞大猷于 1564 年说："商夷用强梗法盖屋成村，澳官姑息已非一日。"④ 庞尚鹏在同年的奏章中也说："近数年来，始入蚝镜澳筑室，以便交易，不

---

① 查·爱·诺埃尔：《葡萄牙史》，南京师范学院教育系翻译组译，南京：江苏人民出版社，1974，第 171 页。
② 费尔南·门德斯·平托：《远游记》（下册），金国平译，澳门：葡萄牙大发现纪念澳门地区委员会等，1999，第 698 页。
③ 方孔炤：《全边略记》（卷九），《海略》；《明神宗实录》（卷五五七），万历四十五年五月辛巳条。
④ 俞大猷：《正气堂集》（卷一五），《论商夷不得恃功恣横》。

064

逾年多至数百区（区指小屋），今殆千区以上。"① 俞大猷和庞尚鹏都极力主张驱逐葡人，庞尚鹏提议"将巡视海道副使移驻香山，弹压近地"，以施加压力；然后"明谕以朝廷德威，厚加赏犒，使之撤屋而随舶往来"；并规定"自后番舶入境，仍泊往年旧澳（即浪白澳），照常交易，无失其关市岁利"。② 俞大猷甚至表示准备使用武力，"与之大做一场，以造广人之福"。③ 这些都说明，葡人居澳并没有得到允许，完全是非法窃据。若是经过官方允许居澳，怎么会有驱逐之说？

当时某些外国传教士也提及葡人居澳的经过。西班牙传教士格雷戈里奥·龚萨雷斯说，当时澳门贸易舶口不许外商上岸居住，商人贸易后，必须离开澳门，到浪白过冬。1555 年，龚萨雷斯同其他七名葡萄牙人私自滞留澳门，结果被中国官员拘留审问，中国官员质问他们"赖在陆地不走，是否有不可告人的图谋"。龚萨雷斯被释放后，不思悔改，1556 年他吸收了一些中国教徒，并和他们一起在澳门建造了一座"茅草教堂"。龚萨雷斯同 75 名教徒蓄意留居澳门，结果他再次被中国官员拘捕。但到了 1557 年，中国官员不再拘捕这些居留者，也不再迫使他们拆除岸上搭建的房屋，葡萄牙人从此得以安心在澳门居住了。④

总之，葡人居澳是在 1553～1557 年实现的。而在 1557 年定居之后，他们仍继续大兴土木，经过六七年后，澳门已成为约有千间住屋、人口成千上万的新兴港口城市。葡人居澳之后，就一直赖着不走，历时 400 多年之久。

四　葡人得以长期居留澳门的原因

葡人居澳引发中国朝野的强烈反对。然而明朝政府没有驱赶葡人，还是让葡人长期居留下来了。这是为什么呢？难道是因为当时中国没有力量驱逐盘踞澳门的葡萄牙人吗？不然。以当时明朝的国力，驱逐葡人简直易如反掌。汪鋐、朱纨多次击败葡萄牙海盗，就是明证。那么，为什么当时明朝政府没有驱逐葡人呢？

---

① 庞尚鹏：《百可亭摘稿》（卷一），《陈末议以保海隅万世治安疏》。
② 庞尚鹏：《百可亭摘稿》（卷一），《陈末议以保海隅万世治安疏》。
③ 俞大猷：《正气堂集》（卷一五），《论商夷不得恃功恣横》。
④ 罗理路：《澳门寻根》，陈用仪译，澳门：澳门海事博物馆，1997，第 18～19 页。

原来，反对葡人居澳者多为京官，与地方贸易利益毫无关系，他们慷慨陈词，调子很高，恨不得立即将澳门葡人赶跑。但务实的广东地方官员就不这样想了。

广东地处南海之滨，海外贸易素称发达。到了明代中期，沿海地区商品经济发展迅速，对海外贸易要求尤其迫切。早在16世纪20年代，屯门之战结束时，明朝政府宣布广东厉行海禁，造成全省经济萧条。巡抚林富奏疏大声疾呼"粤中公私诸费多资商税，番舶不至，则公私皆窘"，① 要求立即开放海外贸易。40年代，当朱纨在浙闽沿海厉行海禁，打击葡萄牙海盗商人走私活动时，广东地方势力与浙闽地方势力一样，对此举都持反对态度。据记载："当是时，瓯、粤诸贵人多家于海，其处者与在朝者谋，务破败公所为，至革巡抚为巡视，稍削其权。"由此可见，广东地方官员对海外贸易有自己的看法和做法，他们不满意北京官员只看到开放贸易不利的方面，而忽视其有利的方面，而且对不利方面又夸大其词、危言耸听。在他们看来，葡人居澳贸易，对广东地方有利，或至少利大于弊，因此主张允许葡人居留澳门贸易。霍汝瑕说过，对待居澳葡人，"建城设官而县治之，上策也。遣之出境谢绝其来，中策也。若握其喉，绝其食，激其变而剿之，斯下策矣"。② 在这里，他的观点十分鲜明，主张容许葡人居留澳门，而设官管理。这主要是为了谋求通商的实利，但也要视葡人的表现而定。好在葡人这时的态度也变好了，他们总结了经验教训，"在被逐30年后重新回到广东省时，他们完全抛弃了武力手段。他们采取了谦卑和恭顺的态度。换句话说，他们在中国采用不同的政策，即近乎拍马屁的贿赂与讨好的政策"。③ 前面提到汪柏同意葡人进入澳门贸易，也无非是因为索扎采取了这种"恭顺加贿赂"的手段罢了。

此外，现今发现的一些史料表明，明朝容留葡人居澳也与采购香货有某些关系。唐宋以来，南洋香货是中外海上贸易的重要商品。香货可分为两种：一为食用香料，英文称 spice，如胡椒、豆蔻、八角等；二是化妆与药用的香料，英文称 perfume，多由动植物油提炼而得，如龙涎香、龙脑、乳

---

① 《明史》（卷三二五），《佛郎机传》。
② 霍汝瑕：《勉斋集》，转引自卢坤《广东海防汇览》（卷三），《舆地二》。
③ Tien-Tse Chang, *Sino-Portuguese Trade from 1514 to 1644*, Leyden: E. J. Brill, 1934, p. 90.

香、沉香、丁香等。当时明朝需要大量香货，尤其是需要动物香料中珍稀的极品龙涎香。

关于明朝采购香货一事，当时的官方文书均有翔实记载。如《国榷》称："（嘉靖三十三年八月）己丑，命户部市龙涎香。"又"（嘉靖三十五年八月）壬子，命于福建、广东番舶购龙涎香"。① 另一本叫《明大政纂要》的书说："（嘉靖三十五年八月）诏采芝，采龙涎香。……未几，广东布政司进龙涎香一十七两。"② 据《明史·食货志》称，嘉靖年间，朝廷急需香货，命令户部派出官员"分道购龙涎香，十余年未获，使者因请海舶入澳，久乃得之"。③

在这里，值得注意的是，采购龙涎香实在太难了。当时被派出采购香货的官员，十多年均无法购买到龙涎香，觉得必须求助于海舶，便请求允许海舶入澳贸易，自从葡人居澳以后，终于采购到了龙涎香。"嘉靖四十二年（1563年），广东进龙涎香七十二两有奇。"④

《明实录》中关于此事的记载更为详细：嘉靖三十五年八月壬子，即公元1556年，"上谕户部，龙涎香十余年不进，臣下欺怠甚矣。其备查所产之处，具奏取用。户部覆请差官驰至福建、广东，会同原委官于沿海番舶可通之地，多方寻访，勿惜高价，委官并三司掌印官住俸待罪，俟获真香方许开支"。⑤

《明实录》中另有一条关于采购龙涎香的事，发生于嘉靖四十四年，即1565年。皇帝点名批评户部尚书高耀，对只买到三四斤龙涎香表示强烈不满。谕旨称："此常有之物，只不用心耳！"高耀惶恐惧罪，请派遣官员至广东、福建，要求当地抚按等高级官员亲自"百方购之"。⑥ 地方政府既然因为采购龙涎香而有求于葡人海舶，又怎么会去驱逐他们呢？

又据葡语文献记载，汪柏曾求助葡人采购龙涎香："他想得到龙涎香，用它进贡国王，得王恩换个比布政使更大的官当。许久以来，他们向葡萄牙人求索此物，但他们不知道我们如何称呼龙涎香。直到前一年（1555年），

---

① 谈迁：《国榷》（卷六一），《世宗》。
② 谭希思：《明大政纂要》（卷五十七）。
③ 《明史》（卷八二），《食货志六》。
④ 沈越：《皇明嘉隆闻见录》（卷一一）。
⑤ 《明实录·世宗实录》（卷四三八）。
⑥ 《明实录·世宗实录》（卷五四三）。

广东海道释放的一个葡萄牙人得到少许后,才知道龙涎香在我们言语中的称谓。他也因此高升布政使。"①

由此看来,1556 年葡人被允许进入澳门居留贸易,除了汪柏受贿,私相授受之外,似乎还有那些"住俸待罪"的官员因为求助葡人采购龙涎香而容留葡人居澳的因素。

香山是当时香货入贡之处,起卸香货的港口就是澳门,政府在澳门岸边设有验香所。著名戏剧家汤显祖南游至此,见到壮丽的海景和采购香货现场的繁忙,曾口占一首采香诗:

不绝如丝戏海龙,大鱼春涨吐芙蓉;千金一片浑闲事,愿得为云护九重。②

汤显祖在澳门见到官员们为了保证供应宫禁内享用的香货,采香时一掷千金,不免感叹。诗人屈大均在谈到澳门贸易的时候特别指出香货贸易的重要地位。他在一首关于澳门的诗中写道:

路自香山下,莲茎一道长。水高将出舶,风顺欲开洋。
鱼眼双轮日,鳍身十里墙。蛮王孤岛里,交易首诸香。

屈大均在诗中明确指出澳门贸易以"诸香"为首。龙涎香是香中极品,价格十分昂贵。诸香均是南洋热带地区特产,是中国与东南亚传统贸易的主要货物。由于当时澳门税收可以解决广东官员的薪俸和军饷开支,贿赂收入也十分可观,加上采购香货又有求于葡人,因此,广东官员一般不愿实行驱赶葡人的政策。对于京官的激烈言论,他们听而不闻,你说你的,我干我的。"盖其时澳夷擅立城垣,聚集海外,杂沓住居,吏其土者,皆莫敢诘。甚有利其宝货,佯禁而阴许之者。时督两广者戴耀也。"③ 其中所说的"利其宝货",就是指香货。因为采购龙涎香等香货是必须完成的重大使命,故

---

① 吴志良、杨允中主编《澳门百科全书》,澳门:澳门基金会,2005,第 170 页。
② 《汤显祖集》(一),上海:上海人民出版社,1973,第 427 页。
③ 沈德符:《野获编》(卷三〇),《香山澳》。

广东官员戴耀放纵葡人；在他之后，张鸣冈也是如此。1614年，两广总督张鸣冈上奏章，极力鼓吹维持澳门现状。他虽然承认"粤之有澳夷，犹疽之在背"，但认为"兵难轻动"，不能采取武力驱逐政策，应仍让葡人居留澳门，而对其"申明约束"，"无启衅，无弛防"，以求"相安无患"。①

同时，葡人居留澳门后，仍不断贿赂中国官员，以免遭到驱逐。关于这一点，中外记载甚多。1593年，葡人在澳门向葡萄牙国王写报告承认："为了维持我们在此地的居留，我们必须向异教的中国人花费很多。"② 所谓花费无非是贿赂罢了。利玛窦在日记中曾经详细记述了1582年葡人向两广总督陈瑞行贿的经过。③ 这些官员收到贿赂，也就对葡人加以维护，从而使葡人年复一年地得以在澳门居留下去。

总之，从历史记载来看，汪柏、霍汝瑕、戴耀和张鸣冈等广东官员，都对葡萄牙居澳贸易采取宽容态度。商利与贿赂，以及中国官员采购香货等是葡人能够长期居澳的原因。而其中商利又是更主要的原因，这是基于商品经济发展的客观需求。否则，一两个官员一时受贿并不可能导致葡人的长期居澳。还有葡人恭顺守法，没有闹事，也是明清政府允许其居留下去的原因之一。

---

① 《明史》（卷三二五），《佛郎机传》。
② 转引自马士《中华帝国对外关系史》（第一卷），张汇文等译，北京：商务印书馆，1983，第47页。
③ 利玛窦、金尼阁：《利玛窦中国札记》（上），何高济等译，北京：中华书局，1983，第148页。

早期中国政府对澳门的管治*

一 中国政府管治澳门葡人的政策

自葡人居留澳门至 1575 年以前，澳门居民主要是外国人。当时澳门大约有葡萄牙人 900 人（小孩未计算在内），马来亚人、印度人和非洲人共有几千人。[①] 澳门居民中除部分为商人外，其余多是葡萄牙人的奴隶和仆人。这样，澳门就成为一个颇具规模的居留地了。其时，在中国政府的忽略之下，居留澳门的葡萄牙人开始建立一套行政制度。当然这套制度没有得到中国政府的允许，而是被偷偷建立的。这就是澳门居留地的"自治体制"。

中国政府发现葡人强行居留澳门并擅自建立自治机构之后，十分震惊。面对葡人咄咄逼人的嚣张气焰，政府又对澳门局势表示十分担忧。于是明朝政府内部展开了是否容留葡人的大争论。这个争论反反复复，持续了半个世纪之久，议论纷纷，莫衷一是。归结起来，有三种不同意见。

一是允许葡人居留澳门，但加强防范。"于澳门狭处，用石填塞，杜番舶潜行，以固香山门户。"同时设关防守，"将澳以上，雍麦以下，山径险要处，设一关城，添设府佐官一员，驻扎其间，委以重权，时加讥察，使华人不得擅入，夷人不得擅出，惟抽盘之后，验执官票者，听其交易，而取平焉"。[②]

二是迁移贸易地点，迫使葡人离澳。首先，"将巡视海道副使移驻香山，弹压近地"，施加压力；然后，"明谕以朝廷德威，厚加赏犒，使之撤

---

* 原文部分曾以《早期中国政府对澳门的管治与澳门同知的设立》为题，载于《文化杂志》2003 年冬季号，总第 49 期，第 55～68 页。

[①] Tien-Tse Chang, *Sino-Portuguese Trade from 1514 to 1644*, Leyden: E. J. Brill, 1934, p. 97.

[②] 庞尚鹏：《百可亭摘稿》（卷一），《陈末议以保海隅万世治安疏》。

屋而随舶往来"；并规定"自后番舶入境，仍泊往年旧澳（即浪白澳），照常交易，无失其关市岁利"。

三是用武力把葡人从澳门驱逐出去。如名将俞大猷就表示决心"与之大做一场，以造广人之福"。① 还有人尝试过"纵火焚其居，以散其党"，② 后因准备不足，未获成功。

最后，明朝政府权衡利弊，基本上确定采取第一种政策，即容许葡萄牙人在澳门居留下去，但对其申明约束，设官驻军，严加管理。清朝入关后，也继续遵循了这种政策。

二　几项管治举措

（一）军队驻防

中国政府对澳门葡人的管治最初侧重于防务，在澳门周围进行军事部署，防御侵扰，堵塞偷漏。1574 年（万历二年），明政府在半岛通向香山县的莲花茎间建立关闸，"设官守之"，③ 实际上已把澳门视为特殊的贸易区域，不许外商越关进入内地，也不许内地居民随便进出澳门。每月开关六次，以供应外商粮食和日常生活用品。1614 年，关闸驻军增至千人，编为雍陌营，由参将（正三品武官）统领。1621 年（天启元年），又加强了海防措施，建前山寨（见图 1），于寨中设置参将府，统率"陆军七百名，把总二员，哨官四员；水兵一千二百余名，把总三员，哨官四员，哨船大小五十号"，分别在澳门的石龟潭、秋风角、茅湾口、挂椗角、横洲、深井、九洲洋（九星洋）、老万山、狐狸洲、金星门等处驻防。

清朝初年，政府厉行海禁，对澳门防范更严。1647 年（顺治四年），派参将把守前山寨，有官兵 500 名，顺治七年增至兵员 1000 名，分设左右两营，有 2 名千总（正六品武官），4 名把总（正七品武官）。1662 年（康熙元年），兵员增至 1500 名。1664 年，兵员增至 2000 名，并派 1 名副将（从

---

① 俞大猷：《正气堂集》（卷一五），《论商夷不得恃功恣横》。
② 庞尚鹏：《百可亭摘稿》（卷一），《陈末议以保海隅万世治安疏》。
③ 印光任、张汝霖：《澳门记略》（上卷），《官守篇》。

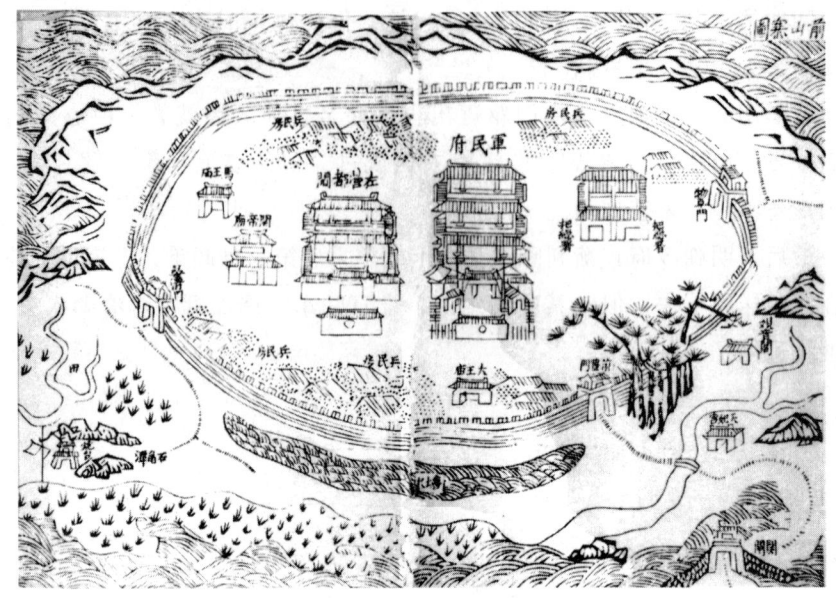

图 1 前山寨（1621 年建）

资料来源：印光任、张汝霖：《澳门记略》，附图，清嘉庆五年刊本。

二品武官）统领。副将以下，增设左右营部都司（正四品武官）佥书和守备（正五品武官）。① 当时珠江口的海防部署如下。

总兵（绿营兵正二品武官）驻扎顺德，"内为省城之保障，外为虎门、澳门各紧要海口之应援"。

香山协额设副将一员，都司二员，守备二员，千把十二员，专管香山水陆地方。

前山寨于1717年建筑寨城，拨香山协左营都司一员、守备一员、经制千总一员，外委一员，带兵一百五十名，前往寨城驻防，以示控制。

前山寨有扼亢拊背之势，是防御澳门葡人最重要之处。因此清政府不断加强这里的防御力量。1809 年，两广总督百龄认为，前山寨"地要兵单，殊非慎重边防之道，必须设立专营，内护香山，外控夷澳，始足以壮声威而昭体制"。②

---

① 印光任、张汝霖：《澳门记略》（上卷），《官守篇》。
② 卢坤：《广东海防汇览》（卷八），《营制一·裁设》。

澳门驻军的职责主要是加强澳门地区防务,从军事上遏制葡萄牙殖民者的扩张野心,确保边境地带的安全。

(二) 澳官守澳

澳门在葡人居留之前便已是对外贸易的泊口,并设置官员负责港口的管理,这些官员通常被称为"守澳官"。守澳官一般由中下级武官担任,隶属海道副使,亦称澳官或管澳官。他并非单一职官,而是早期在澳门设置的若干职官的统称,包括提调、备倭、巡缉三种职官,以及其他曾派驻澳门的官员。据康熙《香山县志》卷十称:"按澳门旧有提调、备倭、巡缉行署三。"这些职官均是守澳官。

提调又称提调澳官,负责征收海舶商税,是最主要的守澳官。郭尚宾奏稿说:"我(在澳门)设提调司以稍示临驭,彼纵夷丑于提调衙门,明为玩弄之态以自恣……"可见提调是守澳官之一。除提调之外,备倭官员即备倭指挥,也是守澳官。《明史·佛郎机传》称:"嘉靖十四年指挥黄庆(黄琼)纳贿,请于上官,移之濠镜。"这里的黄庆,就是有"备倭指挥"头衔的守澳官。他当时应该主要负责澳门海域的巡逻与安全。此外还有巡缉,可能既是巡检,也是守澳官之一种。巡缉负责在澳门缉捕盗贼,盘诘奸伪,整治城内陆上的治安。

葡萄牙人居留澳门后,管治澳门的职责加重了。明朝政府根据形势需要,有时调派高级武官镇守澳门。1564年,庞尚鹏曾建议将海道副使移驻香山。他在奏稿中说:"臣愚,欲将巡视海道副使移驻香山,弹压近地……使之悉遵往年旧例。"① 鉴于葡人强行居留澳门以后,对珠江口海防造成巨大威胁,明朝政府于1573年,曾派海防同知坐镇香山的雍陌。海防同知也是海道副使的下属,正五品,官阶高于提调、备倭与巡缉。但不久即被调回广州。田生金《条陈海防疏》称:"查得广州府海防同知设于万历元年,原驻雍陌,后因税监以市舶事体相临,辞回省城。"② 关于海防同知调回广州的时间,据估计应在1576年之前,因为正是在1576年,为了填补海防同知一职的空缺,另一个武官王绰被派来驻守澳门了。据《香山县志》中《王绰传》的记载,此人是1555年(嘉靖三十四年)和1558年两科武举人,

---

① 庞尚鹏:《百可亭摘稿》(卷一),《抚处濠镜澳夷疏》。
② 田生金:《按粤疏稿》(卷三),《条陈海防疏》。

嘉靖末袭祖职为宣武将军，从四品武官。1576年升为昭武将军，正三品武官。随即"移镇澳门"，出任守澳官。其间，葡人表示"愿输税饷，求于近处泊船"，王绰代其申请，帮助葡人从"私番"而变为"饷商"。后来，聚集在澳门的葡人人数增多了，经常闹事，"绰以番俗骄悍，乃就其所居地中设军营一所，朝夕讲武以控制之。自是番人受约束"。① 以上说明派驻武官对葡人所起的震慑作用。

（三）县官主管

澳门地属香山县，葡人居澳以后，仍由香山县管辖，重大民刑事务均由县令亲自处理，或由县令报请总督决定，但香山县令其实只是兼管，一般均由驻扎澳门的武官首先处理。例如雍正三年（1725年）三月十七日晚，澳门南湾口税馆差役食饭，有黑人一名入屋索酒，差役见其已醉，便将之推出门外。其后有葡兵数十名拥到税馆，将门扇打烂，打伤厨子一名，又将瞿内司家人捉到葡人屋中捆打。把总刘发闻讯，立即前往，将被捉去之人放回。但民情愤慨，次日全澳店铺罢市。把总刘发报告香山协副将汤宽，汤宽派千总锺应选，会同香山县令于二十日到澳门劝谕，各店铺照常开张贸易。而澳门理事官（委黎哆）亦向汤宽呈文道歉。事件始告平息。从处理过程来看，基本上是武官进行调处。② 不过县令对澳门事务也不是放手不管，据县志记载，有些县官管治澳门的表现甚为突出。

蔡善继，字五岳，湖州人，以进士于1608年任县令。刚上任，察访澳门葡人情况，向上级提出管治澳门的十点建议，均被采纳。善继平素清廉刚正，对澳门事务管控得法，震慑葡人。一次，澳门葡人发生内讧，蔡善继驰往澳门捉拿为首闹事的葡人至县堂下痛笞。葡人竟然弭耳受笞而去。③

王之正，顺天通州人，举人。性廉介，伉直有威。1744年署县事，甫到任，葡人晏些卢殴毙汉人陈辉千，澳门葡人匿凶不献，檄饬之，不应。之正单骑驰谕，执法愈坚，诸夷慑其威且廉也，卒献正凶抵法。④

这些记载反映了早期县官管治澳门的一些情况。

---

① 暴煜：《香山县志》（卷一），《王绰传》。
② 《广东提督董象纬奏报澳门洋人醉酒伤人业已平复结案折》，雍正三年，宫中朱批奏折。
③ 《康熙香山县志》（卷五），《县尹》。
④ 祝淮：《新修香山县志》（卷五），《宦绩》。

（四）官员巡视

除了上述管澳官员之外，广东省的总督和巡抚等重要官员每遇澳门发生重大事件，均会亲自巡视澳门，进行处理。中央政府有时也会派出要员巡视澳门。官员巡视也是管治澳门的一种重要形式，并对及时解决某些重大问题起决定性作用。17～18世纪，中央官员总共巡视澳门11次，而19世纪前40年间，便达10次之多，突出地显示了澳门在当时中国对外关系中的特殊地位。①

其中比较重大的有以下事件。

1613年巡视海道金事俞安性巡视澳门，清查与驱逐倭奴，禁止葡人蓄倭。②

1662年平南王尚可喜为迁海勘界至澳门，事后上奏章为葡人请命，免予迁界。获准。

1716年钦差李秉忠至澳门采办西洋物品。③

1730年广东巡抚傅泰赴澳查勘澳门防务，主张添设澳门同知于前山寨。④

三 管治的主要内容

（一）收缴地租

葡人居澳以后，从1573年至1848年的近300年间，一直都向中国缴纳地租。这是它承认中国对澳门的主权、接受中国管辖的一个基本标志。征收澳门地租，是香山县官员行使澳门管治权的一项基本工作。虽然年租仅500两，外加养廉银15两，总共515两，但意义重大。这说明，香山县依然是澳门土地的主人，葡萄牙人只不过是租客。每年冬至前后，香山县发文向葡人催缴地租，收到地租银入库后，便发给葡人收

---

① 参阅章文钦《澳门与中华历史文化》，澳门：澳门基金会，1995，第1～34页。
② 《康熙香山县志》（卷十）。
③ 《宫中档康熙朝奏折》（第六册），台北故宫博物院，1976，第617页。
④ 《雍正朝汉文朱批奏折汇编》（第十八册），台北故宫博物院，1976，第202页。

据。当香山县官员发现葡人所交纳地租银两成色不足时,则责令葡人补交短缺银两。

(二) 征收商税

中国政府除了每年收取澳门地租之外,还向葡人征收商税。明朝隆庆以前,海道副使主持抽分之事。每逢商舶入澳,市舶提举司的抽分官查验后,报送海道副使然后收税。隆庆以后,则由市舶提举司和香山县令共同负责丈抽,照例算饷,详报布政使司和海道,批回后,照征饷银。① 清朝到了康熙年间开放海禁,成立海关,则由粤海关设在澳门的分关负责征税。

据《明史》,澳门"岁课二万金",但这是明政府规定的税收指标。"虽有定额,实无定规。"它既不是由葡人包税,也不是在葡人商民中摊派税款,而是由中国政府向来华贸易的葡人商船和到澳门贸易的华商征收。向葡人征收的是船税,向华商征收的是货税,2万两之税额就是两种税相加的总和。税收情况要以当年前来贸易的船只和货物多少而定,实际上未必能征满税额。1643年李侍问在《罢采珠池盐铁澳税疏》中写道:"香山澳(即澳门)税初定二万六千,后征不足。万历二十六年(1598年)议去四千,现在岁额二万二千。察所抽者皆于到澳之夷商,并唐商之下澳者。丈量尺寸,盘秤斤两,各有定例,按而抽之,莫能高下。其饷之足不足,在乎番船商货之大小多寡而盈缩焉。"② 又据《广东赋役全书》:"夷舶饷原额银贰万陆千两。续因缺额太多,万历三十四年,该司道议详两院会议,准允减银四千两,尚实额银贰万贰千两。"③ 乾隆《广州府志》说:"(澳门)每年正额税银及耗羡担规等银一万七八千两或二万余两不等,尽收尽解,并无定额。"④

商税征收原来采取"抽分"的方式,税率为20%。无论是1535年市舶迁澳贸易之后还是1557年葡人居澳之后,都是如此。据1564年庞尚鹏奏疏:"(澳门)乃番夷市舶交易之所。往年夷人入贡,附至货物,照例抽盘。其余番商私赍货物至者,守澳官验实,申海道,闻于抚按衙门,始放入澳,

---

① 《广东赋役全书·澳门税银》。
② 转引自潘尚楫《南海县志》(卷一八)。
③ 《广东赋役全书·澳门税银》。
④ 张嗣衍:《广州府志》(卷八),《关津》。

候委官封籍，抽其十之二，乃听贸易焉。"①

到1571年（隆庆五年），抽税方法有了改变。"明隆庆五年，以夷人报货奸欺，难于查验，改定丈抽之例，按船大小以为额税"，"西洋船定为九等，后因夷人屡请，量减抽三分，东洋船定为四等"。② 关于这一点，葡人的记载也大致相同："如船舶载货进口征收的舶税，它是按照船舶的大小缴纳的。例如500或600坎迪斯（candis）的大帆船，缴纳500或600的珀塔加斯（patacas）。当验船官到来估量船的大小时，为使他们大大低估它，还要加上对他们的贿赂。"

征收船舶税的条例规定十分详细和具体，并随澳门贸易情况的变化而改变。在1571年开始征船舶税时，中国把葡萄牙船按大小分为九等，其他各国商船分为四等，西洋船比东洋船税额要高得多（见表1），后因其贸易日趋衰落而酌减。到了1698年，中国政府确定西洋船也按东洋船办法征税，税额大大减少。

表1 船舶税征收情况（按旧法征收）

类别	一等税额	二等税额	三等税额	四等税额
东洋船	1400两	1100两	600两	400两
西洋船	3500两	3000两	2500两	—

注：船体面积18平方丈者为一等船，15平方丈者为二等船，12平方丈者为三等船，8平方丈者为四等船。
资料来源：《钦定大清会典事例》（卷三三五）。

新船的征税标准如下：③

一等，船体面积154平方丈以上，每尺税银6.222222两；

二等，船体面积154平方丈以下，每尺税银5.714285两；

三等，船体面积122平方丈以下，每尺税银4两；

另征收新船规银70两。

1685年，清政府宣布将广东广州、福建泉州、浙江宁波、江南松江开

---

① 庞尚鹏：《百可亭摘稿》（卷一），《陈末议以保海隅万世治安疏》。
② 梁廷枏：《粤海关志》（卷二二），《贡舶二》。
③ 梁廷枏：《粤海关志》（卷二九），《夷商四》。

放为对外贸易港口，分别设立粤海关、闽海关、浙海关和江海关。① 粤海关建立后，"以澳门为夷人聚集重地，稽查澳夷船往回贸易。盘诘奸宄出没，均关重要"。② 为此，清政府于1688年在澳门设立粤海关澳门总税口，即关部行台，又称监督行署，由政府派旗员主持征收税事宜；下面又分设大码头、南环、娘妈阁、关闸四个税馆，负责征收澳门的船钞货税。澳门总税口的设立，表明中国政府已经把澳门贸易正式纳入对外贸易的管理体系，直接征税，加强管理。澳门为当时粤海关五大总税口之一，而它在五口之中地位又特别重要。1688年，粤海关征税总定额为白银83362两，而澳门每年约征税白银29600两，③ 约占粤海关税收总数的1/3。

必须指出，居留澳门的葡人，在贸易上享有非常优惠的待遇。这主要表现在葡人只缴纳船舶税，而其他国家的商船除了缴纳船舶税之外，还要缴纳货税，两者相去甚远。由于在商税方面有这种优待，"故澳夷得住澳之后，震夸诸国，以澳门地图为宝"。④ 葡人往往利用这种优惠待遇，把挂着葡萄牙国旗的商船租给别国运货；或亲自驾驶商船代别国运货入口，偷漏税金。如果任其不受限制地出租商船，则中国海关税收必然受到严重影响。为此清政府于1725年3月14日，根据两广总督孔毓珣的意见，将澳门商船数额限定为25艘，并将其船只丈量、编号，只准修理或补额，不准任意额外添增，以防弊端。⑤ 这样便大大限制了葡人出租船只牟利，减少了中国税收的损失。

（三）防范走私

与此同时，中国政府三令五申，反对商船偷漏商税。1614年，明广东

---

① 关于四个海关所在地，王之春《国朝柔远记》（卷二）称"于广州之澳门、福建之漳州、浙江之宁波府、江南之云台山"；张维华《中国古代对外关系史》（北京高等教育出版社，1993，第463页）认为是江南云台山、浙江宁波、福建漳州、广东广州；黄时鉴《解说插图中西关系史年表》（浙江人民出版社，1994，第405页）称"在广东黄埔、福建厦门、浙江宁波、江南云台山各设海关"；而李士祯《抚粤政略》（卷一）则称四海关，"江南驻松江、浙江驻宁波、福建驻泉州、广东驻广州次固镇"。各书互有差异，但李士祯当时任广东巡抚，所记似较切近，暂采其说。
② 梁廷枏：《粤海关志》（卷七），《设官》。
③ 梁廷枏：《粤海关志》（卷一四），《奏课一》；（卷一），《税则三》。
④ 张甄陶：《上广督论制驭澳夷状》；陈澧：《香山县志》（卷八）。
⑤ 《清世宗实录》（卷二九），"雍正三年"条。

海道副使俞安性颁布的五条禁约中，就有两条是专门打击走私和漏税的。如第三条规定："凡番船到澳，许即进港，听候丈抽，如有抛泊大调环、马骝洲等处外洋，即系奸刁，定将本船人货焚戮。"这一条是专门约束外国商人的。另外，又有针对中国走私贩子的规定："禁接买私货。凡夷趁贸货物，俱赴省城公卖输饷，如有奸徒潜运到澳与夷，执送提调司报道，将所获之货尽行给赏首报者，船器没官。敢有违禁接买，一并究治。"到了清乾隆年间，澳门同知印光任制定了有关外国商船进口贸易的七条规定，其中写道："洋船到日，海防衙门拨给引水之人，引入虎门，湾泊黄埔。一经投行，即着行主、通事报明……如有违禁夹带，查明详究。"印光任尤其指出，洋船进口，必得内地民人带引水道，最为紧要。其有私出接引者，照私渡关津法律从重治罪。这些规定，表明中国政府对澳门贸易的管理愈加重视，对偷漏税的防范日益严密。①

（四）防范葡人越界滋事

葡人每年缴纳地租500两，并非拥有整个澳门土地的租权，而仅是拥有澳门已经建造了房屋的那部分土地的租权。因此，广东地方政府早在17世纪初便有规定："禁擅自兴作。凡澳中夷寮，除前已落成遇有坏烂，准照旧式修葺，此后敢有新建房屋、添造亭舍、擅兴一土一木，定行拆毁焚烧，仍加重罪。"②香山县按照这个规定，将葡人居住地方，严格限定在围墙范围以内所建造的房屋；不许葡人侵占公地，扩展地盘，增建房屋；并且不许香山的工匠擅自接受葡人委托修缮住房。所有装修工程均须制定施工计划和预算，由香山县丞批准后派工匠为葡人装修。如果发现葡人私自雇用工匠装修，或在修理住房过程中擅自扩建面积，便立即下令拆除违章建筑，并处罚葡人和工匠。然而，尽管有明确规定，葡人仍屡屡违章扩建，挑起事端。但这种限制和反限制斗争的结果，总是葡人被迫认错受罚。

（五）反对窝藏倭寇

在葡人居澳初期，最重大的事件是反对窝藏倭寇的斗争。所谓倭寇，就

---

① 印光任、张汝霖：《澳门记略》（上卷），《官守篇》。
② 转引自印光任、张汝霖《澳门记略》（上卷），《官守篇》。

镜海微澜：黄鸿钊澳门史研究选集

是日本海盗商人集团。明代从嘉靖至万历年间，倭寇在我国东南沿海活动甚为猖獗。他们既进行走私贸易，又从事海盗劫掠。倭寇与葡萄牙海盗商人，以及中国沿海的海盗勾结起来，对我国东南沿海造成极大侵扰。葡人居留澳门之前，在福建和浙江的海盗活动，是与倭寇勾结进行的。1557年葡人入居澳门以后，继续与倭寇暗通声息，狼狈为奸。万历年间，日本发动侵朝战争，中朝两国军队并肩作战，打击日本侵略者。当时明朝派指挥史世用假扮商人，随同海商许豫前往日本萨摩州侦察。1594年4月，许豫从日本返回，向明政府报告了葡人与日本封建军阀相勾结、刺探中国军情的问题。他说："广东香山澳番（即澳门葡人），每年至长崎买卖，透报大明消息。仍带倭奴假作佛郎机（葡人）潜入广东，觇伺动静。"① 葡人除向日本提供有关中国的军事情报、窝藏日本间谍外，还向日本提供武器。葡人与日本的贸易具有军火贸易的性质。葡人每年从日本购买大量的青铜，运往果阿和里斯本，以铸造铜币和枪炮，再将枪炮卖给倭寇使用。葡萄牙还每年从中国偷运200担铅销往日本。许豫报告说，"乌铅，大明所出，香山澳发船，往彼贩卖，炼成铅弹"。以上说明，葡萄牙在当时的中日冲突中，或明或暗地站在倭寇一边，与中国为敌。葡人还利用倭寇的势力，与中国政府对抗。17世纪初，曾发生葡人"潜匿倭贼，敌杀官军"的事件。② 关于"匿倭"，巡按广东监察御史王以宁的奏疏明确指出，葡人借口防御荷兰海盗，"收买健斗倭夷，以为爪牙"，"亦不下二三千人"。③ 当时香山小榄人李孙宸说："澳故多蓄倭奴，托为备御红夷（即荷兰），而阴实示梗。"④ 这些充分说明，葡人利用"健斗"的倭寇来壮大其武装力量，以对抗中国政府。他们驱使倭寇在澳门私筑城墙，中国政府官员前往禁阻，葡人便公开对抗，指使倭寇"敌杀官军"，酿成流血事件。为此，两广总督张鸣冈向中央政府报告，诉说倭寇与葡人勾结的危害："粤东之有澳夷，犹疽之在背也。澳之有倭奴，犹虎之傅翼也。万历三十三年（1605年），私筑墙垣，官兵诘问，辄被倭抗杀，竟莫敢谁何。今此倭不下百余名，兼之畜有年深，业有妻子庐舍，一旦搜逐，倘

---

① 许孚远：《请计处倭酋疏》，转引自张燮《东西洋考》（卷一一），《艺文考》。
② 《明史》（卷三二五），《佛郎机传》。
③ 王以宁：《东粤疏草》（卷一），《请蠲税疏》。
④ 李孙宸：《建霞楼文集》（卷四），《父母但候入觐序》。

有反戈相向，岂无他虞。"① 针对上述情况，张鸣冈采取坚决措施驱逐倭寇。1614年，他"令道臣（海道副使）俞安性、香山县令但启元躬视澳中，宣上威德"，逼使葡人交出倭奴123名，"令归本国"，并且"逐名取船押送出境"。② 接着，俞安性又草拟了《海道禁约》五款，报经两广总督和巡按御史批准后，在澳门议事亭前勒石立碑。其中第一条就是禁止葡萄牙人勾结倭寇，"敢有仍前畜养倭奴，顺搭洋船贸易者，许当年历事之人前报严拿，处以军法，若不举，一并重治"。③ 由于中国政府坚持斗争，肃清了澳门的倭寇，粉碎了葡人与倭寇相互勾结、狼狈为奸的阴谋，削弱了葡人的势力。因此总督张鸣冈说："数十年澳中之患，一旦袪除"。虽然倭寇去而葡人留仍有威胁，但他觉得并不可怕，因为"濠镜地在香山，官兵环守，彼日夕所需，咸仰给于我。一怀异志，即扼其喉，不血刃而制其死命"。④ 总之驱逐倭寇势力之后，葡人势力单薄，大有利于中国政府的管治。

早期中国政府对澳门的管治还存在许多不足之处。主要表现为，长期以来，政府只把葡人看作海防安全的重大威胁，因而着重于从军事上部署防范措施，不断加强澳门的防务，可是对民事方面的管治措施却很不得力。而事实上，自从葡人居留澳门以后，在这个华洋杂处的港口城市里，错综复杂的各种民事纠纷层出不穷，面广量大，往往得不到及时有效的处理。澳门地属香山，理应由香山县令主管一切。但县令乃一县之主，事务纷繁，加之县令远处县城，鞭长莫及。原先澳门有驻军、提调、备倭、巡检等官员，均为武官，没有专管民事的官员，碰到澳门发生民事纠纷或其他案件往往无人过问，有时则只好由驻军武官负责处理。

1631年9月19日，兵部尚书熊明遇指出澳门存在的严重问题有以下三点。

其一，澳门贸易法禁松弛，"奸商揽棍，饵其重利，代其交易，凭托有年，交结日固，甚且争相奔走，唯恐不得其当。渐至从中挑拨，貌视官司。而此么么丑类，隐然为粤腹心之疾矣"。

其二，县官失职，将一切查验抽盘、严禁走私等要务，一概委之市舶司

---

① 《明神宗实录》（卷五二七），"万历四十二年十二月乙未"条。
② 方孔炤：《全边略记》（卷九）。
③ 印光任、张汝霖：《澳门记略》（上卷），《官守篇》。
④ 沈德符：《万历野获编》（卷三〇），《香山澳》。

去处理，而市舶司则相沿陋规，每船出入，以船之大小为率，有免盘常例，造成大量逃税；其海道衙门，收受好处费之后，任其携带违禁货物，累累不可算数；更有船冒充缉私船只，在海上游弋，自称缉拿走私，其实是接济走私，比比皆是，危害极大。

其三，"公家一年仅得其二万金之饷，而金钱四布，徒饱积揽奸胥之腹。番哨听其冲突，夷鬼听其抢掠，地方听其蹂躏，子女听其拐诱，岂不亦大为失计，大为寒心者哉！"①

总之，由于对澳门管治松弛，葡人在表面恭顺的背后，日益肆行无忌。长此以往，祸害无穷。显然，只有采取进一步强化管治的措施，这些问题才能得以解决。

---

① 《兵部尚书熊明遇等为澳关宜分里外之界以香山严出入之防事题行稿》（崇祯四年八月二十四日），《明档兵部题行稿》。

澳门与果阿的关系[*]

一 果阿——葡萄牙东方帝国的统治中心

葡萄牙向东方扩张,沿着东方新航路占领了一系列殖民地,建立起早期的东方海上殖民帝国,这个帝国的统治中心就在果阿。

1498年5月20日,葡萄牙达·伽马船队在印度卡利卡特城的河对岸停泊。葡萄牙通过几代人的航海扩张,终于绕过了非洲西部漫长的海岸线,抵达他们梦寐以求的富庶的东方。1510年3月至10月,葡萄牙舰队先后三次攻打印度西海岸重镇果阿,每次都对城内居民实行惨无人道的大屠杀,造成死亡人数达6000人之多。最后葡人占领了果阿,使之成为葡萄牙的东方殖民总部。而这个殖民帝国的范围除了包括印度西部沿海一些据点之外,还涵盖波斯湾的霍尔木兹、马六甲和科伦坡,以及摩鹿加群岛(又称马鲁古群岛,在印尼东北部)的德那第岛、帝汶岛、雅加达、万丹等,最后一直伸展到中南半岛的暹罗和柬埔寨。葡萄牙确立了东方海上霸权。应当指出,当时葡萄牙人所建立的是商业霸权,而不是殖民霸权。他们在东方所到之处,不是企图吞并整个国家,而是占领一系列殖民据点和控制海上商路,在此基础上确立贸易的垄断地位。因此,葡萄牙同东方国家有矛盾冲突,有时冲突还十分尖锐,但这种冲突毕竟是局部的;同时,

---

[*] 原文题为《简论16~19世纪果阿与澳门关系》,载于《澳门研究》2004年总第24期,第288~298页;后以《16~19世纪果阿与澳门的关系》为题,载于《"一国两制"研究》2013年第1期,第187~192页。

其贸易也给东方国家带来商业利益,这是其同西班牙在新大陆的殖民政策的不同之处。

这时,葡萄牙将它的东方殖民帝国的统治中心设在果阿。果阿总督即印度总督,又称副王,是葡萄牙国王在东方的代理人,权力很大,是代表葡王领导莫桑比克、霍尔木兹、马斯喀特、锡兰、马六甲、帝汶和澳门等地的总督。果阿又是葡人在东方的贸易中心,以及船舶制造和修理中心,拥有军用物资储藏库和军械库;同时又于1558年成为天主教东方传教基地。当时清朝官员也知道果阿的特殊地位,称葡萄牙为"大西洋",称果阿为"小西洋"。

葡萄牙为了牢牢控制东方商路,分别在果阿、马六甲和霍尔木兹建立了三个海军基地。其中果阿是最重要的海军基地,它集中了葡萄牙在东方的大部分军舰。每年3~4月,葡萄牙从里斯本派出一支舰队前往东非;9月从东非随西南季风驶往印度。舰队包括两类船只:一种是货船,在东方装好货物之后,第二年便由东北季风送回国;另一种是军舰,是来补充印度洋上海军基地的舰队。果阿基地定期派出军舰在其势力范围内巡逻。马六甲也有一支常驻舰队以保证该海峡以东航路的畅通无阻。这样,16世纪的印度洋就从数千年来的公海,变成了葡萄牙人独占的禁区。

二 澳门与果阿的政治关系

果阿总督与居澳葡人群体在政治上是一种统属关系,即领导与被领导的关系。葡人居留澳门后,背着中国政府建立了"自治机构",形成所谓"自治体制"。然而,居澳葡人"自治体制"中的官员,包括总督(Capitão de Terra,又称兵头)、大法官(Ouvidor,又称判事官)和议员(Vereador)在内,都要经过果阿总督挑选、任命、批准,或者撤换。

1560年,居澳葡人自行选举产生了驻地首领、法官和四位商人代表组成的一个名为委员会的管理机构。一般认为,这就是澳门议事会的雏形。1583年,澳门葡人举行选举,正式产生议事会(Senado),报送果阿总督批准。选举时,由大法官或本地司法人员负责召集开会,会议地点在议事亭。选民通过匿名投票选举各自心目中的最佳人士,然后由法官依序列出得票最多的人,分成三个组,每组挑选出三名符合担任议员条件的人并列出名单,

澳门与果阿的关系

然后由大法官将这三份名单分别封好，放进票箱。这个票箱被送至果阿，由总督选定其中一份名单，幸运被选中的人即被任命为议员。1584 年，果阿总督孟尼斯（Duarte Meneses）不仅承认议事会为澳门的自治机构，而且宣布扩大议事会的权力，除由舰队司令执掌军事权之外，所有居澳葡人内部的政治、经济和司法管理权力均由议事会掌管，有特殊的重大事件则召开市民大会（Conselho Geral）讨论和表决。

1586 年 4 月 10 日，孟尼斯又宣布将澳门命名为"中国圣名之城"，给予中国的澳门和印度的柯钦与葡萄牙自治城市埃武拉（Evora）相同的地位和优惠；并规定澳门议事会每三年选举一次官员和普通法官。总督、大法官则由葡萄牙派人担任。议事会一般由三名议员、二名普通法官（Juiz ordinário）、一名检察官（Procurador，又称理事官）组成，任期三年，可连任一次，主席由议员轮流担任。议员必须 40 岁以上，普通法官必须 30 岁以上方可任职。此外，这个新建立的葡人"自治机构"尚有主要成员——总督、大法官和主教（Bishop），他们几个通常由葡萄牙官方任命，而不是由选举产生（只有几次选举总督）。他们成了议事会的当然议员，参加议事会对重大事件的讨论和决议。此外，尚有理事官，又名司库，负责财政税收和贸易事务。

澳门总督，是澳葡"自治机构"的首脑，兼掌军政大权，由选举产生时，常由文职官员担任；由果阿总督指派时，则往往是由中日贸易舰队司令兼任。其任期一般不超过三年。总督的年薪为 4000 葡元，由澳门税收支付。[①] 在澳门开埠几百年间，只有早期为数不多的几任总督是通过选举产生的，其余大多是指派的。即使是选举出来的总督，因得不到葡萄牙政府认可，亦往往被罢免。如 1562 年，葡萄牙国王任命佩雷拉为特使，派他到北京去请求中国政府允许他们在中国传教。但佩雷拉因为已当选为澳门总督，拒绝担任特使。葡萄牙国王便以佩雷拉未得本国认可为由，下令免去他在澳门的职务。

中国历史文献中也记载了一些有关果阿处置澳葡官员的史实。

例如，1748 年 5 月，澳门的中国居民李廷富、简亚二晚上被葡兵亚吗唠、安哆呢打死。案发后，葡人毁尸灭迹，企图逃避法网。香山知县张汝霖

---

① 徐萨斯：《历史上的澳门》，黄鸿钊、李保平译，澳门：澳门基金会，2000，第 58 页。

085

镜海微澜：黄鸿钊澳门史研究选集

获悉案情，并查明杀人凶手为葡人。但是澳门总督若些（即文东尼）窝藏凶犯，拒不交出。广东地方政府警告澳葡当局，如不交出杀人凶犯，就要"停交易，出居民"。但若些仍"增兵缮械，为负隅状"。这时，澳门葡人内部分化。在天主教士的支持下，一些葡人鸣鼓集合，讨论如何解决这个问题。当时有30多人对若些的做法表示反对。若些陷于孤立，迫于无奈，只得"缚送二犯"，交付审讯，最后二人被判决永远流放帝汶岛。澳门葡人还联合起来，把若些对抗中国政府的行为报告给果阿葡萄牙总督。结果若些被撤职查办，押解回国处理。①

关于这一案件，澳葡议事会曾多次向里斯本政府和果阿总督详细报告。虽然其中某些情节有所出入，但多数内容可与中方的记载互相印证，更足以作为中国政府行使澳门司法主权的佐证。澳葡议事会向果阿总督上书控告若些，果阿便派来一个官员参加对若些的审判，并奉命向清政府道歉。据卡斯特洛说，若些被罢官和逮捕，并与一些官吏一起游街示众，起初他们这些人被囚禁在东望洋要塞，后又被押送果阿。②

中国地方官员有时也因处理澳门问题而与果阿当局交涉。例如，1822年，澳门葡萄牙商人骚动，把贪污枉法的总督赶跑，推举商人保连玉担任总督。翌年5月，被驱逐的总督获得果阿当局的支援，率领军舰1艘、水兵200人，回澳门"复任"，但遭到新当权的保连玉等人的拼死反对，双方形成僵局。这时他们向广东地方政府投诉，"恳求查察"。两广总督阮元亲自过问本案。他认为，虽然这个案件属于葡人的内部纠纷，"惟澳门系天朝地界，不比在该国本境，可以听其任意争哄"，于是派了广州知府和副将前往澳门督察处理此案。澳葡商人一致声称，他们已向国王报告澳门骚乱、赶走总督的情况，表示坚决不接受果阿总督所委任的这个总督，请求国王另行委派总督。于是广东官员要求果阿当局委派的总督"回国请示国王再办，总以国王之谕为准，毋许争执"。争吵的双方都对这种裁决表示"俯首听从"。③

以上事实说明，果阿总督是澳门总督的直接上级领导，澳门当局在政治

---

① 印光任、张汝霖：《澳门记略》（上卷），《官守篇》。
② 徐萨斯：《历史上的澳门》，黄鸿钊、李保平译，澳门：澳门基金会，2000，第117页。
③ 《道光朝外交史料》（第一册），《两广总督阮元等奏澳门地方之大西洋夷人已愿接小西洋兵头登岸现在夷情安静折》。

086

上听命于果阿,服从果阿的调遣与安排。但这仅就居澳葡人事务而言,并没有涉及改变澳门的领土主权。澳门的所有重大事务以及澳葡官员仍必须服从中国政府的管理,果阿总督并没有发言权,也不能插手干涉。

三 澳门与果阿的贸易关系

印度的果阿是葡萄牙东方的贸易总枢纽,澳门则是葡萄牙人在中国的贸易基地。澳葡当局与果阿殖民当局之间在经济上也有极其密切的关系,贸易往来频繁。但澳门和果阿本身是转运港口。因此两地之间的贸易,只不过是各地商品的相互贩运而已。

葡萄牙人的大帆船船队每年从里斯本起航,先到果阿;再从果阿出发,经柯钦到马六甲、小巽他群岛(帝汶)而到澳门;再从澳门至长崎;最后船队集中在澳门,启程到果阿,从那里回国。

葡萄牙当时尚处在资本主义萌芽时期,又是一个小国,生产力发展水平不高,除葡萄酒之外,没有别的可供出口的商品,因此主要从事转运贸易。这种转运贸易,与中世纪以来的东西方贸易本质上仍无多大区别。它不是基于资本主义工场手工业的发展,向东方开辟商品市场和原料供应地,而主要是为了从东方取得香料、黄金以及其他特产。当时葡萄牙王室垄断了欧洲和远东的贸易,一支皇家船队每年从里斯本起航,通常满载羊毛织品、大红的布料、水晶和玻璃制品、英国造的时钟、弗兰德尔造的产品,还有葡萄牙制的葡萄酒等。船队用这些货物在各个停靠港口换取其他产品。船队由果阿去柯钦,以便购买香料和宝石;从那里驶向马六甲,购买各种香料;再从巽他群岛购买檀香木;然后到了澳门将货物卖掉,买进丝绸;再将这些货物连同其他剩余的货物,一起运到日本卖掉,换取黄金白银,一般可获利2~3倍。船队在澳门停留数月后,从澳门带着黄金、丝绸、麝香、珍珠、象牙、木雕艺术品、漆器和瓷器等运回欧洲。[①]

葡萄牙国王是东方贸易的最大受益者,他给有功大臣最大的实惠是,准许他们用一两艘大帆船运来东方商品,卖给里斯本商人,以获巨利。总之,

---

① 贝里罗·达·席尔瓦:《葡萄牙史》(第四卷,第四章),转引自徐萨斯《历史上的澳门》,黄鸿钊、李保平译,澳门:澳门基金会,2000,第40页。

镜海微澜：黄鸿钊澳门史研究选集

葡萄牙人来到东方，主要目的是"从印度输入，谁也没有想到要向那里输出"。①

16世纪90年代以后，荷兰和英国也先后闯入东方，并陆续抢去了葡萄牙人的一系列殖民据点，取得了东西方贸易的控制权。此后，葡人经营的转运贸易便不再以欧洲作为主要区域，而是在亚非地区之间往来进行转运贸易，果阿在某种程度上便是这一贸易的中心或枢纽。澳葡商人购买波斯和阿拉伯各国的马匹和饲料，运到古吉拉特和科罗曼德尔等国去换取印度的棉纺织品；再用印度的棉纺织品到香料群岛去换取香料，或者到东非去换取黄金、象牙；最后把这些商品分销到亚非各国去。他们也用欧洲运到果阿的白银和其他物产到澳门去换取生丝、绸缎和瓷器，运往长崎去换取白银，再用换来的白银购买中国的特产转贩亚洲其他地区。②

澳门至果阿的航线，途经马六甲、暹罗、帝汶、锡兰、缅甸等地区。澳门商船队通常于4月或5月满载毛织品、衣料、印度花布、棉花和棉织品、水晶和玻璃器皿、时钟、葡萄酒等离开果阿，中途停泊在马六甲，用船上的货物交换香料、檀香、沉香之类的货物，以及暹罗的鲨鱼皮和鹿皮，然后驶向澳门，6月至8月间到达澳门后，通常停泊10~12个月。在这段时间里，他们以澳门为基地，赴广州和日本进行贸易。③

澳门葡商从果阿进口货物运销广州，又从广州进口货物运销果阿。葡萄牙大帆船船体过大，不能溯江直至广州，只能停在澳门，他们用小艇沿珠江或西江把货物运来装船。从果阿运来的象牙、天鹅绒、皮货、葡萄酒、橄榄、刺山柑等货物，在澳门卖不出好价钱，获利甚微。葡商的着眼点主要是购买中国货物出口赢利。为此，他们带来白银，作为购货的资本。1585年至1591年间，从果阿运到澳门的白银达20万两之多。④葡萄牙大帆船从澳门运往果阿的中国货物有粗白丝、黑金、铜、麝香、水银、朱砂、白糖、木

---

① 《致康拉德·施米特》，《马克思恩格斯全集》（第三十七卷），北京：人民出版社，1971，第485页。
② 里奇、威尔逊：《剑桥欧洲经济史》（第四卷），王春法等译，北京：经济科学出版社，2003，第191~193页。
③ C. R. Boxer, *Fidalgos in the Far East, 1550 – 1770*, London: Oxford University Press, 1968, p. 15.
④ C. R. Boxer, *The Great Ship from Amacon*, Lisbon: Centro de Estudos Históricos Ultramarinos, 1959, p. 7.

材、手镯等。

澳葡商人在广东贸易中纳税甚微，但从澳门到果阿的贸易线上关卡重重，即使不在当地贸易，也要纳过境税。马六甲按货运量征收 7.5% 的货税，锡兰则按每条船征收 2000~3000 两停泊税。此外，澳葡商船出入果阿港口，还须各付 8.5% 的进口税和出口税。① 不过澳门与果阿的贸易利润依然十分丰厚。以下试以 1600 年自澳门运往果阿的商品销售情况加以说明（见表1）。

表1 1600 年葡船自澳门运往果阿货物销售利润

货名	广州买价	数量（担）	果阿销售利润率（%）
白丝	80 两/担	1000	150
黄金	5.4 两/两	3~4	80~90
黄铜手镯	5.6 两/担	2000	100
水银	40 两/担	100	70~80
黄铜	—	500~600	100
朱砂	—	500	70~80
白糖	1.5 两/担	200~300	100~150
麝香	8 西元/斤	6~7	150
茯苓	1~1.1 两/担	2000	100~200

资料来源：C. R. Boxer, *The Great Ship from Amacon*, Lisbon: Centro de Estudos Históricos Ultramarinos, 1959, pp. 179 - 182。

当时澳门与果阿之间的贸易，除了上述货物之外，尚有白铅、樟脑、床、桌、墨砚、被单、蚊帐、金链等。尤其是白铅，因为不是制造军火之物，清政府历来不禁止出口；而它又是鼓铸所必需之物，因此，澳葡商人大量购买向果阿市场销售，最多年份出口 330 万斤，一般年份为 100 万~200 万斤。②

---

① C. R. Boxer, *The Great Ship from Amacon*, Lisbon: Centro de Estudos Históricos Ultramarinos, 1959, pp. 169, 181, 182.
② 刘芳辑《清代澳门中文档案汇编》（上册），章文钦校，澳门：澳门基金会，1999，第 108~109 页。

明代澳门海外贸易的兴盛*

一 澳门：葡人的远东贸易基地

1498年，葡人达·伽马绕过好望角抵达印度，沟通了东西方贸易之路。20年后，葡人又把贸易航线扩展到中国南海地区。从1517年至1553年间，葡人曾分别在粤、闽、浙沿海的屯门、浪白、上川、月港、浯屿、走马溪、双屿港等地居留贸易，但都只是短暂居留而已。由于没有得到中国政府的允许，葡人最终都被赶走了。

1553年，葡人贿赂广东海道副使汪柏，获准进入澳门贸易，其后又缴地租纳商税，遂得以在澳门长期居留下去。于是，在当时特定的历史条件下，澳门成为中国古代第一个对外开放的贸易特区。与此同时，澳门在葡萄牙人的经营下，兴旺发达，成为举世知名的国际贸易港口。

近年学者常把这个时期的澳门贸易称为海上丝绸之路。根据我个人的理解，丝绸之路亦即贸易之路，本因精美绝伦的特色产品丝绸而得名。其实澳门的海外贸易，进口货物主要有香料和香木；出口货物比较丰富多样，除了丝绸之外，尚有瓷器和茶叶等，但丝绸的出口仍占首位，因此从中国人方面来看，亦可称之为海上丝绸之路。

1577年以前，葡人的对华贸易主要在澳门进行。中国商人到澳门去，与外国商人进行以物易物的贸易，货物的进出口关税均由中国商人负担。[1]

---

* 原文题为《明清时期澳门海外贸易的盛衰》之部分内容，载于《江海学刊》1999年第6期，第118~132页。

[1] 矢野仁一：《明代澳门的贸易及其兴衰》，《史林》第3卷第4期，1918年。

明代澳门海外贸易的兴盛

从1578年起，葡萄牙才获准像朝贡国一样进入广州贸易，当然这也是行贿的结果。据统计，从1578年起，葡人为在广州进行贸易，每年用于贿赂广东官员的费用达4000两白银之多。葡人每年往返广州贸易两次：一次是在1月，展销从印度运来的货物；另一次是在6月末，销售从日本运来的商品。葡人在广州的行动受到种种限制，"他们必须晚间呆在他们的船上，白天允许他们在城内的街上进行贸易。然而这是在许多的守卫和戒备之下进行的"。[1] 葡人进出广州贸易时还需缴纳货税，不过，他们受到中国政府的特别优待：一艘满载200吨货物的商船，第一次进入广州只要交纳吨税银1800两，以后再来只要交纳1/3，即600两。而其他国家同一吨位的商船，第一次交纳吨税银5400两；第二次到来时，其商税照旧不变。葡萄牙护航的军舰不用交吨税，而其他国家的军舰要交这种税。葡萄牙商船在中国沿海发生事故，中国搭救之后无偿地送回澳门，而其他国家商船则往往要向中国政府交纳一定的营救费。[2]

16世纪初，由于中国政府奉行闭关锁国政策，除了允许朝贡国家在中国进行一些贸易之外，并不主动发展对外贸易。在这种情况下，居留澳门的葡萄牙人依靠他们所占领的一系列殖民据点，垄断了东西方贸易。他们开辟了一条东西方贸易的航线，澳门是其中的重要基地之一。葡萄牙人的大帆船船队每年从里斯本起航，先到果阿；再从果阿出发，经柯钦到马六甲、小巽他群岛（帝汶）而到澳门；再从澳门至长崎；最后船队集中在澳门，启程回国。

葡萄牙主要从事海外转运贸易。因为它本国除了葡萄酒，没有别的什么可供出口的商品。但它拥有一支强大的商业舰队，专门从事远程的货运贸易活动，把巴西的商品运往欧洲，再把欧洲的商品运往亚洲，船队用这些货物在各个停靠港口换取其他产品。船队首先抵达果阿，由果阿去阿钦，以便购买香料和宝石；从阿钦驶向马六甲，购买各种香料；再从巽他群岛购买檀香木；然后到澳门将货物卖掉，买进丝绸。这样在亚洲诸国间来回穿梭，转运各国特产促进各个国家之间的商品交流。通常一支葡萄牙皇家船队从里斯本

---

[1] 利玛窦、金尼阁：《利玛窦中国札记》，何高济等译，北京：中华书局，1983，第144页。
[2] 美罗·卡斯特罗：《备忘录》，转引自徐萨斯《历史上的澳门》，黄鸿钊、李保平译，澳门：澳门基金会，2000，第39页；又参见张天泽《中葡通商研究》，王顺彬、王志邦译，北京：华文出版社，2000，第103页。

091

起航，满载欧洲国家的羊毛织品、大红的布料、水晶和玻璃制品、时钟、葡萄酒等货物，再停靠亚洲各个港口换取其他产品。船队在澳门停留数月后，从澳门带着黄金、丝绸、麝香、珍珠、象牙、木雕艺术品、漆器和瓷器等运回欧洲。葡萄牙的贸易活动把欧亚非美各洲国家市场串联起来，为世界贸易市场的形成做出了贡献。

葡萄牙的海上贸易之兴盛是以其强大的舰队实力为基础的。16世纪90年代以后，荷兰和英国也先后闯入东方，他们的海军舰队的实力大大超越了葡萄牙，并陆续抢去了葡萄牙人的一系列殖民据点，取得了东西方贸易的控制权。此后，葡人经营的转运贸易便不再跨越远洋以欧洲作为主要出口目标，而是在多数情况下，仅限于在亚非地区之间往来进行转运贸易。

澳门作为海外贸易的基地，同中国内地有着非常密切的关系。当时与澳门葡人发生贸易关系的除广东商人之外，还有福建、浙江、江苏和安徽（徽州）的商人。广东有两个对外贸易市场：一个是广州，由中国政府直接掌握，只有朝贡国才能参加；另一个是澳门，中国政府对它的控制比较松。葡萄牙不是朝贡国，因而，葡人居留澳门的最初20年间，都只能就地与来澳的中国商人进行贸易，而不能到广州去。尽管明朝政府限制中国商人运销澳门的货物种类和数量，但葡人获利仍很可观，澳门日渐繁荣。据广东御史庞尚鹏1564年的奏疏所说，葡萄牙人"日与华人相接济，岁规厚利，所获不赀，故举国而来，负老携幼，更相接踵，今筑室又不知其几许，而夷众殆万人矣"。①

可见，澳门在短期内迅速繁荣，已经引起中国政府的注意。同时，如上所述，澳门葡人对中国官员使用了贿赂的手段，从而在1578年获准进入广州参加春秋二季的贸易集市。"因为他们在中国住了很久，积累了丰富的知识和经验，这使他们所得到的货品，质量比别人好，品种比别人多；他们也有机会按照自己的特殊需要定制货物，规定丝绸的宽度、长度、花样、重量，以适应日本、东印度和葡萄牙市场的需要"，因而比其他欧洲国家商人获利更多。为了逃避纳税，"葡萄牙人（万历年间）完全不敢在（广州）这

---

① 庞尚鹏：《百可亭摘稿》（卷一），《陈末议以保海隅万世治安疏》。

些市集上露面,只是把他们的商品委托别人带到那边去卖"。① 同样,葡人购买中国商品,也由华人"揽头"领银,按葡人的需求供货。明末屈大均在《广东新语》中写道:"澳人多富……每舶载白金巨万,闽人为之揽头者分领之,散于百工作为服食器用诸淫巧,以易瑰货,岁得益饶。"②

这里所说的"揽头",就其活动性质来说,大体上相当于后来的"买办"。清两广总督百龄在一次奏疏中谈道:"夷商所需食用等物,因言语不通,不能自行采买,向设有买办之人,由澳门同知给发印照,近年改由粤海关监督给照。因监督远驻省城,耳目难周,该买办等唯利是图,恐不免勾通外内商贩,私买夷货,并代夷人偷售违禁货物,并恐有无照奸民,从中影射滋弊。"③ 可见所谓买办,就是协助洋人采办货物、勾结洋人走私的不法商人。乾隆初年出版的《澳门记略》指出,"买办"多半由福建商人充任。④ 明万历年间郭尚宾的奏疏也认为,"买办"是一些"闽广亡命之徒",他们"藏身于澳夷之市,画策于夷人之幕",帮助葡人发展对华贸易。⑤

葡人输往广州的货物,"有欧洲之毛织物,印度之琥珀、珊瑚、象牙、白檀、银块、银货等品,其中尤以胡椒一项,为数最钜"。⑥ 他们从广州购买的货物有金子、麝香、丝棉、锦缎、朱砂、铜、水银、白铝、棉花、粉砂、塔夫绸、优质锦缎、小麦、面粉、稻子、猪肉、禽、咸鱼、白糖、樟脑、橘皮、大黄、甘草、木料等,⑦ 其中比较大宗的贸易有丝织品、黄金、香料、工艺品和陶器。17 世纪末历史家苏萨谈到澳门贸易时说:"这里是中华帝国最繁荣的港口。仅葡萄牙人每年就从这里运走五万三千箱丝织品。各重十二盎司的金条三千二百个,七担麝香、珍珠、砂糖、陶器。"

---

① 《关于中国贸易的简要报告》,参见厦门大学郑成功历史调查研究组《郑成功收复台湾史料选编》,福州:福建人民出版社,1982,第 106 页。
② 屈大均:《广东新语》(卷二),《地语·澳门》。
③ 卢坤:《广东海防汇览》(卷三一),《驭夷二》。
④ 印光任、张汝霖:《澳门记略》(上卷),《官守篇》。
⑤ 郭尚宾:《郭给谏疏稿》(卷一),《防澳防黎疏》。
⑥ 周景濂:《中葡外交史》,北京:商务印书馆,1991,第 102 页。
⑦ C. R. Boxer, *Fidalgos in the Far East*, 1550–1770, Hong Kong: Oxford University Press, 1968, p. 5.

镜海微澜：黄鸿钊澳门史研究选集

二　澳门与果阿、长崎的贸易

印度的果阿是葡萄牙在东方的殖民总部及贸易总枢纽，澳门则是葡萄牙人在中国的贸易基地。澳葡当局与果阿殖民当局之间无论在政治上还是经济上都有一种从属关系，但澳门本身不过是个转运港口，因此两地之间的贸易，实质上是中国与果阿和南洋地区的贸易。

每年四五月间葡萄牙的商船队载货从果阿起航前往澳门，途经马六甲、暹罗、帝汶、锡兰、缅甸等地区，用船上的货物交换香料、檀香、沉香之类的货物，以及暹罗的鲨鱼皮和鹿皮，然后驶向澳门。六月至八月间到达澳门后，又以澳门为基地，赴广州和日本往返贸易。① 由于果阿进口货物运销广州，卖不出好价钱，获利甚微。葡商的着眼点主要是从中国购买货物出口赢利。为此，他们带来白银作为购货的资本。1585 年至 1591 年间，从果阿运到澳门的白银达 20 万两之多。

在葡萄牙人的东方贸易中，澳门与日本长崎的贸易占有非常重要的地位，人们通常称为果阿—澳门—长崎三角贸易。

澳门与日本的贸易始于 1555 年。到了 1569 年，长崎成为澳门葡人在日本的贸易基地。

日本与中国有着传统的贸易往来，但从明朝中叶起，倭寇活动日益猖獗，威胁着我国沿海人民的安全，于是中国政府宣布厉行海禁，从此中断与日本之间的正常贸易。在这种情况下，居留澳门的葡萄牙商人乘机充当了中日贸易中介人的角色。葡商通过澳门取得大量中国货物，运销日本。日本各地的大名纷纷争出高价抢购中国货，使葡商大获其利。

葡萄牙商人运销长崎的货物主要是中国的丝织品和生丝，以及欧洲和印度的古玩、艺术品、武器、香料、葡萄酒、棉花等。他们用这些货物换取日本的黄金和白银。② 当时，日本的金银外流量很大，即使是澳门贸易趋向衰落的 1636 年，长崎输入澳门的白银仍有 2350 箱，即 235 万两，这还只不过

---

① C. R. Boxer, *Fidalogs in the Far East, 1550 – 1770*, London: Oxford Unviersity Press, 1968, p. 5.
② 徐萨斯：《历史上的澳门》，黄鸿钊、李保平译，澳门：澳门基金会，2000，第 39 页；又见张天泽《中葡通商研究》，王顺彬、王志邦译，北京：华文出版社，2000，第 104 页。

是贸易繁荣时期输出数的 1/2 左右。通常日本每年的白银出口数达 450 万两,黄金则为每年 300 大桶,价值 300 万英镑。① 澳门葡人用日本白银购买中国货物,运销果阿和欧洲,而黄金则运至印度和欧洲出售,因为那里的金价比中国高得多。

澳门葡人低价购买中国货物,在长崎高价出售,获利常高达 2～3 倍,引起日本人的不满。1604 年,日本政府决定实行进口丝织品统购,即"蚕丝分配行会"制度,日本人称之为"丝割符仲间"。② 澳葡运到长崎的丝织品统一由日本商人头领确定价格购买,然后批发给商人出售。这样避免了日本商人在互相竞争中任意提高丝价。日商所订的价格,通常视丝的进口数量,以及市场需求情况而常有浮动。葡商如不同意日方所订价格,可将货物运回澳门。这种丝织品统购办法对葡人任意抬高物价、牟取暴利,起了一定的遏制作用。

三　澳门与东南亚的贸易

同菲律宾的贸易也是澳门对外贸易的一个重要方面。西班牙 1565 年占领菲律宾后,马尼拉成为西属菲律宾对外贸易中心。它是西班牙人用墨西哥银圆购买中国丝的交易场所。澳门葡人力图垄断马尼拉的中国丝市场,百般阻挠西班牙商人直接同中国贸易。1580 年,西班牙国王菲利普二世继承了葡萄牙王位,遂使两国处于同一个君主的统治之下。菲利普二世为了使新臣民不反对其统治,对葡萄牙的海外商人采取某些保护性措施,准许葡萄牙商人单独与印度和其他地区进行贸易;允许葡萄牙商人与西班牙、秘鲁以及马尼拉自由通商;明确规定向马尼拉输入的中国产品必须经由澳门,并用葡人船只装运,以此来保护澳门在远东贸易中的垄断地位。1595 年,菲利普二世在给葡属果阿总督的信中多次强调这一点。③ 因而澳门葡人得以在一段时

---

① 百濑弘:《明代的中国之外国贸易》,《食货》第四卷第一期;又参见矢野仁一《明代澳门的贸易及其兴衰》,《史林》第 3 卷第 4 期,1918 年;徐萨斯:《历史上的澳门》,黄鸿钊、李保平译,澳门:澳门基金会,2000,第 39 页。
② 井上清:《日本历史》(上册),天津历史研究所译,天津:天津人民出版社,1974,第 121 页。"割符"日语意为"分割"和"分配",即"将进口的蚕丝按一定比例分配给各丝商"。第 94 页注 3。
③ 矢野仁一:《明代澳门的贸易及其兴衰》,《史林》第 3 卷第 4 期,1918 年。

间内垄断中国与马尼拉的贸易。

澳门至马尼拉的航程很短,商船当年 6~7 月出发,次年 1 月便能返航。当时往来于澳门港与马尼拉港的商船不少。①

澳门葡人与马尼拉的贸易量大,利润高。每年从澳门运销马尼拉的货物价值 150 万西元,折合白银 100 万两左右。② 货物以丝织品为大宗,兼有粮食和其他生活必需品。据萨拉查主教的记述,澳门"华商载来之货物除上举粮食之外,大部分为丝织品(花缎、黑色及有花样之锦缎,金银线织成之锦缎及其他制品),以及大批白色及黑色棉衣"。从澳门运到马尼拉的生丝,一小部分在当地出售,绝大部分转运美洲的西属殖民地销售。首先运至墨西哥,在当地经过加工织造成各种丝织品之后,又运至秘鲁出售。葡萄牙和西班牙商人从这转手贸易中获利高达 10 倍以上,其中一部分为葡人所得,一部分则落入西班牙人之手。

从马尼拉运往澳门的主要是白银,此外还有黄金、蜡、棉花、染料等等。葡人用白银购买中国内地货物,使得大量白银流入中国。据记载,从马尼拉输入澳门而转入中国内地的白银数量如表 1 所示。

表 1 从马尼拉输入澳门而转入中国内地的白银

单位:万西元

年　份	白银折价	年　份	白银折价
1586 以前	30	1604	250
1586	50	1633	200
1596	80~100	总　计	810~830
1602	200		

资料来源:全汉昇:《中国经济史论丛》(第一册),北京:中华书局,2012,第 461、468 页。

葡萄牙在商业霸权的鼎盛时期,其贸易势力在印尼群岛和中南半岛也有一定的影响。

东来以后,葡萄牙便进入马鲁古群岛和爪哇岛,以德那第、安汶、万丹、帝汶和望加锡等作为基地,控制了香料贸易。但其后由于西班牙和荷兰

---

① 全汉昇:《中国经济史论丛》(第一册),北京:中华书局,2012,第 430 页。
② C. R. Boxer, *The Great Ship from Amacon*, Lisbon: Centro de Estudos Históricos Ultramarinos, 1959, p. 135.

明代澳门海外贸易的兴盛

的竞争,以及当地人的反抗,葡人在香料群岛逐渐失势,只剩下帝汶和望加锡两个基地。帝汶岛位于小巽他群岛最东面,盛产檀香;望加锡位于苏拉威西岛西南部,是澳门至帝汶岛之间的货物集散地,被称为第二个马六甲。在这个港口居住的葡萄牙人多达500人,每年有10~22艘葡萄牙单桅帆船自澳门、马六甲和科罗曼德尔海岸来到望加锡停泊,销售中国丝绸、瓷器和印度棉织品,购买帝汶的檀香木、马鲁古群岛的丁香和婆罗洲的钻石。他们每年的贸易额达西班牙银币59万元,澳门—望加锡—帝汶航线成为澳门对外贸易的固定航线之一。每年秋冬间,澳葡商船乘东北季风启程前往望加锡;次年春夏间,又乘西南季风返回澳门。这条航线贸易额虽然不是很大,但带给澳门葡商的利润仍是优厚的。据估计,仅檀香木一项,在1590年的利润为100%,1630年为150%~200%。①

暹罗也与澳门有贸易关系。1511年葡人占领马六甲后,马六甲总督亚伯奎便派人前往暹罗活动。1518年亚伯奎派出的使者与暹罗国王拉玛铁菩提二世签订条约,规定暹罗允许葡萄牙人居住和经商,并允许葡人自由传播天主教。葡萄牙人则同意向暹罗提供武器弹药,并允许暹罗在马六甲设立贸易据点。这样,从16世纪开始,便有大批葡萄牙人陆续进入暹罗,在阿育他亚城郊形成了一个葡萄牙移民区。北大年、六坤等地有葡人开设的商馆。暹罗军队中也有雇佣葡萄牙军人。1569~1584年,暹罗成为缅甸的附属国。1584~1592年,暹罗进行多次反缅起义。葡萄牙人积极参与斗争,在协助暹罗抵抗缅甸侵略、恢复独立中起了重要作用,因而葡人在暹罗的商业地位得到了巩固,设在北大年和阿育他亚城的商馆一派兴旺景象。同时在东北季风期间,由于沿中国海北行困难,常有澳门商船停泊在暹罗各个港口避风。直到17世纪30年代,葡萄牙人在暹罗贸易中的优势地位才被荷兰打破。

越南位于东西方海上交通要道,并邻近中国南大门。16世纪初,葡萄牙商船开始在越南会安港(Faifo,属广南)停泊。1557年葡人居留澳门后,其商船经常乘季风到达越南港口进行贸易。16世纪末,澳葡商人已经同南方的"交趾支那"和北方的东京,建立了经常性的贸易关系。当时南方由阮氏王朝统治,北方为郑氏王朝统治。葡萄牙人分别在南方和北方建立了商

---

① C. R. Boxer, *Fidalgos in the Far East*, 1550 – 1770, London: Oxford University Press, 1968, pp. 177, 197.

097

镜海微澜：黄鸿钊澳门史研究选集

馆。会安是当时越南南方著名的国际贸易港，中国人、日本人和葡人经常到这里贸易，尤其是葡人在贸易的同时，还向阮氏政权提供武器，以及帮助其建立机械铸造场。1615年，葡人在富春（顺化）建造了"铸造坊"，即机械厂。葡人在会安可以买到"交趾支那"的产品——生丝、丝织品、乌檀木、软质木、糖、麝香、肉桂、胡椒和大米等，运往中国和日本销售。1620年越南南北双方发生战争后，澳门葡人在越南的商业地位更加巩固。1622年，葡人向阮氏政权承诺，每年都派贸易使团前往会安，而阮氏政权则同意禁止荷兰人前来贸易。①

与此同时，澳门葡人同郑氏政权控制的东京地区也有贸易往来。因为这是一种对双方都有利的互惠贸易。1626年到1661年间，每年都有澳葡商船前往东京贸易，基本上保持每年一艘商船，但其中有两年为三艘，一年为两艘。据记载，1636年，有三艘澳葡商船到达东京，输入白银、黄金、锦缎、天鹅绒和棉布等商品；运走了965皮考斯（picols）的东京生丝，占其年总产量的1/3。1641年，澳葡商船输入货物价值达白银5万两。1646年的船货价值为3万两，1651年船货价值为2.2万两，1656年的船货价值为3万两，等等。除了上述商品之外，输入的商品还有瓷器和铁盘。总的来说，其贸易规模要比澳门—日本贸易或澳门—马尼拉贸易小得多，但它仍然使澳门葡人获得了相当的利润，并且获得了可以同其他地区相交换的商品，例如暹罗的檀香木、象牙、鹿皮、铅、彩绸，越南的东京生丝等，都是葡人运销日本等国的重要货物。

以上情况说明，葡人居澳以后，有明一代，澳门对外贸易欣欣向荣。其货运量之大、商品种类之多、利润之高，都是非常惊人的。随着澳门贸易的发展和城市的繁荣，入境居留的移民愈来愈多，引起土地价格高涨。在贸易中大获其利的葡萄牙富商，生活骄奢淫逸。据记载，1610年有200名葡萄牙商人乘澳门的大船到日本长崎。他们在那里居留七八个月，花去了二三十万两银子。同时代的荷兰商人往往用羡慕而又妒忌的口吻指出，澳门的繁荣是葡人致富的根本原因。②

---

① George Bryan Souza, "Portuguese Society in Macao and Luso-Vietnamese Relations, 1511 – 1751", *Boletim do Instituto Luís de Camões*, Vol. 15, n°. 1 – 2, 1981, pp. 68 – 114.
② C. R. Boxer, *Fidalgos in the Far East, 1550 – 1770*, London: Oxford University Press, 1968, p. 26.

明代澳门海外贸易的兴盛

澳门能够如此迅速地发展和繁荣,原因是多方面的。

首先,澳门贸易的经营者葡萄牙,当时正处在海外扩张的鼎盛时代,它开辟了由欧洲通往印度和中国的海上新航路,强占了一系列殖民据点作为海上贸易基地。在此基础上,建立了海上霸权,垄断了东西方贸易。这些都为澳门对外贸易的发展提供了非常有利的外部条件。

其次,明朝政府对在澳门从事贸易活动的葡萄牙人,采取宽容和优待的方针,允许葡人居留澳门贸易,并在地租和商税方面给予许多优惠,使澳门成为葡萄牙人经营的贸易基地。尽管明朝政府开放澳门,并不是自觉地推动海外贸易发展,但其客观结果是却为澳门的繁荣兴旺创造了十分重要的前提。

再次,明朝政府厉行海禁,不许沿海人民从事海外贸易。从1522年(嘉靖元年)起,更罢闽浙二市舶司,封闭泉州港和宁波港,只剩下广州市舶司。而广州口岸的贸易又以朝贡贸易为主,这就造成澳门葡萄牙商人垄断中国对外贸易的局面。中国地大物博,经济发达,中国货在当时的世界市场上十分畅销,丝织品更是举世无双、货源充足,这就为葡萄牙人发展贸易提供了雄厚的物质基础。同样的,澳门的存在也满足了中国社会对世界商品的需求,从而使澳门出现了贸易繁荣的黄金时代。

最后,澳门地理位置优越,水陆交通方便,是个天然的优良港口,这也是澳门港兴起和繁荣的客观地理条件。

澳门港在近代早期的迅速兴起,对中国社会具有重大的意义和影响。

第一,它最早给闭关自守的中国打开了一个缺口,破坏了官方化、闭塞化的朝贡贸易体系。葡萄牙本来不属于朝贡国家,但终于被允许在华贸易,并且获得了优惠待遇。这就打破了朝贡贸易的限制,使得中国的对外贸易关系逐渐扩大。与此同时,澳门的存在又带动了中国私人海上贸易的发展。其结果是,中国的东南沿海地区商品经济十分活跃;为了满足海外市场的需要,某些商品的生产规模越来越大;在此基础上,逐渐出现了资本主义生产关系的萌芽。这是一种进步的现象,是有利于中国社会发展的一种新的推动力。

第二,它加速了东西方文化交流。这表现在:一方面,葡萄牙商人通过澳门从事全球性贸易,航行于五大洲三大洋之间,促进了世界各地的产品之交流,极大地丰富了世界各国人民的物质生活,中国人也是新产品输入的受

镜海微澜：黄鸿钊澳门史研究选集

益者；另一方面，他们经由澳门主动向中国输送西方的新思想、新文化、新科学技术，使中国人耳目一新，思想观念上出现了新变化。明清之际，曾有一些士大夫尝试应用西方新文化进行改革。当然，文化交流总是相向的。在中国接受西方文化影响的同时，古老的中国文化也对西方和世界各地产生了重大影响。

　　第三，它促进了世界市场的形成。地理大发现沟通了世界航线，从此世界各个地区、各个国家之间的联系日趋紧密，世界成为一个整体，由此也形成了世界贸易市场。在这种情况下，澳门很自然地被卷入这个新的全球性市场的运转之中。它通过澳门—马六甲—果阿—好望角—里斯本航线，连接亚洲、非洲和欧洲三大洲；又通过澳门—马尼拉—墨西哥航线，而通连美洲。中国在当时世界贸易中占有重要的地位，中国生产的丝绸、茶叶、瓷器等产品深受各国欢迎，是世界贸易中最热门的商品。而澳门则是中国产品出口的重要基地，它是世界市场中的转运枢纽之一，在当时具有不可取代的重要作用。

清初禁海政策与澳门*

一 禁海迁界酿成大灾难

顺治初年，清朝大军南下广东，攻陷广州，诸郡归附。军队一度开进澳门，葡人不敢阻拦。其后澳葡理事官向香山提调澳官递交投诚书，声称："（葡）籍在西洋，梯山帆海，观光上国，侨居濠镜澳，贸易输饷，百有余年。兹际清朝阊泽，举澳叟童，莫不欢声动地。前月拾玖日，已有状投诚，香山参将代为转详，惟祈加意柔远，同仁一视，俾哆等得以安生乐业，共享太平。"葡人此举说明，他们认识到新兴的清王朝军威强盛，为谋自保，不得已采用"投诚"这类谦恭的措辞。而清朝官员也深知葡人在广东地方经济中的特殊地位和作用。正因为觉得澳门有巨大的利用价值，两广总督佟养甲于1647年奏请怀柔远人，以通财用事，认为"通商固以裕国，而通番国之商，尤所以裕广省之饷，益中国之赋，合应仍复古例，每岁许濠镜澳人上省，商人出洋往来"。① 当时清政府仍沿袭明朝成规，对来华贸易的外国商船继续实行禁海的政策，不许其进入广州，只准于澳门交易；但对于葡人利益，已有明显的特殊照顾了。

清廷入主中原后，仍遭到南方各地反清志士的拼死抵抗，特别是拥有强大水师的郑成功更是清政府的心头之患。清廷多次遣人前去招降，均遭郑成功的断然拒绝。为了彻底切断沿海人民与海上抗清力量的联系，从1655年

---

* 原载于《"一国两制"研究》2014年第3期，第192~196页。
① 顺治四年五月（1647年6月）两广总督佟养甲提请准许濠镜澳人通商贸易以阜财用本，参见中国第一历史档案馆等编《明清时期澳门问题档案文献汇编》（一），北京：人民出版社，1999，第22~23页。

镜海微澜：黄鸿钊澳门史研究选集

开始，清朝先后五次颁布禁海令。1655年6月，闽浙总督屯泰请于沿海省份设禁，"无许片帆入海"，违者立置重典。1656年6月，清廷发布了《申严海禁敕谕》，规定北自天津南至广东沿海岸线各省，严格禁止商民船只私自入海，用大陆产品货物进行海上贸易。有违反禁令者，无论军民，一律斩首；负责执行该禁令的文武官员有失职者，从重治罪。清廷采取禁海措施的目的是通过断绝海上贸易往来，阻塞大陆物资的出海管道，使郑成功集团失去大陆货源和军需品供应。

然而，海禁实行了五年之久，收效甚微，仍然未能切断沿海居民与郑成功反清力量的联系。郑氏集团从沿海地区筹集到大量粮饷，并得到沿海居民的支持，"粮、饷、油、铁、桅船之物，靡不接济"。大陆和台湾的经济、政治联系未断，物资流动仍在隐蔽地进行。1659年，郑成功的水师浩浩荡荡开进长江，攻陷镇江，直逼江宁（南京），朝野震惊。其后，清廷便在禁海令基础上再进一步，于1660年、1662年和1678年三次下达迁海令，规定沿海居民内迁30～40里，筑边墙为界，不许逾越一步。海外贸易一概停止。清廷派满大臣四人分赴各省监督实行，其中尤将闽粤列为监督重点："奉使者仁暴有殊，宽严亦从而异。大抵江浙稍宽，闽较严急，粤东更甚之。""至是上自辽东下至广东皆迁徙，筑短墙，立界碑，拨兵戍守，出界者死。""迁海令"下达之后，官民人等如有"将违禁货物出洋贩往番国，并潜通海贼（指郑成功）"，"或造大船图利卖与番国，或将大船赁与出洋之人，分取番人货物者，皆交刑部治罪"。顺治帝明确要求："将山东、江浙、闽、广滨海人民，尽迁入内地，设界防守，片板不许下水，粒货不许越疆。""初立界去海岸二十里，已犹以为近也，再缩二十里，犹以为近也，又再缩十里，凡三迁而界始定。"清政府以强制手段割断海内外的一切往来，禁止一切对外贸易活动，就是为了削弱与消灭郑成功的抗清力量。

广东是重点迁界地区。1662年2月，副都统科尔坤、兵部侍郎介山到广东执行迁界令，沿海的钦州、合浦、石城、遂溪、海康、徐闻、吴川、茂名、电白、阳江、恩平、开平、新宁、新会、香山、东莞、新安、归善、海丰、惠来、潮阳、揭阳、澄海、饶平等二十四州县均在迁界之列。清政府于高处建炮台和报警烟墩，每隔20里设一营盘，驻兵戍守。遇有越界者，即发烟示警，左右合围，予以捕杀。在界外地区不准人民居住，房屋全部拆

102

毁，不准耕种田地，不准出海捕鱼，凡越出界者立斩。

当初百姓并不知道迁界的事情，尽管后来迁界当局在各乡各村贴出告示，但安居乐业的百姓哪能说走就走，庄稼需要农民伺候，盐田需要灶丁忙碌，台湾的战火一时半会儿还不会烧到这里来，百姓真的不愿迁走。等到官兵露出凶神恶煞的表情来驱赶时，百姓才不得已放弃家产，携妻挈子，仓促内迁。据史书记载，初迁时，只限期三日，"尽夷其地，空其人"，以致被迁人民仓皇内迁，没有丝毫的准备，一家人只能野栖度日，年老体衰经不起折腾的毙尸路旁，惨不忍睹。

被迁的百姓开始还指望很快就能迁回，家人咬紧牙关，抱成一团，艰难度日，谁也不忍妻离子散。颠沛流离的日子久了，带出的银两也用尽了，生活毫无着落，就出现了"夫弃其妻，父别其子，兄别其弟"的凄惨场面。沿海居民流离失所，谋生无路，"百姓皆失业，流离死亡者以亿万计"，严重影响了沿海地区经济的发展，以致沿海 30 ~ 50 里内，满目荒凉。

二　姚县令妙计摆脱困境

禁海政策对香山地区也造成深重的灾难。由于明末清初连年战争对农业生产的破坏，加上失去海外贸易的利便，香山无法完成课税，先后有七任县官因没有完成税收任务而被关进监狱。这几个官员所欠课税达 17 万两之多。缓解欠税困境的办法只有一个，就是立即恢复香山传统的海外贸易。这是唯一的也是最佳的办法。而所谓海外贸易，就是下澳门贸易，只有恢复对澳门的通商，人民有了生计，征税有了来源，积欠国家税收问题才可迎刃而解，那七位因欠税而被拘押的知县亦可得到解救。可是当时国家厉行禁海迁界政策，一般人都不敢恢复对澳门的贸易。但新任县令姚启圣却敢于冒天下之大不韪，毅然采取了惊世骇俗的举措。姚启圣是一个才气横溢、敢作敢为的人，康熙二年（1663 年）中举，授广东香山知县。

姚启圣对香山县官员欠税坐牢深表同情。同时他很清楚，假如解决不了欠税，自己将会成为第八名失职官员而被关押。他当然不愿意束手待毙，并对此早已胸有成竹。上任以后，他立即果断地采取行动，解救七名县令，而向省府报告称，"七令名下应追金十七万"已经交纳入库。袁牧用一段精彩文字，记述了他的义举：

镜海微澜：黄鸿钊澳门史研究选集

公姓姚……遂举康熙二年乡试，宰广东香山县。明末，广东寇灾，民税不登，知县坐负课狱系者七人。公叹曰："明年，增吾为八矣。"乃张乐置酒，出七人于狱，痛饮之，为办装遣归，而通牒大府云："七令名下应追金十七万，已于某月日收库讫。"督抚惊，疑公巨富，代偿幣行善；而不知公故寒士，实未办作何偿也。①

另一方面，姚启圣不顾禁令，于1665年夏天下令开始下澳通商，并将以往征收商税"十分抽二"改为十分抽四，有助于尽快填补香山县所欠的17万两课税。此举虽然有点胆大妄为，但并不是一种不顾后果的盲动。因为释放七县令是以下澳通商为前提的，而下澳通商和增收商税，是得到总督同意的。当时的文献称："姚知县说，奉总督面谕招商，各商人搬回旧货的，每拾石抽肆石，买新货的，每拾石抽壹石，卖货鬼子，每拾石抽叁石也，凑成肆陆之数。"②当时的两广总督卢兴祖，派遣姚启圣为总督代表，领队前往澳门进行通商活动。他带领了香山县衙门的官员和外贸商人，以及总督府的守备官丘如嵩、陈得功和大管家师泰等组成一支队伍，分乘七艘船只，装载着茶叶、瓷器、缎匹、铁丝等货物，开赴澳门。在那里，官商们分别购买了哆啰绒、伽南香、胡椒、珊瑚树等洋货，运回内地销售，大获其利。由于下澳通商，令人困扰多时的香山欠税问题迎刃而解。

三 澳门葡人行贿维持贸易

按照迁海令，澳门也在迁移之列。迁海令下达后，清政府立即封锁了海上交通，居住在澳门的华人全部迁入内地。1662年清政府又命令澳门葡人停止商业活动，夷平澳门所有炮台，以免被郑成功夺占，葡人也要迁入内地。这样一来，澳门无疑会变成一个死港。但事实上这是很难实行的。因为葡人1000余户，5000多口人，已有百年居留澳门史，有家有业，搬迁十分困难；何况葡人不久前已经递交了"投诚书"，公开表示归顺清政府，自不能对归顺者不顾死活，赶尽杀绝。但开始时，"朝廷坚持让他们离开，下令

① 袁枚：《小仓山房文集》（卷六），《福建总督太子少保姚公传》。
② 《刑部残题本》姚启圣口供，参见《明清史料》（第六册），北京：中华书局，1985。

104

清初禁海政策与澳门

找地方给他们住。在广州河边指定了一块糟得不能再糟的地方,并通知了澳门。澳门人分成了两派。混血人和当地出生的人愿意去内地;葡萄牙人则不愿意"。① 后来清政府也觉得,葡人一向以贸易为生,别无所长,强行让其迁入指定地方,无异置之于死地。

禁海期间,1664年,有15艘葡萄牙货船和4艘暹罗商船被迫停泊在十字门外,无法进入澳门。两广总督从海上包围了这些船只,还将违令的10艘葡船焚毁,其中7艘葡船上的货物也被没收了。澳门葡人处境危急,群情惶惑,当局连忙派法籍耶稣会士刘迪我(Jaques Le Fèvre)进京,联络钦天监监正和光禄大夫汤若望,在朝廷内部展开活动,向清廷说明澳门葡人有功于国,葡人有能力抵御海盗的侵扰。据说,"经汤若望的调停,康熙皇帝在禁止葡萄牙人通航的同时,免除了他们移居内地与内迁的沿海居民一道生活的规定。这项豁免也是从清朝官员手中买来的"。② 结果清廷收回成命,并且把香山县迁海边界线划在前山寨、北山和关闸一线,澳门不在迁海之列。

但不久澳门迁海问题又起波澜。1664年,清廷内部杨光先等反天主教官僚诬陷汤若望"谋叛",将他审讯判刑。此案又牵连澳门葡人迁海问题,当时兵部和刑部官员甚至奏请驱赶葡人回国。于是,清政府撤回对澳门葡人的允诺,命令澳门葡人全部迁入内地。

澳门事态再次危急。葡人只好采取贿赂广东官员的办法,请求高抬贵手,给他们一条谋生之路。当时,澳门商埠的兴亡与广东实有共同利害关系,无论是平南王尚可喜还是两广总督卢兴祖、香山县令姚启圣,所有广东官员自上而下都不愿意看到澳门毁于一旦。因为没有了澳门,也就没有了他们的许多利益。尚可喜之前曾经力排众议,上书反对迁界;除此之外,还授意卢兴祖、姚启圣等官员组织商队,大张旗鼓地下澳通商。1665年姚启圣率船队下澳时,澳门葡人提出取消禁令,恢复澳门海外贸易的请求。广东当局本来就有保持澳门贸易港地位的意愿,但他们决定乘人之危,大大地敲诈澳门葡人一笔。主持向澳门葡人讹贿的是两广总督卢兴祖。他是汉军镶白旗人,顺治中期随军入粤,1661年已被擢升为广东巡抚,1665年3月又晋升

---

① 近代史研究所主编《中葡关系史资料集》(上册),成都:四川人民出版社,1999,第699页。
② 徐萨斯:《历史上的澳门》,黄鸿钊、李保平译,澳门:澳门基金会,2000,第79页。

105

镜海微澜：黄鸿钊澳门史研究选集

为两广总督，这时尚可喜派人向他通消息，示意他向澳门葡人讹贿。卢兴祖后来被捕后供称："壹日，（平南）王差伊标下佐领刘炳到我跟前来说，澳人向迁移去的人说，不叫迁移，并叫海上贸易，给银贰拾万。告诉时，我说听见了，且慢慢定夺。"① 由于广东方面早就算计好了，当澳门葡人提出求情之时，姚启圣便代表卢兴祖发话："叫澳人不迁移住着，要银贰拾万两，住与不住，启奏要银伍万两。"

关于姚启圣赴澳索贿一事，维尔斯（Wills）披露的葡文史料中也有类似说法，大抵与中国的记载相同。他说："1665 年底，姚启圣和李将军给澳门带来总督一个极为大胆的提议，如澳门出 10 万两银子的酬劳，他愿为澳门取得朝廷允诺开放海禁。姚、李称，10 万两中的 7 万两，可在开海贸易时支付，其他 3 万两则需先付。"

葡萄牙澳门史家施白蒂也指出广东官员施压索贿的恶劣行径，她写道："早在 1665 年，中国官吏已经要求交纳 5000 两白银才准我们通航。而到 1666 年，该金额提高到 15 万两，其中 3 万两必须立即缴付。因为澳门没有资金，就以'礼品'交付。"当时澳门每年地租 500 两，每年商税额为 2 万两。广东官员张口就要 20 万两，索贿很重，澳葡议事会为此进行多次讨论，并同广东官员讨价还价。关于这个问题，葡萄牙人徐萨斯根据葡文备忘录，做了很翔实的叙述：

> 1665 年 11 月 4 日，议事会举行了由兵头、教士和绅士参加的政务会议，商议可否用付出巨额资金的办法，来免除殖民地的种种麻烦，使中国官员取消限制贸易的措施……这位官员称，除上岸和出售货物而应缴纳税款外，还需交纳一笔 120000 多两的银子：其中 40000 两上交朝廷，剩下的给广东的各级官员。这笔钱可以保住澳门以往的一切特权……经过多方努力，中方的要价降至 128400 两。②

---

① 康熙六年（1667 年）刑部题审两广总督卢兴祖派人赴澳追要人官货物收受银两物品案缮录口供本，中国第一历史档案馆等编《明清时期澳门问题档案文献汇编》（一），北京：人民出版社，1999，第 59～66 页。
② 徐萨斯：《历史上的澳门》，黄鸿钊、李保平译，澳门：澳门基金会，2000，第 78～79 页。

106

清初禁海政策与澳门

由此可见当时澳门处境之困难，他们面对中国官员的索贿无力反抗，只得做好屈服的准备。而卢兴祖方面，为了得到巨额贿赂，就抓住葡人的致命弱点，进一步施压力，迫使其就范。1666年10月，广东地方政府调动60艘兵船、6000名军队包围澳门，封闭关闸，禁止输入柴米等必需品，强令葡人内迁。此时，葡人更加人心惶惶。卢兴祖再派姚启圣向葡人索贿。1667年3月，姚启圣又至澳门关闸，"传齐夷人至关晓谕，其环聚哀号之状真令鬼泣神愁。今夷人只望大老爷王爷开恩救拔，情愿出银20万两"。① 最后葡人终于交付白银128400两，打通广东官员的关节，广东官员遂于1668年宣布奉旨准予澳门葡人免迁入内地。关于这件事，当时的史书记载说：

> 香山外原有澳彝，以其言语难晓，不可耕种，内地既无聚扎之地，况驻香山数百年，迁之更难，昨已奉命免迁矣。②

1667年8月，康熙亲政，形势发生了变化。广东当局违反禁令下澳贸易的消息传到京城，康熙决定处理这一严重事件。卢兴祖这个老猾官僚在紧急关头，立即把姚启圣作为牺牲品抛出来。他以违禁下澳通商罪逮捕姚启圣，将其关入大牢。"督抚忌公（姚启圣）才，顾以通海劾公，将置公死。"姚启圣意识到问题的严重性，自然不愿坐以待毙。他连夜向尚可喜申诉，说明下澳贸易是按督抚指示干的，并且陈述此案利害关系，"以危语动之"。结果尚可喜为保全自身，决定拿卢兴祖开刀，而为姚启圣开脱，"上疏白其枉"。③ 同时尚可喜派人到澳门活动，要求葡人检举揭发卢兴祖违法讹贿的事实。但澳葡当局认为不应卷入中国官员的窝里斗，没有做出回应。另一方面，卢兴祖也派人赴澳，收集证据，指控姚启圣，但在澳门，听到的是大家说姚启圣的好话。清廷鉴于广东官员讹贿案情复杂，派出刑部大员直接审理此案。卢兴祖在审理姚启圣案时，取证60件，均没有涉及特别重大实质性

---

① 《卢兴祖所呈香山县知县姚启圣货单贿单审答过情节册》，康熙六年八月二十七日（1667年10月14日），中山市档案局编《香山明清档案辑录》，上海：上海古籍出版社，2006，第162页。
② 江日升：《台湾外纪》（卷六），福州：福建人民出版社，1983，第42页。
③ 王源：《居业堂文集》（卷五），北京：中华书局，1985。

107

镜海微澜：黄鸿钊澳门史研究选集

问题。① 但刑部主审后，情况急转直下，姚启圣立即将卢兴祖派他前往澳门讹贿的经过和盘托出。有关澳门葡人请求免迁之事，"（当）时总督说，我将此事启奏，若准行，要银二十万，准行不准行，为启奏情由，必要银五万两"。其后，卢兴祖接到清廷允许澳门葡人不必迁移内地的圣旨，随即要求澳门葡人兑现贿赂款："奉有不叫澳人迁移之旨，总督差伊家人师泰、陈得功并商人李之凤，叫我同到澳去向澳人要贰拾万两银子。如此说了，我带此叁人到澳去，向澳人说，不叫你们迁移住了，拿贰拾万银子来。澳人说，若叫海上贸易，得给贰拾万两银子，不叫贸易，那里得贰拾万银子给。说定共给银拾万两。"刑部官员经过查核，姚启圣所供是实，至此讹贿案真相大白，结论是："总督卢兴祖诈取澳人送银货物，俱系姚启圣伊身承当，做与心腹之人而行"。② 也就是说，真正犯讹贿罪的人是卢兴祖，姚启圣只是作为下属，代为跑腿索贿。于是1668年1月，总督卢兴祖、巡抚王来任均被革职审查，而卢兴祖更是被关进大狱。不久，两人相继自杀。王死于家中，卢则死于狱中。据葡文史料，卢兴祖的下场是这样的："皇帝意味深长地赐给这位总督一捆丝带，迫使他及其100多个下属用这捆丝带结束了生命。"③ 对姚启圣的处置则是"免罪，仍行革职，永不叙用"。④ 但后来姚启圣重返官场，并累次立功升迁，出任福建总督，又力荐施琅，在收复台湾的过程中立了大功。

澳门葡人经过一番周折，总算保住了居留权，避免了搬迁之灾；但由于迁海令明确规定沿海各地"片板不许下水"，他们同沿海各省的贸易往来大受影响。因为尽管他们仍可在澳门贸易，但没有外来商船，就无生意可做。

---

① 《卢兴祖所呈香山县知县姚启圣货单贿单审答过情节册》，康熙六年八月二十七日（1667年10月14日），中山市档案局编《香山明清档案辑录》，上海：上海古籍出版社，2006，第158~170页。

② 康熙六年（1667年）刑部题审两广总督卢兴祖派人赴澳追要入官货物收受银两物品案缮录口供本，中国第一历史档案馆等编《明清时期澳门问题档案文献汇编》（一），北京：人民出版社，1999，第59~66页；《刑部残题本》，《明清史料》（第六册），北京：中华书局，1985。

③ 徐萨斯：《历史上的澳门》，黄鸿钊、李保平译，澳门：澳门基金会，2000，第79页。

④ 康熙六年（1667年）刑部题审两广总督卢兴祖派人赴澳追要入官货物收受银两物品案缮录口供本，中国第一历史档案馆等编《明清时期澳门问题档案文献汇编》（一），北京：人民出版社，1999，第59~66页；《刑部残题本》，《明清史料》（第六册），北京：中华书局，1985。

108

澳门葡人为了达到贸易目的，由果阿总督以葡王阿丰索六世的名义派遣特使玛纳·撒尔达聂哈（Manuel de Saldanha）访问中国。使团由22人组成，并带有一大批贵重礼物。1667年使团到达澳门时，澳葡当局又赠送白银3万两，作为使团在北京活动的经费。使团于1670年抵达北京，由在京的耶稣会士南怀仁、利类思当翻译，觐见了康熙皇帝，但未能达到免除澳门海禁的目的。后来澳门葡人打探到皇帝喜欢狮子，便于1678年由葡萄牙国王派特使本多·白勒拉（Ben Pereyra de Faria）晋京进贡狮子，仍由南怀仁当译员，叩见皇帝。这一次葡使很幸运地得到康熙皇帝的接见和宴请，最后葡人的愿望也得以实现。1680年1月5日，清政府批准澳门葡人可以由陆路到广州贸易，同时宣布："其水路贸易，俟灭海贼之日，着该督题请，钦此遵行。"

清初的迁海令虽然使澳门贸易大受影响，但经过葡人的不懈努力，澳门贸易在此期间得以勉强保持下去，并逐步得到了改善，可说是不幸中之大幸。

镜海微澜

第二编

澳门同知的设置及其历史地位[*]

一 澳门同知的设立

澳门自从16世纪中期开埠以来，迅速发展成为一个国际贸易港口，其地位的特殊性、重要性和复杂性，要求中国政府必须制定完善的管治规章制度，建立有效的管治体制和设置高品阶官员进行管理。早期的管治由香山知县全面负责，另派出军队驻扎前山，震慑澳门葡人。中国政府的确在几个重要方面做了许多工作，如向葡人征收地租与关税，防范葡人走私漏税，以及越界滋事等，有些官员政绩卓著。当时如果发生葡人抗拒缴纳地租和关税，肆意走私偷漏，以及越界滋事等事件，中国官员往往采取强有力的手段予以还击，如立即下令关闭关闸，停止供应澳门粮食和副食品，或采取其他措施，迫使澳门葡人就范。

但是中国政府早期对澳门的管治存在许多缺憾和不足，尤其是对于像澳门这样一个完全崭新的港口城市的出现，它今后的发展前景，以及城市发展中可能出现的问题，当时的中国政府显然认识不足。因此，究竟应该任命什么官员去进行管理，如何进行管理，才能符合澳门的实际，并有利于澳门的稳定发展和人民的安居乐业，当时的中国政府对此还没有经验。在相当长的时间内，政府只把葡人看作对中国海防安全的严重威胁，因而着重于军事上部署防范措施。而事实上，对于澳门繁杂的贸易事务，频繁的涉外交往，以及与之俱来的许多民事纠纷，清朝政府却忽略了，或者管治不力。澳门地属香山，应由香山知县主管一切。但知县为一县之主，事务纷繁，

---

[*] 原文题为《澳门同知的历史地位》，载于《澳门研究》2005年总第31期，第149~156页。

对澳门事务其实只是兼管,又因远处县城,鞭长莫及。在将近180年的时间内,前山只有驻军和武官,没有文官,澳门发生民事纠纷或各种案件时或无人过问,或由驻军武官负责处理。到了1731年,清政府开始意识到这一点,特地将县丞衙门移设前山,以便及时审理案件。但县丞毕竟职权有限,处理不了重大事件。而派驻前山的文武官员互不相属、互不配合,每遇突发事件,难以及时采取措施,以致拖延未决,贻误时机,最终往往不了了之。

与此同时,澳门开埠以后,迅速发展成为远东最著名的贸易港口,既是进出口商品的转运枢纽,又是东西方文化交流的中心。它的货运通达欧、亚、美三大洲许多城市,来往商船日益增多,港口繁荣,人口达万人以上。随着澳门贸易地位日渐提升,涉外事务也日益增多。澳门葡人不服管理,违法对抗事件更为频繁出现。在这种情况下,广东地方政府愈来愈认识到,有必要加强对澳门的管制,设立澳门同知便是顺理成章的事了。

1743年发生的陈辉千案,直接促成了澳门同知的设立。这年的12月3日,澳门华商陈辉千酒醉之后,途遇葡人晏些卢,发生口角打架,被晏些卢用小刀戳伤致死。后来,新上任的香山知县王之正查验确实,要求澳葡当局交出案犯晏些卢,多次交涉均被拒绝。后来两广总督策楞亲自过问此案,葡人迫于压力,才表示愿意"仰遵天朝法度拟罪抵偿",结果杀人犯晏些卢被判处绞刑。但在处决犯人的过程中,葡人又做了手脚,故意破坏刑具,企图用假死刑蒙混过去。不过阴谋被中国官员识破,凶犯方才得以真正伏法。

这一案件的处置过程,暴露了长期以来中国对澳门的管治机制不健全,官员松懈怠惰、得过且过的问题。居澳葡人一贯"玩视官法",[①] 每当发生案件而罪犯又是葡人的时候,澳葡当局往往违反中国政府的规定,包庇本国罪犯,"不肯交人出澳"。他们或者胡搅蛮缠,声称要按葡萄牙法律审理;或者藏匿罪犯,公开对抗中国司法机关,百年以来,从不交犯出澳。地方官员对之无可奈何,于是隐瞒不报,即或上报,也是移易情节,避重就轻,如斗殴杀人改为过失犯罪,诸如此类,希图省事了结,"以致历查案卷,从无

---

① 潘思榘:《为敬陈抚辑澳夷之宜以昭柔远以重海疆事疏》,转引自印光任、张汝霖《澳门记略》(上卷),《官守篇》。

澳夷杀死民人抵偿之案"。[①] 澳门葡人杀人犯居然逍遥法外，得不到应有惩罚，杀人偿命的法律得不到贯彻实施。长此以往，在澳华人的生命财产无法得到保障，后果不堪设想。两广总督策楞有见及此，于本案结束之后，明确规定"嗣后澳夷杀人罪应斩绞者，该县相验时讯明确切，详报督抚复核，饬地方官同夷目将犯人依法办理，一面据实奏明"，并下令把这些规定在澳门刻石公布，以便监督澳葡当局执行。

与此同时，这一案件也使广东当局深刻反思管治澳门问题，认识到设立澳门同知、加强管治力量的必要性和迫切性。1743年，两广总督策楞、按察使司潘思榘等向朝廷提出，澳门为"夷人聚居之地，海洋出入，防范不可不周，现驻县丞一员，实不足以资弹压"，要求再增设职权更大的"前山寨海防军民同知"，亦即澳门同知，并发给"广州府海防同知关防"。他们的建议很快获得了朝廷的批准。

1744年，清政府任命印光任为首任澳门同知。同知是知府级官员，正五品，职级在知县之上。澳门同知的设立，是清政府加强澳门管治力量的重要举措。

二　澳门同知的治澳职责与方法

澳门同知的首要任务，是建立与健全管治澳门的组织体制和法例体制。

首先是组织体制。任命澳门同知后自然形成了一个以澳门同知为核心的管制体制。本来按照清朝官职规定，同知没有独立处理一府政务的职权；但澳门同知自设立之日起，就被赋予了比一般同知大得多的权柄。它独立设置衙门，其职权涉及军事防务、民事刑事案件及贸易事务等方面："令其专司海防，查验出口进口海船，兼管在澳民蕃"，"遇有奸匪窝匿唆诱、民夷斗争盗窃，及贩卖人口、私运禁物等事，悉归查察办理"；并规定县丞衙门由澳门同知指挥，"香山县县丞应移驻澳门，专司稽查民蕃，一切词讼，仍详报该同知办理"。此外，他还指挥一支武装队伍，管理附近各处海防事务："……一切香（山）虎（门）各营春秋巡洋，及轮防老万山官兵沿海汛守机

[①] 两广总督策楞等奏章转引自印光任、张汝霖《澳门记略》（上卷），《官守篇》。

宜，皆得关白办理。其体貌崇而厥任綦巨焉。"① 与此同时，澳门同知还一度兼管番禺、南海、东莞、顺德、新会、香山六县的沙田地区。②

应当指出，对澳门管治的加强是整个管治体制的加强。澳门同知同原有的香山知县、县丞衙门、海关监督、驻军长官一起，形成五官合作管治澳门的体制。其中澳门同知官职最高，肩负全面责任；知县次之；县丞分管各类案件；驻军分管防务；海关分管税收。这五个官员既有分工，又有合作，齐抓共管，每遇澳门发生事件，分别从不同方面与澳葡当局交涉，对澳葡当局形成极其强大的压力，务使事件得以解决。

其次是颁布治澳的法例。印光任、张汝霖先后确定了澳门同知的职责范围和规章制度。印光任刚履任，就颁布了《管理澳夷章程》。这个章程涉及面很广，最主要的有三点。

（1）针对以往对澳门各国洋船管理的松弛混乱状态，规定今后所有洋船到岸或开行，必须申报同知衙门，听候检验，并由该衙门拨给引水。所有担任引水之人，都要经过保甲亲领结状，县丞审查加结，申报同知衙门发给执照，以便稽查防范。如有私出接引的，照私渡关津律治罪。

（2）责令县丞编立居民保甲，细加考查，不许窝藏违犯禁令之人。华人从事贸易不许擅自进入葡人租住的界墙之内，亦不许"入信夷教"。

（3）为了规范中国官员对居澳葡人的管辖体制，特规定澳葡当局头目凡有禀呈，应先呈递县丞，然后申报同知衙门，不许越级直接投递前山厅，以昭体统。对于在澳造船修船的丈尺数目、翻修房舍的场所和间数，葡人均应事先报明候批，事后听候检核。

至于澳门同知的管治职责方面，大体上包括：严格限制葡人居住界限，审理澳门各类案件，管理澳门贸易事务，处理各国商人、教士往来澳门的事务，清除澳门海盗祸患，反对英国人入侵澳门，等等。从1744年至1849年的100多年间，澳门同知做了大量工作，措施得力，管治卓有成效，为澳门贸易港的安全、稳定与繁荣做出了积极的贡献。

严格限制澳门葡人居住界限，反对葡人蚕食领土，扩大居留地范围，保

---

① 印光任、张汝霖《澳门记略》（上卷），《官守篇》。
② 珠江三角洲六县沿江濒海地区，有大片冲积形成的沙田，又称"万顷沙"。该处社会复杂，盗匪麇集，向来号称难治。澳门同知管治10年后，于1754年又划还给广州府管辖。

116

澳门同知的设置及其历史地位

障国土安全，是澳门同知的重要任务。在这个问题上，中国官员抓得很紧。凡有葡人借口开荒占地，或托称修缮房屋而扩大住宅面积，或非法占有公地建筑铺屋，等等，均休想避开澳门同知的法眼，一桩桩、一件件都遭到揭发处理，勒令拆除，恢复原貌。

澳门同知经常性的事务包括审理澳门各类案件，包括处理各种租约纠纷、债务纠纷，审判各种偷盗打劫、凶杀、黑奴闹事等刑事犯罪案件，禁止天主教的传教活动，处理澳葡内部的争议事件，等等。由于澳门港口贸易的日趋繁荣，人口日渐增加，达到5000人甚至万人以上，以及华人与洋人杂居一处，语言文化互不相同，日常往来交涉中往往会出现各种利益纠纷，乃至发生种种刑事与民事案件。这些案件内容各异，案发率高，耗费了澳门同知等官员的大量时间和精力。但这些事件的处理有利于保障澳门居民的生命财产之安全，维护社会稳定和人民的安居乐业，实在事关重大。因此，中国官员总是严肃对待，认真处理，绝不掉以轻心；尤其是一旦发生恶性凶杀案件，凶手为葡人者，澳葡当局往往拒绝交出凶犯，引起中葡两方激烈交涉。1748年李廷富、简亚二被害案，1786年英国人司各脱杀人案，1792年汤亚珍被戳伤致死案，1805年陈亚连被戳伤致死案等案件，都是澳门同知等中国官员通过同澳葡当局进行坚决斗争，并采取中断贸易，撤出中国商人、通事和工匠，停止米粮和副食品供应等非常手段，最后才迫使澳葡当局就范，按照中国法律审判犯人。通过这些斗争，澳门同知有效地遏制了澳葡当局实行治外法权的企图，捍卫了中国的司法主权。

必须指出，澳门同知等中国官员在审理各类案件中，均能执法公正、一视同仁。罪犯为中国人时，亦无偏袒维护之心，开脱罪责之举，许多犯罪华人也同样得到应有的惩罚。这方面的案例也是非常多的，因此也使澳葡当局心悦诚服。

管理澳门贸易事务，是澳门同知的一项中心工作。澳门是一个贸易港，葡人居留澳门的主要目的是经营贸易，澳门港所发生的一切事件，诸如租约、债务、偷盗打劫、凶杀命案等，无不是在这个贸易环境之中发生的，因此管治贸易的事务十分繁重。澳门同知行使政府管理贸易的职能，要求澳葡商船依法输钞，反对偷漏商税；申明进出口禁令，反对走私违禁商品；严格限制葡人商船数量，监督船只修理；等等。其目的是使澳门成为一个遵纪守法、公平交易、秩序井然的贸易港口。

117

澳门同知设立以后，加强了处理外国商人、教士往来澳门事务的职能。当时清政府只准许葡人居留澳门贸易，并规定其商船数目限制为25艘，享受优惠贸易税。其他国家商船一概不得进入澳门停泊，只能前往黄埔海关按章报税。但澳门作为国际贸易港口，每年依然有许多外国人来来往往。因此，有大量的涉外事务需要澳门同知处理。其中，有的是外国商船遭受海难的船民被中国收容，暂住澳门等候搭便船回国；有的是来华贸易的商人前来"压冬"，等候明年季风回国；有的是外国商船突然前来澳门希图贸易；有的是外国传教士前来澳门等候进京供职，或从外地来澳门等候搭便船回国；最后还有外国人在中国犯罪被审判后，在澳门被羁押监管；等等。这些涉外事务牵涉国家甚多，情况复杂，处理费力。

清除澳门海盗祸患，也是澳门同知的一项本职工作。18世纪末19世纪初，活动于珠江口外、以张保仔为首领的海盗集团声势浩大，不时骚扰澳门海面，对澳门贸易造成巨大危害。澳门同知肩负海防重任，自然全力组织力量同海盗进行斗争，保卫澳门贸易安全。在这场为期多年、旷日持久的重大斗争中，澳门同知等官员除了组织和动员沿海军民投入剿除海盗的战斗之外，还利用了澳葡当局剿匪的积极性及其优良装备，向他们购买大炮和弹药，借用兵舰和征调葡兵参加围剿海盗作战。最后，还利用澳葡官员充当同海盗谈判的中间人，终于顺利招安了张保仔海盗集团。

反对英国入侵，捍卫澳门本土安全，是澳门同知最为艰巨的任务。澳门的开埠与迅速繁荣，引起举世瞩目。葡人居留澳门经营贸易获得成功，招致其他欧洲国家的妒忌。随后而来的西班牙、荷兰与英国均想侵入澳门，取代葡萄牙人的地位。其中17世纪初，荷兰曾经五次武装进攻澳门。但在18世纪以后，英国成为最大和最具威胁的入侵者。英国先是在18世纪同葡萄牙人缔结条约，将这个小国置于其保护之下；到了19世纪初，就借口法国可能侵占澳门，先后在1802年和1808年两次派出兵舰前来澳门，企图在保护的幌子下实行军事占领。身处海防前线的澳门同知接到报告后，立即识破英国人的侵略阴谋，坚决予以驳斥；并报告上级，断绝与英国人的贸易以施加压力，严密部署兵力进行防卫，终于迫使英国兵舰撤离澳门海面。

在1849年以前，军民府（即澳门同知）与澳葡当局的关系是管治与被管治的关系，军民府是上级管治机构，澳葡当局则是被管治的下属。上述各项事务澳葡当局必须请示军民府审批，不得擅自做主，自行其是。双方往来公文程序也反映了这种关系。作为上级的军民府等官员向澳葡理事官发文时，常常使用"谕令"或"饬令"的字眼，表示上级的威严；而理事官向军民府、知县与县丞发文时，均用"禀告"或"呈禀"等字眼，表示下属的谦恭。

一般来说，澳葡当局在大部分时间和大部分问题上，基本上都能按照中国政府的规定去做。因此，鸦片战争之前的官员奏章往往说澳门葡人"恭顺守法"，澳门葡人自己也以此自我标榜。其实澳门葡人之所以"恭顺"，是出于其自身生存的需要。葡萄牙人自从向东方扩张以来，都在其所占领的地方实行殖民统治；可是唯独在澳门，要接受中国政府的管治。因为葡萄牙殖民者无法同强大的中华帝国抗衡。他们不愿意因对抗中国而被驱逐，只得服从管治。其实，澳葡当局常常采取阳奉阴违、当面一套背后另一套的两面派手法敷衍应付中国政府。因此，许多指示的贯彻和事件的处理，往往必须经过澳门同知等许多官员三令五申、反复催促才能得以解决。而当涉及某些恶性凶杀案件的葡人凶犯时，澳葡当局则往往公开对抗，拒绝将案件移交中国审理，从而引发了管治与反管治的激烈斗争。这种斗争时起时伏地发生，成为澳门管治的一种特有现象，而每次斗争都以澳葡当局的屈服结束。

军民府与澳葡当局除了偶有发生对抗性冲突之外，大部分时间基本上相处融洽，交往正常。澳葡当局与澳门同知协力剿除海盗，并出面劝说张保仔投降，说明双方关系之融洽。此外，双方之间偶尔也有私人交往。例如，1800 年澳门同知托澳葡理事官找医生，替他的一位"相爱同寅"——刘姓理瑶同知诊治耳聋病，等等。[①] 有的澳葡官员在任期间对待华人比较友善，处事态度比较公正，深得民心，澳门同知予以表扬，任期届满仍挽留其续任，如判事官眉额带历等人，即是如此。同样的，当澳葡当局内部发生矛盾，引起内讧，或遇到疑难时，也往往报告澳门同知等官员，请求裁决与调处，说明其对中国官员之信任和倚赖。

[①] 《署澳门同知三为访医调治理瑶同知耳病事下理事官谕》，嘉庆五年四月二十一日（1800 年 5 月 14 日），刘芳辑《清代澳门中文档案汇编》（上册），章文钦校，澳门：澳门基金会，1999，第 363~364 页。

镜海微澜：黄鸿钊澳门史研究选集

三 改名前山同知及其职能的变化

1849年后，由于葡萄牙侵犯中国对澳门的主权，澳门同知丧失了管治澳门的职能，改称前山同知，但仍然处在中葡交涉的第一线，肩负防止澳门葡人向内地扩张的重任。许多爱国官员面对澳门葡人肆无忌惮的扩张活动，进行了针锋相对的揭露和斗争，努力捍卫中国领土主权。

1. 蔡国桢反对澳葡当局扩界

1849年澳门总督亚马勒发动武装驱逐中国官员事件，自此以后，中国对澳门主权遭到破坏，澳门同知的职能也发生了变化。他再也不能行使管治澳门的权力，其名改称前山同知，职能为反对澳葡当局扩大界址，保卫澳门周边领土不被侵犯蚕食。

1887年中葡条约墨汁未干，葡人继续无理索取所谓"属地"，前山同知始终站在斗争第一线，坚持反抗澳葡当局扩界侵略。

1889年12月11日（光绪十五年十一月十九日），拱北关税务司贺璧理（英国人）作为葡萄牙的交涉使来到前山，向同知蔡国桢出示一份澳门水陆地图。①"该图东至九洲洋，南至横琴、过路环，西至湾仔、银坑，北至前山城后山脚，周围百余里，皆加以红线划入葡人界内。"葡人据此反诬中国轮船停泊在青洲海面是侵犯澳门水界。蔡国桢予以驳斥，严正指出："若徒以一国所绘地图红线即云定界"，则"我亦可另绘一图，自三巴门起加一红线至海边为止，谓葡人仅管澳门半岛，并无水界，彼允乎不允？"贺璧理理屈词穷，就蛮横地威胁说澳葡当局准备出动军舰驱逐中国轮船。蔡国桢当即指出："若说到哄船之话，一切道理都不必说，请阁下代为寄语，等他哄哄看。……原想他派兵哄船，由他开端起衅，我方好乘机做事，愿他速哄为幸。"贺璧理见讹诈不成，只好灰溜溜地返回澳门。

2. 魏恒同澳葡当局的交涉

（1）抗拒澳葡当局管辖湾仔海岸。光绪十九年（1893年）正月初十日，前山水师营一艘兵船停泊湾仔海面，突有澳葡兵船越界前来驱逐。船长问其理由。"据称：须往该国讨取人情，方准在此下碇。"所谓"讨取人

---

① 蔡国桢：《澳门公牍录存》，振绮堂丛书本，第5页。

情",就是向澳葡当局交费买人情。这纯粹是敲诈行为,理所当然遭到中国兵船的断然拒绝。前山同知魏恒闻报,立即就人情费去函询问澳葡当局,指出恐怕是有人假借澳葡当局名义进行敲诈,请予澄清。但澳葡官员玛琪仕致函魏恒,公然声称,湾仔海面是澳门管辖范围,澳门船政厅有权不准停泊,只有讨了人情,方能停泊。① 魏恒被葡人的蛮横无理所激怒,于3月26日复信中严正指出:"本军民府历查陈案条约,只有澳门埠街暂予贵国专管之说,并无将澳门全海之水概予贵国专管明文。……今准函称各情,湾仔沙海旁系在澳埠对岸,相距弯远,亦欲讨取人情,乃陈案所无,条约所不载,关系重大,本军民府未便擅自依允。"②

事后,魏恒将此次事件经过呈禀省府,两广总督李瀚章批示说:"据禀已悉。湾仔洋面向系该营前哨拖船湾泊处所,葡人辄敢两次索讨人情纸,大属不合,本应照会葡督查究,姑念该丞致覆诘责后,该葡人业已知悔,相安无事,暂行免议,以示优容。"③

但事件并没有就此结束,澳葡当局仍在时刻伺机进行捣乱。这年11月4日,前山水师两艘兵船停泊于湾仔码头,忽然间澳葡当局出动军舰两艘胁迫缴交人情费,其中一艘被迫屈服,向澳葡交费领人情纸;而另一艘没有交费,则被澳葡军舰强行拖到银坑停泊。魏恒向两广总督禀报此次事件,将屈服于澳葡当局压力而向葡人讨人情的舰长给予斥革处分;同时致函澳葡官员,抗议其挑衅行径,并要求惩办肇事者。④

(2)反对澳葡当局违约,无理监禁交涉之中国官员。1893年6月间,氹仔发生租佃纠纷,业主林其衡状告佃户朱翼勾串洋人,拒不交租。香山县

---

① 《葡国翻译官玛琪仕为中国各船须由船政厅指泊处所抛碇事致前山同知魏恒信函》,光绪十九年二月初七日(1893年3月24日),中国第一历史档案馆等编《明清时期澳门问题档案文献汇编》(三),北京:人民出版社,1999,第466~467页。

② 《前山同知魏恒为未便依允湾仔海面归葡国专管事覆葡国翻译官玛琪仕信函》,光绪十九年二月初九日(1893年3月26日),中国第一历史档案馆等编《明清时期澳门问题档案文献汇编》(三),北京:人民出版社,1999,第467~468页。

③ 《前山同知魏恒为葡人勒取人情案遵批详陈实情事致两广总督李瀚章禀文》,光绪十九年三月初九日(1893年4月24日),中国第一历史档案馆等编《明清时期澳门问题档案文献汇编》(三),北京:人民出版社,1999,第472~473页。

④ 《前山同知魏恒等为请照会葡官嗣后不得再有勒取人情纸事致两广总督李瀚章禀文》,光绪十九年十月二十一日(1893年11月28日),中国第一历史档案馆等编《明清时期澳门问题档案文献汇编》(三),北京:人民出版社,1999,第479~483页。

派差役刘鸿等四人前往凼仔办案，朱翼勾串葡兵将之拘捕关押于大炮台，勒索赎款后释放。事后，澳葡理事官竟恬不知耻地声称，"凼仔久为本西洋所辖"。对此，魏恒予以严正驳斥，指出凼仔向来是我国领土，"不料贵理事官竟称凼仔为西洋管辖，实属闻所未闻。本军民府有守土之责，未便容隐"。同时魏恒警告澳葡当局，由于他们违反条约无故拘拿我国公差，监禁欺凌，勒罚银两；今后我方将以牙还牙，遇有葡人在内地扰乱，亦将拘禁惩罚。①

3. 李荣富抗阻葡人侵犯大小横琴岛

1895～1897年，澳葡当局又将侵略魔爪伸向大小横琴岛。他们在小横琴岛建造正规营房，企图派兵驻守，以达到长期占领的目的；同时又派出官员前往大横琴岛，将当地民居编号，发放门牌，企图借此管辖和占领该地。两广总督谭钟麟闻讯，立即照会澳门总督，严正要求澳葡当局拆除在大小横琴岛的非法建筑，停止侵略活动。同时他预见葡人绝不会轻易罢手，于是命令前山同知李荣富和前山营都司黎中配采取行动，抗阻葡人侵犯大小横琴岛。

1887年前山同知蔡国桢曾在大横琴村、小横琴西两处派兵驻扎防守。其后兵员多为虚额，以致葡人乘虚而入。李荣富和黎中配前往实地查勘时发现，大横琴东北角小土名马尿河民房20余处，粗沙湾民房20余处，瓦岗寨民房20余处，均在1896年被葡兵强行编号，发放门牌。小横琴东边小地名洋船湾，又名鲮鱼湾，与葡人已占之十字门隔河相望，距离只有2里。葡人于1895年腊月在该村搭盖兵工厂，驻扎士兵；1896年又将该村民房40余处强行编号，发放门牌；同时在该村之山腰盖造西洋兵房，尚未竣工。李荣富等查勘之后，感到澳葡当局违约侵地，问题十分严重，于是共同约见澳门护督，列举葡人违约侵略事实，要求葡人立即停止侵犯大小横琴岛主权。葡人护督狡辩称，在横琴岛建造兵房和兵工厂，以及派兵驻守等，是为了进行保护。李荣富当即严正指出，中国土地，中国自能保护，无劳逾越。双方反复辩论，葡方声称仅建山腰兵房一间，竣工之后，便将该村兵工厂撤去，不复再建。中方指出，既要撤去，自应中止，岂有竣工再撤之理。护督无词以对，推说自己不能做主，要等新总督上任，应如何妥办，再为斟酌。李荣富

---

① 《前山同知魏恒为葡人侵占凼仔包揽税课拘禁县差事致两广总督李瀚章禀文》等，光绪十九年五月初二日（1893年6月15日），中国第一历史档案馆等编《明清时期澳门问题档案文献汇编》（三），北京：人民出版社，1999，第473～478页。

122

认为葡人之所以斗胆跨海入侵横琴岛,是因为中国疏于防范,经两广总督批示后,他立即派出士兵前往驻扎。

由于前山同知李荣富坚决抗阻,并派兵驻守大小横琴岛,一向惯于乘中国防备松懈进行扩张的澳葡当局,见中国官员认真对待,寸步不让,一方面自觉理亏心虚,另一方面亦无法抗衡中国军队。在这种情况下,葡人被迫撤退。1897年4月5日,李荣富、黎中配与澳葡军官一起在小横琴岛监看葡兵撤兵停建。待葡兵撤退完毕,中国才将军队撤离小横琴岛。至此,中国政府成功地抗阻了葡人对大小横琴岛的侵犯。①

4. 庄允懿揭露澳葡军舰的侵略动向

1909年澳门划界期间,前山同知庄允懿积极投入保卫领土主权、反对澳葡当局扩张界址的斗争。

首先,他揭露澳葡当局并没有撤回兵舰,反对我国单方面撤兵。葡舰于宣统元年(1909年)正月十八日撤离,但庄允懿经过深入调查,获知该舰只是前往香港修理,并非真正撤离。"彼无证实撤舰明文,我未便因其现不在澳即行撤兵",否则,"显有让地之嫌"。②

与此同时,他又密切注视澳葡当局动向,监督葡舰行踪。1909年3月24日,庄允懿报告总督张人骏,葡国兵舰一艘停泊在鸡颈(氹仔的古称)外洋,舰上有葡兵200多人,据说尚有两艘葡舰于下月到来。因此,庄允懿电请转告外务部同葡使交涉,促使葡舰撤走。③

四 澳门同知的业绩永垂史册

澳门同知在管治澳门时期作用非常大,简直就是中国澳督。在鸦片战争

---

① 《前山同知李荣富等为遵札抗阻葡人建兵房并查勘大小横琴岛情形事》,光绪二十三年二月初八日(1897年3月10日);《前山同知李荣富为撤去小横琴岛两国兵勇及葡人停止建房事致两广总督谭钟麟禀文》,光绪二十三年三月初五日(1897年4月6日),黄庆福主编《澳门专档》(一),台北:台湾中研院近代史研究所,1993,第538~545页。
② 《前山同知庄允懿为拟撤关闸第二第三卡驻兵且不能遽撤事复两广总督张人骏电文》,宣统元年正月二十五日(1909年2月15日),庄树华等编《澳门专档》(三),台北:台湾中研院近代史研究所,1995,第613页。
③ 《前山同知庄允懿为查确有葡船泊鸡颈洋面请电外务部知照葡使速撤事致两广总督张人骏电文》,宣统元年闰二月初三日(1909年3月24日),庄树华等编《澳门专档》(三),台北:台湾中研院近代史研究所,1995,第616页。

前100多年的管治期间，澳门同知统管澳门各项事务，充分行使了中国对澳门的管治权。澳门同知是中国主权的代表和象征，在涉及澳门的各种重大问题上均严格把关，充分行使了中国对澳门的管治权，在澳门具有无上权威。与此同时，澳门同知还通过努力工作，为澳门局势的安全与稳定、贸易的有序进行，以及生活在那里的中外人民的安居乐业提供了保证，做出了贡献。1849年后，由于中国失去了对澳门的管治权，澳门同知虽然改称前山同知，但仍然处在中葡交涉的第一线，肩负防止澳葡当局向内地扩张的重任。许多爱国官员面对澳葡当局肆无忌惮的扩张活动，进行了针锋相对的揭露和斗争，努力捍卫中国领土主权。

我们为澳门同知的业绩而自豪，也为其后来的失势而愤懑。从根本上说，澳门历史是帝国主义、殖民主义国家侵略中国的一个缩影，自从鸦片战争以后，帝国主义、殖民主义国家开始为所欲为、横行中国，澳门地位的演变只是其中之一角而已。因此，澳门同知的失势，毕竟是历史形势所致，并非由同知本身或其他某些官员的任何过错所致。不幸的澳门同知只是在历史大潮中扮演了悲剧的角色，这是当时民族的悲剧。百年之后，中国人民革命的胜利，彻底地洗刷了这一段耻辱的历史；而澳门同知所有的光辉业绩，则将永垂史册。

18 世纪以来澳门的对外事务[*]

澳门贸易港开埠以后,外国人接踵而来,事务繁杂。1744年,清政府设立了澳门同知,会同香山知县、县丞,以及海关监督和驻军长官等官员管治澳门。历届澳门同知不仅要管治澳门葡人,还要处理大量澳门涉外事务。这些涉外事务牵涉国家甚多,大体上包括日本、朝鲜、越南、文莱、印度、菲律宾、西班牙、法国、荷兰、丹麦、美国、俄国、英国等国。其事务大致有:第一,外国人入澳贸易的审理;第二,外国海难船民的救助;第三,西洋教士入京供职与回国的安排;第四,外国犯人的监管与驱逐等。

一 外国人入澳贸易问题

按照清政府的规定,澳门只准许葡人居留贸易,其商船额限为25艘,享受优惠贸易税。其他国家商船一概不得进入澳门停泊,只能前往黄埔海关按章报税。但往往有外国商船突然前来澳门希图贸易,或有来华贸易的商人前来"压冬",等候次年季风回国,等等。对此,澳门同知等官员必须根据不同情况进行处置。

1812年8月22日,澳门差役和地保查获一艘私自停泊在澳门妈阁海面,企图与澳门葡人私自贸易的越南商船。船主潘嘉成辩解说,他们从本国地方购买乌木1000担、花盐300担、粗米200担、马前子200担,驶近越

---

[*] 原文题为《略论澳门同知对澳门涉外事务的管理》,载于《文化杂志》2004年冬季号,总第53期,第125~130页。

南顺化海面，忽遇暴风漂入此处；但又称，认识葡人茶老哥，托其代禀地方官准将货物发卖，修整船只，候风顺扬帆。

中国政府十分重视这起私下串通贸易事件。8月31日，澳门同知马瀓照会理事官，明确指出，不准越南船只擅自停泊内地口岸，如是遭风漂入，亦应禀告地方官照例查办，不容许澳门葡人私与往来。因此通知县丞派拨士兵赴泊船地方，会同查缉，严行防范；同时要求澳葡当局查明茶老哥是何人，因何敢同该船私相交接，串通交易，逐一查究，据实禀复。

9月22日，澳葡理事官代潘嘉成请求准将乌木在澳门发卖，俾得银两修船和供给船中食用，日后随同澳葡商船返回越南。但澳门同知马瀓断然拒绝这个请求，指出：船只既经修理完好，澳葡当局应该催令即日开行回国，毋得饰词逗留滋事。①

1812年9月27日，香山县丞根据澳门同知的指示，通知越南船主将起卸在岸上的货物，清点装船，迅即开行。又要求理事官将货物点还给越南船，毋得隐匿弊混，使之早日开行回国。

1812年10月7日，香山知县郑承雯谕令理事官，将起贮乌木克日交回潘嘉成，载运开行回国。②

由于澳门同知、县丞和知县齐抓共管，分别给澳葡当局施加压力，终于堵塞了违例私相贸易的漏洞。

另一次是菲律宾米船求售大米。1795年8月30日，菲律宾船一艘装运洋米4500担来澳门发卖。经查实，该船除载米进口，并无别项货物，船主亦表示将来并不装货出口。因此，澳门同知韦协中准许免其纳税，载来洋米售清后，立即开行回国，不许在澳门停泊，也不许夹带商货出口。③

1780年5月31日，澳门同知陈景埙获悉西班牙商船擅自湾泊澳门。于是命令县丞前往澳门亲自押解该船进入黄埔停泊，并要求澳葡当局不得任由

---

① 《理事官为恳准安南船户在澳发卖乌木以供修船食用事呈澳门同知禀》，嘉庆十七年八月十七日（1812年9月22日），刘芳辑《清代澳门中文档案汇编》（下册），章文钦校，澳门：澳门基金会，1999，第647页。
② 中华人民共和国外交部：《中英关于香港1994/1995年选举安排会谈中的几个主要问题的真相》，《人民日报》1994年3月1日，第3、5版。
③ 《署香山知县郑承雯为催令安南潘嘉成货船回国事下理事官谕》，嘉庆十七年九月初三日（1812年10月7日），刘芳辑《清代澳门中文档案汇编》（下册），章文钦校，澳门：澳门基金会，1999，第648~649页。

18 世纪以来澳门的对外事务

该船逗留澳门，开舱搬货。① 其后据澳葡理事官报告，这艘西班牙船是澳葡商人第 19 号额船船主卖出旧船之后，买回顶补额船。经澳门同知派县丞前往澳门查实，确定该船是顶补的额船，并无洋人舞弊，亦无华商从中唆摆，一切符合规定，并由澳葡商人写了保证书。澳门同知于是改变决定，准其停泊澳门，进行贸易。但声明此后若有西班牙商船到来，必令押赴黄埔湾泊，不可援此为例。

清政府一向规定，凡来广东贸易的各国商船，例应先将货物运往省城，经由商行发卖完毕，倘若商人不能即时回国，可以提出申请，中国官员审批后，派人由省城护送其前来澳门，租屋暂住，称为"压冬"。如果不是贸易商人，或未经中国政府批准而擅自进入澳门者，一律即时驱逐，不准入境滋事。1817 年 10 月 10 日，澳门同知锺英接到报告，有一艘法国兵船拟来澳门停泊，派人租借葡人房屋居住。锺英闻讯，立即谕令澳葡判事官眉额带历进行查核，据实禀复，以便查办，并向澳葡当局严正申明，"倘敢抗违不遵，纵令法兰西国一人潜入澳门，或代为租屋居住，本军民府立即会营，亲带兵役来澳围拿"，并禀请各宪据实奏办，恐该番差不能当此重咎也。

1817 年 11 月 30 日，锺英闻报法国兵船停泊于紧靠澳门的鸡颈洋面探听贸易情况，声称回国后将派遣商船来广东贸易；并有兵头 6～7 人潜入澳门，与澳葡当局头目饮酒聚会。这明显违犯中国法纪，绝对令人难以容忍。于是锺英谕令澳葡当局查明事情真相，并传谕法国兵船立即驾驶回国，不得停泊澳门，滋生事端。"倘敢不遵，定即会同营员驱逐，该番差均干未便。"②

1795 年 6 月 6 日，署澳门同知李德舆接到布政使司的通知，荷兰贡使德胜（Isaac Titsingh）觐见皇帝后，因当时广东没有荷兰商船停泊，拟同随

---

① 《署香山县丞刘为饬令大吕宋船离澳进埔湾泊丈输事下理事官谕》，乾隆四十五年四月三十日（1780 年 6 月 2 日），刘芳辑《清代澳门中文档案汇编》（下册），章文钦校，澳门：澳门基金会，1999，第 650～651 页；《澳门同知陈景埙为准令大吕宋船顶补澳船额数事下理事官谕》，乾隆四十五年五月二十九日（1780 年 7 月 1 日），刘芳辑《清代澳门中文档案汇编》（下册），章文钦校，澳门：澳门基金会，1999，第 653 页。
② 《澳门同知锺英为饬令佛兰西巡船开行回国事下判事官眉额带历谕》，嘉庆二十二年十月二十二日（1817 年 11 月 30 日），刘芳辑《清代澳门中文档案汇编》（下册），章文钦校，澳门：澳门基金会，1999，第 677～678 页。

127

员一起到澳门居住，俟有荷兰商船前来贸易，即行附搭回国。据此，李德舆即通知澳葡理事官，俟贡使到澳门之后，即饬令在澳门居住，等候来船附搭回国，不要到处走动，以免滋生事端。①

1807年发生美国商船私泊澳门起卸货物事件。该年12月1日，美国商人爹吧时将货船停泊潭仔洋面，并声称该船前往日本，因遇风浪漂来澳门，俟修复帆樯，然后开行。但寄泊期间，爹吧时偷偷用三板将铜条200余箱运进澳门议事亭起卸。澳门同知接到引水人禀报后，立即饬令县丞和把总前往该船停泊处加强防范，同时谕令理事官查明铜条确实斤数上报，并严令禁止其私自售卖。接着，香山知县彭昭麟、县丞吴兆晋亦先后谕令理事官查明事实后，将美船驱逐出澳门。而澳门税关委员李璋则要求将该船押送黄埔丈量输钞。②

1805年11月间，俄国两艘商船第一次来澳门要求贸易。商船上装载皮张和银两，船主通过澳葡当局递交报告，请求恩准卸货贸易。香山县官员接到报告后，觉得事关重大，立即呈报省府。当时中国官员认为，俄国态度谦恭，情词恳切，鉴于其国地处极北，路途遥远，来一趟不容易，若不准其开舱，输税卸货，仍令原载回帆，似非仰体皇上怀柔远夷之至意；因此准其在澳门开舱起货，公平贸易。

与此同时，中国官员又考虑到俄国一向在恰克图地方贸易，今来广东贸易，意在省费图利，但这样一来，必然使北方货物进口日益稀少，影响张家口税额。因此，明确规定，此次给予特殊照顾，下不为例。"嗣后再有该国船只来至澳门，即应严行斥驳，不得擅与通市。"③

1814年11月，又有一艘俄国商船前来澳门，停泊氹仔外洋，装载槟榔等货物，要求贸易。11月14日，澳门同知立即上报广府，广府严饬驳回，下令毋得擅准起卸货物；并通知前山营和香山县丞一起配合行动，防止澳葡

---

① 《署澳门同知李德舆为荷兰贡使德胜等下澳候船回国事行理事官札》，乾隆六十年四月二十日（1795年6月6日），刘芳辑《清代澳门中文档案汇编》（下册），章文钦校，澳门：澳门基金会，1999，第681页。
② 《署澳门同知熊为饬查报咪利坚爹吧时船寄贮司打铜斤事下理事官谕》，嘉庆十二年十一月初三日（1807年12月1日），刘芳辑《清代澳门中文档案汇编》（下册），章文钦校，澳门：澳门基金会，1999，第692～695页。
③ 刘芳辑《清代澳门中文档案汇编》（下册），章文钦校，澳门：澳门基金会，1999，第696～700页。

18 世纪以来澳门的对外事务

当局与俄商私自勾通,利用三板靠近商船,起卸货物,代为销售。此时澳葡判事官眉额带历禀报澳门同知称,这艘俄国商船,由该国运载哑勒孟国货商前往葡萄牙贸易,再由葡萄牙装载麦子前往果阿发卖;然后从果阿扬帆经过哑嗊国,购买槟榔5000石,想运来广东换取茶叶等货。该船中途被风打坏舵尾,现寄泊氹仔修理。眉额带历才代为请求准许前往黄埔贸易,遭到中方断然拒绝。12月1日,香山知县马德滋还为澳葡当局故意拖延不报俄船泊氹仔修理之事,对澳葡进行了严肃的批评。①

1792年8月4日,澳门同知韦协中根据澳葡当局的禀告,同意居留澳门的瑞典商人带伙计到省城料理贸易事务,并发给牌照,以便办事。但规定不得夹带违禁货物,事毕将牌照缴回撤销。此后澳门同知还先后给丹麦、法国和英国等国发放牌照,准其商人前往广州料理贸易事务。②

二 外国海难船民的救助

对于遭受海难的外国船民,澳门同知等官员将之收容于澳门,准其等候搭便船回国。

1798年4月,流落澳门的日本难民仪共卫、太吉郎、万治郎、定吉等商人,请求给船安排回国。他们三年前从日本贩运木棉、绢、酒等货物出洋,在菲律宾海面遇风浪将货船打翻,幸免于难,一直羁留该处,后由商船带至澳门。中国官员对此事甚为重视,县丞受理后,立即将有关情况报告澳门同知和香山知县,并转报至省候批;然后通知澳葡理事官护送四人到广州,转交南海县安顿,再委派专人护送至浙江乍浦同知处,安排搭便船回国。③

1803年10月,又有朝鲜难民文顺得、金玉文二人,被澳葡当局第11号额船从菲律宾带回澳门,请求中国政府安排送回本国。他们本来是朝鲜全罗道罗牧州人氏,两年前驾运米船进行贸易途中遇风浪,船漂至琉球国倾

---

① 刘芳辑《清代澳门中文档案汇编》(下册),章文钦校,澳门:澳门基金会,1999,第700~703页。
② 刘芳辑《清代澳门中文档案汇编》(下册),章文钦校,澳门:澳门基金会,1999,第707~709页。
③ 《香山知县尧茂德为覆日本难民仪共卫等禀赐回国事下理事官谕》,嘉庆三年二月十六日(1798年4月1日),刘芳辑《清代澳门中文档案汇编》(下册),章文钦校,澳门:澳门基金会,1999,第637~638页。

129

镜海微澜：黄鸿钊澳门史研究选集

覆，六名船员中有四人葬身鱼腹；另二人被琉球国王收留、资助用船送来中国，途中又被风浪阻拦，漂到菲律宾，停留将近一年，最后由澳葡商船带到澳门。县丞吴兆晋接到朝鲜难民求助呈禀后，迅速向上呈报。1804年1月16日，广东官府决定将二人送到南海县安顿，听候安排附搭商船回国。①

1809年6月8日，文莱吗嚧难民燕支亚林、燕支燕敦二人，从本国运载椰油到菲律宾出售，途遇风浪，漂至我国海南文昌地方，被官员收容后解送香山县，由县丞转交澳葡当局收管约束，俟有便船附搭回国。②

果阿人啡立是那万威船上水手，1797年8月坐船来澳门，12月下旬由澳门出洋趁港脚贸易，被风吹至虎门亚娘鞋附近时，因不满船主责骂，一时气愤，凫水上岸逃走，流落街头，乞讨过日，被番禺县官员拿获，押解至香山县，转交澳葡当局管束。③

三　西洋教士入京供职与回国之安排

澳门是外国人进入中国的孔道，常常有外国教士前来澳门等候进京供职，或从外地来澳门等候搭便船回国。对于这些出入澳门的外国人员，澳门同知亦有迎来送往的管理之责。

1781年间，乾隆皇帝鉴于在京效力的西洋人逐渐减少，谕令广东官员注意访查学有专长的西洋人，其后澳门同知陆续报送了西洋教士罗机淑、麦守德、德天赐、颜诗谟、汤士选、刘思永、戴国恩、罗广祥、吉德明、巴茂贞、高临渊等人。到了1785年，乾隆上谕又称，在京当差的西洋人已经够用了，此后暂停选送西洋人进京。

然而1792年3月间，政策又有了变化。于是澳门同知又派送精通天文

---

① 《香山县丞吴兆晋为将高丽难民文顺得等小心管束听候宪檄事下理事官谕》，嘉庆八年九月二十二日（1803年11月7日），刘芳辑《清代澳门中文档案汇编》（下册），章文钦校，澳门：澳门基金会，1999，第638~639页。
② 《署香山县丞郑为发领文莱难民燕支亚林等事下理事官谕》，嘉庆十四年四月二十六日（1809年6月8日），刘芳辑《清代澳门中文档案汇编》（下册），章文钦校，澳门：澳门基金会，1999，第645页。
③ 《香山知县尧茂德为饬将小西洋水手啡立收管约束事下理事官谕》，嘉庆三年正月十一日（1798年2月26日），刘芳辑《清代澳门中文档案汇编》（下册），章文钦校，澳门：澳门基金会，1999，第642~643页。

18 世纪以来澳门的对外事务

推算的西洋人窦云山、慕王化、安纳、拉弥额特、福文高、李拱宸等人进京供差。

1803 年 12 月 28 日,澳葡理事官禀报称,葡萄牙遣使会士高守谦是一个精通天文的学者,来澳门居住半年后,申请赴京效劳朝廷。同时,理事官又突然提到毕学源病好如初,愿同高守谦一起进京效力。毕学源原于 1800 年被选送进京当差,却在临出发前突然称生病留下,后又称已经残废,要求回国。如今听到理事官关于毕学源病情任意反复的陈述,中国官员非常反感,认为受了澳葡当局的欺骗愚弄。香山知县金毓奇和县丞李凌翰均拒绝了毕学源的请求,饬令立即回国。但澳门同知叶慧业则比较宽容和沉稳,他请示省督后,于 1804 年 1 月 31 日,谕令理事官立即验明:"毕学源前称已成废疾,今于何日病愈,是否果能进京当差? 着该夷目即出具切结,立即禀覆,听候本府亲临验看。"① 其后,高守谦、毕学源一同被送省查验合格,获准进京供职。

澳门同知除了负责选送有才能的洋人进京之外,还肩负着安排和监督外国人离开澳门回国的任务。这方面的工作也是十分艰巨和复杂的。

南弥德结束在京任职,由中国官员护送移交澳葡当局收管,并安排附搭便船回国。但南弥德在澳门逗留多年,一直没有回国。虽经多次催促,澳葡当局总是拖延不办,借口澳门只有葡萄牙与菲律宾商船来往,而南弥德是法国人,应从其他口岸乘法国商船回国。1826 年 3 月 25 日,知县蔡梦麟再次严谕澳葡理事官,"务须认真赶紧催令附船回国,仍将回国日期禀覆本县,以凭查明通报,毋再狥延,任其逗留干咎"。②

另又有法国人遣使会士苏振生和马秉干于 1801 年到澳门。1806 年两人离澳自行前往北京,在德州被截获。中国政府因聘用洋人额满,将二人发遣回澳门。是年 1 月 3 日,知县彭昭麟饬令澳葡理事官收领二人,安排搭船回国。

但两人自德州折回后,均没有如期回国。马秉干被教会派往湖广传教。他绕道越南,几经周折,于 1810 年抵达湖南。至于苏振生,多次被澳门同

---

① 《摄理澳门同知叶慧业为查明高守谦毕学源进京效力事下理事官谕》,嘉庆八年十二月十九日(1804 年 1 月 31 日),刘芳辑《清代澳门中文档案汇编》(下册),章文钦校,澳门:澳门基金会,1999,第 547~549 页。
② 《香山知县蔡梦麟为严催南弥德附搭便船回国事下理事官谕》,道光六年二月初七日(1826 年 3 月 15 日),刘芳辑《清代澳门中文档案汇编》(下册),章文钦校,澳门:澳门基金会,1999,第 561~562 页。

镜海微澜：黄鸿钊澳门史研究选集

知等官员催促回国。这时候，有一个插曲。苏振生进京时，曾替北京北堂教士携带一批物品，他被截回后，物品仍寄放在德州桥西兴隆店中，后来被北堂西洋人贺清泰认领。贺清泰领取物品后，向官员禀报称：洋人报效中国，远离家乡九万余里。从前中国政府允许洋人明诺住在澳门负责收转家乡邮信土物事务。如今明诺回国，无人办理此事。请求中国政府允许今在澳门的苏振生负责收转邮信事务。1808年8月9日，署澳门同知通知理事官，准许苏振生留在澳门办理北堂教士家乡邮信事务，但只能在澳门，不能到广州办理。①

慕王化于1805年11月间，因其兄病故，父母年迈无依，忧虑成疾，恳求回国。清朝政府予以批准，并派人护送其回澳门。澳门同知王衷奉命谕令澳葡理事官收领约束慕王化，立即安排其搭船回国，不让其在澳门滋事；同时要将慕王化抵达澳门及启程日期即时禀报。

1811年8月间，清政府管理西洋堂事务大臣福庆对在京供职的洋人进行鉴定，认为贺清泰、吉德明和毕学源三人精通算法，可以继续留京供职。其余高临渊、颜诗谟、王雅各伯、德天赐四人学业未精，留京无用，决定遣送到澳门搭船回国。11月27日，县丞周飞鸿奉命谕令澳葡理事官，"俟送到夷人高临渊等抵澳，收领约束，毋许滋生事端。遇有便船，即令附搭回国"。高临渊等人于1812年1月间到达广东，即时被移交澳门当局。4月30日，澳门同知马澨再次谕令澳葡当局尽快使之搭船回国。②

四　外国犯人的监管与驱逐

澳门同知还有监管和驱逐外国犯人的职责，最突出的事例为处理洪任辉案。1755年至1759年间，英国商人洪任辉不满中国海关条例，带领船队离开广州前往宁波和天津贸易，并向乾隆皇帝状告广东澳门等各个海关官员。乾隆下令审查，处理了一批官员的违法乱纪事件；但同时又以"勾串内地奸民代为列款，希冀违例，别通海口"的罪名，判处洪任辉"在澳门圈禁

---

① 刘芳辑《清代澳门中文档案汇编》（下册），章文钦校，澳门：澳门基金会，1999，第562~574页。
② 《澳门同知马澨为饬查报高临渊等回国事行理事官札》，嘉庆十七年三月二十日（1812年4月30日），刘芳辑《清代澳门中文档案汇编》（下册），章文钦校，澳门：澳门基金会，1999，第579~580页。

132

三年，满日逐回本国，不许逗留生事"。但圈禁洪任辉的地方其实并非在澳门，而是在前山寨。"该处向有城垣，并有都司分驻，在于该处圈禁，庶易于管束稽查。臣即将洪任辉饬发署澳门同知裴镶，令其即在该同知署旁另室圈禁，小心看管，并饬营员派拨弁兵防护，毋致疏虞。"① 至1762年圈禁期满，经呈报乾隆批准，由澳门同知图尔兵阿将洪任辉押交英国商船，驱逐出境。

通过以上事件的阐述，可以看出，在鸦片战争前100多年期间，中国政府所设立的澳门同知等官员主持澳门一切对外事务，具有绝对的权威。他们对澳门所有对外事务的处理决定，居澳葡人以及其他前来澳门的外国人均须遵守服从，不得违抗。因此，澳门同知等官员是中国对澳门主权的象征。澳门同知在处理重大的澳门涉外事务问题时均严格把关，充分行使了中国对澳门的管治权。他们努力工作，对于防范外来势力的侵扰，维护澳门的安全与稳定，保证贸易的有序进行，以及让生活于此的中外人民得以安居乐业，做出了重大贡献。

---

① 《两广总督李侍尧奏覆违法英商洪任辉已押送澳门圈禁代笔人刘亚匾业经正法折》，乾隆二十四年十月十九日（1759年12月8日），中国第一历史档案馆等主编《明清时期澳门问题档案文献汇编》（一），北京：人民出版社，1999，第335~336页。

葡萄牙1783年《王室制诰》剖析*

一 颁布《王室制诰》的历史背景

1783年，葡萄牙政府向果阿总督索萨下达关于澳门问题的《王室制诰》。制诰是一种文体的名称。所谓《王室制诰》，就是代表国王下达圣谕。文件发给果阿总督，乃因果阿总督是澳门总督的直接上司，应由他责成澳门总督贯彻执行。而在这个时候发布《王室制诰》，目的是反对中国政府管治澳门，宣布澳门是葡萄牙的所谓殖民地，建立葡萄牙对澳门的统治权。

葡萄牙人于1557年留居澳门后，便意欲建立殖民统治。当时澳门的外国居民有几千人甚至近万人之多。[①] 其时，在中国政府的忽视之下，居留澳门的葡萄牙人开始形成一套行政机构。1560年，居澳葡人设立了由驻地首领、法官和4位商人代表组成的、名为委员会的管理机构，这就是澳门议事会的雏形。1583年，澳门葡人举行选举，正式产生议事会（Senado）。1584年，果阿总督承认议事会为澳门的管治机构；1586年4月10日，果阿总督又宣布将澳门命名为"中国圣名之城"，给予澳门和印度的柯钦与葡萄牙自治城市埃武拉（Évora）相同的地位和优惠；并规定澳门议事会每3年选举一次官员和普通法官。总督（Capitão de Terra，又称兵头）、大法官（Ouvidor，又称判事官）则由葡萄牙派人担任。

澳门议事会是葡人中各种权力的集合体，负责居澳葡人群体的一切事

---

* 原文题为《葡萄牙1783年〈王室制诰〉剖析》，载于《文化杂志》2007年冬季号，总第65期，第27～34页。

① 张天泽：《中葡通商研究》，王顺彬、王志邦译，北京：华文出版社，1999，第97页。

葡萄牙1783年《王室制诰》剖析

宜,很有权威。澳门总督则是澳葡当局管治机构的首脑,兼掌军政大权。执掌司法权的是大法官,此外还有检察官、监狱看守和警察。

澳葡管治机构具有行政、军事、宗教、经济的职能,除了管理当地的市政卫生、市容、拨款支持医院和仁慈堂之外,还负责葡人群体中的治安和司法。在居民中组织"保安队",擅自在居留地建造炮台等,都是议事会策划的。军事方面,澳葡当局违反中国规定,强行驻军,除了保证居留者自身安全之外,更主要的目的是向中国炫耀武力,伺机进行扩张活动。1615年,葡萄牙国王命令澳门加强防卫。于是澳葡当局开始偷偷摸摸建造炮台。① 至1626年间,澳葡当局在澳门建造了6座炮台,配置了70门大炮。据1626年的记载,当时大炮配置如下:三巴门炮台(The Monte)15门,东望洋炮台(The Guia)10门,嘉思兰炮台(São Francisco)8门,南环炮台(Bomporto)8门,妈阁炮台(Barra)14门,西望洋炮台(São Pedro)15门。值得注意的是,葡人把三巴门炮台列为重点,因为三巴门炮台靠近关闸和前山,可见其军事力量的重点是威胁中国。澳葡当局的军队由总督统领,人数历年不等,开始时有100多人,最多时为480人,分别驻守三巴门、嘉思兰、妈阁、东望洋、西望洋和南环等6个炮台。

当中国政府发现葡人强行居留澳门并擅自建立管治机构与中国抗衡之后,感到十分震惊。面对澳葡当局咄咄逼人的嚣张气焰,中国政府又对澳门局势表示十分担忧。于是明朝政府内部展开了是否容留葡人的大争论。最后,明朝政府权衡利弊,基本上确定采取允许葡人居留澳门但加强防范的政策,即容许葡萄牙人在澳门居留下去,而对其申明约束,设官驻军,严加管理。清朝入关后,也继续遵循了这种政策。

中国政府对澳门葡人的管治最初侧重于防务,在澳门周围进行军事部署,防御侵扰、堵塞偷漏。1574年,明政府在半岛通向香山县的莲花茎间建立关闸,"设官守之",② 实际上已把澳门视为特殊的贸易区,不许外商越关进入内地,也不许内地居民随便进出澳门。明政府每月开关6次,以供应外商粮食和日常生活用品。其后不断加派驻军,从军事上遏制葡萄牙殖民者的扩张野心,确保边境地带的安全。

---

① 徐萨斯:《历史上的澳门》,黄鸿钊、李保平译,澳门:澳门基金会,2000,第49~50页。
② 印光任、张汝霖:《澳门记略》(上卷),《官守篇》,清乾隆五十六年修,嘉庆五年重刊本。

135

镜海微澜：黄鸿钊澳门史研究选集

但早期对澳门的管治存在许多不足之处。在相当长的时间内，清政府着重于从军事上部署防范措施。而事实上，澳门繁杂的贸易事务，频繁的中外交往，以及与之俱来的许多民事纠纷，清朝政府却恰恰忽略了，或者采取的管治措施不力。澳门地属香山，应由香山知县主管一切。但知县为一县之主，事务纷繁，对澳门事务其实只是兼管，又因澳门远离县城，香山知县鞭长莫及。在将近180年的漫长岁月中，前山只有驻军和武官，没有文官，澳门发生民事纠纷案件或无人过问，或由驻军武官负责处理。到了1731年，清政府开始意识到这一点，特地将县丞衙门移设前山，以便及时审理案件。但县丞毕竟职权有限，处理不了重大事件。而派驻前山的文武官员互不相属、互不配合，每遇突发事件，难以及时采取措施，以致拖延未决，贻误时机，最终往往不了了之。

与此同时，澳门开埠以后，迅速发展成为远东最著名的贸易港口，既是进出口商品的转运枢纽，又是东西方文化的交流中心。它的货运通达欧、亚、美三大洲许多城市，来往商船日益增多，港口繁荣，人口达万人以上。随着澳门贸易地位日渐提升，涉外事务也日益增多。澳门葡人不服管理，违法对抗事件更为频繁地出现。

1744年，清政府决定在前山设立澳门海防军民同知衙门，任命印光任为首任澳门同知。同知是知府级官员，正五品，职级在知县之上。任命澳门同知后自然形成了一个以澳门同知为核心的管治体制。澳门同知自其设立起，就被赋予了比一般府同知大得多的权柄。它独立设置衙门，其职权包括军事防务、民事刑事案件及贸易事务等方面。澳门同知设置以后，同原有的香山知县、县丞衙门、海关监督、驻军长官一起，形成五官合作管治澳门的体制。这五个官员既有分工，又有合作，齐抓共管，每遇澳门发生事件，分别从不同方面与澳葡当局交涉，对澳葡当局形成极其强大的压力，务使事件得以解决。印光任刚履任，就颁布了《管理澳夷章程》，确定了澳门同知的职责范围和治澳规章制度，加强了治澳的法例。澳门同知管治澳门的工作大体上包括：严格限制澳门葡人居住界限；审理澳门各类案件；管理澳门贸易事务；处理各国商人、教士往来澳门的事务；清除澳门海盗祸患；反对英国人入侵澳门；等等。从1744年至1849年的100多年间，澳门同知做了大量工作，措施得力，管治卓有成效，为澳门贸易港的安全、稳定与繁荣做出了积极的贡献。

澳门同知与澳葡当局的关系,是管治与被管治的关系,澳门同知是上级管治机构,澳葡当局官员则是被管治的下属。一般来说,澳葡当局能按照中国政府的规定去做。中国政府强化对澳门的管治,尤其是澳门同知的设立,既维护了澳门主权的尊严,又保证了澳门贸易安全有序地进行,使葡萄牙商人获得贸易优惠利益。澳葡当局没有能力去撼动澳门同知的管治权威,只好"恭顺守法"以求自保。这就是18世纪中期澳门局势的大体情况。

但是葡萄牙政府对中国建立澳门同知管治体制表示不满,为了扭转澳葡当局所处的不利形势,夺取澳门的殖民统治权,于1783年4月4日下达了《王室制诰》。

二 《王室制诰》向澳门议事会开刀

《王室制诰》认为,造成目前澳葡当局权力衰败的原因有三条。一是没有葡人在北京及时地向皇帝和大臣报告澳门诸事,因此中央政府不了解澳门的情况,未能及时解决澳门的问题。二是广东负责管治澳门的官员狂妄自大,不讲理,在澳门肆意使用暴力和压迫。三是澳门议事会是由一帮不良分子组成的。他们只知道做生意发财,只关心如何小心行事,不敢破坏中国在澳门的主权或指责中国官员管治澳门不力,生怕触怒中国官员,而对葡萄牙民族的尊严,及其在澳门"不可置疑"的主权毫不在乎。现在澳门的管理权几乎全部落入议事会手中,它不仅拥有财政收支权,还拥有行政管理权和司法管辖权。而总督则被排除于议事会之决定和决议之外,只有对炮台和守卫炮台的士兵的指挥权。葡萄牙政府主观上认为,中国皇帝曾给予葡萄牙据点特权、豁免和自由,可是由于议事会对中国官员的畏惧和卑躬屈膝等过错,这些特权丧失殆尽。此外,议事会还被指责没有设立海关征税,因此每年收支结余只有11004里尔,等等。这样,葡萄牙政府就把矛头对准不敢反抗中国政府的澳门议事会。葡萄牙政府认为,澳门存在这些问题尚未解决,而解决问题的关键是,总督尽快从议事会手中夺回澳门管理大权。这次针对议事会的夺权运动,又称议事会改革。葡萄牙政府向果阿总督下达六条"圣谕",要求果阿方面痛下决心,进行这个"改革",解决澳门问题。

首先是解决澳门总督选任问题。《王室制诰》指出,要挑选一个廉洁奉公、聪明能干的总督。好的总督三年任满还可再任一期,而不符合要求的总

镜海微澜：黄鸿钊澳门史研究选集

督则无须等三年任满便要撤职。（圣谕第一条）

其次是处理好议事会与总督的关系，重新树立总督权威。（圣谕第二条）《王室制诰》指出，由于议事会压制总督，使其事事屈从，葡兵得不到应有的装备和待遇，像一支乞丐队伍。议事会对中国官员卑躬屈膝，忍受官员的辱骂，并指责对此状况不满的总督，认为总督企图丧失澳门。因此种种，葡萄牙政府认为"给予澳门总督最大权限并为之装配一定军事力量是多么必要，这会使他们更令人尊敬。同时也可保护该据点不受凌辱"。①

再次是葡萄牙政府要求确立澳门总督的司法管辖权。命令议事会在没有获得总督同意之前，不得决定任何有关中国或王库的事宜。又要求在澳门建立海关，设立关长和税务员，制定规章，征收关税。规章和征税表呈交王室审批。（圣谕第三条、第四条）此外，还命令总督从澳门议事会手中接管王室收益。为此命令议事会公布账目，加以查核之后，将王室收益通过果阿汇往葡国王库。（圣谕第六条）

这几条圣谕，是《王室制诰》的核心部分。在这里，葡萄牙政府的目的很明显：打击澳门议事会，树立澳门总督的权威，确立总督的全面权力，加强武装力量，抗拒中国对澳门的管治，破坏中国固有的澳门主权。那么，他所说的那支"令人尊敬"，并保护澳门使之"不受凌辱"的澳葡殖民军，由多少士兵组成呢？总共有150名士兵。其中步兵100名，炮兵50名，均由果阿总督挑选后派来澳门，替代原来的驻军。仅仅依靠这样100多名士兵和几十门大炮，便妄想挑战中国的管治权，葡萄牙政府未免太过狂妄自大且过分小视中国了！

葡萄牙政府还要求在澳门建立传教团，任命葡人主教，兴建教会学校，最好是在圣保禄教堂建教会学校。并要求教会为政府服务，由果阿方面派主教赴澳门，"着手了解中国皇帝给予葡国的特权、豁免和自由，以便在北京寻求确认其存在依据，同时重新寻回由于过失、大意或意外而失去的特权、豁免及自由。这件事极为重要，须高度重视"。（圣谕第五条）② 《王室制诰》要求北京主教汤士选（D. Alexandre Gouveia）关注此事。汤士选是葡萄牙人，于1782年被选派为北京主教。葡萄牙政府认为由他处理澳门教务最

---

① 吴志良、杨允中主编《澳门百科全书（修订版）》，澳门：澳门基金会，2005，第665页。
② 吴志良、杨允中主编《澳门百科全书（修订版）》，澳门：澳门基金会，2005，第665页。

138

葡萄牙1783年《王室制诰》剖析

为适宜。

《王室制诰》中的这一段话的重要性在于，它无意之中泄露了天机。原来直到这时候为止，即在葡人居留澳门220多年之后，葡萄牙政府仍不知道究竟中国皇帝给了澳门葡人哪些特权、豁免和自由。葡萄牙政府一点资料也没有，这就足以证明中国皇帝根本没有给予澳门葡人这些特权。澳门议事会也一直承认："本居留地并非葡萄牙征服所得，只是中国人不断特许葡商居住，没有国王与国王或政府与政府之间的协议或契约。""皇帝未将其赠与，现仍收地租。本澳居民及其财产仍在沉重的税收之下，何谓此系葡萄牙领土？"[1] 而葡人曾德昭著书散布"因驱逐海盗有功而获得澳门"的说法，更是捕风捉影、牵强附会之谈。如果真有其事，为什么葡萄牙政府毫不知情，而要派主教去"着手了解"呢？

葡萄牙内阁大臣卡斯特罗要求果阿总督采取果断措施，坚决贯彻以上六条圣谕。

第一，迅速任命澳门总督，并派大臣陪同到澳门去。抵达后立即召开议事会宣读御旨。命令议事会立即交出账本，以及有关王库收益的文件，指定两名王库官员加以审核。

第二，在查账时，应在议事会之仓库及库房内，查找有关中国皇帝给予葡人特权之金札和特权书。

第三，总督与大臣应在澳门建立海关和仓库。

第四，由果阿抽调步兵和炮队保卫澳门免受海盗侵扰。

卡斯特罗估计议事会一定会尽力反对果阿总督派兵驻扎澳门，并会求救于中国官员，共同迫使这些部队撤回果阿。因此，卡斯特罗要求总督和大臣认真查出煽动阴谋的策划者，将其逮捕关押于军舰中；并将其材料送往果阿，以便在那里审理和处置。如确有中国官员反对入驻军队，要加以解释。解释后如中国官员仍表示反对，亦应执行陛下圣谕，设立有关防卫。

这位葡萄牙内阁大臣俨然是一个运筹帷幄的指挥官，下达的命令目的明确，布置行动十分具体，就只剩下准确执行了。只不过他未免太过猖狂，既不尊重中国对澳门的庄严主权，又没有真正估量中国和葡萄牙的客观力量对

---

[1] 吴志良：《生存之道——论澳门政治制度与政治发展》，澳门：澳门成人教育学会，1998，第127~128页。

139

比，缺乏冷静思考，便主观盲目地妄言兵戈。在当时的形势下，只凭这100多名葡萄牙士兵，能够在澳门担当起对抗中国的重任吗？

三　澳葡当局多次挑衅中国主权之失败

《王室制诰》下达不久，花利亚便于1783年8月18日被任命为澳门总督。同年9月27日，花利亚即要求议事会恢复每年节日给炮台士兵发津贴的惯例。1784年3月29日，澳葡当局遵照本国国王指示，在澳门设立税馆，与中国的关部对抗。同年7月28日，葡萄牙政府又宣布澳门总督有权参与澳门各项事务，并对议事会任何议程有一票否决权。这对议事会的职权是莫大的打击。为了力挺花利亚，果阿总督还从印度派出100名火枪手和50名炮兵替代原来的澳门卫队。①

与此同时，汤士选主教也来到澳门，趁中国政府失察，悄悄采取手段，除去中国官员"刻于议事会和望厦石碑上针对葡国主权和天主教而规定的十二条例"，②公然向中国政府管治澳门的权威挑战。

澳门议事会对葡萄牙政府削弱其权力的做法甚为不满。同年12月13日，议事会去信果阿总督，表示不能忍受澳督在议事会中以一票抵制议事会决议的权力，不接受澳督的统治权，要求果阿收回成命。议事会很委屈地向果阿总督申辩道：

> 226年来，本城居民建立并保存了陛下的这一方土地，完全不曾依靠过历任总督。即使中国人和荷兰人之间矛盾最严重的时期，议事会都未停止过其对城市的管理。本城居民屡次偿还了所欠暹罗、柬埔寨和巴达维亚国王的债务。
>
> 他们努力促成使节面见中国皇帝，为保持本市耗资巨大。
>
> 1622年，他们与登陆的荷兰正规军作战，保卫了这座城市。
>
> 1641年，他们用铜炮和金钱救援国王若奥四世，使之美名远扬。

---

① 施白蒂：《澳门编年史》，小雨译，澳门：澳门基金会，1995，第180~182、184页。
② 施白蒂：《澳门编年史》，小雨译，澳门：澳门基金会，1995，第182页。

葡萄牙1783年《王室制诰》剖析

为了在这个帝国中保持一块基督圣地,他们曾饱尝中国的迫害,历尽艰辛。

终于,他们以其锲而不舍的精神保存了今天属于陛下的土地和财产;这一切都与总督无关,即使无数次遭受其他国家进攻的时候,也从未得到过总督的任何保护。

本议事会请求阁下向其宣布属于议事会的管辖权,因为现任总督正插手一切事务;当陛下未授予我们代表权以维护我们的权力时,我们无法知道我们具有哪些权力。①

与此同时,议事会深恐建立新税馆和增兵的做法破坏中葡关系,造成澳门局势紧张,于是又请示果阿总督:一旦此举引发中国人闹事,应当采取什么应变措施?但果阿总督坚决执行葡萄牙政府下达的《王室制诰》,对澳门议事会的申诉和警示一概置之不理。

澳葡当局完成其行政体制的"改革",议事会失势。形成以澳督为主导的权力体制之后,总督花利亚开始挑衅中国政府的管治权。1787年,检察官马托斯(Filipe Lourenço de Matos)奉命率领士兵和黑奴越界侵入望厦和沙梨头,强行拆除华人新建的3栋房屋,驱逐村民。这一侵略挑衅行为激起民愤,100多名华商奋起反抗。事件发生后,澳门同知府官员前往澳门交涉。澳葡大法官费雷拉(Lázaro da Silva Ferreira)手拍桌子,气焰嚣张地说:捣毁沙梨头和望厦新建房屋,驱逐村民,就是为了恢复其殖民统治地位,重获被中国人夺去的权力。交涉出现僵局。澳门同知立即上报广州当局,下令停止贸易、封锁澳门。澳葡当局顿时陷入孤立、饥馑,人心惶惶。花利亚开始仍不知悔悟,与大法官、检察官一道派军队守卫沙梨头和望厦,企图与中国对抗到底,但从一开始就被中国政府的封锁政策粉碎了。而当他们回过头来想同中国官员谈判时,中国官员又拒绝同这些新权力集团会谈,不承认他们的权力和地位。当时澳门形势万分危急,无奈之下,澳葡当局只好请议事会出面调停。肇事检察官被撤职,澳葡当局向中国人让步以平息事态。②

---

① 施白蒂:《澳门编年史》,小雨译,澳门:澳门基金会,1995,第183~184页。
② 徐萨斯:《历史上的澳门》,黄鸿钊、李保平译,澳门:澳门基金会,2000,第129页;施白蒂:《澳门编年史》,小雨译,澳门:澳门基金会,1995,第189页。

在这次事件中，澳门总督撇开议事会向中国主权挑衅，结果碰得一鼻子灰，到头来还是议事会出面收拾局面。

但澳门总督并没有停止其向中国主权挑衅的行动。1790年，检察官通知香山知县，要求中国人立即停止在市场区附近建造房屋，否则他将按照澳葡当局拟定的建房规定，予以捣毁。香山知县当即回答道，澳门华人居住在中国的地方，检察官根本无权过问；奉劝澳门总督不要惹是生非，还要记住下面这一条：澳门葡人必须经过中国官员批准方可修缮房屋。①

1792年，中国官员再一次展示了对澳门的司法管辖权。是年，有1名马尼拉水手在澳门行凶杀害了3名华人。最后由中国官员下澳门公开审理此案，凶手被判处绞刑，立即执行。此案审理期间，附近村民蜂拥至澳门观看，许多人情绪激愤，围攻检察官和大法官。澳门总督花露不敢反击，并在案件结束后按照惯例执鸣枪礼送中国官员。消息传到里斯本，葡萄牙政府责备澳督胆小如鼠，不敢反抗中国，立即解除花露职务。②

关于这个案件，中国文献记载的是汤亚珍被戳伤致死。汤亚珍是澳门下环街端盛杂货店工人。1792年12月20日，他前往蟾蜍石海边解手，返回时走到沙边巷内，巷路狭小，撞到西洋人万威哩亚斯（Manuel Dias），被用刀戳伤右肋下部，急奔回铺，报告店主。店主见状，立即报告地保，查验取证，并通报澳葡当局查拿凶手。次日汤亚珍不治而亡。此事迅即引起中国官员的高度重视，澳门同知、香山知县和县丞轮番向澳葡当局下达命令："谕到该夷目，立将戳毙汤亚珍凶夷是何名字，即速查明，先行拘禁，听候本县刻日验讯，毋稍疏纵。"③ 但澳葡当局借故推脱，不肯交出凶手，声称"汤亚珍之死，或因携带小刀弯腰出恭，以致自误致伤"。④ 中国官员据理力争，反复交涉，历时1个多月之久。澳葡当局自知理亏，1793年1月10日，迫于无奈交出凶手万威哩亚斯，听候澳门同知会同香山知县审理。

---

① 徐萨斯：《历史上的澳门》，黄鸿钊、李保平译，澳门：澳门基金会，2000，第130页。
② 徐萨斯：《历史上的澳门》，黄鸿钊、李保平译，澳门：澳门基金会，2000，第130页。
③ 刘芳辑《清代澳门中文档案汇编》（上册），章文钦校，澳门：澳门基金会，1999，第332～336页。
④ 刘芳辑《清代澳门中文档案汇编》（上册），章文钦校，澳门：澳门基金会，1999，第333页。

葡萄牙1783年《王室制诰》剖析

有趣的是，被葡萄牙政府免职的花露因在任期间与华人关系很好，当他1793年去任时，澳门行商叶柱四人联名禀报香山县，赞扬他"才猷练达，抚驭有方，凡遇唐番交涉之事，莫不办理周详，中外安宁，民夷悦服"，恳求向西洋国王申请"暂予留任"。后来香山知县许敦元根据民意，谕知澳葡理事官，"转达在澳各夷官，将唐商爱慕恳留该总兵官缘由，联名申请国王知照，可否暂予留任理事，仍候尔国王定夺可也"。① 不过，葡萄牙政府当然不允许花露留任。

1805年陈亚连被戳伤致死案中，澳葡当局同中国官员的对抗也很严重。陈亚连是葡人即辰船上的水手，该年7月14日，被葡人晏参礼时戳伤，在医人庙医治无效，次日身亡。尸亲同凶手妥协，私了此事，匿不报案，私自殡葬。香山知县获知后严令澳葡当局交出犯人，"倘再违抗迟延，即通禀大宪，从严究办"。澳葡当局却屡催屡抗，拒绝交出。知县彭昭麟决定采取果断措施。1805年9月18日，"示谕澳门商民及工匠人等知悉，所有一切与夷人交易货物，及工匠、木匠、泥水匠人等，暂行停止，俟该夷目将凶夷送出，方许买卖交易工作"。② 这一招确实厉害，因为中国人不同葡人做生意，工人不为他们服务，当然也不供应粮食和副食品等，葡人无法忍受，再也顽抗不下去了。由于中国官员坚持原则，严厉执法，杀人凶手最终被处决。

这些事件充分说明，自从《王室制诰》下达后，澳葡当局对抗中国管治权的事件大为增加。但香山县官员在澳门的司法权威仍然是不可动摇的，以澳门总督为首的部分官员每次对抗均以失败告终。

尽管如此，澳葡当局始终没有忘记贯彻执行《王室制诰》，仍然千方百计图谋夺取澳门的管辖权。1810年，澳葡当局公然向澳门同知送交一份"意见书"，提出17点要求，企图否定澳门同知和香山县丞衙门对澳门的管辖权，使澳门变成自由港，进而确立葡萄牙的殖民统治权。鸦片战争后，中国开始沦为半殖民地。形势的变化又刺激了葡萄牙贯彻执行《王室制诰》的信心。葡萄牙殖民者此刻认为："现在有一个机会近在咫尺。根据古老的

---

① 《香山知县许敦元为澳门行商禀请恳留兵头事下理事官谕》，乾隆五十八年六月十四日（1793年7月21日），刘芳辑《清代澳门中文档案汇编》（上册），章文钦校，澳门：澳门基金会，1999，第346页。
② 刘芳辑《清代澳门中文档案汇编》（上册），章文钦校，澳门：澳门基金会，1999，第340页。

143

英葡联盟协定，葡萄牙的保护国英国本可以向澳门提供难以估量的帮助的。英国可以在不损害香港的情况下，向澳门伸出援助之手，使澳门从被贬抑的状态中解脱出来。……慷慨地帮助澳门从中国官方的奴役中解放出来。"①于是又向中国的澳门主权发起新的挑战。1843年夏天，清朝钦差大臣耆英在香港办理《南京条约》换文仪式之时，接到了澳门总督的照会，澳门总督提出改变澳门管理制度的一系列无理要求。当谈判无法达到其侵略目的时，葡萄牙积极策划使用武力。1845年11月20日，葡萄牙女王唐娜·玛利亚二世公然宣布澳门为"自由港"，任命海军上校亚马勒（Amaral）为澳门总督。葡萄牙殖民大臣法尔康特别指示亚马勒"要确保殖民地的完全自治性"。②亚马勒于1846年4月21日到达澳门出任总督后，就不断制造事端，用武力完成了《王室制诰》中提出的夺取澳门殖民统治权的任务。

---

① 徐萨斯：《历史上的澳门》，黄鸿钊、李保平译，澳门：澳门基金会，2000，第200页。
② 徐萨斯：《历史上的澳门》，黄鸿钊、李保平译，澳门：澳门基金会，2000，第205页。

英国舰队入侵澳门[*]

澳门的开埠与迅速繁荣举世瞩目。葡人居留澳门经营贸易获得成功，招致其他欧洲国家的妒忌。西班牙、荷兰与英国均想侵入澳门，取代葡萄牙人的地位。其中17世纪初，荷兰曾经5次武装进攻澳门均未能得逞。18世纪以后，英国成为最大的和最具威胁的入侵者。英国先是在18世纪同葡萄牙人缔结条约，将这个小国置于其保护之下。到了19世纪初，就借口法国可能侵占澳门，于1802年和1808年两次派出兵舰，企图在保护的幌子下占领澳门。

英国入侵澳门事关重大，中国举国震惊。广东地方由总督亲自处理相关事宜，远在京城的嘉庆皇帝也十分关注此事。而澳门同知等地方官员身处澳门海防前线，更是直接面对英国舰队，进行斗争。

一 1802年英国人入侵未遂

从18世纪开始，英葡两国的关系急遽变化。当时，葡萄牙一方面受到西班牙入侵的威胁，另一方面，荷兰在东方接二连三地夺取葡萄牙的属地，使得它不得不寻找一个强国作为保护者。这样就促使葡萄牙与英国接近，于1703年由英国驻葡萄牙大使梅都恩同葡萄牙代表阿利格雷提签订了《梅都恩条约》（*Methuen Treaty*）。条约再次肯定了英葡军事、政治同盟，尤其突

---

[*] 原文为《西方列强与澳门的关系》之部分内容，载于《中山文史》（第四十五辑），中山：政协中山市委员会文史资料委员会，1999；后载于黄鸿钊著《澳门史》，福州：福建人民出版社，1999。

镜海微澜：黄鸿钊澳门史研究选集

出了贸易关系。葡萄牙保证英国的羊毛纺织品自由进口，而英国则允诺葡萄牙的葡萄酒自由输入，且给以比法国酒进口税少三分之一的优惠。这个条约严重影响葡萄牙的经济，使之依赖英国工业品的输入，不去发展本国的工业，而片面地发展葡萄树种植园。经济上的依赖导致政治上的依附关系。从此以后，英国负责保护葡萄牙的本土及其殖民地的安全，无形间变成了葡萄牙的宗主国。

19世纪初，以英国为首的反法同盟正在同法国进行激战。1801年，法国与西班牙联手侵占葡萄牙。这一事件在英国引起震动。英国人由此推断说："有理由预料法国战舰将在海面出现，准备进攻英国和葡萄牙在印度的领地。"于是英国就打着支援葡萄牙，帮助他们保卫澳门的幌子，进行侵略澳门的活动。他们明明知道澳门主权属于中国，中国政府不会容忍澳门被英国人或法国人占领，可是仍然做出派遣舰队的决定。1801年7月10日，英国海军部训令舰队司令雷尼尔派海军占领澳门。①

1802年春，英属印度总督威里斯立借口防止法国占领澳门，派遣军舰6艘、兵员数千于3月21日驶进澳门水域，强行在十字门下碇。24日，舰队司令官访问澳门总督，请求允许英军登陆，与葡军合作，共同保卫澳门，防止法国军队袭击，联军由英国人统一指挥。这一切来得十分突然，澳门总督事先毫无所知，感到十分惊恐。由于这是直接威胁居留地本身安危的重大问题，澳门总督断然拒绝了英国人登陆的要求，次日澳葡理事官禀告县丞称：有英吉利兵船4艘停泊伶仃洋面，要求入澳门。"据说，因佛郎西兵船不法争斗打仗，残害地方，恐佛郎西船来澳掳掠，伤残玛糕（按：此是西文Macau，即澳门），故此送兵到澳上岸，帮助保护，并无别情。"但理事官又明确表示，"难以信其上岸帮助保护之话"，"窥伊等阳称上岸保护，实欲占据澳门"。因此，理事官"仰恳宪台保护，勿许伊国兵丁上岸，俾得平安，感同再造"。②

香山县丞当即将澳葡理事官的禀告转呈澳门同知和香山知县。再由知县

---

① 马士：《东印度公司对华贸易编年史》（第一、二卷），区宗华、林树惠、章文钦译，广州：中山大学出版社，1991，第677页。
② 《理事官为英国兵丁欲图上岸占据澳门呈香山县丞禀》，嘉庆七年二月二十五日（1802年3月28日），刘芳辑《清代澳门中文档案汇编》（下册），章文钦校，澳门：澳门基金会，1999，第744页。

英国舰队入侵澳门

许乃来赴省城面禀两广总督吉庆。吉庆要求英商大班转令英国舰队立即撤退。县丞也同时告知澳门理事官,中国政府"体恤西洋夷人住澳有年,不准英吉利兵船上岸借住,催令该国兵夷船只刻日开行,所有该船尚未开行之日,不可疏懈。仍一面慎密防范"。① 可是英国军官不听从中国政府的谕令,拒绝撤退,仍准备武力占领澳门。广东地方政府便决定,断其粮食,撤走买办,使其无法留泊。东印度公司专注于中国的生意,担心僵持下去会影响对华贸易,也反对舰队使用武力。这时候,他们获知英国已同法国缔结《亚眠和约》,暂时休战,便以此为台阶,于7月2日将舰队撤离澳门;并遣人向中国表示,因为"法兰西欲侵澳门,故举兵来护,讹言请勿轻信"。事后吉庆奏报朝廷,嘉庆帝下达御旨称:"有犯必惩,切勿姑息;无隙莫扰,亦勿轻率。"② 英军虽然全部撤离澳门水域,但澳葡当局仍心有余悸,唯恐英国人卷土重来。事件过去后,广东地方政府和澳葡当局都加强了对英国人的防范措施。1803年,英法战争重起,英国军舰又驶进中国沿海游弋。为了避免1802年事件的重演,嘉庆皇帝根据奏报,谕令广东官员"整饬巡防",以保证在澳门附近停泊的各国商船"安静无虞";并明确规定,各国的护航军舰必须"循照旧规",在氹仔一带停泊,不得"任意越进"。③

二 1808年英国人占领澳门被逐

英国第二次入侵澳门是在1808年。当时法国拿破仑大军开进伊比利亚半岛,葡萄牙国土沦丧,王室贵族在英舰援救下流亡巴西。葡萄牙自身难保,对澳门难以顾及。在这种情况下,英国再次企图占领澳门。早在1807年,东印度公司内部就讨论过占领澳门的问题。当时有人认为,这样做可能行不通,因为"没有得到中国政府的事先许可,就派遣英国海军舰艇前往,会使该政府极度不快"。但1808年1月间,东印度公司获悉法国可能在下一季度会派兵到澳门。于是,公司在3月8日向英属印度总督明托报告法国将

---

① 《署香山县丞王为传知不许英船兵丁上岸借住事下理事官谕》,嘉庆七年三月十四日(1802年4月15日),刘芳辑《清代澳门中文档案汇编》(下册),章文钦校,澳门:澳门基金会,1999,第744~745页。
② 王之春:《国朝柔远记》(卷六),清光绪十七年广雅书局刊本。
③ 《清仁宗实录》(卷一四〇),"嘉庆十年二月"词条。

147

镜海微澜：黄鸿钊澳门史研究选集

派兵的消息时，强调指出："不必忧虑中国政府方面会对我们的事业有妨碍或会有任何强烈的反对。……我们相信他们从希望不许可海盗扰乱沿海的观点出发，能够非常乐意看到澳门为英国人所占有。"① 后来，东印度公司特选委员会又于8月16日写信给英属印度总督明托，再次要求出兵占领澳门，并且补充说："我们没有理由忧虑葡萄牙政府方面会有什么反对，而且有各种理由相信，中国政府方面的任何反对或妨碍将是暂时性质的。"事实表明，是东印度公司积极策划和推动了这次侵略行动。1808年8月中旬，英属印度总督明托借口防备法国侵略，派出度路利少将率领军舰远征澳门。明眼人一看就知道，其用意是"在那里消灭受到中国皇帝庇护的葡萄牙人的居留地"。② 英国人在行动之前，事先迫使葡萄牙流亡王室同意了这种占领，但是没有要求果阿总督写信通知澳葡当局服从。当英国舰队从印度启程时，东印度公司的董事会就狂妄地叫嚷："不必忧虑中国政府方面会对我们的事业有妨碍，或会有任何强烈的反对。"并且认为，中国政府"非常乐意看到澳门为英国人所占有"。③ 9月11日，英舰开进十字门水面。澳葡当局虽然从英国人处得知其来意，但看见10艘军舰压境的大阵势，也觉得来者不善，连忙向澳门同知禀报："鸡颈洋面现到英吉利国兵船，内据该将军实说，此来不过为帮着澳门，并无别意。哆想，若使该兵丁上岸，实与规条有碍，禀请转详察核。"澳门同知接报，急忙上报两广总督，并向澳葡当局严正指出，"查澳门一区，系天朝恩恤与西洋夷人居住，百余年来相安无异，外国兵船到广，止许湾泊鸡颈洋面，断不能任其入澳居住，致违定例，久经遵照在案"，因此要求"该夷目，即便小心防范，不得任其潜入澳地，致滋事端"。④ 但度路利却借口执行"保护澳门"的使命，根本不顾中国的反对，于9月21日指挥英军强行在澳门登陆，抢占战略要地。"以二百人入三巴

---

① 马士：《东印度公司对华贸易编年史》（第三卷），区宗华译，广州：中山大学出版社，1991，第84页。
② 马克思：《印度史编年稿》，张之毅译，北京：人民出版社，1957，第135页。
③ 马士：《东印度公司对华贸易编年史》（第三卷），区宗华译，广州：中山大学出版社，1991，第84页。
④ 《署澳门同知熊为饬查英国兵船至澳事下理事官谕》，嘉庆十三年七月二十七日（1808年9月17日），刘芳辑《清代澳门中文档案汇编》（下册），章文钦校，澳门：澳门基金会，1999，第747页。

英国舰队入侵澳门

寺,百人入龙嵩庙,以二百人踞东望洋、百人踞西望洋。"① 就这样,英军不费一枪一弹占领了澳门。到 10 月 12 日,又有 3 艘英舰闯入虎门,进泊黄埔,对广州安全造成严重威胁。

澳葡当局对英国占领者未进行任何反抗。理事官在英军登陆后,还居然向广东地方政府报告说,英军这种占领是得到葡萄牙国王认可的,"国王有书,许令安置"。英国的侵略行径使广东地方政府大为震惊,因为澳门是中国领土而非葡萄牙属地,葡萄牙无权"转让"澳门,英国也无权"保护澳门"。面对这一严峻局势,署澳门同知会同香山知县、县丞等官员分别于 10 月间谕令澳葡理事官,要求探明实情禀报;又指出,"英吉利夷兵登岸,总由尔等不小心防守,或私自串通舞弊,实属不法"。葡人在澳居住,"系天朝加惠远人,得以安居贸易,并非尔等地方。所有炮台不过令尔等就近防守,岂容私相授受?""现经本县禀明大宪,将英吉利在黄埔货船尽行封舱……尔等速即传谕该国兵头、大班、将上岸夷兵立刻退出回船,等候本县即禀大宪,撤封开舱,照旧贸易……若敢抗违,一面禀请大宪,将英吉利货船尽行用火焚烧,一面统领大兵,将登岸夷兵槩行捆拿,治其干犯天朝之罪。"②

两广总督吴熊光与海关监督常显偕同英商大班到澳门劝英舰撤离。度路利拒不答应。吴熊光束手无策,回广州后,下令封舱,断买办,禁止与英国人贸易。10 月 22 日,英国续派 8 艘军舰从孟加拉来到澳门,每艘载兵 600～700 人,进驻十字门水道,进一步表明他们企图巩固对澳门的占领。吴熊光生怕英军入省,便调遣大小兵船 86 艘防护省城水道。同时,中国政府在香山县城和澳门附近地区迅速部署军队,严阵以待。度路利置之不理。11 月 11 日,度路利公然带士兵数十人自黄埔闯入广州商馆。14 日再闯入,声称提款。总兵黄飞鹏守护珠江,开炮迎击英舰。英兵死伤 4 人,被迫退出广州。英国入侵澳门之初,吴熊光明知纵敌入境,事关重大,害怕朝廷责备,又以为事件很快就可解决,故隐瞒不报。可是英舰迟迟不肯撤走,形成僵局,只得硬着头皮向中央报告。嘉庆皇帝向来重视广东海防安全,认为吴熊光"如此糊涂懈怠,实出意想之外,试思边防重地,任令外夷带兵阑入,

---

① 王之春:《国朝柔远记》(卷六),清光绪十七年广雅书局刊本。
② 澳门同知等人的谕令见刘芳辑《清代澳门中文档案汇编》(下册),章文钦校,澳门:澳门基金会,1999,第 748～750 页。

占据炮台，视为无关紧要，不知有何事大于此事者"，不久即将其革职查办，另派永保为总督，韩崶为巡抚，驰赴广东处理此案。后永保死在赴任途中，改由百龄接任总督。嘉庆皇帝驳斥了英国侵占澳门时所发之谬论，申明中国的严正立场："英吉利夷人借称大西洋地方被法兰西占据，该国因与大西洋邻好，恐大西洋人之在澳门者，法兰西欺阻贸易，辄派夷目带领兵船前来帮护，所言全不可信，而且断无此理。……试思中国兵船从无远涉外洋向尔国地方屯扎之事，而尔国兵船辄敢驶进澳门，登岸居住，冒昧已极。若云因恐法兰西欺侮西洋……即使法兰西果有此事，天朝法令俱在，断不能稍为姑容，必当立调劲兵，大加剿杀，申明海禁，又何必尔国派兵前来，代为防护？……看来竟系尔国夷人见西洋人在澳门贸易，趁其微弱之时，意图占住，大干天朝例禁矣……尔若自知悚惧，即速撤兵开帆，不敢片刻逗留，尚可曲恕尔罪，仍准尔国贸易，若再有延挨，不遵法度，则不但目前停止开舱，一面即当封禁进澳水路，绝尔粮食，并当调集大兵前来围捕，尔等后悔无及。"① 中英对峙僵局的出现，也使英国人陷于进退维谷的困境。东印度公司根据情报推断，腐败的广东地方政府不会对英国做任何反抗，或者即使有反抗，也不会持久，不可能对英国海军构成多大威胁，因此完全不把中国人的抗议当作一回事，甚至还设想过对广州实行武力威胁："我们有一个时期，曾经想过胁迫广东总督顺从度路利司令的要求，派军队前往并炮轰该城市"。但是他们发现错误估计了形势，由于中国方面态度坚决，准备充分，英舰官兵却临战畏缩，他们觉得，仅仅依靠这一点兵力，不可能打胜仗，而僵局拖下去，又必然严重影响本季度的贸易。因此，东印度公司此前极力主张英舰入侵澳门，现在反过来希望英舰尽快撤走，以便尽快恢复贸易。他们认为因侵占澳门而得罪中国，杜绝通商，是得不偿失的。12月20日，英军被迫从澳门撤回军舰上。26日，重新开舱贸易。英国占领澳门的企图又一次宣告失败。但英军撤走之前，向澳葡商人敲诈了60万元的军队犒劳费。这次事件之后，香山知县彭昭麟于1809年2月2日，谕令澳葡当局严守贸易规章，"嗣后，不许英吉利护送货船之巡船在澳门外随意湾泊，该夷如敢不遵约束，该夷目即行具禀，以便转禀，停其

---

① 王之春：《国朝柔远记》（卷六），清光绪十七年广雅书局刊本。

贸易"。①

广东巡抚韩崶于1809年4月中旬前往澳门视察防务。韩崶认为英国人"最为强悍"，"难保其去不复来"，必须加强澳门防务，常备不懈。于是，广东地方政府决定增加关闸驻军数量，又在澳门北部和西北部的莲花峰和青洲分别建造炮台。鉴于从嘉思兰炮台至西望洋炮台以南沿海一带石坎低矮，易于爬越，以致英军登陆后，能够毫不费力跨过石坎占领澳门，韩崶要求澳葡当局将石坎在原有基础上再增高4~5尺，并加筑一道围墙。葡人对此不胜喜悦，表示"当刻期兴工"。② 最后，吴熊光因对这次事件处置失当，有辱国威，也受到严厉处罚。经军机大臣会同刑部审讯，吴熊光被遣戍伊犁。

---

① 《香山知县彭昭麟为饬嗣后不许英国护货巡船湾泊澳外事下理事官谕》，嘉庆十三年十二月十八日（1809年2月2日），刘芳辑《清代澳门中文档案汇编》（下册），章文钦校，澳门：澳门基金会，1999，第750页。
② 卢坤：《广东海防汇览》（卷三一），《炮台一》；北京故宫博物院编《嘉庆朝外交史料》（第三辑），北京：北京故宫博物院，1932，第7~8页。

赫德与 1887 年《中葡和好通商条约》[*]

一　粤港澳之间穿梭谈判

1849 年，澳门总督亚马勒制造澳门事件，驱逐中国官员，宣布澳门摆脱中国管治，成为"自由港"。葡人深知使用武力强行夺取管治权在法理上完全站不住脚，因此不断开展外交活动，力图与中国政府签订一个条约，以获得统治澳门的合法地位。但中国政府坚决拒绝做出这种让步，使葡人一直无法实现其侵略目的。

19 世纪 80 年代后期，终于出现了有利于葡萄牙对中国进行外交讹诈的形势。1883~1885 年中法战争后，清政府国库空虚，需要筹集巨款，急于实行鸦片税厘并征，增加国库收入，这就为葡萄牙的外交讹诈提供了可乘之机。葡萄牙利用清政府急需筹款的迫切心情，同英国相勾结，设下圈套，迫使清政府就范。

中国进口鸦片，一向由中央政府征收海关税，作为中央财政收入；地方政府征收厘金，作为地方财政收入。1876 年的中英《烟台条约》，却对征收税厘政策有所改变，规定鸦片运入中国，在海关统一征收入口税和厘金，称为税厘并征。

但是由于没有拟定具体办法，税厘并征迟迟未曾实行。直至 1885 年 7 月 18 日，中英签订《烟台条约续增专条》，清政府才对进口鸦片税厘并征问题做出具体规定：鸦片每箱（100 斤）向海关缴纳税厘 110 两（其中关税

---

[*] 原文为《赫德与 1887 年中葡条约》之部分内容，载于《澳门研究》2004 年总第 23 期，第 345~377 页。

30两，厘金80两）之后，即可在内地自由通行，无须再缴纳任何厘金。①鸦片税厘并征专条对外国鸦片贩子有利。但昏庸的清政府却因此法可增加国库收入，而不顾鸦片流通全国的巨大危害，以及地方税收的严重减少，饮鸩止渴。然而，要有效地实行鸦片税厘并征专条，还必须厉行缉私。《烟台条约续增专条》规定：中英双方应"派员查禁香港至中国偷漏之事"。这里所谓的"偷漏之事"，就是防止鸦片从香港私运大陆，偷漏税厘。但要在香港缉私，必须得到港英当局的协助。1886年5月19日，清政府派上海道邵友濂会同海关总税务司赫德前往香港，同港英当局商谈有关港澳间征税和缉私的问题。港英当局却在举行谈判之前，串同澳葡当局，故意在缉私问题上大做文章。从6月19日至9月16日，清政府和港英当局的谈判持续了3个月。赫德实际上操纵了整个会谈。他是中国方面的代表，但又常以总税务司的身份穿梭往来于澳门、广州和香港之间，沟通粤督张之洞与港澳当局三方的观点，充当谈判的掮客。8月1日，邵友濂被清政府调任臬司，离港北上，赫德成了中国方面的唯一代表。

中国政府提出用趸船办法以防止走私，请求港英当局予以协助。所谓趸船办法，就是鸦片运入时，先囤存于趸船中，征税之后，再分销各地。香港代表劳士表示同意协助鸦片缉私，但是反对中国所提出的趸船办法。其理由是趸船囤货有诸多不便，不如囤于岸上货栈，同时认为有些鸦片是香港自用或转销他国的，不应由中国政府征税。他提出另一种缉私方案，即鸦片入香港后集中起来，待商人购买并运入中国内地时，再凭货单纳税。劳士强调，这种缉私办法必须以澳葡当局答应同样办理为前提，因此，中国应与澳门商订同等办法。②"惟澳门若不肯照办，则香港亦不肯应允"，③"愿中国劝澳门而不逼勒"。④ 这是英国在外交上玩弄的诡计，它迫使清政府有求于澳葡当局，而不得不与之谈判。事实上，港英当局在此之前早已向澳门总督罗沙交底，"洋药税厘并征专条如没有澳门的合作就无法实现"。⑤ 因此澳葡当局稳坐钓鱼台，等待清政府上钩。而清政府与澳葡当局谈判将意味着什么，7

---

① 王铁崖编《中外旧约章汇编》（第一册），北京：三联书店，1957，第471页。
② 《帝国主义与中国海关》（第六编），北京：科学出版社，1959，第6~8页。
③ 《清季外交史料》（卷六七），《直督李鸿章致总署赫德报拟订洋药税办法电》。
④ 《清季外交史料》（卷六七），《直督李鸿章致总署据赫德言洋药税事须先立约电》。
⑤ 《帝国主义与中国海关》（第六编），北京：科学出版社，1959，第1~2、19、43页。

月11日赫德在写给金登干的信中说得很清楚:"要施行这办法(指税厘并征。——引者注),我们就必须设法使澳门也照办,也就是说必须(迫使中国)与葡萄牙谈判,而这也就意味着承认葡萄牙在澳门的地位。……任何条约如果不用若干字句承认葡萄牙在澳门的地位,是决不会被接受的。"很明显,这是英国与葡萄牙合谋,设置外交障碍,使清政府落入圈套。为使他们的阴谋得逞,赫德上蹿下跳,大肆活动。在这次中葡条约谈判期间,他口口声声宣称自己是以葡萄牙的"朋友和顾问身份行事的"。葡萄牙人从外部对清政府要挟讹诈,赫德则从内部哄骗总理衙门,双方一里一外,配合得十分默契。

赫德首先向清政府施加压力。他告诉总理衙门,"港官现议办法实于事有益,惟澳门不一体办理必不行",① 强调必须同葡萄牙人谈判。同时他又给李鸿章去电,"请中堂帮助,照我意与大西洋(即葡萄牙)订立澳门条约,须照香港一律办理,免洋药(鸦片)挠越偷漏"。② 总理衙门屈服于当时的外交压力,同意与澳葡当局谈判,并指派赫德负责与葡人交涉。但谈判还没开始,赫德就公然要求清政府放弃澳门主权。7月9日,他通过李鸿章向清政府提出:"惟欲使澳门照办是极难处","若葡人肯受海关章程及香港所拟办法,则请中国允准以下两层:一、与葡国订立条约与别国条约无异;二、将澳门永远租与葡萄牙而不收租银"。③ 赫德毕竟做贼心虚,频频叮嘱清政府:"事关机密,外人如果问及,不可泄露。"其态度显然与清政府派到香港去的另一名代表邵友濂大不相同。邵友濂给总理衙门的电报中明确指出:"澳门情形不同,如钧处答应议约,应派员驻澳会同稽查(鸦片),不作为领事,以示非外国属地。"④ 但他的建议并没有引起清政府的重视。

从7月21日起,赫德与澳门总督罗沙断断续续会谈了一个多月。由于清政府急于实行鸦片税厘并征,这就增强了葡萄牙的主动地位。罗沙气焰嚣张,先后提出了许多无理要求。8月10日,赫德背着中国政府,与罗沙拟定了两个文件,作为未来中葡正式谈判的基础。

其一是《拟议条约摘要》,共四条:第一,"澳门并澳门所属之地",

---

① 《清季外交史料》(卷六七),《直督李鸿章致总署据邵友濂电洋药事请与澳门立约电》。
② 《清季外交史料》(卷六七),《直督李鸿章致总署据邵友濂电洋药事请与澳门立约电》。
③ 《清季外交史料》(卷六七),《直督李鸿章致总署据赫德报拟订洋药税办法电》。
④ 《清季外交史料》(卷六七),《沪道邵友濂自港致总署澳门洋药税请派员会查电》。

赫德与1887年《中葡和好通商条约》

"现允葡萄牙国永远驻扎管理";第二,葡萄牙答应"会同中国在澳门设法相助中国征收洋药(鸦片)税项";第三,中国人犯法逃往澳门,"由澳门官严拿交送中国办理";第四,葡萄牙国人逃匿内地,由中国官送交葡萄牙办理。

其二是《续订洋药专条》,即在澳门实行鸦片税厘并征和查缉走私的有关条款,共20条。其中规定:中国必须撤走设在澳门附近的关卡和巡船,并允许葡萄牙占领对面山(即拱北岛,葡人称为拉巴岛)和马骝洲二岛。① 两个文件拟定后,罗沙于8月23日离任返国述职。赫德则赴广州探听张之洞对谈判的态度,并于8月26日返回香港。自此时至9月11日,赫德同港英代表劳士、璧利南等人继续会谈。9月11日,劳士也同赫德签订了《香港鸦片协定》共12条,表示同意在香港实行鸦片税厘并征和在查缉走私等问题上予以合作,但仍重申中国应与澳门商订同等办法。英国为了帮助葡萄牙人达到侵略目的,不断向中国施加外交压力,迫使中葡双方直接谈判,签订条约。

二 金登干、罗沙密商协议

港澳会谈结束后,赫德的下一步计划是推动中葡直接谈判,尽快签订条约。他于1886年8月23日去电清政府称,澳督同意协助实行澳门鸦片缉私办法,但索取三项补偿:第一,准许葡萄牙永远驻扎管理澳门;第二,撤回澳门附近的厘卡;第三,将对面山借给葡萄牙驻扎。② 当时,清政府内部对中葡谈判有三种截然不同的态度。负责洋务的直隶总督李鸿章急于筹款建立北洋海军,希望尽快实行鸦片税厘并征,对赫德的活动表示支持,声称"赫(德)所请澳门立约以防偷漏,自是正办",③ 而全然不顾丧失澳门主权。两广总督张之洞则从维护澳门主权的立场出发,反对向葡萄牙让步,认为葡萄牙"诡谋难测,望驳之"。④ 总理衙门的大臣们则举棋不定。他们中的有些人对外交事务不熟悉,指望赫德会维护中国利益,对其过于信任,但

---

① 《帝国主义与中国海关》(第六编),北京:科学出版社,1959,第2、9~11页。
② 《清季外交史料》(卷六八),《税司赫德致总署澳督所拟洋药税办法请示复电》。
③ 《清季外交史料》(卷六七),《直督李鸿章致总署据邵友濂电洋药事请与澳门立约电》。
④ 《清季外交史料》(卷六八),《粤督张之洞致总署澳外不能撤卡电》。

155

仍对葡人提出的撤卡和占领对面山等过分要求明确表示反对。8月9日，总理衙门在给赫德的电报中声明："澳外厘卡系征收各货厘金，不止洋药一项，碍难撤回。对面山至内港之中途均系中国地方，葡国欲请驻扎管理，万不能行。总税务司前电，澳督所愿只居用澳门一语，今忽添此两端，均于中国有损，断难允准。总税司再与从长计议，倘彼仍执前说，只可暂行罢议。"①赫德审时度势，认为能否签订中葡条约的关键，在于握有外交大权的总理衙门的意向，其他人的意见不能左右局面。于是赫德决定全力游说总理衙门赞同他的方案。

9月16日，赫德离港北上，10月23日回到北京。4天后，他向总理衙门提交了一份关于同港英和澳葡当局谈判的报告。其中说，要想香港和澳门协助查缉鸦片走私，非答应葡人的要求不可。对葡人的无理要求，他百般加以辩解，说葡人要求永驻管理澳门，"并非格外允新异事，只系将多年相沿之事，作为固有之事"；又说撤去澳门附近厘卡，停止巡缉，"粤省地方虽少得税厘，然不停办，则国家少一税厘并征之益，何得因小失大"；至于说到葡人占领对面山，赫德又瞎编一套理由称："照现在情势，中国不能以对面山地方有所作用，而让借于葡萄牙管理，于澳门地方安抚事宜，闻有关系。"②赫德利用税厘并征的好处吊足了中国官员的胃口；而对中国由此丧失领土主权和民族尊严，则轻描淡写，一笔带过。总理衙门收到赫德的报告后，感到进退维谷：葡萄牙人的要价太高，不敢遽然答应，但不满足这些要求，鸦片税厘并征又难以实现，因此迟迟不做决定。在这期间，赫德为了促使他的阴谋早日实现，又进行了一系列秘密活动。

当卸任澳门总督罗沙于8月23日回国时，赫德建议他取道伦敦，在那里与金登干会晤，商谈如何实现两人秘密达成的"拟议条约"。金登干也是英国人，作为赫德的亲信，长期担任中国海关驻伦敦办事处税务司，并以此名义在国外进行活动。8月30日，赫德电告金登干说："我拟于11月中派你去里斯本，重提20年前你随同玛斯一起去里斯本办理的那件旧案，但是这次是必须以另外一种方法进行的。"9月12日，赫德去信指示金登干，在谈判中，"必须使里斯本政府接受我寄去的方案"，这就是："只要澳门在洋

---

① 《清季外交史料》（卷六八），《总署致赫德洋药税事应从长计议电》。
② 《帝国主义与中国海关》（第六编），北京：科学出版社，1959，第2、7页。

赫德与1887年《中葡和好通商条约》

药征税问题上同中国合作,总理衙门大致可以应允订立条约,内附承认葡萄牙占据和治理澳门的条款,大概也可以答应停闭澳门四周的关卡。但是中国现在大概不肯将那个名叫拱北(Lappa)的岛屿——又名对面山——割让、出租或借给葡萄牙。"赫德要求金登干向葡萄牙政府说明:"增索拱北办不到,葡萄牙愿意错过这个订立修好条约,从而使你们在澳门的地位得到承认的机会吗?难道你们不希望那些严重损害澳门繁荣安定的关卡能够撤掉吗?"① 赫德希望通过其亲信金登干的外交努力,使葡萄牙的讹诈适可而止,以便办成这桩政治交易。

但葡萄牙不肯轻易放过索取更多权益的机会。10月底和11月初金登干同到达伦敦的罗沙会晤时,赫德的方案遭到拒绝。罗沙坚持要占领对面山,他宣称:"这个岛屿对中国毫无用处,而对葡萄牙却是必需的……中国倘若不答应葡萄牙占据这个岛屿,现在的谈判难免失败,而须再过许多年才能解决这问题。"罗沙扬言:港英当局已经明白告诉过他,鸦片税厘并征专条不取得澳门的合作就无法实现。"因此问题是中国究竟愿意洋药税厘并征专条立刻就能实施呢?还是愿意等候多少年以后才能实施?"罗沙贪心不足,一味漫天要价,使知晓内情的赫德焦急万分。因为如果葡萄牙方面勒索过甚,从而引起清政府大臣的普遍反感,便会错过实现政治交易的机会。因此,赫德在11月8日电告罗沙:"中国政府仍在讨论,但反对割让拱北。他们大致将不与别人合作而独自进行洋药征税。此事必可办成,但他们的举动一旦彻底,可能对澳门造成极大的损害,因此我极力劝您收回关于拱北的要求。"

三 遥控里斯本谈判

11月23日,金登干到达里斯本。他不是中国政府正式委任的代表,只是作为海关总税务司赫德的私人代表,通过罗沙与葡萄牙政府进行私人接触,交涉中葡条约和澳门地位问题。在谈判中,尽管赫德已经先后两次通报消息,一再说明中国政府不肯放弃对面山,葡萄牙方面却仍然坚持他们关于对面山的无理要求。这时,从北京陆续传来反对中葡缔约的消息。11月30日,赫德电告金登干:总理衙门拒谈割让对面山的问题,而停闭澳门附近的

---

① 《帝国主义与中国海关》(第六编),北京:科学出版社,1959,第2~3、18、19页。

157

关卡一事又遭到两广总督的坚决反对。① 12月4日,赫德又来电称:曾纪泽被任命为总理衙门大臣。曾才识过人,处事精明。赫德害怕澳门问题拖下去更加棘手,连忙指示金登干转告葡萄牙政府:"如果我替你们办到条约和地位条款,这够不够?你们肯不肯以它作为交换条件答应我们建立趸船或堆栈和税务上的必要合作?"赫德生怕贪得无厌的葡萄牙人会坏了大事,因此明确指出:"目前的大好机会万一错过是决不会再来的。如果错过就不会有条约,中国将永远不肯承认葡萄牙在澳门的地位。"赫德的一再警告,并没有使葡萄牙人清醒。12月7日,葡萄牙外交大臣巴罗果美公开出面同金登干会谈。他声称澳门的地位是个根本问题。他仍希望赫德"劝中国政府对澳门对面的那一部分的拱北岛作某些让步"。他相信,"如果中国政府肯这样办,葡萄牙政府就能立刻顺利解决征税合作问题"。

赫德毕竟是葡萄牙人的好朋友,他果然按照葡人意愿,一再向总理衙门游说。但其活动碰了钉子。他不禁向金登干诉苦道:"我在总衙门一提澳门,他(曾纪泽)当着我面劈头第一句就嚷:'他们要的价钱太大啦!'"于是他在1887年1月6日电告葡萄牙人说:中国政府不肯"正式割让土地",目前解决澳门地位问题只有三种方式:一是在条约中避开不提,维持现状;二是承认葡萄牙租住澳门而不交租金;三是恢复以前每年向中国交纳澳门租金500两的做法。消息传来,葡萄牙殖民者十分震惊与沮丧。罗沙连说"完了","没法接受这种条件"。巴罗果美表示"失望和诧异",认为这种"倒退式"的谈判使他处于非常难堪的地位。② 在这种情况下,葡萄牙殖民者被迫降低了讹诈的条件。1月19日,葡萄牙举行内阁会议,提出了两个方案,供中国政府任择其一作为磋商的基础。

第一个方案是:

(1) 中国在修好通商条约内承认葡萄牙永久占据和治理澳门及其附属地,但对面山除外。

(2) 葡萄牙有义务未经中国允许永不将澳门让予第三国。

(3) 澳葡当局对中国洋药征税工作给予合作。葡萄牙同意设立水上堆

---

① 《帝国主义与中国海关》(第六编),北京:科学出版社,1959,第21、23、26、28、35页。

② 《帝国主义与中国海关》(第六编),北京:科学出版社,1959,第36~37、44页。

158

栈，即设中国洋药处的浮趸，由总税务司所派欧籍税务司管理。

（4）停闭澳门四周的关卡。水上堆栈建成后，此种关卡已无必要。

第二个方案是：

（1）订立简单的修好通商条约，包括一切通常条款。

（2）葡萄牙对中国的洋药征税给予合作，其条件可与在香港所议定的大致相等。

巴罗果美向金登干提交了这两个方案，同时宣称，第一个方案的前两款实际上等于永久租赁而不付租金，这种规定符合中国政府的愿望，也易于为葡萄牙议会所接受。因此他主张按第一个方案进行谈判。其后清政府要求把关于撤卡的第四条删去，葡萄牙方面见主要目的已经达到，深恐夜长梦多，便表示同意。3月1日，赫德去电总理衙门通报了所批准的未来条约的基础。巴罗果美据此于3月23日拟定了草约底稿，主要有以下四条：

（1）定准在中国北京即议互换修好通商条约，此约内亦有一体均沾之一条。

（2）定准由中国坚准，葡萄牙永驻、管理澳门以及属澳之地。

（3）定准由葡萄牙坚允，若未经中国首肯，则葡萄牙永不得将澳地让与他国。

（4）定准由葡萄牙坚允，洋药税征事宜应如何会同各节，凡英国在香港施办之件，则葡萄牙在澳类推办理。①

3月17日，清政府谕旨授权金登干签订草约。但葡萄牙获知中国政府已经同意签订草约以后，又进一步要求在第二款后面加上"即与葡国治理他处无异"一句。很明显，葡萄牙是想通过这一补充语，使其对澳门进行殖民统治的基础"更加明晰而完备"。②赫德接到金登干转达的巴罗果美这一要求时，明知葡萄牙的企图，却瞒着总理衙门私自表示同意。3月26日，金登干和巴罗果美在里斯本草签了《中葡会议草约》。

四　阴谋的实现

草约签订后，赫德继续策划下一阶段的谈判。他于3月29日和31日两

---

① 王铁崖编《中外旧约章汇编》（第一册），北京：三联书店，1957，第505~506页。
② 《帝国主义与中国海关》（第六编），北京：科学出版社，1959，第74、78~79页。

次发电报给葡萄牙政府,请他们即派现任澳门总督作为全权代表,前来最后议定并签署条约;同时,积极地为葡方出谋划策,要求他们尽快"把草约内容秘密通知英国公使转达英国外交部"。这一招十分厉害,其目的是协调英、葡两国的行动,进一步对清政府进行讹诈,以确保按照葡萄牙人的要求签订条约。

7月13日,罗沙作为葡萄牙特使来到北京。罗沙此行的使命,是利用北京的谈判来确保草约中业已获得的利益,并极力扩大侵地。他在同中国政府谈判之前,先同赫德私下进行会谈。他带来了一幅关于澳门"属地"的划分图,想在谈判中按图索地。但赫德深知《中葡里斯本草约》完全是靠哄骗的手法,才获得总理衙门的准许签订,特别是在澳门主权和属地问题上,草约都用了笼统、含糊的词句。如果葡方把这类问题公开提出来,势必引起中国方面的警惕和反对,反使事与愿违,甚至可能功亏一篑。因此,赫德劝告罗沙,在取得料定"能够到手的东西以前,暂时不要添索新花样"。他说:"我认为目前最稳妥的办法是不指明附属地,先签立条约。条约的条款内有了'澳门及其附属地'等字,将来日子一久,自会形成更有利的东西。葡萄牙按约占据和治理澳门已经没有疑问,到那时如有必要,再在纸面上规定澳门的附属地。"① 但是罗沙没有采纳赫德的意见,一开始就在谈判桌上提出划定澳门属地问题。罗沙向总理衙门送去一份照会,并附上述关于澳门属地的地图。"该图东至九洲洋,南至横琴、过路环,西至湾仔、银坑,北至前山城后山脚,周围百余里,皆加以红线划入葡人界内。"② 总理衙门认定葡人"意在朦混多占",因此"反复辩驳,将原图交还"。③ 总理衙门的官员对罗沙说:"附属地反倒比澳门大!馒头比蒸笼还大,怎样能行?"又说:"如果必须划定澳门的附属地,我们在北京的大臣们没法办,应当正式命令熟悉当地疆界情形的张之洞去划定。"谈判出现僵局。赫德无可奈何地对罗沙表示:"总理衙门不肯有所举动,我们不便强迫,以免谈判整个失败,只有连哄带骗,下种以后顺其自然,慢慢让它开花结果。"④ 罗沙在赫德的劝告下被迫放弃了划定澳门属地的要求,于是谈判又重新开始。

---

① 《帝国主义与中国海关》(第六编),北京:科学出版社,1956,第91、93页。
② 蔡国桢:《澳门公牍录存》,振绮堂丛书本,第5页。
③ 《清季外交史料》(卷七三),《总署奏葡约现有成议谨陈办理情形折》。
④ 《帝国主义与中国海关》(第六编),北京:科学出版社,1956,第84、95页。

赫德与 1887 年《中葡和好通商条约》

终于在 1887 年 12 月 1 日，中国代表孙毓汶和葡萄牙代表罗沙签署了《中葡和好通商条约》。条约共 54 款，另有 2 个附约。其内容大致可分为三个部分：一是通商问题。根据条约，葡萄牙获得了最惠国待遇，分享列强在中国经商的种种特权。二是澳门地位问题。双方重申同意草约中的第二、第三款的精神。对澳门界限问题，双方同意，"其未经定界以前，一切事宜俱照依现时情形勿动，彼此均不得有增减、改变之事"。三是鸦片税厘并征，查缉鸦片走私。

1887 年的中葡条约是中葡关系史上的重大事件。条约的签订使葡萄牙达到了几百年来梦寐以求的侵略目标，迫使中国正式承认其管治澳门的现实。但条约仍然承认澳门是中国领土，规定未经中国方面同意，葡萄牙不能把澳门转让给其他国家。这个条约是英葡两国合谋讹诈中国的产物。帝国主义分子赫德在条约谈判过程中玩弄阴谋诡计，处心积虑地为葡萄牙的侵略效力，并为葡萄牙谋求扩大澳门附属地奠定了基础。葡萄牙政府对此心领神会，多次对赫德表示感激。

早期葡人在华掠买人口活动[*]

万恶的奴隶贸易是伴随着西方的殖民扩张而开始的。葡萄牙是最早的殖民主义者,也是最早的奴隶贩子。15世纪初,亨利王子亲自领军侵入北非,开始疯狂掠夺非洲的黄金、象牙和奴隶。

1443年,亨利王子在拉各斯(曾为尼日利亚首都)开设奴隶贸易站。葡萄牙国王批准这个贸易站拥有垄断奴隶贸易的权利,并豁免其向国库上缴利润。1444年,葡人兰沙洛特(Lançarote)率领海盗船队,第一次有计划地在非洲西部沿海大规模猎捕奴隶,掳得黑人275名,受到亨利王子的特别嘉奖。自1444年至1448年的4年间,葡萄牙海盗掳得的黑人奴隶达927人之多。殖民者把这些奴隶运到欧洲市场上公开拍卖。此后葡萄牙掠取奴隶的数字逐年增加。自1457年至1460年,每年均有近千名黑奴被掳至葡萄牙拍卖。这些奴隶被拍卖后,多数在宫廷贵族、富商地主家做仆役,少数在西班牙银矿中当矿工,或在葡萄牙南部地区从事开垦土地的农业劳动。葡萄牙和西班牙两国经济不发达,不需要大量的劳动力,因而奴隶市场并不十分发达,掠夺奴隶的规模不是很大。

但是到了16世纪初,葡、西两国占领了大量的殖民地,需要大批劳动力开发金银矿和种植园,使得奴隶贸易急剧发展。1502年,葡萄牙贩运奴隶至加勒比海的西属圣多明各岛,卖给当地的甘蔗种植园主,获得了巨额利润。1510年,西班牙的国王出售一种被称为"阿西恩托"的贩奴特许证,持有这种证件的人可以在所有西属美洲殖民地出售奴隶。葡萄牙人买下了售

---

[*] 原文部分曾以《骇人听闻的澳门苦力贸易》为题,载于《澳门研究》2005年总第28期,第143~150页。

奴特许证，垄断了拉美的奴隶贸易，独享厚利。

葡萄牙人还在亚洲地区掠买人口。他们初来中国时就疯狂进行掠买人口的活动，中国史籍对此记载甚多。过去人们对这个问题注意不够，以为掠买人口只是葡萄牙海盗剽劫行旅、抢掠财物时的一种偶然的、附带的现象，而没有与葡萄牙当时所从事的奴隶贸易联系起来加以考察。

事实上，葡萄牙海盗在中国沿海地区掠买人口是一种有计划的预谋行动。安特拉德于1517年率领舰队来华之前，曾接受葡萄牙国王曼努埃尔的命令，该命令要求他负责在中国搜集和翻译一批著作，同时要带一批中国男人和妇女回葡萄牙，供王室役使。① 安特拉德便根据这道命令，在我国南海地区大肆进行人口掠买活动。

葡萄牙人居留澳门之前，在1517年至1552年间，曾先后流窜于广东、福建和浙江沿海地区，在进行走私贸易的同时，疯狂掠买人口，罪行累累，史不绝书。

《明史·佛郎机传》载："其留怀远驿者，益掠买良民，筑室立寨，为久居计。"②《明实录·武宗实录》载："其留怀远驿者，遂略买人口。盖房立寨，为久居计。"又："先是两广奸民，私通番货，勾引外夷与进贡者，混以图利。招诱亡命，略买子女，出没纵横，民受其害。"③ 何乔远《名山藏》载："嘉靖二年（1523年）佛郎机国人别都卢……遂寇新会县西草湾，备倭指挥柯荣；百户王应恩率师截海御之……俘被掠男女十人，获其二舟。"④ 林希元《与翁见愚别驾书》中说："佛郎机虽无盗贼劫掠之行，其收买子女，不为无罪，然其罪未至于强盗，边民掠诱卖与，尤为可恶。"⑤

在一些外国人的著作中，也不乏有关葡萄牙人掠买人口的记载。如龙思泰说：西芒·德·安特拉德于1518年驾一大舶及三小艇至屯门港。此人秉性贪暴，所在劫夺财货，掠买子女，并在该处建筑堡垒，表示占有该岛。⑥又如平托说，有一个葡萄牙人佩雷拉借口中国人欠债未还，纠集暴徒夜袭宁

---

① 徐萨斯：《历史上的澳门》，黄鸿钊、李保平译，澳门：澳门基金会，2000，第3页。
② 《明史》（卷三二五），《佛郎机传》。
③ 《明实录》"正德十五年十二月""正德十二年五月"词条。
④ 何乔远：《名山藏·东南夷三·满剌加》。
⑤ 《明经世文编》（卷一六五），《林次崖文集四》。
⑥ 龙思泰：《早期澳门史》，吴义雄、郭德焱、沈正邦译，北京：东方出版社，1997，第9页。

波附近村庄，洗劫了 12 家农民的住宅，掠去他们的妻子，杀死了约 10 人。①

葡萄牙海盗疯狂掠买人口的罪行引起中国人民的义愤。当时人们并不知道葡人这样做是为了奴隶贸易，而误认为葡萄牙海盗是吃人的生番。于是在谈到掠买人口的同时，又有许多关于葡萄牙海盗食人的记载：

陈文辅《都宪汪公遗爱祠记》说，佛郎机占领屯门后，"杀人抢船，势甚猖獗，志在吞并，图形立石管辖，诸藩脍炙生人，以充常食，民甚苦之"。②

祁敕《重建汪公生祠记》载："正德丁丑（1517年），西番佛郎机假以修贡，扰我边圉，狼狈蜂毒，实繁有徒，掠婴孺屠以为膳，闻者惴恻。"③

严从简《殊域周咨录》载："（佛郎机）退泊东莞南头，盖屋树栅，恃火铳以自固。每发铳，声如雷。潜出买十余岁小儿食之。每一儿予金钱百。……广之恶少，掠小儿竞趋之，所食无算。居二三年，儿被掠益众。"④

张燮《东西洋考》载："（佛郎机）先年潜遣火者亚三，假充满剌加使臣，风飘到粤，往来窥伺，熟我道途，略买小儿，烹而食之。"⑤

朱纨《甓余杂集》载："（佛郎机）近年连至福建，地方甚遭陵砾。去年掳得郑秉义，支解剖腹，食其肺肝。略取童男童女，烹而食之。"⑥

《月山丛谈》载："嘉靖初，佛郎机国遣使来贡，初至行使皆金钱，后乃觉之。其人好食小儿，云其国惟国王得食之，臣僚以下，皆不能得也。至是潜市十余岁小儿食之。每一儿市金钱百文。广之恶少，掠小儿竞趋之，所食无算。其法以巨镬煎滚沸汤，以铁笼盛小儿置之锅上，蒸之出汗，尽乃取出，用铁刷刷去苦皮，其儿犹活，乃杀而剖其腹，去肠胃蒸食之。居二三年。儿被掠益众，远近患之。"⑦

此外如黄佐的《广东通志》、陈仁锡的《皇明世法录》、王希文的《重边防以苏民命疏》，甚至《明史》中，都有关于"佛郎机"吃人的记载。

总之，当时从地方文献至大臣奏疏，都对葡萄牙海盗烹食小儿一事众口

---

① 平托：《远游记》，澳门：澳门基金会，1999，第 122～124 页。
② 康熙《新安县志》（卷一二），《艺文志》。
③ 康熙《新安县志》（卷一二），《艺文志》。
④ 严从简：《殊域周咨录》（卷九），"佛郎机"词条。
⑤ 张燮：《东西洋考》（卷五），《吕宋》。
⑥ 朱纨：《甓余杂集》（卷六）。
⑦ 顾炎武：《天下郡国利病书》（卷三十四），《交趾西南夷》。

164

一词，言之凿凿，连烹食方法也描写得十分具体。

此事是真是假？究竟葡人有没有烹食中国婴儿？从葡萄牙海盗穷凶极恶的本性来看，他们完全有可能干出烹食婴儿的罪恶勾当。但是从当时历史背景来看，他们在中国沿海地区掳掠和购买人口，主要还是为了进行奴隶贸易。明代中国人还以为所有被掠买的人都成了葡萄牙贵族餐桌上的佳肴了。我们从文献中提到的"被掠益众""所食无算""远近患之"等词语可知，葡萄牙海盗掠买的人口当不在少数。

葡人居留澳门后，其掠买人口的活动更加猖獗。1569 年，陈吾德的《条陈东粤疏》写道："（葡人在澳门）私通奸人，岁略卖男妇何啻千百，海滨居民，痛入骨髓。"①

郭尚宾的《防澳防黎疏》写道："有拐掠城市男妇人口，卖夷以取货，每岁不知其数。"②

胡平运的奏疏说："澳夷住濠镜澳，凡番、南、东、顺、新（即番禺、南海、东莞、顺德和新会各县）皆可扬帆直抵，其船高大如屋，重驾番铳，人莫敢近。所到之处，硝磺刃铁，子女玉帛公然搬运，沿海乡村被其掳夺杀掠，莫敢谁何！"③

澳门葡萄牙天主教士也直接参与对被掠买的中国奴隶的管理。据耶稣会士 1563 年的记述，他们在澳门"每 8 天或每 15 天轮流施行各样圣事一次，向 1000 名上下的奴隶讲解教理，为孤女或本地教民处理婚姻，为维持当地民众的康健，先向果阿遣送第一批奴隶妇女 450 名以上，以后又遣送出第二批，约 200 人"。④耶稣会士说，把这些奴隶妇女运到果阿去，主要是服侍葡萄牙商人。这些殖民者身处异乡，没有本国妇女侍候，印度或马六甲的妇女不能令人满意，他们最喜欢中国妇女。于是，掠买中国妇女并加以训练，再送给殖民者，也成了天主教士"仁慈的"和"神圣的"职责！另一份葡萄牙文献中记载，1583 年澳门葡人已有"好几百个买来的中国儿童"。⑤

---

① 陈吾德：《谢山存稿》（卷一）。
② 郭尚宾：《郭给谏疏稿》（卷一）。
③ 史澄：《广州府志》（卷一二二），《列传十一》。
④ 裴化行：《天主教十六世纪在华传教志》，萧濬华译，上海：商务印书馆，1936，第 110 页。
⑤ 龙思泰：《早期澳门史》，吴义雄、郭德焱、沈正邦译，北京：东方出版社，1997，第 36 页。

镜海微澜：黄鸿钊澳门史研究选集

中国政府对葡萄牙殖民者掠买人口的罪行早有觉察。在葡人居澳之后，许多政府官员的奏疏中都提到这个问题。1564 年，庞尚鹏奏疏提出，"凡奸人之私买蕃货，叛民之投入蕃船，及掠卖人口，擅卖兵器者，悉按正其罪"。① 1567 年，周行任香山知县，在澳门"惟禁水陆私贩及诱卖子女等弊而已"。② 1614 年，广东海道副使俞安性拟定澳门管理问题的五项规定，其中有一项是关于"禁买人口"的，规定："凡新旧夷商，不许收买唐人子女。倘有故违举觉而占吝不法者，按名究追，仍治以罪。" 1725 年，两广总督孔毓珣规定：澳门商船"出口之时，于沿海该管营汛验明挂号，申报督抚存案，如有夹带违禁货物，并将中国人偷载出洋者，一经查出，将该管头目、商贩、夷人并船户、舵水人等俱照通贼之例治罪"。1749 年，澳门同知张汝霖拟定治安条例，规定"禁贩卖子女，凡在澳华夷贩卖子女者，照乾隆九年（1744 年）详定之例分别究拟"。③ 所有这些说明，中国政府历来对于葡人贩卖人口的罪恶活动非常重视，禁令明确而严厉。

但是葡萄牙殖民者不顾中国政府的三令五申，仍偷偷摸摸地干着贩运人口出洋的罪恶勾当。尤其是 19 世纪以后，澳门开始大批出口苦力。1810 年，葡人贩运几百名中国苦力到巴西开拓茶园。这些中国苦力到巴西后不久全部死亡。④ 1813 年 12 月 13 日和 1814 年 2 月 8 日，葡人又把掠买来的 1700 多名中国人分两次运往英属印度班卡岛，以每人 30 元的价格出售给英国殖民者。这些被卖的中国人留在岛上的明托⑤居留地做苦役。⑥

1839 年 6 月 27 日，清政府谕令林则徐等人调查夷人收买幼孩出洋事。林则徐派澳门同知蒋立昂、香山县丞杨昭到澳门密查暗访，获知"每岁冬间夷船回国，间有无业贫民私相推引，受雇出洋，但必择年力强壮之人，其稚弱者概不雇用。议定每人先付洋银六七元，置买衣物，带至该国则令开山种树，或做粗重活计，每年口食之外，仍给洋银十余元，三年后任其他往。又查另有一二夷船惯搭穷民出洋谋生，不要船饭钱文，俟带到各夷埠，有人

---

① 庞尚鹏：《百可亭摘稿》（卷一），《抚处濠镜澳夷疏》。
② 申良翰：《香山县志》（卷五），《周行传》。
③ 印光任、张汝霖：《澳门记略》（上卷），《官守篇》。
④ 陈泽宪：《十九世纪盛行的契约华工制》，《历史研究》1963 年第 1 期。
⑤ 明托（Munto），在苏门答腊岛附近，岛上有锡矿。
⑥ 马士：《东印度公司对华贸易编年史》（第三卷），区宗华译，广州：中山大学出版社，1991，第 203～204 页。

166

雇用，则一年雇资俱听该船主取去，满一年后乃按月给予本人工资。当其在船之时，皆以木盆盛饭，呼此等搭船华民一同就食，其呼声与内地呼猪相似，故人曰此船为买猪崽。其实只系受雇，并非卖身。十余年前连值荒年，去者曾以千百计，近年则甚属稀少"。①

林则徐这一奏稿表明，契约劳工在鸦片战争前便出现了。当时被偷运出国的华工从登船之日起，便失去人身自由，处境凄惨，过着"猪崽"一般的生活。但林则徐等清朝官员不谙实情，轻信葡萄牙劳工贩子所散布的谎言，以为这些出国做工的华人是自由劳工。但之后真相终于大白于天下。在鸦片战争以前的300年间，葡萄牙殖民者贩运出口的华人究竟有多少，目前尚无确切的数字，但若以每年千人计算，则总数在30万人以上。

---

① 陈翰笙主编《华工出国史料汇编》（第一辑），北京：中华书局，1981，第6~8页。

骇人听闻的澳门苦力贸易*

一 鸦片战争后澳门苦力贸易兴盛

鸦片战争以后,澳门贸易港的地位被香港取代,贸易顿时衰落。澳葡当局即转向大力推广苦力贸易,葡萄牙奴隶贩子也从偷运变为公开活动,肆无忌惮,为所欲为。1860年,澳葡当局设立了专管苦力贸易的监督官,并开设了若干专门经营苦力贸易的"招工馆"。葡人称招工馆为"巴拉坑",这是葡语 Barracão 一词的音译,意为木屋或木棚,中国人则称之为"猪仔馆",对被诱骗入馆的人称其为"猪仔"。

由于澳门位于珠江出口处,交通方便;同时,葡萄牙殖民者盘踞澳门也已有300年之久,与内地不法分子勾结甚深,诱拐人口十分方便,因而,澳门的苦力贸易发展很快。1851年时澳门只有5家"招工馆",分别散处于华旺街(Hua Wang Kai)、白马巷(Pak Ma Kong)、海湾街(Hai Wan Kai)、善静路(San Jing Low)及沙兰仔(Sha Lan Tsze)。到1865年,即增至8~10家,1866年又增至35~40家。[①] 到1873年,仅葡萄牙、西班牙和荷兰三国在澳门开设的"招工馆"就有300多家,靠苦力贸易为生的人贩子达三四万人之多。[②] 出口的苦力主要运往加勒比海和南美地区,特别是古巴和秘鲁两国。

苦力贸易惨无人道,是过去黑奴贸易的继续,是用"中国隐蔽的苦力

---

* 原文部分曾载于《澳门研究》2008年总第28期,第143~150页。
① 坎贝尔:《中国的苦力移民》,第152页,转引自陈翰笙主编《华工出国史料汇编》(第四辑),北京:中华书局,1981,第68~87页。
② 彭家礼:《19世纪开发西方殖民地的华工》,《世界历史》1980年第1期。

骇人听闻的澳门苦力贸易

奴隶制代替公开的黑人奴隶制"。① 葡萄牙殖民者招集一批拐匪、歹徒、地痞、流氓,付给"人头钱",唆使他们到内地去掠买苦力。据马士称,苦力来源大体分为三类。第一类为人贩子收买的广东省"宗族械斗"中的俘虏,第二类为人贩子在沿海一带用快艇绑架的村民和渔民,第三类则为人贩子设局诱赌,赌输后卖身偿还赌债的人。② 除此之外,人贩子掠取苦力的手段还有拐骗。1855 年 10 月,在广东有一份流传很广的传单,揭露了人贩子拐骗良民的种种手法:

> 人贩子到内地乡村去,对失业者说:"我有个亲戚在澳门开木匠铺,他想雇一个厨子,我可以介绍你到他的铺子去,头一年工资每月几钱银子,三年后满师,每月工资是银币四元。"遇到面白体弱的人就说:"我可介绍你到一家洋行去当仆役。"遇到体格健壮的人就说:"有人愿意出资帮助你,我愿同你一道到加利福尼亚去。"如果发现他的受害者是富家子弟,有才华又年轻,他就同他打招呼,说,"我愿意陪你一道去观赏风景,还可以带你和我一道去餐室"。人贩子就是这样窥测机会,灵活应付,采取无穷的手段和奸计,使你无从发现,也说不出来,以此诱骗受害者。头脑简单的人很快便上当受骗,被送到澳门,抛进猪仔馆这座人间地狱中。③

总之,人贩子为了掠取苦力,"其始或炫之以财,或诱之以赌,又或倏指为负欠,强曳入船,有口难伸,无地可逃"。④ 更野蛮的是,人贩子居然"乘人不觉,用棍力颈背,使人昏迷倒地,即系缚手足,用船载出,大担重价,卖与外洋"。⑤ 人贩子的卑劣凶残手段,在内地人民中造成一种恐慌。英国领事阿礼国也不得不承认:"就在光天化日之下,只要人们离开自己的

---

① 马克思:《哲学的贫困》,《马克思恩格斯全集》(第四卷),北京:人民出版社,1958,第 146 页。
② 马士:《中华帝国对外关系史》(第二卷),张汇文等译,北京:商务印书馆,1963,第 194 页。
③ 《是可忍,孰不可忍?》(传单),见陈翰笙主编《华工出国史料汇编》(第三辑),北京:中华书局,1981,第 9~11 页。
④ 彭玉麟:《禁贩奴》,《皇朝经世文三编》(卷五九)。
⑤ 朱士嘉:《美国迫害华工史料》,北京:中华书局,1958,第 35 页。

住宅，哪怕是走到通衢大街，谁也免不了被人假借债务纠纷或私人嫌隙推架而去的危险。这些人被绑匪带去，就成囚徒，按每头若干价钱被卖给苦力承包人，运出海面以后，就再也听不到他们的消息了。广州城和附近各地的人民中，已经掀起一种滔天大难的感觉。"① 葡萄牙殖民者在进行苦力贸易中所使用的手段，正如马克思在揭示荷兰殖民者实行盗人制度时所指出的那样，完全"展示出一幅背信弃义、贿赂、残杀和卑鄙行为的绝妙图画"。②

据1874年葡萄牙政府公布的文件统计，从1856年至1873年，澳门出口的苦力总数为182179人。其中，运往古巴的为88342人，运往秘鲁的为82742人，运往其他地区的为325人。详细情况如表1所示。

表1　1856～1873年澳门贩运中国苦力人数

单位：人

年份	总数	去古巴	去秘鲁	去其他地方
1856	2493	2253	—	325
1857	7383	450	—	—
1858	10034	8913	300	—
1859	8969	7695	321	—
1860	8719	5773	2098	—
1861	—	—	—	—
1862	2536	752	1459	—
1863	6660	2922	3738	—
1864	10712	4469	6243	—
1865	13784	5267	8417	—
1866	24343	15767	7681	—
1867	—	—	—	—
1868	12206	8835	3371	—
1869	9000	4124	4876	—
1870	13407	1064	12343	—
1871	17083	5706	11377	—
1872	21834	8045	13809	—
1873	13016	6307	6709	—
合计	182179	88342	82742	

资料来源：《葡萄牙海军及殖民大臣向1874年届议会立法会议提出的关于澳门禁止中国契约工出洋的文件》，1874年，转引自《国际移民》(*International Migration*) (第二卷)，第928页，表四。

---

① 转引自列岛编《鸦片战争史论文专集》，北京：三联书店，1958，第195页。
② 马克思：《资本论》（第四十四卷），北京：人民出版社，2001，第861页。

骇人听闻的澳门苦力贸易

上述统计并不完全,表上缺了1861年和1867年的数字,而且没有把掠卖过程中死亡苦力的数量计算在内。因此,实际数字显然还要多得多。

苦力贸易的利润是惊人的。一般来说,"猪仔馆"在中国拐掠一名苦力所付出的代价,包括人头钱和各项开支在内,只需25元至30元。而"猪仔馆"上船"交货"时,则以每人60元至70元,甚或100元的价格卖给苦力船,这样便可从每一名苦力身上得到35元至40元的利润。苦力贩运到目的地后,被公开拍卖。在古巴出售每名苦力可得利润150元;在中美地区可得100元至300元,在秘鲁可得200元至300元。按照这种利润率测算,澳门从1856年至1873年贩运到古巴的苦力88342人,利润约为1325万元;到秘鲁的苦力为82742人,利润约为1700万元。两者合计利润高达3100万元至4000万元。

二 苦力们的悲惨处境与抗争

无辜的良民一旦落入人贩子手里,便失去自由。他们被剥光衣服、涂上符号,注明运往何处,然后关禁在"猪仔馆"里。每个面积为120英尺长、20英尺宽的房间,挤着10~12名苦力,肮脏、拥挤。苦力们睡的是铺在地面的竹竿,吃的是难以下咽的粗粮。房门口挂着"闲人免进"的牌子,苦力活像被圈卖的猪,备受人贩子的凌辱。容闳1855年曾在澳门见过这样的"猪仔馆",他心情沉重地写道:"无数华工以辫相连,结成一串,牵往囚室,其一种奴隶牛马之惨状,及今思之,犹为酸鼻。"[1] 在这种残酷的拘禁折磨之下,苦力们陷于绝望,自杀与被杀情况日有发生,死亡率很高。据1871年香港《每日行情》记载,这一年被丢弃在澳门街上的苦力尸体有348具之多。[2]

古巴一家贩运苦力的公司派驻澳门的代理人阿贝拉(Francisco Abella),7年中经手贩运至古巴、秘鲁、澳大利亚和美国的中国苦力在10万人以上。此外法属中南半岛、英属海峡殖民地也运去数以万计的苦力。他供认:从澳门运出苦力是充满血腥记录的。装船以前,苦力要接受检查和询问。苦力必

---

[1] 容闳:《西学东渐记》,北京:商务印书馆,1934,第114~115页。
[2] 丁韪良编《中西闻见录选编》,台北:文海出版社,1987,第26页。

171

须回答,因为穷,无以为生,愿意自卖其身,去外国做工。如有违抗,就被施以毒刑。葡人在拷打苦力时,故意敲锣打鼓,鸣放鞭炮,以掩盖苦力的呼嚎。查问时如沉默不语,便被认为同意了。有时人贩子混在人群中,以雷鸣般的吼声正面回答一切问题,把反面回答掩盖下去;有时干脆用冒名顶替的办法,蒙混上船,等船出海后,再把苦力送上船去,换回冒名顶替者。"猪仔馆"的苦力如果逃跑,抓回即将其鞭挞至死,或立即枪杀。一家"猪仔馆"一天经常有10多个苦力自杀。①

苦力们被押上"海上浮动地狱"的苦力船后,其遭遇就更为悲惨了。他们被监禁在舱口钉有铁栅栏的底舱里,不能随意出入。舱外由荷枪实弹的船员和水手把守,他们还放置几门大炮,炮口对准舱面,准备在苦力有所反抗时开炮镇压。底舱光线昏暗,通风不良,每个铺位只有8平方英尺,苦力们无法很好入睡,只好"日则并肩迭膝而坐,夜则交股架足而眠"。当时的航程,至古巴需168天,至秘鲁需120天,并且要在赤道地区行驶。由于舱内长期缺乏阳光和空气,饮水不足,食物粗劣,以致疾病丛生,许多苦力病死、饿死、渴死或窒息死在船舱里;加上船主随意虐待苦力,苦力不堪折磨而跳海自杀的事件也经常发生。当时,中国苦力备受虐待和迫害的情况震惊世界,就连参与迫害苦力的船员也不能不承认这一点。1871 年,"唐璜"(一译唐·胡安)号苦力船海员、奥地利人阿尔伯特·赫克尔在法庭中的证词指出:5月31日,有6个苦力跑到舱面甲板上,跪下大哭。他们说遭到人贩子拐骗,要求被释放下船。澳门港务长命令船长用铁链把他们锁住,船上的水手长为他们戴上手铐。有些葡萄牙人穿着中国苦力的衣服混在苦力中间进行监视。船长根据他们的报告,把20名据说是不可靠的苦力套上铁链,每两名连锁在一根10英尺长的链条上。船长下令把铁链烧红,趁热焊在脚踝上。船长还下令把全体苦力召集起来观看这种酷刑。全体船员和水手则带上手枪和短刀,以防暴动。②

苦力船到达古巴或秘鲁口岸后,苦力便被视同货物,整船或整批地售与业主及代理人,或在市场上拍卖。有的苦力个别出售,被剥下衣服,任由业主像买牛马一样检查身体。买主还可以任意转让苦力。在古巴的苦力绝大部

---

① 陈翰笙主编《华工出国史料汇编》(第四辑),北京:中华书局,1981,第188页。
② 陈翰笙主编《华工出国史料汇编》(第二辑),北京:中华书局,1981,第420~424页。

骇人听闻的澳门苦力贸易

分被卖给甘蔗种植园,每天劳动18~21小时,每月工资仅4元。劳动时间长,饥饿,加以雇主的鞭打、镣铐等折磨,苦不堪言。苦力合同一般为期8年,实际上很少有人能积聚足够的盘缠返国,只得在期满后续订合同,继续过着牛马般的劳役生活。被运到秘鲁和其他地区的苦力,情况也大致如此。繁重的劳动和残酷的虐待,造成苦力大量死亡:或因伤致死,或投环自缢,或吞服鸦片,或投糖釜而亡。1874年,中国政府曾派遣调查团前往古巴,调查苦力的情况。调查团在哈瓦那的收容站、奴隶拍卖所、监狱和乡村中的几个种植园做了调查,收到了由1665人签名的85份控诉状,还听取了1726名苦力口述其被骗经过和悲惨遭遇。许多苦力断手折脚、满头疮伤、眼睛被打瞎、牙齿被打落、耳朵被割的惨状,实在是触目惊心。①

苦力在贩运过程中的死亡率很高。据当时人说,苦力"数百人闲置一舱,昏闷而死者已三分之一,饥饿、疾病、鞭笞而死者又三分之一,苟延残喘者不及一成"。② 1860年,法国苦力船由澳门开往哈瓦那,出港时船上有900名苦力,抵哈瓦那时只剩下100名。1864年,哈瓦那人贩子与澳门葡萄牙人贩子通信时说,1863年从澳门运去的2600名苦力,到该处时已死去600名。③

为了进一步说明苦力贩运过程中的死亡情况,现根据有关文献所提供的资料,编制一份澳门苦力船死亡率示例表(参见表2)。该表列举了1854年至1873年从澳门航行至古巴和秘鲁的苦力船共43艘,输出苦力21137人,而到岸时只有13732人生存,途中死亡人数达7405人,死亡率为35%。

表2 澳门苦力船死亡率示例(1854~1873年)

日期(年月)	船名	船籍	到达国家	装船人数	到岸人数	死亡人数	死亡率(%)	备注
1854			秘鲁	325	278	47	14.46	
1854		美国	美国	613	443	170	27.73	
1856	柯拉	秘鲁	秘鲁	292	175	117	40.07	
1856	移民	葡萄牙	古巴	596	320	276	46.3	
1857.2	柯拉	秘鲁	古巴	600	308	292	48.67	
1857	托利西斯		古巴	390	230	160	41.03	

---

① 马士:《中华帝国对外关系史》(第二卷),张汇文等译,北京:商务印书馆,1963,第195页。
② 陈炽:《续富国策》(卷四),《增领事说》。
③ 《粤海关档所存资料》,陈翰笙主编《华工出国史科》(第四辑),北京:中华书局,1981,第556~557页。

续表

日期(年月)	船名	船籍	到达国家	装船人数	到岸人数	死亡人数	死亡率(%)	备注
1857			古巴	334	167	167	50	
1857			古巴	612	435	177	28.92	
1858	竞争者		古巴	382	225	157	41.10	
1858	阿拉维沙		古巴	360	208	152	42.22	
1858	诺尔马		古巴	276	137	139	50.36	
1858	海军上将	英国	古巴	610	482	128	20.98	
1858	胡弗斯		古巴	570	368	202	35.44	
1858	毛里求斯	英国	古巴	741	659	82	11.07	
	克里奥·派特拉		古巴	470	367	103	21.91	
1858	斯科迪亚		古巴	554	431	123	22.2	
1859.1	弗兰索·瓦第一	法国	古巴	999	835	164	16.42	
1859.1	马拉巴尔		古巴	570	450	120	21.05	
1859.10	花坛	英国	古巴	850	0	850	100	触礁沉没
1859.11	挪威	美国	古巴	1000	970	30	3	
1859.12	格拉维那	西班牙	古巴	352	82	270	76.70	
1865.9	狄阿德·玛尔	意大利	秘鲁	550	162	388	70.55	
1866.3	拿破仑·卡那瓦	意大利	秘鲁	—	—	—	100	中途焚毁
1866.7	普洛维登扎	意大利	秘鲁	380	42	338	88.95	
1866.10	尤金·阿代勒	法国	秘鲁	—	—	—	50	
1868.8	恩利克第四	法国	秘鲁	458	316	142	31	
1868	塔曼	法国	古巴	300	69	231	77	
1870.5	多罗勒斯·乌加特	萨尔瓦多	秘鲁	650	50	600	92.31	
1871.5	唐璜	秘鲁	秘鲁	650	50	600	92.31	
1872.1	卡纳伐罗	秘鲁	秘鲁	739	547	192	25.98	
1872.3	移民	葡萄牙	秘鲁	499	392	107	21.44	
1872	罗沙利亚	秘鲁	秘鲁	457	393	64	14	

续表

日期(年月)	船名	船籍	到达国家	装船人数	到岸人数	死亡人数	死亡率(%)	备注
1872	亚美利加	秘鲁	秘鲁	690	585	105	15.22	
1872	安塔列斯	法国	秘鲁	263	181	82	31.18	
1872.6	香港	秘鲁	秘鲁	314	277	37	11.78	
1872.6	昂鲁斯特	荷兰	秘鲁	453	408	45	9.93	
1872.8	发财	西班牙	秘鲁	1005	900	105	10.45	
1872.9	孟加拉	法国	秘鲁	341	303	38	11.14	
1873.1	哥伦比亚	奥地利	秘鲁	300	200	100	33.33	
1873.6	圣璜	秘鲁	秘鲁	866	668	198	22.86	
1873.6	移民	葡萄牙	秘鲁	502	427	75	14.94	
1873	古也尔摩	秘鲁	秘鲁	224	192	32	14.29	
合 计				21137	13732	7405	35.03	

资料来源：科比·杜冯：《古巴华人百年史》(1847~1947)；马士：《中华帝国对外关系史》(第二卷)，张汇文等译，北京：商务印书馆，1963；姚贤镐编《中国近代对外贸易史资料》(第二册)；斯图尔特：《秘鲁华奴》1951年北卡罗来纳版；克里门蒂：《英属圭亚那的华工》；《美国外交文件及公档汇篇》(1840~1860)；贡特·巴特：《"苦力"，1850~1870年美国华工史》，1964年美国坎布里奇版；陈翰笙主编《华工出国史料》(第四辑)，北京：中华书局，1981，第205~206页。

人贩子的暴行激起被害者的反抗，在漫漫的海途中，爆发了一次又一次抗暴斗争。苦力们"既悟受人之愚，复受虐待之苦，不胜悲愤，辄于船至大洋，四无涯际时，群起暴动以反抗，力即不足，宁全体投海以自尽，设或竟以人多而战胜，则尽杀贩猪仔之人及船主水手等，一一投尸海中以泄忿，纵船无把舵之人，亦不复顾，听天由命，任其漂流"。[①] 外国人承认，苦力船"在海途中没有一条船不发生多次暴动，或者至少是受暴动威胁的"。[②]

1874年3月31日，英国驻广州领事罗伯逊曾编制《1845~1872年苦力船海上遇难事件备忘录》，刊在英国议会文件中。备忘录里记录了34起事件，后来有人加以补充后共有48起，其中澳门苦力船暴动的事件就占18起。海上抗暴斗争的最终结果不外三种：一是暴动被镇压，苦力遭到疯狂报复；二是暴动胜利，苦力们杀死船长和为非作歹的人贩子，弃船逃跑；三是双方相持不下，苦力放火烧船，同归于尽，或宁死不屈，引颈就义。恩格斯曾对中国苦力们的斗争精神大为赞叹，他在《波斯和中国》一文中说："连

---

① 容闳：《西学东渐记》，北京：商务印书馆，1934，第114页。
② 斯图尔特：《秘鲁华奴》，倪润浩译，北京：新华出版社，1986，第69~70页。

乘轮船到外国去的苦力都好像事先约定好了,在每个放洋的轮船上起来骚动殴斗,夺取轮船,他们宁愿与船同沉海底或者在船上烧死,也不愿投降。"①

表3 1850~1872年澳门苦力船暴动与遇难事件

编号	开船日期	船名	船籍	目的地	苦力数	事件概况
1	1857.2.9	亨利塔	荷兰	古巴	350	船开至不老湾附近,船长、水手有刀伤3处,200名苦力失踪。可知船上曾发生暴动。苦力赶走船长,水手上岸逃走
2	1857.10.14	凯塔	美国	古巴	650	船至印第安直港,苦力造反,被镇压
3	1859.10.8	花坛	英国	古巴	850	10月14日遇风暴,数日不息。船触暗礁,船长、船员乘舢板商船,一舢板装51人,船长及其兄弟到达中南半岛土伦港,为法舰格郎德号舰长所救,舰长派船至失事地点,见船体已下沉,850名苦力一无踪影
4	1859.11.26	挪威	美国	古巴	1058*	船行5日,苦力暴动,并在底舱放火烧船,被镇压,130名苦力在斗争中牺牲
5	1861	里昂尼	英国	—	—	在澳门要塞下水,船未开发生暴动
6	1861.5.3	威尔	法国	本地治里(印)	—	苦力暴动,遇难达根里(印),开入香港
7	1865.9	狄阿德	意大利	秘鲁	550	船抵大溪地,仅存162名苦力
8	1866.2.3	德列舍	意大利	秘鲁	296	船行63天后,望见陆地,可能是新西兰。苦力暴动,杀船员12人,船开回澳门
9	1866.3.17	拿破仑·卡那瓦罗	意大利	秘鲁	—	船在海上被华工焚毁
10	1866.7.28	普洛维登扎	意大利	秘鲁	380	在日本函馆海面被发现。船上仅有42名苦力,无一欧人
11	1866.10.10	尤金·阿代勒	法国	秘鲁	—	船抵大溪地,苦力死亡过半。苦力暴动,船长被杀,船员多人重伤,苦力30人跳海

① 《马克思恩格斯选集》(第十二卷),北京:人民出版社,1962,第231页。

骇人听闻的澳门苦力贸易

续表

编号	开船日期	船名	船籍	目的地	苦力数	事件概况
12	1869.4.24	塔马斯克	法国	古巴	235	船至巽他海峡,苦力暴动,杀船长,船开回巴达维亚,另换船长,继续航行
13	1869.12	恩科瓦克	意大利	秘鲁	548	苦力暴动,放火烧船
14	1870.5.4	多罗勒斯·乌加特	萨尔瓦多	秘鲁	650	船开两日,苦力烧船,600名苦力被烧死,船长、水手乘艇逃命
15	1870.5.23	玛利亚勒兹	秘鲁	秘鲁	—	苦力在日本海域起事,日政府遣送苦力回国
16	1870.10.4	新潘尼洛普	法国	秘鲁	300	船行3日后,苦力造反,击毙船长和7名水手,苦力死亡100人,35人在电白县登岸逃脱,船返澳门后,16人被处死
17	1871.5.4	唐璜	秘鲁	秘鲁	650	开船两天后,船上起火,船长、水手乘艇逃走。苦力戴着锁链,被禁闭于底舱,舱门紧闭,铁栅加锁,被烧死600人,被渔船救活50人
18	1872.8.26	发财	西班牙	古巴	1005	开船4天后,苦力一连3次暴动,并放火烧船,船员向苦力开枪,杀死3人,把暴动镇压下去后,将苦力按10人一批,以发辫相连,系在船边,剥光衣服,猛力抽打,血流甲板

* 因来源不同,此数据与表2中的数据不一致。

资料来源:1874年3月31日英国驻广州领事罗伯逊编制《1845～1872年苦力船海上遇难事件备忘录》;姚贤镐编《中国近代对外贸易史资料》(第二册),北京:中华书局,1962,第899～905页。

苦力被贩运到古巴和秘鲁后,因不堪忍受残酷的压迫与剥削,也常常奋起抗暴。1870年9月,秘鲁阿拉亚种植园的苦力揭竿而起,捣毁奴隶主的种植园。起义队伍迅速扩大,从100人发展为1500人,并攻打沿海重镇帕蒂比尔卡和巴朗卡,震撼了秘鲁大地。在古巴,中国苦力的反抗斗争同古巴人民反对殖民压迫的斗争紧密地结合起来,声势尤其浩大。1868年古巴第一次独立战争中,有上千名中国苦力参加了古巴起义军。1895年古巴第二次独立战争时,苦力参加人数更多。他们英勇战斗、不怕牺牲的革命精神,

177

镜海微澜：黄鸿钊澳门史研究选集

受到古巴人民的高度赞扬。起义军贡萨洛·德奎沙达将军曾说："在战斗中，中国奴隶……以他们宝贵的鲜血来争取古巴的自由平等。假如将来我们能够为中国人竖碑时，让我们镌刻下面两句话来颂扬他们的恩义：'在古巴的中国人，没有一个是逃兵，没有一个是叛徒。'"①

三 苦力贸易的衰落

葡萄牙人贩运苦力的种种罪恶活动引起中国人民的极大愤慨，也受到国际舆论的谴责。在中国人民的抗议声中，广东地方政府多次颁布"严禁贩卖人口，违者处以极刑"的告示。1866年，清政府规定，除中国人自愿出洋外，禁止一切非法"招工"。1874年，清政府派陈兰彬、容闳赴古巴和秘鲁调查华工（苦力）在当地的情况。他们回国后公布的材料证实了苦力在国外的悲惨处境，更加激起全国人民反对苦力贸易的激愤情绪。在这种形势下，清政府也不得不宣布严禁澳门的苦力贸易。

与此同时，澳门的苦力贸易也由于西方资本主义国家经济的不景气而趋于衰落。19世纪70年代以后资本主义世界性的经济危机，使西方各国工农业生产萎缩，劳动力过剩，失业队伍不断扩大。许多输入中国苦力的国家实行排华政策，大肆叫嚷存在"黄祸"的威胁，使无数受难的苦力遭到了无辜的政治迫害。在这种情况下，苦力贸易自然大受影响。同时，随着西方列强对华资本输出的增加，他们在中国通商口岸和内地开设了许多工厂，可以就地使用中国廉价的劳动力。这比远涉重洋、把苦力贩运到海外殖民地更为有利，风险也更小。这种情况是造成苦力贸易逐渐衰落的又一个主要原因。经清政府多次交涉，葡萄牙政府被迫于1873年12月20日公布葡萄牙国王敕令，宣布禁止澳门的苦力贸易。敕令宣布后，澳门人口贩子叫嚷说，停止苦力贸易对澳门是一场灾难，因为这样一来，许多合法职业完全停顿，成千上万的人失业。由于人口和资金的外流，房地产的价值也大大降低了。澳葡当局因此每年损失约20万银圆的财政收入。② 从此可以看出，苦力贸易曾在澳门经济生活中占有何等重要的地位。

---

① 转引自李康华等《中国对外贸易史简论》，北京：对外贸易出版社，1981，第405~406页。
② 徐萨斯：《历史上的澳门》，黄鸿钊、李保平译，澳门：澳门基金会，2000，第257~258页。

清末澳门划界争端*

一 澳门划界争端的由来

澳门①本是香山县南面一小岛，孤悬海中。其后，西江泥沙堆积，于澳门与内地之间冲积成一沙堤，遂将澳门与内地相连，澳门成一半岛。这一现象，在地形上称为陆连岛。② 葡人于1553～1557年进入澳门贸易和居留。他们大兴土木，建造居室，很快把茅棚变成瓦屋，当初并未划定界址。1622年，葡人私自建造围墙一道，聚居墙内，这道围墙便成为澳门的自然界址。城墙有三道城门，即三巴门（上有大炮台）、水坑门和新开门。这个租借地一直维持到1849年。在此期间，澳门一直处在香山县管辖之下，并不存在任何界务争端。

1849年，澳门总督亚马勒挑动澳门事件，不仅破坏我国对澳门行使主权，而且开始向澳门以外地区扩张。1863年，葡人拆毁澳门城墙，先后占领了附近的塔石、沙岗、新桥、沙梨头、石墙街等村庄；在澳门南面的氹仔、路环等海岛上建造炮台，作为殖民据点。

19世纪70年代至80年代初，葡萄牙人先后占龙田、望厦、荔枝湾、青洲等地。这样从围墙以外到关闸地方都被葡萄牙人兼并。

80年代中法战争后，清政府国库空虚；又因创设海军和推行新政需要筹集巨款，急于实行鸦片税厘并征办法，以增加税收。这就为葡萄牙的外交

---

* 原文部分曾以《香山与澳门划界争端始末》为题，载于《澳门研究》2004年总第22期，第226～255页。
① 界务争端中所述之澳门范围与今日不同，仅限于葡人所居之租借地。
② 何大章、缪鸿基：《澳门地理》，广州：广东省立文理学院，1946，第30页。

讹诈提供了可乘之机。葡萄牙利用清政府急需筹款的迫切心情，同英国勾结，设下圈套，迫使清政府就范，于1887年签订了《中葡和好通商条约》，获得了永居管理澳门的权利，使其对澳门的殖民统治合法化。

中葡条约拟订期间，葡人与英国人赫德、金登干相勾结，擅自在条约中"永驻管理澳门"一款后面加进了"及属澳门之地"等字，为以后借口划定"属地"，任意侵占我国领土埋下伏笔。1887年中葡条约谈判期间，葡萄牙曾索要对面山，即拱北48乡的大片土地，还想占领大、小横琴岛。总理衙门拒绝其要求，于是澳门界址未能确定。双方"于约内言明澳门界址，俟勘明再定，并声明未经定界以前，不得有增减改变之事"。[①] 而这即成为此后澳门划界争端的因由。

二 澳门界务争端的加剧

就在中葡条约墨汁未干之时，葡萄牙便开始在澳门附近地区进行扩张活动。19世纪末20世纪初，帝国主义列强掀起瓜分中国的狂潮，澳葡当局的表现也愈益猖狂。当时澳葡当局的扩张活动包括以下几个方面：

北面，侵略关闸以北地区。1890年在关闸外设立路灯，宣布不许中国在北山岭炮台和汛房驻军。

西面，占领对面山各乡村。借口曾在湾仔和银坑附近水面设立过航标，宣称这些乡村在其统治之下。1900年，香山县令孙盛芳乘船经过湾仔附近海面，竟被澳葡当局指为侵犯其水界而强行扣留。1907年，澳葡当局派兵侵入湾仔和银坑，向村里的渔民、草油厂和医院勒缴捐税。

南面，夺取十字门的几个岛屿。1890年，葡萄牙强行在氹仔岛和路环岛上修建炮台和兵房，并向当地人民勒收船税和房产税；后又一度侵入大、小横琴岛，在岛上修建兵房，并公开向中国索取这两个岛屿。两广总督谭钟麟严正拒驳，并拆毁葡建兵房。1902年，葡萄牙公使白朗谷仍照会清外务部，借口疏浚河道，索取大、小横琴岛为澳门属地。1908年，葡人在九澳（路环的古称）修建兵房，开辟马路。

东面，则企图把澳门水界扩展至九洲洋的中心。

---

① 《清季外交史料》（卷七三），《总署奏葡约现有成议谨陈办理情形折》。

清末澳门划界争端

葡萄牙的扩张活动还伴以外交上的讹诈。1889年12月11日,拱北关税务司贺璧理(英国人)作为葡萄牙的交涉使来到前山,向澳门同知蔡国桢出示一份澳门水陆地图。"该图东至九洲洋,南至横琴、过路环,西至湾仔、银坑,北至前山城后山脚,周围百余里,皆加以红线划入葡人界内。"葡人据此反诬中国轮船停泊青洲海面是侵犯澳门水界。蔡国桢予以驳斥,严正指出:"若徒以一国所绘地图红线即云定界",则"我亦可另绘一图,自三巴门起加一红线至海边为止,谓葡人仅管澳门半岛,并无水界,彼允乎不允?"贺璧理理屈词穷,竟蛮横地威胁说澳葡当局准备出动军舰驱逐中国轮船。蔡国桢当即指出:"若说到哄船之话,一切道理都不必说,请阁下代为寄语,等他哄哄看。……原想他派兵哄船,由他开端起衅,我方好乘机做事,愿他速哄为幸。"① 贺璧理见讹诈不成,只好灰溜溜地返回澳门。

1902年初,葡萄牙派上院议员白朗谷为公使前来北京议约。他一到北京,就向外务部递交照会,要求划定澳门"属地"和兴建广澳铁路。他认为:"前定和约已认澳门附近属地为葡国永居管理,应将该属地之界址广阔等项,丈量妥订。"他提出,"按对面山一岛居澳门之西,小横琴、大横琴二岛居澳门西南,各该岛系澳门生成属地"。他还声称,如要葡萄牙同意签署新税则,清政府除按上述要求划定澳门属地之外,还应让葡萄牙享有另外两项特权,即允许葡人在附近地区兴建各种工程,及"由澳至广东省城修造铁路"。② 当时清政府外务部官员认为,葡萄牙以拒签新税则为手段要挟,目的是"暗侵界址"。外务部坚决拒绝了其无理索地要求。

然而,后来中日发生"二辰丸案",又引发中国海权交涉。1908年2月5日,日本商船"二辰丸"偷运枪炮弹药,非法进入我九洲洋路环岛附近的大沙沥海面,自早10时至晚6时,停泊有8个小时之久,并准备起卸军火,被我拱北海关官员会同缉捕队率领4艘水师巡艇截获。当时中国官员与洋员一起测定,"二辰丸"停泊位置在东经113°37′30″,北纬22°8′10″,确认此处是中国领海。船上装有枪2000余支,子弹4万发,并无中国军火护照。该船主见走私事情败露,无可置辩,便邀请中国官员到卧室去,行贿银圆

---

① 蔡国桢:《澳门公牍录存》,振绮堂丛书本,第5、7~8页。
② 《清季外交史料》(卷一六五),《外部奏增改中葡条约缕陈商办情形折》。

181

100元,后又增加至1000元,意欲私了此事。中国官员不为所动,将船械暂扣,请示两广总督张人骏后,"将船货一并带回黄埔,以凭照章充公按办"。①

"二辰丸"军火走私完全是有计划、有预谋的事件。这批枪支由澳门广和店华人谭璧理等出面向日本神户商人购买,打算转卖广东贼匪集团。澳葡当局在其中扮演极不光彩的角色。葡人发给准许日本军火运入澳门的执照,鉴于"二辰丸"船体高大,吃水深,经双方商定,安排该船在中国九洲洋面抛锚。葡人雇用澳门梁就利号盘艇,连同船户梁亚池、冯亚等人,由澳葡当局巡船拖往路环岛以东海面,准备驳载"二辰丸"的军火进入澳门。梁亚池等人曾告知葡人,该处是中国海面,接运军火应有拱北海关准单,但葡人声称无须向拱北海关申请领取准单。这说明葡人蓄意在中国海面走私军火图利。后在向驳船钩吊军火箱时,"二辰丸"上连接驳船的缆绳忽然折断,驳船即从船头漂到船尾部,延误货物吊运,致使"二辰丸"被中国拱北水师巡船扣留。② 由于罪证俱在,日本船主不得不承认犯罪,表示接受惩处。

但是在"二辰丸"被扣押后,日本政府和葡萄牙殖民者却恃强公然声称"二辰丸"下锚地点不是在中国领海内,称:"今贵国炮舰忽将商船"二辰丸"拖去拘留,显系违约。若其撤去本国国旗,尤为狂暴,至执军械之水兵闯入船舱,窃去货物一事,举动野蛮,令人骇异。兹本大臣基于本国政府之电训,对于贵国官宪之暴戾不法提出抗议,并望贵国政府迅即电饬该地方官,速放该船,交还国旗,严罚所有非法之官员,并陈此案办理不善之意,以儆效尤,是为切要。"③

日本这个照会是强词夺理、颠倒黑白的杰作,充分表现了其当年恃强凌弱、侵略压迫中国的凶恶面目。明明是日本商人非法走私军火,侵犯中国领海,可是日本政府没有丝毫自责与反省;相反,却气势汹汹地指责中国水师截捕商船,"显系违约","举动野蛮",要求清政府放船,严罚官员,并赔礼道歉。然而,这只不过是日本政府利用"二辰丸案"敲诈中国的第一步。

---

① 《清季外交史料》(卷二一〇),《粤督张人骏致外部辰丸私运军火应按约充公电》《粤督张人骏致外部辰丸事请商日使照章会讯电》。
② 《清季外交史料》(卷二一二),《粤督张人骏致外部录呈代日船驳运军火船户梁亚池等供词电》《粤督张人骏致外部辰丸军火系澳门华商广和店所购电》。
③ 《清季外交史料》(卷二一〇),《日使林权助致外部辰丸被粤扣留奉令抗议希饬速放照会》。

其后，日本人在交涉中，又以更为严厉的口吻声称：查该轮停泊之处即使系中国领海，广东水师之行为实近海盗，其横暴不法，非区区言词所能掩饰也。其撤去日本国旗，侮辱已极，是以帝国政府前向中国政府要求左开各事：第一，立即将"二辰丸"及所载货物尽行释放；第二，侮辱日本国旗一事，中国政府须依适当之方法，向帝国政府表明歉意；第三，中国政府应严罚所有不法拿获"二辰丸"之中国官员；第四，中国政府应赔偿因不法拿获"二辰丸"而日本所生之损失。①

葡萄牙人也向中国施加外交压力。2月18日，葡萄牙公使照会清外务部，硬说中国水师是在葡萄牙领海捕获日本商船"二辰丸"，迫令其至广州口岸。又声称"二辰丸""系装载枪支运卸澳门。该船被拿，有违葡国所领沿海权，并有碍葡国主权，阻害澳门商务，本署大臣甚为驳斥"，要求中国政府"即刻释放"。②

正当日葡勾结，联合向中国政府施加外交压力之时，身为中国海关总税务司、被中国政府高薪聘用的英国人赫德，又跳出来为日葡两国说话了。赫德作为日葡两国代言人，运用帝国主义的强盗逻辑，逐条诡辩，把中国有理说成无理。他还教训清政府官员，要他们乖乖地向日本认错道歉，赔偿业主："此事最妙由外务部与日本大臣和洽商订一妥善办法。如果和平商办，并认此次误扣之咎，则释还船只并鸣炮敬日旗，或赔偿业主，亦并非有伤体面。"

由于赫德一向被清政府昏庸官员奉为外交顾问，这些官员对他言听计从，他的意见对清政府产生重大影响。本来清政府从地方到中央，都同日本强硬交涉，毫不退让，双方正相持不下时，赫德的意见把他们的斗志瓦解了。

3月5日，清外务部照会日本公使，对"二辰丸"上日本国旗被中国士兵扯下一事表示歉意，并答应"将办事失当之员弁加以惩戒"。③ 清政府如此忍让屈服，日方仍不肯罢休。13日，日本公使林权助向外务部提出解决该案的五项要求：第一，立即放回"二辰丸"；第二，在放还"二辰丸"时，中国兵舰鸣炮示歉；第三，扣留的军火由中国购买，货价为21400日

---

① 《清季外交史料》（卷二一一），《日使林权助致外部扣船一案送呈译文请答复节略》。
② 《清季外交史料》（卷二一〇），《葡使致外部华船在葡领海捕获日船祈饬速放照会》。
③ 《清季外交史料》（卷二一一），《外部致日使道歉换旗照会》。

清末澳门划界争端

183

元；第四，处置对扣留"二辰丸"负有责任的官员；第五，赔偿此事件所造成的损失。林权助声称，只有全部答应这五项要求，"二辰丸案"才能和平了结。① 15 日，软弱无能的清政府表示全部接受日方提出的条款。一起中国水师在领海内正常缉私的案件，就这样因日葡两国勾结施加压力，最终以中国方面退让而告终。

"二辰丸案"交涉失败，不仅使中国外交蒙受新的屈辱，还使广东治匪更难着手，地方安全大受影响。

在"二辰丸案"发生的同年，澳葡当局又频频侵犯中国海权，先后挑起多宗海权争议。首先是拱北关驻军问题。因日本船军火走私案件发生，广东地方政府加强了拱北关缉私工作。澳门附近马骝洲是拱北关原有驻营之地，它在澳门西南 145 公里，湾仔、银坑以南 11 公里，地处虎跳门、崖门、泥湾门等入港的必经之途，附近港汊纷歧，环境复杂，盗匪出没，走私活动十分猖獗。在这里驻兵设防，很有必要。然而澳葡当局却认为，马骝洲属于澳门领海，对驻兵横加干预。1908 年 5 月 1 日，葡使向清外务部照会称："粤督在拱北关设立一营，驻兵百名，请撤回，以符条约。"② 对此，粤督和外务部予以坚决反驳。"查澳门葡国租界原址具在，并无领海，何能越海问及马骝洲中国设关之地。"③ "此次粤督因整顿捕务，饬于旧址驻营，既属遵约办理，未便令其撤回。"④

与此同时，澳葡当局又偷偷地将浮标从湾仔河中心移至湾仔岸边；同时又在鸡头山外海道添设浮标。其险恶用心，就是"占领水界，并觊觎环澳岛地。纯用阴险影射手段，以无据为有"。因此，中国政府于 5 月 22 日照会葡使，严正指出这是一种违约行为，责令其立即"撤去浮标"。⑤

此外，澳葡当局居然在中国领海上巡逻，并稽查中国民船甚至兵船。

---

① 《清季外交史料》（卷二一二），《日使林权助致外部扣留辰丸提议赔偿损害请照允照会》。
② 《外部发粤督张人骏电》，黄福庆主编《澳门专档》（二），台北：中研院近代史研究所，1992，第 58 页。
③ 《外部收粤督张人骏电》，黄福庆主编《澳门专档》（二），台北：中研院近代史研究所，1992，第 59、66 页。
④ 《总署发葡森使照会》，黄福庆主编《澳门专档》（一），台北：中研院近代史研究所，1992，第 500 页。
⑤ 《外部发葡公使森德照会》，黄福庆主编《澳门专档》（二），台北：中研院近代史研究所，1992，第 67 页。

清末澳门划界争端

1908年6月9日,广东水师"广元"号兵船在澳门对岸银坑河边停泊。澳葡兵船竟然闯入中国海面,进行稽查,并勒令"广元"号兵船填写一张表格。表格内容是:这是到哪里去的兵船,兵船指挥官是谁,船的马力多大,载重量是多少,船上官兵有多少,枪支子弹有多少,驶到此处干何事,等等。对此,外务部于6月23日照会葡使,严正指出:"本部查银坑在澳门对岸,距澳已远,向系中国管辖河面。葡轮不应驶入,勒令该轮管带照式填单。似此举动,实属侵我主权。"① 外务部的照会揭露葡人的侵略阴谋,义正词严,充分反映了中国政府对澳门海权的原则立场。

但是葡萄牙殖民者并不甘心就此放弃对中国海权的侵犯。7月17日,葡使照会清外务部,声称:中国在湾仔、横琴等处驻兵,"有背条约",希望中国政府迅速将驻兵撤去,并且今后澳门划界时,不能以曾经驻兵作为这些地方应属中国的证据。这种无理要求,遭到了中国政府的有力反驳。至此,澳门附近的海权争端日趋严重。②

清政府同日本关于"二辰丸案"交涉失败的消息传到广东,舆论哗然。香山县绅民自发掀起了抗议、示威和抵制日货运动。这一运动很快蔓延至广东其他地区、上海、香港、广西等地,南洋华侨也加入爱国运动。与此同时,中国人民对与日本朋比为奸的葡萄牙殖民者也表示了极大的愤慨。香山人民对澳葡当局肆意扩占澳门以外领土的行径本来就深恶痛绝。早在1907年底,香山县的绅商士民就纷纷请愿,要求政府"派员来澳(门)划分界限"。③ "二辰丸案"的发生,更使要求划界的运动迅速发展。

三 划界谈判中的激烈交锋

1908年底,在人民的强烈要求下,清政府指派驻法公使刘式训前往里斯本,同葡萄牙政府商谈澳门划界问题。1909年2月,中葡双方达成协议,

---

① 《外部发葡署公使森德照会》,黄福庆主编《澳门专档》(二),台北:中研院近代史研究所,1992,第74页。
② 《外部收葡国署公使柏德罗照会》,黄福庆主编《澳门专档》(二),台北:中研院近代史研究所,1992,第79页;《外部发葡国署公使柏德罗照会》,黄福庆主编《澳门专档》(二),台北:中研院近代史研究所,1992,第80页。
③ 郑勉刚:《澳门界务录》(卷一),《香山县士绅请粤督力争海权书》。

185

镜海微澜：黄鸿钊澳门史研究选集

决定派员查勘澳门界址；并规定划界期间，澳葡当局必须停止在中国领土上征收地钞，并不得借浚海或浚河名义扩占领土；已经侵入中国内地的舰船必须撤出；等等。葡萄牙表面上表示接受这些规定，但又提出要中国撤走前山至北山岭一带的驻军作为交换条件。① 实际上，中国方面忠实履行协议撤走北山岭驻军后，葡舰游弋内河、勒收船钞和浚海活动却没有停止。

1909 年上半年，中葡双方为划界谈判做准备工作，首先确定谈判地点和代表人选。中国方面主张谈判在广州举行。但是澳葡当局对广东人民声势浩大的反抗怒潮非常恐惧，极力反对将广州作为谈判地点。他们与港英当局串通，提出以香港为谈判地点，其目的是便于向中国施加外交压力。

葡萄牙派马沙铎担任谈判代表。此人曾任葡属东非殖民地总督。在马沙铎到达中国的同时，一艘葡舰开抵澳门，向中国炫耀武力。清政府原拟派广东籍官员担任谈判代表，但葡人断然拒绝，清政府只得改派曾任中法云南交涉使的福建籍官员高而谦担任谈判代表。

面对香山人民的反葡声浪，澳门"群情惶恐"，当局连续开会商讨对策，在谈判前向清政府提出一系列无理要求作为先决条件，包括禁止香山勘界维持会活动，查封《香山旬报》，规定"新开香洲新埠不得有妨害澳门商业之举动"，以及"在澳华人须入葡国国籍"，等等。② 这些无理要求遭到香山县乃至广东各界人士的激烈反对，清政府亦断然拒绝。

1909 年 7 月 15 日，中葡谈判在香港举行。会议首先商定会议程序，以及有关议事章程。接着在 7 月 22 日举行的第二次会议上，马沙铎宣读了事先炮制好的一份"说帖"（或称"节略"），抛出了他的勘界方案，声称葡萄牙管辖的澳门包括：（1）澳门半岛，由妈阁至关闸；（2）海岛，有对面山（包括湾仔、银坑、南屏、北山等28乡）、青洲、氹仔、路环、大小横琴，以及马骝洲等小岛；（3）领水，以小岛附近的水路为领水；（4）关闸至北山岭为"局外地"。③ 按照这个方案，葡萄牙新扩占的领土将比原租居地面积大 30 倍。马沙铎在谈判中声称：澳门从来不是中国领土，早在 1574

---

① 《清宣统朝外交史料》（卷一），《外部致张人骏准刘使电澳门事葡请两国各派员会勘电》。
② 郑勉刚：《澳门界务录》（卷二），《澳界片片录》；又见《香山旬报》第 53 期，1910 年 2 月 11 日。
③ 郑勉刚：《澳门界务录》（卷二），《澳界骇闻》；又见黄培坤《澳门界务争持考》，广州：广东省图书馆，1931，第 13～17 页。

年，葡人已占领关闸以南整个半岛；因此，1887年条约所说的"属地"，应当是指澳门以外的各个岛屿。马沙铎还公然把澳葡当局多年来闯入澳门附近各乡村张贴的告示、勒收租税的单据及擅自建造的炮台和开辟的马路等，都作为葡萄牙已对这些地方拥有主权的证据，并声称"久占之地，即有主权"，① 企图以这种强盗逻辑来为其殖民扩张主义辩护。当时清政府明知马沙铎的种种谬论必须予以驳斥，却准备以让步谋求妥协。外务部当时的主张是，查明葡人的原租借地作为澳门本土，原租借地围墙外已被占领的地区划为属地；至于澳门附近岛屿，不论是否已被占领，一概不准作为澳门属地，并不许葡萄牙人在澳门附近划定水界。至于葡萄牙人在氹仔、路环两处占领地所建立的炮台，清政府则计划在澳门半岛上觅地抵换，收回炮台。② 这些意见传达到谈判代表高而谦那里时，他又擅自做了修改，变为允许澳门葡人在氹仔和路环已占地居留，而不将其作为属地。③ 但马沙铎对中方这种妥协仍不满足，划界交涉从一开始便陷入僵局。此时葡萄牙人加紧采用讹诈手段，企图以炫耀武力方式打开僵局，达到其侵略目的。谈判期间，他们不断向澳门增兵，使澳门驻军由400人增至700多人。同时，增派兵舰，扩建炮台，不断加强其作战力量，并侵扰附近各岛各村。④ 7月底，葡萄牙兵舰侵入中国内河游弋、测绘，夜间停泊南屏乡河岸，用探照灯照射村庄，惊扰村民。8月21日，澳葡当局勒限望厦村居民一周内拆毁该村全部民房。⑤ 与此同时，葡萄牙在外交上不断向清政府施加压力。葡萄牙外交部宣称，中国如不满足它的索地要求，就将把澳门划界问题提交海牙国际法庭"公断"。如果清政府既不妥协，又拒绝接受公断，它就要把澳门送给其他大国，而向中国宣战。⑥

---

① 《清宣统朝外交史料》（卷六），《澳门勘界大臣高而谦呈外部葡使谓久占之地即有主权应调查再议电》。
② 《清宣统朝外交史料》（卷五），《澳门勘界大臣高而谦呈外部澳门附属地应否承认乞裁夺电》；《清宣统朝外交史料》（卷七），《外部致高而谦葡人所占潭仔路环可以龙田旺厦抵换电》。
③ 《清宣统朝外交史料》（卷一），《澳门勘界大臣高而谦呈外部澳门划界葡使奢求只得停议请旨定夺电》。
④ 郑勉刚：《澳门界务录》（卷五），《黄士龙禀陈澳界情形》。
⑤ 《论葡人蔑视我国》，《香山旬报》第35期，1909年7月21日。
⑥ 《清宣统朝外交史料》（卷六），《外部复高而谦葡若借他国势力强占小岛人心不服希婉劝葡使电》；《清宣统朝外交史料》（卷一二），《外部致袁树勋澳门界事停议请饬维持旧状勿生事端电》。

葡萄牙还利用英国的势力迫使清政府屈服。8月间，英国公使公然出面干预中葡谈判，对清外务部宣称，中国应无条件接受葡萄牙的全部要求，否则就将划界问题交由海牙法庭"公断"。面对葡、英两国的恫吓威胁，清政府态度软弱，步步退让。高而谦向葡使提出，中国愿意"割弃澳门半岛（由妈阁至关闸），以及青洲、氹仔、路环等地，附近内河和海面由中葡共管"。① 他认为既然上述这些地方已被葡人占领，或已处于葡人势力范围之内，"无索回之望"，不如奉送葡人以达成协议，澳界"尚有得半失半之望"。② 但葡方并不满足，仍坚持索取对面山和大、小横琴岛，全部控制"水界"。清政府想以妥协求和平，结果更助长了侵略者的气焰。

清政府的妥协退让与葡萄牙人的蛮横无理，激起了广东人民的义愤。各地勘界维持会纷纷集会，发布抗议文电，声讨葡萄牙的侵略野心。他们要求清政府从速调派军队把守澳门附近关口，并从经济上封锁澳门，致其死命。香山勘界维持会还决定，"为自卫计，赶置军火，举办联乡团防"。8月25日，香山县勘界维持会通过《联办九十八乡民团章程》，③ 宣布成立民团，拿起武器，随时准备给侵略者以迎头痛击。

人民的奋起斗争，阻止了划界交涉中的妥协趋势。香山勘界维持会所发动的声势浩大的抗议运动使清政府不能不有所顾忌。在爱国民众团体的压力下，清政府不得不表示"此事上关国家疆土，下系舆情，自应格外审慎，妥筹兼顾"，驳拒葡人的无理要求，并提出将谈判地点移至广州，"借示葡使以粤民固结，不肯弃地之意"。④ 马沙铎见讹诈手段难以得逞，在11月14日第9次会议上"拂衣而去"，悍然破坏谈判。

香港谈判失败后，英国跳出来横加干涉，向清政府施加压力。1909年12月24日，英国公使朱尔典照会清政府外务部称，葡萄牙提出将澳门界务提交其他国家"调处"（即公断），英国认为这个解决办法"颇属有理"，但中国政府予以拒绝，英国认为十分可惜，因为英葡两国有盟约，"凡遇无

---

① 《清宣统朝外交史料》（卷七），《澳门勘界大臣高而谦呈外部澳门事似以延宕为愈电》。
② 《清宣统朝外交史料》（卷七），《澳门勘界大臣高而谦呈外部海牙判断恐各国袒葡不如自与磋议电》。
③ 《香山勘界维持会特别会议评论》，《香山旬报》第34期，1909年；《论葡人蔑视我国乃如是邪》，《香山旬报》第35期，1909年。
④ 《清宣统朝外交史料》（卷八），《外部复高而谦青洲潭仔路环不得割予应妥筹电》；《清宣统朝外交史料》（卷九），《外部复袁树勋澳门事如移省议仍由高使会商电》。

故侵攻葡境之事，英政府即有保护之责"，因此，希望中国政府对"调处"之事"再行斟酌"。在照会中，英国还特地附上英葡盟约的全文，此举很明显是要逼迫清政府就范。当日下午4时，清外务部大臣那桐约见朱尔典，明确告诉他，中国不能同意马沙铎所提出的将澳门界务提请"海牙公断"的要求，这是因为："此事关系中葡两国尽有机会可以和平了结，不必由海牙公断。"① 但朱尔典仍提出，中国不愿交海牙公断，英国很希望见到中国提出由其他国家公断的办法来。那桐答称，关于这一点，今天不能作答，待仔细研究再定。

12月30日，外务部复照会英使朱尔典，再次明确提出，关于海牙"公断"之事，中国早已在中葡双方交涉中表明了态度："中葡敦睦已数百年，该处界务系属中葡两国之事，所关系者系属中葡两国之民，非局外所能制定，应始终由我两国和商议结。但能彼此退让，则现虽停议，将来派员接续会商，尽有机会，无庸交公会公断。"② 这样，英国插手澳门界务的企图破产。

接着12月31日，葡萄牙公使柏德罗又来函称，葡国界务大臣马沙铎已来到北京，希望拜晤外务部，举行会谈。外务部定于1910年1月4日与其会见。外务部由梁敦彦、联芳和邹嘉来三位大臣与其会谈。马沙铎一开口就大肆攻击中方的政策，他声称自己是为了澳门划界而来，高而谦大臣却要求葡萄牙"割地归还中国"。对此，外务部官员也毫不示弱，争辩道："中国所争者，并非欲葡国割地还我，只愿取还中国所固有者耳。"③ 中国希望马沙铎回国后告诉本国政府，澳门并非军事要地，葡萄牙何必力争各处炮台营垒，扩张占地，而应当致力于使澳门华人与葡人和平相处。马沙铎却坚称，现在澳门界务中葡双方各执一词，不如由第三国公平评断，得以迅速了结。但外务部坚持不让第三国插手的立场。这次会晤进一步表明，中葡双方对澳门界务的立场有根本性的不同，在当时情况下，是不可能通过谈判加以解决

---

① 《英使朱尔典问答》，黄福庆主编《澳门专档》（二），台北：中研院近代史研究所，1992，第433～434页。
② 《外部发英使朱尔典照会》，黄福庆主编《澳门专档》（二），台北：中研院近代史研究所，1992，第436页。
③ 《葡划界大臣马沙铎问答》，黄福庆主编《澳门专档》（二），台北：中研院近代史研究所，1992，第440页。

的。在中葡澳门界务交涉陷入僵局期间,葡人不遵守维持现状的协议,经常挑起事端,致使纠纷不断。这期间,澳葡当局强行在马料河勒收地钞;擅自在湾仔内河设置水泡,圈占水界;反对中国政府在小横琴岛缉捕盗匪,扣留匪船,要求将人、船交给澳门;又公然出兵路环岛剿匪;等等。

这一系列事件使清政府认识到,对澳门界务采取延宕办法,并不能维持现状,制止侵略。因此,外务部于 1910 年 6 月 20 日去电命驻法国公使兼驻葡萄牙公使刘式训前往里斯本,同葡萄牙政府谈判,争取澳门界务获得解决。刘式训到里斯本后,同葡外交部商定在当年 10 月举行界务会议。而当刘式训留居里斯本等待会谈开始期间,葡萄牙于 10 月 4 日爆发了民主革命,推翻君主专制政权,建立共和国。消息传到中国,清政府顿时对澳门界务产生了幻想。10 月 15 日,外务部向刘式训发指示:"惟未承认(葡国新政权)以前,能否利用时机,向新外部作为私谈探商澳界让步办法。如能满我之意,即先行承认亦无不可。"① 不过葡萄牙的临时政府外交部对刘式训的试探反应冷淡。

但是,葡萄牙革命后,政局动荡不定,香山人民和广东地方政府纷纷要求外务部,"趁此时机将澳界收回"。人民保卫家园的强烈愿望推动政府行动。尽管当时清朝的统治已经处于风雨飘摇状态,外务部仍在澳门交涉中采取了比较积极的方针。11 月 13 日,清政府指示刘式训与葡萄牙政府交涉,争取早日解决澳门划界问题。如果不能如愿,则声明以后划界事务仍由中葡两国直接商办,不容他国干涉。万一葡萄牙有将澳门转让他国的意向,则中国将根据非经中国允许,永不得转让的条款,乘机收回澳门,所耗费巨款亦将预为筹划。不过其后葡萄牙政府一口否认有转让澳门的意向,② 而清政府也就将澳门问题搁置一旁。

四　路环血案与浚海交涉

香港谈判破裂后,澳门界务争端更趋激烈。1910 年至 1911 年间,先后

---

① 《外部发驻法大臣刘式训电》,黄福庆主编《澳门专档》(二),台北:中研院近代史研究所,1992,第 515、570 页。
② 《外部发驻法大臣刘式训函》《外部收驻法大臣刘式训电》,黄福庆主编《澳门专档》(二),台北:中研院近代史研究所,1992,第 590~591、621 页。

发生了"路环血案"和"浚海交涉"两大事件。

葡萄牙企图用武力实现侵略目标。它一方面借口澳界"各持旧状",阻挠我国在对面山、大小横琴、氹仔、路环各岛以及关闸至前山地区行使主权,并要求清政府"弹压"人民自发组织起来保卫家乡的爱国行动;① 另一方面则积极加强军事部署,武力侵犯这些地区。其攻击的重点在路环。路环岛原名九澳,以岛东北角之九澳湾而得名。后又以岛西部的路环村作为岛名。它位于澳门南面8公里的海上,是十字门的入口。当时岛上约有居民1900人,多以打鱼为生。1864年,葡萄牙侵入该岛的荔枝湾,占地数十亩,建造炮台,屯兵一二十人。1910年7月,广东新宁、开平等县发生教案,某些天主教徒的子女被掳困在路环岛上。教民向澳门主教求救,主教怂恿澳葡当局趁机以"剿匪"为名,派兵进攻路环。岛民奋起自卫,三次打退侵略者的进攻,并夺回葡人在岛上建造的炮台。其后,澳葡当局增调军舰,倾其全力围攻。清军却坐视不救。岛民奋战半个多月,弹药缺乏。8月4日,葡军在岛上登陆,大肆烧杀抢掠,"村民数百家,惨受锋镝而死"。还有一艘满载难民的渔船被葡舰击沉,38人无一生还。这是葡萄牙殖民者欠下中国人民的又一笔血债。血案发生后,"举国士夫骇汗相告,各埠华侨函电询问",强烈要求废约收回澳门。② 1910年11月17日,广州、香山、香港等地的勘界维持会分别举行特别会议,决定组织请愿,要求废约收回澳门;同时发动义捐,筹集经费,以加强民团武装,准备"赌一战以收回澳门"。③ 清政府再次派遣驻法公使刘式训前往里斯本,要求葡萄牙恢复澳门划界谈判,同时指令广东各级官员对爱国民众加以"劝抚"。

一波未平,一波又起。葡萄牙武力占据路环岛后,气焰更加嚣张。1911年初,又在澳门附近的海面和内河航道上大搞所谓疏浚工程,企图通过这种手段取得内河外海的控制权。其具体目的有三:(1)控制前山内河,即从澳门北至亚婆石,西至对面山岛岸边一带,为下一步侵入对面山和前山一带地区做准备;(2)控制十字门海面,进而入侵大小横琴岛、氹仔岛和路环

---

① 《清宣统朝外交史料》(卷一二),《外部致袁树勋澳门界事停议请饬维持旧状勿生事端电》。
② 岔生:《路环村民之惨死原于界务之未定》,《香山旬报》第67期,1910年。《旅港勘界会上袁督书》,《东方杂志》第7卷第8期。郑勉刚:《澳门界务录》(卷三),《省城勘界维持会布告》)。
③ 茶圃:《今后之中葡交涉》,《国风报》第26号,1910年。

岛;(3)占领九洲岛附近海面,即西起马骝洲,东至九洲洋,北至香洲以北,南达路环一带,以控制珠江口,隔断广东西部高廉雷琼四府至广州的航道,扼杀新建的香洲埠。疏浚航道工程始于1908年。凡是已经疏浚的海面,葡萄牙人均设置浮标,表示该段水界为其所占。由于中国人民的反抗,工程经常中断。1911年3月初,澳葡当局又开始其疏浚活动。它派出军舰2艘、快艇10艘,运载工役100多名,两次闯入前山内河,掘毁白石角和亚婆石两处田基123米,强行疏浚。6月间,葡萄牙又同香港麦端那洋行的英商订立合同,委托英国人疏浚氹仔以北海面。① 澳葡当局就是用这种"由水及陆"的侵略手法,蚕食澳门附近的中国领土。

香山人民奋起进行反疏浚的斗争。当时辛亥革命正在酝酿过程中,人民革命情绪十分高涨。他们指责政府在划界交涉中"柔懦不振,媚外辱国,放弃责任,不敢与较,徒放空炮以欺吾民"。4月间,香山勘界维持会上书请愿,提出了解决澳门划界问题的两点建议:(1)政府速派军队驻扎湾仔与前山要隘,并发枪给民团,做好武力抗击澳葡当局扩张的准备;(2)在广州重开划界谈判,广东官员和勘界维持会的代表共同参加。② 请愿书得到各界人士的热烈支持。7月,广东咨议局讨论了该请愿书,通过了相应的决议,要求清政府认真应对葡萄牙的侵略企图。两广总督张鸣岐不得不俯顺舆情,对澳葡当局采取强硬态度。清政府也同意由广东地方政府全权处理澳门划界交涉问题。7月,张鸣岐派员到澳门交涉,要求澳葡当局立即停止疏浚工程,同时又派二十五镇参谋官黄士龙巡查澳门附近的防务。黄士龙提出一个军事与商业并举以驭掣澳葡当局的方案:军事方面,加强北山岭和湾仔炮台,使两处互为犄角,加强各关隘的防务;商业方面,鼓励和支持民间建设香洲埠,并在湾仔开辟商场,动员澳门商民移往开业,从经济上制裁澳葡当局。这样,"葡人不能以兵力自恃,商务又逐渐凋残,款绌兵单,彼焉能自立?"③ 张鸣岐采纳了这个方案。8月25日,广东地方政府向前山增派新军以后,照会澳葡当局,要求立即停止疏浚工程。④ 当时派往前山的新军达

---

① 郑勉刚:《澳门界务录》(卷四),《香山勘界维持会呈张督宪禀》。
② 李直:《论外部竟无一详细澳图》,《铁城报》1911年8月1日。
③ 郑勉刚:《澳门界务录》(卷四),《香山勘界维持会上咨议局请愿书》《广东咨议局呈请督宪阻止葡人浚河及张督答咨议局文》。
④ 郑勉刚:《澳门界务录》(卷五),《黄士龙禀陈澳界情形》。

清末澳门划界争端

1000多人，军舰有4艘。新军倾向革命，曾参加1910年广州起义，与1911年4月黄花岗之役亦有联系。他们在驻地秣马厉兵，枕戈待旦。当地人民情绪激昂，纷纷筹饷劳军。香山县的地方民团也改编为人民义勇队，从政府那里领到部分枪械装备，活跃在前山防线上。中国加强前山防务，使澳葡当局十分惊慌。它急忙从本国增调军舰和军队来澳，做战争准备，同时向其他帝国主义国家请求外交支持。一些大国也企图插足其中。香港的《孖剌西报》首先发难，就新军驻防前山一事进行威胁恫吓，声称："中国岂不知如此一举，必令各国之有权利于中国者尽为葡人之助乎？"8月30日，各国驻广州领事联合访问两广总督张鸣岐，要求"调停"。张鸣岐表示："新军驻澳门交界，国防所系，属我主权，断难撤退。"① 在中国方面的坚持斗争之下，澳葡当局被迫表示"愿化干戈为玉帛"，疏浚工程终于停止。但不久辛亥革命爆发，清朝灭亡，澳门划界问题仍悬而未决。

---

① 郑勉刚：《澳门界务录》（卷五），《澳界片片录》。

澳门界务交涉的余波[*]

一 重开划界交涉的准备

20世纪初,中国与葡萄牙的政治形势都发生了急遽变化。1910年,葡萄牙爆发民主革命,推翻君主制,建立共和国。1911~1912年,中国发生辛亥革命,废除帝制,实现共和。在历史的转折时刻,香山人民积极上书民国政府,期待新政权能在澳门[①]界务问题上有所作为。尤其是葡人频频采取侵略行动,力图吞并拱北(又称对面山),当地人民无比愤怒。"凡为澳界拱北地方之民,皆有切肤之痛。"旅港勘界维持会会长、香港太平洋行商人杨瑞楷"乃拱北地方子孙相继之民,深知地方受害",[②] 他代表香山县拱北96乡百姓,多次上书广东都督和外交总长,详细列举了葡人历年占界侵权、虐待华人的各种案例,反复阐明澳门界务的症结所在,强调:"我国边界指不胜屈,屡受外人欺凌,势难哑忍,而澳界为尤甚,葡国虽小,狡计甚大,如强邻压境无论矣。"[③] 他提出将拱北海关移设于湾仔,以防止葡人侵占,保卫领土主权。可是民国政府对于杨瑞楷爱国爱乡的主张,不但不予以有力支持,反而"诚恐该代表之言,易兹误会,引起仇外举动,于大局无益有损",要求广东当局"即请查明,严行诫劝,毋

---

[*] 原文部分曾以《香山与澳门划界争端始末》为题,载于《澳门研究》2004年总第22期,第226~255页。
[①] 界务争端中所述之澳门范围与今日不同,仅指葡人所居之租借地。
[②] 《外交部收勘界维持会杨瑞楷呈》,黄福庆主编《澳门专档》(四),台北:中研院近代史研究所,1996,第32页。
[③] 《外交部收勘界维持会杨瑞楷等人呈》,黄福庆主编《澳门专档》(四),台北:中研院近代史研究所,1996,第28页。

澳门界务交涉的余波

得煽惑滋事"。① 这些事实表明，民国初年，政府虽然换了招牌，但是专制时代的那一套反对人民参与政治、压制社会舆论、办事拖沓的作风，依然未变。

正当中国政府对澳门界务举棋不定之时，葡萄牙突然采取主动进攻的姿态。1914年4月2日，葡萄牙驻华公使符礼德（J. Batalha de Freitas）拜会中国外交总长孙宝琦，主动提出解决澳门界务问题。对于葡使提出的澳界谈判问题，孙宝琦当时便表态，同意从速加以解决，并于当天发信通知广东都督和民政长，指出澳界谈判"事关重大，必须内外兼筹，方有把握"，要求广东地方政府对谈判提供资料和意见。5月14日，符礼德再次拜会孙宝琦，询问有关澳门界务谈判问题，中国政府是否已经筹备妥当。葡方表示，希望此事"从速了结"，双方谈判时也无须根据旧籍，不必咬文嚼字，不用向广东官员征求意见，只要总长本人和公使会商妥当便可。他声称，只要这样做了，澳门界务"必得良好之结果"。② 在葡使的一再催促下，中国外交部也开始着手进行谈判的准备。

5月24日，中国外交部致电驻葡代办郭家骥，询问葡萄牙外交部对澳门界务的意向，得到"葡政府甚愿接洽办澳门界务"的回答，③ 从而确认符礼德代表葡萄牙政府的立场。其后，外交部于6月12日派遣驻墨西哥公使陈箓前往澳门附近地区，调查澳门界务情况，收集资料，征求意见。6月24日，陈箓又聘请庄允懿为助手。庄允懿曾任香山知县、前山海防同知，亦曾担任高而谦的划界参赞，对澳门划界事务十分熟悉，又非常热心。庄允懿找到香山县前任知县殷绍章，获得光绪十七年（1891年）龙田、旺厦（望厦旧称）等乡户口册一本，这是中国一向对龙田、旺厦等乡拥有主权的有力证明。其后虽然葡人破坏中国主权，悍然侵占了这些乡村，但在1896年和1903年，龙田、旺厦仍有少数业户向香山县交纳钱粮，说明香山县政府对

---

① 《外交部发广东巡按使李开侁电》，黄福庆主编《澳门专档》（四），台北：中研院近代史研究所，1996，第87页。
② 《外交总长孙宝琦会晤葡符使问答》，黄福庆主编《澳门专档》（四），台北：中研院近代史研究所，1996，第75页。
③ 《外交部收驻葡萄牙代办郭家骥电》，黄福庆主编《澳门专档》（四），台北：中研院近代史研究所，1996，第80页。

195

这些乡村的管辖权,直到当时尚未完全断绝。① 陈箓、庄允懿等人于6月20日离京南下,7月5日抵达广东,7月12日抵澳。在广东和澳门地区实地调查澳门界务情况,撰写报告,摘抄案卷、图书资料等共计15种之多。8月5日回京。8月7日向外交部提交了《调查澳门界务情形报告书》和《调查澳门界务情形意见书》。《调查澳门界务情形报告书》提到葡人在澳门扩张的情况:

(1) 关闸。左右皆葡萄牙兵房,守关闸葡兵10余名,上挂葡萄牙国旗,凡过客出入,形迹可疑者略加盘问。

(2) 青洲。方围不及一里,状如土阜,葡人新筑长堤,使之与半岛连接,西北有英国人开设的水泥厂。

(3) 三巴门。已被葡人拆毁,但旧址仍隐约可辨,有街仍名老三巴,即葡人原有界址。

(4) 龙田、旺厦。龙田村于1879年为葡人所占;旺厦于1883年为葡人所占。其占领之法极为简易,即由三巴门往北开一马路,马路所达之点,左右横线,民房田舍改归其所有。此外不过编列门牌、安设路灯而已。

(5) 银坑。泊有葡萄牙旧式小兵舰"马交"号,该舰载重不及千吨,从来不轻易移动。停泊口内,供观瞻而已。

(6) 氹仔。有葡炮台一座,葡兵房一所,其余荒地为葡人坟墓。

(7) 路环。路环山下有葡人咸丰年间所建旧兵房二所,山上有葡大炮台一座,并新洋式兵房一大座,1912年开始建造,今年竣工。另又在九澳山上新建兵房一所。

(8) 大横琴。有我国商人在该岛马尿河开采石矿。1914年4月间,葡萄牙官兵曾前往干涉勒索,被我国商人拒绝。②

陈箓根据调查所掌握的情况,针对葡人侵占土地的野心,在《调查澳门界务情形意见书》中提出,应当分别于银坑、湾仔、马骝洲、大横琴和青洲对面海附近,加派军队和警察以壮声势,防止葡人趁机侵占领土。与此同时,恢复民国以来被胡汉民裁撤的前山海防同知,并派出谙熟外交事务的

---

① 《香山县知事殷绍章发驻墨西哥公使陈箓函》,黄福庆主编《澳门专档》(四),台北:中研院近代史研究所,1996,第97~99页。

② 《外交部收驻墨西哥公使陈箓函》,黄福庆主编《澳门专档》(四),台北:中研院近代史研究所,1996,第111~114页。

官员常驻前山,与葡官员进行交涉。陈箓又指出,当勘界谈判开始之时,必须抓住以下三个要点:

(1)海权。宣布澳门海道作为公海,中国船只可以自由停泊,中国还有办理水上巡警、维持地方安全之责任,同时禁止在海道走私军火。

(2)海岛。对面山之湾仔、银坑、青角、大小横琴、九澳等岛屿,必须力争,绝不放弃。

(3)关闸。葡人将关闸以北10里范围内宣布为"公地"的无理要求,必须坚决反对。建议勘界之后,在关闸以北二三里内建造另一关闸,则澳门以北界务永远可无侵占之虑。①

总之,陈箓对界务的方针是:以加强军事实力为基础,在谈判中针锋相对,寸步不让。在陈箓等人调查期间,7月20日,旅港勘界维持会会长杨瑞楷从香港向北京外交部发信,揭露葡人侵略阴谋,要求政府在谈判中坚持原则立场,不能妥协退让。同月27日,拱北96乡乡民代表杨应权又致电北京政府,指出:"闻澳界将议,查澳门烟赌扩增,祸流全粤,附近之地,受害犹深。况葡人占领比原图已增数倍,只应于既占领收回,万不能于未占地再许。无论葡人如何,民等誓死不从增地之意。务乞严词拒绝,俾拱北数十万之民免沦奴隶。异日国家有事,我拱北民人当执殳以为前驱。临电不胜激切待命之至。拱北九十六乡代表杨应权。"②

很明显,在这一外交事件上,人民的积极参与对政府当局的政策措施等方面产生了一定影响。同年11月25日,外交部致函广东将军龙济光、巡按使李开侁,要求添派军警驻扎上列澳门附近各个要塞,以为勘界准备。③

1914年11月18日,葡使符礼德又主动拜会中国外交部,与秘书刘符诚会谈。葡使再次提出举行勘界谈判。至于谈判的方式,可以首先订期开私人谈判,相互交换意见,求同存异,争取达成协议,为举行正式会议打下基

---

① 《外交部收驻墨西哥公使陈箓函》,黄福庆主编《澳门专档》(四),台北:中研院近代史研究所,1996,第111~114页。
② 《外交部收拱北乡民杨应权电》,黄福庆主编《澳门专档》(四),台北:中研院近代史研究所,1996,第110页。
③ 《外交部发广东将军龙济光、巡按使李开侁咨》,黄福庆主编《澳门专档》(四),台北:中研院近代史研究所,1996,第125页。

础。符礼德还声明，葡政府绝对无意扩张土地，但也不会放弃条约所规定的界址。至于内河问题，也很容易解决。其办法是：中国船只可以任意行驶出入，但停泊澳门海岸，则应受澳门管理。① 这些话冠冕堂皇，不过一旦进入具体的界务交涉，就完全是另一回事了。

果然，12月18日，葡萄牙外交部来信声称，澳门界务谈判应以马沙铎在1909年7月22日提出的"节略"为基础。② 这说明，葡萄牙扩张澳门界址的目标一点也没有改变。

1915年1月，葡使南下调查澳门界务，中国外交部派刘符诚以私人名义陪同前往，以便及时掌握情况，并与葡使随时交换看法。他们在澳门和广州先后举行多次非正式谈判，最后于2月中旬返回北京。此行一个多月，双方关系融洽，但立场迥然不同，故未能达成任何具体协议。而在这时候，葡人的违约扩界活动日益加剧，中葡双方的界务争端频频发生。

首先是浚海问题。葡人购买浚海机船，于1915年开始"在澳门西北莲峰庙前对门，青洲之下，沙冈之上浚深河道，日为筑船澳之用。又将莲峰庙左之炮台山毁掘取泥，由青洲筑路之上，关闸之内，及莲峰庙前一带，填筑海圹。……其莲峰庙前地，均密筑铁轨，驾驶泥车。又在关闸海边大兴工作，建筑兵房"。③ 经勘界维持会代表和广东地方政府揭露，中国外交部训令驻葡使馆代办郭家骥与葡萄牙政府交涉，要求葡人立即停止浚海工程。可是，葡萄牙政府却有意敷衍，推说情况不清楚，待了解后再答复，就这样很轻易地搪塞过去了。

其次，葡人于1916年7月10日派小巡船擅自越界停泊于湾仔长码头，私租几处民房，强行登岸居住，再次引起轩然大波。11月7日，中国外交部秘书王景岐会晤葡使符礼德，进行交涉。符礼德声称葡兵已经撤离拱北岛（湾仔），而澳门总督认为，在拱北岛上租房的葡人不必离开，驻泊的兵舰也不离开，因为那是属于澳门的水面。11月14日，王景岐再次会晤葡使，

---

① 《外交部秘书刘锡昌（刘符诚）会晤葡使问答》，黄福庆主编《澳门专档》（四），台北：中研院近代史研究所，1996，第124页。
② 《外交部收驻葡萄牙代办郭家骥函》，黄福庆主编《澳门专档》（四），台北：中研院近代史研究所，1996，第126页。
③ 《外交部收广东将军龙济光、巡按使张鸣岐电》，《外交部收驻葡萄牙代办郭家骥电》，黄福庆主编《澳门专档》（四），台北：中研院近代史研究所，1996，第201、202页。

澳门界务交涉的余波

进行交涉。中方指出，根据广东省长的报告，葡兵未曾撤离拱北岛。但葡使仍未加理会，相反却要求中方通知广东省政府和当地人民保持和平，避免激烈行动。

由于早就估计到界务交涉的艰巨性，中国政府事先通知广东方面在澳门附近加强军警力量。这时兵力部署到位，引起澳门葡人惶惶不安。11月30日，符礼德会晤中国外交次长夏诒霆，声称，中国忽然在前山增兵800名，使澳门人民甚为疑虑，要求中国政府解释增加军队的原因。前山是中国领土，增兵与否，葡人无权干涉，因此中国政府也未曾予以理会。①

葡人面对前山不断增兵的威胁，被迫直接与广东地方政府对话。1917年1月，澳葡当局致函广东地方政府，声称银坑开掘战壕，甚为关切，请求派员会勘。广东地方政府派林子峰与澳督所派代表共同查看，证明确非战壕。事情本来就此结束，但澳葡当局代表却借此机会，向中方提交事先准备好的一个"协约大纲"，由林子峰带回广州。这个大纲包含4项建议和3点请求，其主要内容是：拱北岛（湾仔）上之军队照旧是中国兵40名，以后不得有炮台炮队和其他新添备；葡萄牙船只不能驻泊拱北岛边百尺宽界内，但该船只可以照旧停泊于澳门内港，广东官员不得干预；至于1887年及1890年之条约所承认海面法权，仍无伤损，关闸及北山岭中间公地，葡萄牙及中国之兵不得武装经过；最后，湾仔官员不得禁止银坑的泉水运入澳门。澳葡当局在这个大纲中，表面上做出撤走兵舰的让步，却限制中国在拱北驻军的数量，同时还任意规定海权和所谓"中间公地"。这样的"协约大纲"，不但林子峰"以无权与议答之"，就连当时广东督军陆荣廷、省长朱庆澜也认为"该条款均关界务重要、不能允许之事"，不敢自作主张。而且该条款并无签名印章，亦不交由葡领事转送，自然不算正式交涉文件。可是1月15日，葡使符礼德却向中国外交部发出照会，声称：林子峰已在澳门议定协约大纲，这个和平解决办法既公平，又于双方都有利益，现有误会将因之而解决，因此，切盼中国外交部予以核准。但这种拙劣的欺骗手法是不可能得逞的。中国外交部根据广东的报告，于2月22日照会葡

---

① 《外交部发广东省长朱庆澜电》，黄福庆主编《澳门专档》（四），台北：中研院近代史研究所，1996，第243页。

199

使,声称:界务问题暂缓议定,双方遵照维持原状,将来遇有机会再协商解决。①

这时,中国内部对澳门界务有两种不同的意见。勘界维持会和广东政府认为:面对葡人每时每刻都在违约扩界,"划界之举,万难缓图。若再因循,所失更大",请求派员前来进行划界会商。② 而外交部则认为,葡使积极主张在北京谈判澳门划界,如果接受建议,进行谈判,恐怕不会有良好效果。外交次长高而谦,从前曾任中葡谈判代表,他在给广东省长复函中,根据个人的体验,认为:"此案虽系中葡交涉,而英葡与国,对于澳事向尤左袒,现值中德绝交,政府正与协商国(协约国)方面力谋接近之际,澳门问题若于此时提议,恐非所宜。鄙意此案似应暂从缓议,以待时机。"但他并不反对广东地方与葡人进行交涉,指出:"倘粤省因地方关系,亟须解决此项问题,亦应遴派专员,在外会勘,以期周妥。"他这个方针,得到广东省长的赞同。③ 此后,广东省政府就在澳门界务问题上,直接同葡人进行了针锋相对的较量。

当时双方在澳门界务交涉中,关于海权的争端尤多。因为广东省政府想要控制澳门附近海面,行使海上警察权,有力地打击海上走私势力;而葡萄牙则想通过疏浚海道,建立澳门港口,与香港竞争。1918年1月,广东交涉员罗诚再次请求北京政府同葡人交涉澳门界务。他的报告称:葡人军舰在澳门附近拦阻中国兵舰,勒填报单,又侵入拱北岛之湾仔,向中国兵舰索取牌费,驱逐渔船,并用船载泥土填塞澳门附近海道。葡人一系列扩张行为激起中国朝野上下一致的谴责,纷纷要求对葡人强硬交涉。2~3月,外交部多次与葡使交涉,均被敷衍搪塞。7月21日,驻葡代办郭家骥沟通葡萄牙报纸,反对澳葡当局浚海,同时建议外交部发动国内报纸表态反对。在国内一片反对葡人浚海的谴责声中,南方军政府外交部于1919年10月4日,令广东交涉员派员带领测绘人员前往青洲,调查葡人浚海筑堤情况,并照会葡

---

① 《外交部发广东督军陆荣廷、省长朱庆澜电》《外交部秘书王景岐会晤葡符使问答》《外交部收葡符使函》《外交部收广东督军陆荣廷、省长朱庆澜咨》《外交部发广东督军陆荣廷、省长朱庆澜电》,黄福庆主编《澳门专档》(四),台北:中研院近代史研究所,1996,第278、279、280、284页。

② 《外交部次长高而谦收广东省长朱庆澜电》,黄福庆主编《澳门专档》(四),台北:中研院近代史研究所,1996,第296页。

③ 《外交部次长高而谦发广东省长朱庆澜函》,黄福庆主编《澳门专档》(四),台北:中研院近代史研究所,1996,第297页。

澳门界务交涉的余波

萄牙领事勒令澳葡当局停止工程，又令广东省政府派兵舰和军队前往驻防。① 但葡萄牙领事10月15日的答复十分强硬，宣称："澳门政府因知该事确实有权有理，毫无违背和约，所以不惧有何交涉。"②

10月18日，军政府陆军测量局的测绘员和前山洋务委员抵达澳门，实地调查葡人浚海扩界情况，并绘制了工程进展图。鉴于葡萄牙政府和澳葡当局态度强硬，坚持动工，显然并无和平勘界诚意，1920年1月13日，广东督军莫荣新下令广东陆军第一师旅长卢焱山和林子峰同去前山处理澳门界务。卢、林二人出发的同时，军政府又加派军队和兵舰前往前山。该处军事实力的增加，果然引起葡人的惊慌。1月23日，葡使代办拜会北京外交部，请求电令南方暂行停止军队的行动。外交部秘书刘锡昌回答说，据他个人看来，南北尚未统一，即使电令停止恐未必能听。

1920年1月24日和26日，卢焱山两次访问澳门。由于广东省政府已经展示了实力，澳督态度明显软化，当场表示立即停止浚海工程，但又坚持中国兵舰虽可在澳门附近海面自由航行，然而停泊则应遵守澳门规则，必须填单签字。1月28日，中国"雷龙"号军舰有事来前山，停泊银坑岸边。忽有几艘葡巡船包围该舰，强迫该舰副舰长填单签字，声称：如果不签字就驱逐出境。中国兵舰在本国领土上向葡人签字，实属奇耻大辱。军政府立即处理屈服签字的那位副舰长，并向葡人提出交涉。而这时英国公使又拜访北京外交总长，声称英葡两国有同盟关系，军政府派兵1500人及军舰两三艘前往澳门，葡萄牙政府因此向英国求援，英国海军部拟派一艘军舰前往监视。倘该处发生冲突，实属不幸。请求外交部劝告广东当局不要采取强硬措施。英国这一举动，十分露骨地对中国政府进行外交讹诈，但这种威胁恫吓并未能使中国屈服。外交总长陆征祥冷静回答道：由于南北分裂，北京政府对广东当局的派兵一无所知，他们也不会听从中央政府的命令。由中央出面劝告，不但无用，反而更加不妙。③ 就在同一天，军政府海军部又派出"永

---

① 《军政府外交部致政务会议咨》，黄福庆主编《澳门专档》（四），台北：中研院近代史研究所，1996，第325页。
② 《军政府外交部收广东特派交涉员梁澜勋呈》，黄福庆主编《澳门专档》（四），台北：中研院近代史研究所，1996，第328页。
③ 《外交部长陆征祥会晤英使问答》，黄福庆主编《澳门专档》（四），台北：中研院近代史研究所，1996，第358~359页。

201

镜海微澜：黄鸿钊澳门史研究选集

丰"号军舰开往九洲洋一带协同监视葡人行动。总计当时前山驻军情况大致如表 1 所示：

表 1　前山驻军情况

驻区地点	驻军数量	驻区地点	驻军数量
前山厅衙门	步兵两连	吉大乡	步兵一连
二厂	步炮兵各一连	香洲埠	步兵一连
三厂	营部及步兵一连	北山村	步兵一连
白石角	步兵一排	湾仔	营部及步兵一连
四厂	步兵一排	银坑	步兵一连
五厂	步兵一排	大小横琴	营部及步兵二连

资料来源：《收广东陆军第一旅司令部函》，黄福庆主编《澳门专档》（四），台北：中研院近代史研究所，1996，第 362 页。

以上前山驻军之分布，共计有一个团（加上一个炮兵营）的兵力。两年前卢焱山任团长时曾驻扎前山，现在兵力并没有增加。此表是用来与葡人交涉时说明的资料。尽管中国方面声明并没有增加前山兵力，但事实上至少已补满缺额，这使澳门葡人感受到巨大的军事压力。

二　军政府与葡萄牙的谈判

1920 年 1 月 26 日，由葡萄牙驻广州总领事司路华出面，宣布澳门总督决定暂停青洲工程，提议军政府举行划界会议，解决澳门界务问题。①

27 日，中葡双方代表聚集军政府外交部，讨论澳葡政府在青洲浚海的问题。参加谈判的葡方代表有：葡萄牙驻广州总领事司路华、澳葡政府参谋长金美斯、澳门华民政务司长佐治等，英国副领事也参与葡方一边；中方代表有：军政府外交次长伍朝枢、外交部政务司长李锦纶、外交部交涉员林子峰等。双方于下午两点半开会，讨论了整整 4 个小时之久。30 日，双方又继续谈判。会上，中方首席代表伍朝枢提出 3 点协议草案要求：（1）在澳门未划界之前，不得在有争议地区进行工程建设；（2）中国军舰在澳门附

---

① 《译葡总领事致伍厅长公函》，黄福庆主编《澳门专档》（四），台北：中研院近代史研究所，1996，第 363 页。

近海面航行，澳葡当局不得要求其签押文书；（3）中国当局将发表声明，宣布近日增兵前山是和平性质。而葡方代表则提出反提案，共有4点要求：（1）在4个月之内，中葡派员举行澳门划界会议；（2）如果双方谈判3个月内不能解决界务问题，则将此案交付国际仲裁；（3）中葡谈判期间澳门停止在青洲海面之工程；（4）以前之工程不作为葡萄牙享有主权的证据。在谈判中，伍朝枢表示葡方提案第一款可以照办，但对第二、三、四款予以否决。最后双方未能消除分歧，无法达成协议。

广州谈判后不久，葡使馆代办会晤北京政府外交部官员，表示军政府代表伍朝枢所提条款"断难允行"，希望将谈判转到北京举行。但外交次长刘锡昌明确指出，澳门界务必须双方派员实地查勘，断非在北京谈判所能界定。总之，南北未统一以前，若派员会商定界，徒费时日，无济于事。如果葡人单独同广东地方政府界定，也属无效。这样，北京政府坚持在南北统一以前，暂缓举行澳门划界谈判，维持现状不变。

三　国际裁决澳门界务的图谋

1921年9月16日，中国鱼雷艇在澳门附近海面行驶，遭到葡舰的无理侵犯，中方开枪自卫，击毙葡兵1人，伤3人。事后，中国军舰坚持认为停泊地方是本国领土，没有离去。与此同时，广东当局还增派另一艘鱼雷艇前往停泊。中国军舰在自己领土上的活动，葡人认为难以忍受。于是，9月24日，葡使照会北京政府外交部，指责中国鱼雷艇不听指令，任意停泊；声称葡萄牙保留对此事件要求赔偿的权利。[①] 接着，葡使符礼德又南下广东，并在英国驻广州总领事杰克的陪同下，于1921年11月24日，直接同广东省长陈炯明进行交涉。葡使要求中葡双方派员共同调查9月16日事件，并要有第三国代表参加调查；同时要求立即谈判解决水界问题，符礼德声称，这是至关重要的问题。他甚至认为，9月16日的事件只不过是一件小事，可以撇开不谈。"本公使此次来粤，其主要任务，乃欲解决水界问题，以免将来再启争执"，希望此事尽快加以解决。但陈炯明在交涉中态度也同样强

---

① 《外交部收葡使馆节略》，黄福庆主编《澳门专档》（四），台北：中研院近代史研究所，1996，第449页。

203

硬。他严正指出，葡人占据澳门以后，澳葡当局屡启争端。当初葡人借澳门不过一隅之地，较之今日，大小悬殊，可见葡人侵略成性。关于9月16日事件，葡领事开始同意共同派员调查，其后又不肯派人。故此广东当局单独完成了调查，如今没有再次派员调查之必要。同时，事件发生后，省长已经照会提出解决办法，但葡人置若罔闻，缺乏诚意，如今却坚持必须先答复照会，再考虑共同派员调查，并开始谈判水界。①

1922年3月17日，葡使符礼德再次拜访陈炯明，提出广东省如果将水界问题搁置起来，他准备提出由第三国仲裁解决，并请美国驻菲律宾总督为仲裁人。陈炯明当即针锋相对地指出，广东省政府之所以将此事搁置起来，主要是澳督缺乏谈判诚意，坚持侵略所致。近日，澳督公然对银坑升中国国旗提出抗议。银坑、湾仔历来是中国领土，试问澳督有何权力提出抗议？现在澳督必须停止抗议，否则绝对不同澳葡当局讨论划定水界问题。② 由于当时广东方面态度坚定，反击有力，葡人迫使广东方面在划定水界上让步的企图未能得逞。

1921年11月至1922年2月间，正当中葡澳门界务交涉再次陷入僵局之时，美国主持召开了由美国、英国、法国、意大利、中国、日本、荷兰、比利时以及葡萄牙等9国参加的华盛顿会议。这是第一次世界大战后，西方列强重新划分远东和太平洋地区势力范围的一次聚会。葡萄牙因为在远东占据澳门、帝汶等地，也被邀出席会议。于是葡人便在会上积极活动，企图把中葡双方争议不下的澳门划界问题提交会议，请求"公断"，亦即由第三国出面，对澳门划界问题进行裁决。

"国际公断"是葡人界务谈判中的最后一个法宝。葡人见使用威胁恫吓手段，或者甜言蜜语，好话说尽，都不能迫使中方在界务问题上让步，便使出他们的绝招——所谓的国际公断。1909年香港谈判失败后，葡人就曾提出将澳门划界问题提交海牙国际法庭公断。葡萄牙虽然是一个在国际上无足轻重的小国，但它一向得到英国在外交上的保护与支持。英国自从1703年与葡萄牙签订《梅都恩条约》以来，一直是葡萄牙可靠的盟国。葡人认为

---

① 《粤省长陈炯明会晤葡使菲力特（符礼德）问答》，黄福庆主编《澳门专档》（四），台北：中研院近代史研究所，1996，第442~448页。

② 《陈炯明会晤葡符使问答》，黄福庆主编《澳门专档》（四），台北：中研院近代史研究所，1996，第455~463页。

澳门界务交涉的余波

只要把澳门问题国际化，英国必定会坚定站在他们一边，并会在国际上产生巨大影响，因此公断对葡萄牙绝对有利。葡方此举实际上是希望利用西方列强施加压力，迫使中国屈服。这一次，葡人又利用召开华盛顿会议的机会，积极准备在会上提出澳门问题，请求"公断"。为此，葡萄牙特别选派澳门官员参加代表团出席华盛顿会议，并且征得美国政府同意，由美国驻菲律宾总督主持公断。

但中国政府对葡萄牙政府单方面提出公断的举动，表示坚决反对。中国政府认为，澳门划界问题，"新占旧占，情形复杂，非他国所能深悉，断难付之公断"。① 由于中国代表的反对，葡人玩弄国际公断的把戏没有成功。澳门界务问题就这样被搁置起来了。

在中葡紧张进行交涉之时，美国人也企图乘机插手捞一把。1922年10月18日，葡萄牙驻华公使符礼德拜会中国外交总长顾维钧，提议在北京同广东代表会晤，讨论延长粤澳休战条款。当时担任民国总统顾问的美国人福开森对这次交涉提出了一些建议：

（1）交涉应由北京政府负责，只允许广东派一名外交特派员协助办理，这样可以收回该省的外交权。

（2）双方争议的5个问题为：葡官将商会驱出澳门问题；除1887年条约中国承认之地方外，其余地方由葡萄牙退还；内海口之管理权；禁止赌博；以及有色人种军队驻扎问题等。这些问题均可通过磋商解决，实在解决不了，可请菲律宾总督伍德将军"公断"。

（3）交涉双方以中国较为强大，可以强迫葡萄牙接受条件。但这个问题的解决，应以公理为先，而不以武力为主。②

很明显，福开森建议的侧重点是把澳门问题交给美国"公断"，这也正是葡人在交涉中曾经多次提出的解决方案。由此可见，葡人与美国人相互配合，共同劝诱中国赞同"公断"。所不同的是，福开森以总统顾问的身份提出公断，更具有欺骗性。但是中国政府没有采纳这个建议，美国人插手澳门问题的企图落空了。

---

① 《外交部发太平洋会议代表顾维钧、施肇基、王宠惠电》，黄福庆主编《澳门专档》（四），台北：中研院近代史研究所，1996，第452页。
② 《外交部收国务院函》，黄福庆主编《澳门专档》（四），台北：中研院近代史研究所，1996，第469页。

事实上，葡人与美国人相互勾结，致力于合谋促成澳门问题"公断"，葡人还企图将澳门转让给美国。据说，双方已经谈妥价格为 1000 万美元，只不过 1887 年的中葡条约有明确规定，非经中国同意，不得将澳门转让给第三国。因此，葡萄牙与美国这桩秘密交易没能成功。当时美国富豪福灵德曾为此电告康有为，建议他劝告中国政府收赎澳门，没有钱，美国可以贷款。美国华侨伍庄为此向北京政府提交《收赎澳门建议书》，其中说："去年葡政府因财政窘难，拟将澳门出售与美国，取价美银一千万。将成议矣。但据中葡条约，葡萄牙不能擅将澳门割售与别国。葡政府欲售澳门，唯有请中国政府或国人备价收赎之。美人因此颇踌躇，案遂搁置。此事吾人在美，知之最悉。其后美富人福灵德以此事电告康南海先生，劝中国自收赎。然今政府奇穷，国民更不容易有此大举。一千万美银之巨价从何出。此至难之事也。今忽然天予之机。前外部金事徐良前月自美回谓，美人愿借中国美银一千万收赎澳门。

其所要条件：

（1）借款千万分十五年偿还，每年还一百万；

（2）借款未还清以前，澳门应由中美合管，俟借款还清之后，完全由中国自管；

（3）中国特派之澳门长官，应取得美国的同意。

照此条件，在中国可谓毫无损失，十五年之中所负担者，不过五百万借款之利，然此在澳门收入中可以负担之而有余，若不收赎，则此收入仍归葡人所得，中国分毫无有也。故在中国政府，可谓十五年后不费一文而完全收回澳门，十五年中亦不费一文而收回澳门之半主权，利益国家至大无量。故曰：天予之机也。"[1]

1923 年 2 月 22 日，北京政府国务会议讨论决定，将伍庄的建议书交外交部核办。但此后就没有了下文。

四　澳门界务交涉小结

通过考察 19 世纪后期至 20 世纪 20 年代期间香山与澳门的界务交涉，

---

[1]《伍庄收赎澳门建议书》，黄福庆主编《澳门专档》（四），台北：中研院近代史研究所，1996，第 514 页。

大致可以得出以下几点结论：

（1）围绕香山与澳门界务的争端，是中国人民反抗葡萄牙侵略扩张的斗争。事件是在葡萄牙人破坏澳门主权，并不断向周边扩大侵地的情况下发生的。澳葡当局从签订1887年条约开始，就瞄准大小横琴岛、湾仔与对面山等大片地区，如果扩张企图得逞，澳门面积将扩大几十倍之多。但是，由于香山县人民坚持斗争，中国政府在交涉中没有让步，葡人的侵略阴谋未能实现。

（2）中葡澳门界务交涉从20世纪30年代以后一直没有进行，因此澳门地界从来没有正式划定，而是维持原状。不过划界期间，澳葡当局强行侵占了氹仔和路环二岛，中国政府也没有交涉收回。

（3）澳门本来是由半岛和十字门两部分组成的，如果能够五岛合并成一大商埠，其发展趋势将与香港媲美。19世纪和20世纪之交，澳门未能像香港获得新界那样扩大地界，以改变其弹丸之地的现状，确实也大大限制了澳门城市以后的发展。但澳门回归以后，可以通过同珠海市实行区域合作，走上共同发展与繁荣的道路。

澳葡当局暴政下的悲剧[*]

发生于1922年5月29日的澳门惨案,至今已经过去90多年了。此时,我们回顾历史,审视事件的过程并总结教训,对比两个时代、两种政权的根本区别,具有一定的意义。

一　澳门殖民政权与人民的对立

葡萄牙人于1553年至1557年间,进入澳门居留贸易。当时他们须向地方政府缴纳地租,向海关缴纳商税,接受中国政府的管辖。几百年来,葡人为了获得在澳门长期居留的权利,一直都服从中国官员的管治,表现得恭顺守法。

但在1840年鸦片战争后,英、法、美等西方列强迫使清政府签订不平等条约,英国强占了香港岛。从此中外关系形势逆转,中国变成半殖民地国家,饱受列强欺压凌辱。澳门葡人审度形势,立即撕去"恭顺"的假面具,企图改变其在澳门的地位,从居留者变成殖民统治者。1849年3月5日,新任澳门总督亚马勒颁布公告,宣称:"不能容许一个外国海关在澳门办公。"接着又于同月11日,率领葡兵袭击澳门海关,砍倒海关大楼飘扬着中国龙旗的旗杆,驱赶海关官员,宣布澳门为不受中国管辖的自由港;进而在澳门围墙之外强拆民房,开辟马路,挖掘坟墓,勒收捐税。这些暴行使澳

---

[*] 原文题为《殖民暴政下的悲剧——澳门惨案八十年祭》,载于《澳门日报》2002年5月19日;后收录于黄鸿钊著《澳门同知与近代澳门》,广州:广东人民出版社,2006年。本文曾做修订。

澳葡当局暴政下的悲剧

门人民无比愤怒，澳门义民沈志亮等人起来抗争，杀死了这个罪大恶极的总督。然而亚马勒虽死，中国政府对澳门的管辖权却未能恢复。葡人确立了非法的殖民管治权，此后葡萄牙政府甚至把澳门划为葡萄牙的一个海外省。这个澳葡政权同广大澳门人民的利益是根本对立的。在葡萄牙的殖民统治体制下，总督及其掌管的澳葡政府的主要职能之一，就是压迫和统治占澳门居民95%以上的华人。它用苛政酷律对华人在政治上残酷迫害，用苛捐杂税在经济上掠夺剥削。华人只能低眉下首，任由宰割，稍有不满和反抗表示，就会被捉拿审讯，酷刑相加，澳葡政府甚至在光天化日之下，公然使用机关枪扫射杀害群众。

90多年前的澳门惨案，就是在这种背景下发生的。

二 澳葡当局滥施淫威，用机枪射杀华人

20世纪初，辛亥革命以后，中国人民反对葡人侵略的呼声愈来愈高，国内革命形势的高涨和省港工人运动的发展，对澳门产生了巨大的影响。这一切直接导致了"五二九"事件的发生。

"五二九"是澳门人民一次自发的反澳葡当局的抗议示威，同时也是一次流血大惨案。1922年5月28日下午，一名中国妇女路经果栏街时，被澳葡黑人士兵追逐调戏、非礼，激起民愤，黑人士兵被痛打一顿。澳葡警察闻讯赶来，不分青红皂白，拘捕理发师周镜等三名工人，将他们关押在警察局里。消息传出，群情激愤，当即有数百名华人涌向警察局，要求放人。警察不予理会，事态愈趋严重。夜晚10时左右，前往总局汇报的警局官员被群众拦阻殴打，一队前来增援的葡兵也被愤怒的群众阻截，并被用砖瓦、花盆等掷打。警察开枪射击，造成华人一死数伤。愤怒的群众蜂拥而来，半小时内，已有2000多人包围警察局。群众呼喊口号，要求澳葡当局释放被捕华人。工会派出代表与澳葡当局交涉放人，亦遭到当局拒绝。于是澳门各个行业工会公开出面号召群众，同仇敌忾，进行斗争。至29日上午，聚集到警察局的群众已达万人，在工会组织下，他们分守各处路口，沿街动员商店停业，工人罢工。澳门工人和市民声势浩大的斗争，使澳葡当局十分惊恐不安，他们继续派兵增援，控制局势，镇压群众。葡兵与群众发生冲突，葡兵开枪扫射人群，当场打死70多人，受伤者100多人，尸横街头，血流遍地，

209

镜海微澜：黄鸿钊澳门史研究选集

惨不忍睹。葡人为毁灭罪证、掩盖其血腥罪行，偷偷把死难群众运走，抛入大海之中。①澳葡政府继续用高压手段对待澳门人民。5月29日，总督发言人公开宣称，澳门人民的抗议行动"不仅侵害国家主权及官厅威信，而且妨碍本澳人民治安"，因而"迫不得已，乃用非常手段处置之"。葡萄牙殖民者肆意颠倒黑白、混淆是非，明明是其非法侵占中国领土，残忍屠杀中国人，却反而污蔑中国人侵害其"国家主权"，真是厚颜无耻之极！当局宣布全澳戒严，由上校军官山度士负责执行；宣布中止宪法赋予人民的一切权利，从晚上7时至早上7时禁止澳人及车辆在街上行走；士兵可以任意开枪、捕人和强迫店铺供应货物。同时，又宣布澳门68个工会组织为非法团体，予以取缔；企图强迫商人开市贸易；等等。②殖民者的这一切举措，更使澳门顿时笼罩在一片恐怖气氛之中。

三 澳门人民奋起抗争，澳葡当局拒不认错

"五二九"喋血充分暴露了澳葡殖民统治者的凶恶面目；同时也以血的洗礼，为澳门人民书写了反对殖民主义壮丽的篇章。澳葡当局的血腥罪行激起了中国人民的极大愤怒，从而引发澳门、广州乃至席卷全国的抗议运动。

惨案发生后，澳门人民没有向殖民者的暴行屈服。5月30日，澳门商人罢市，工人罢工，学生罢课。数万华人相继离去，使得澳门顿时变成一座死城，交通瘫痪，食品断绝。澳门联合总工会在事件当晚，举行紧急会议，决定派代表向澳门当局交涉，要求严办凶手，抚恤死伤者家属；同时电请广州的南方军政府与葡方交涉。

6月2日，澳门工会代表陈根生、梁工侠抵达广州，谒见大总统孙中山，请求派遣军舰前往澳门声援。孙中山答应立即派人往出事地点调查，并积极同葡人交涉。当时广东省政府增派一营军队加强前山防务；还派出两艘鱼雷艇停泊前山河，与岸上陆军相呼应；还派出两艘巡逻船在湾仔、银坑和马骝洲一带海面来回巡弋。这一切，大大加强了抗议澳葡当局暴行的声势。

---

① 《澳门葡兵枪击华侨大风潮》，《申报》1922年6月5日；《呈报葡兵枪毙华工交涉经过情形由》，黄福庆主编《澳门专档》（四），台北：中研院近代史研究所，1996，第472页。
② 《澳门宪报》1922年5月29日、5月30日。

澳葡当局暴政下的悲剧

广东人民对澳葡当局血腥罪行反应最为强烈。惨案发生的第三天，广东国民外交后援会等大团体紧急集会，声讨葡人罪行。做出八项决议：

1、请愿要求政府速行收回澳门，即派北洋军舰前往澳门保护侨民；
2、由人民方面采取自动态度与澳葡断绝关系；
3、不在澳门做工，不在葡人店中服务；
4、抵制葡货，如有助葡为虐者，一并抵制之；
5、知照前山镇民团义勇队积极设防；
6、通电全国声讨葡萄牙人的残虐行为，务达收回领土之目的；
7、所有各乡镇运往澳门之蔬菜食物米粮，一律停止；
8、银坑水库即行停止向澳门供水。①

6月2日下午2时，在广州中央公园举行有两万余人参加的国民大会，参会者愤怒声讨澳葡政府的血腥罪行。会后，部分代表前往广州向军政府请愿。② 广东各界人士还积极开展募捐筹款，安置救济澳门难民。

军政府根据人民的强烈要求，向葡萄牙驻广州领事提交抗议："澳门葡兵不顾公理，蔑视华人生命，擅将华工枪杀，此案之发生及善后，应由葡方完全负责。若不尊重本政府意思，蔑视群众义愤，本政府则取决对外自卫手段。"③

然而，澳葡当局无视中国人民的抗议，在其6月3日答复军政府的公函中，公然强词夺理、肆意诬蔑澳门华工为犯上作乱的乱党，声称事件的起因并非澳门黑人士兵污辱华人妇女，当时黑人士兵只是站着同一名妓女谈话而已；事件是由少数乱民预谋策划的。同时声称这一事件纯属澳门内政，而且认为"此次之事，各军士实未常（尝）有惨杀之举，亦未有违背人道之举"。这真是弥天大谎。

澳门惨案在海内外华人中引起强烈反应。全国各界联合会致电军政府并

---
① 《交涉中之澳案》，《民国日报》1922年6月6日、12日。
② 《澳葡兵枪杀华工案之大交涉》，《申报》1922年6月8日。
③ 《澳葡兵枪杀华工案之大交涉》，《申报》1922年6月8日。

211

镜海微澜：黄鸿钊澳门史研究选集

向全国发出呼吁：(1) 收回澳门；(2) 要求澳葡当局向中国道歉；(3) 抚恤死伤华人；(4) 严办肇事凶手。① 上海作为全国最大都市，中国劳工同盟会、世界道德会、中华全国工界协进会、旅沪香山同乡会、华侨联合会、华侨学生会等团体纷纷举行集会，要求政府同澳葡当局进行严正交涉。6月3日，上海各工团执行委员会致电军政府，列出交涉之八点要求，请其务必交涉至满意为止。② 各个团体还召开国民外交大会，发表宣言谴责澳葡黑人凌辱华人妇女，要求废除中葡条约，并与葡人永远断绝通商关系。③ 围绕澳门惨案所掀起的抗议怒潮，是对葡人殖民统治的巨大冲击，就连澳葡军官也不得不承认："这毫无疑问是近期经历的最严重的危机。"④ 最后，澳葡当局为了恢复生产，稳定局面，不得不同工人对话，并被迫做出一些让步，如同意发放抚恤费，由澳门仁慈堂拨款；同意恢复事件发生前已正式注册的工会；等等。这当然与人民的要求相去甚远，民愤实在难以平息。但当时，政权掌握在殖民者手里，人民处于无权地位，又能奈之何！

如今澳门历史已经发生了翻天覆地的变化，殖民政权连同它的暴政已被彻底终结，殖民者也不可能骑在澳门华人头上作威作福，悲惨的喋血事件再也不会发生了。回归以后，澳门实行"一国两制"、澳人治澳，人民成了这片土地的主人，并以主人翁的态度，通过选举产生了特区行政长官。特区政府的官员同殖民时代的独裁总督和军阀官僚有天壤之别，他们是人民的公仆，他们怀有奉献精神，全心全意为澳门人民服务，倾听人民的呼声，接受人民的监督，恪尽职守。追昔抚今，我们看到了澳门的两个时代、两种政权的变化和演进。

---

① 《全国各界联合会重要会议》，《民国日报》1922年6月11日。
② 这八点要求是：(1) 政府应严正交涉；(2) 调查实在肇祸原因、死伤人数；(3) 严办肇祸凶手；(4) 赔偿损失；(5) 向世界各国声明葡萄牙无理；(6) 赞成广东公民大会提议，收回澳门自治；(7) 请政府派军舰震慑；(8) 请全国当道一致服从民意，为国争人格。见《广州百年大事记》，广州：广东人民出版社，1984，第255页。
③ 《今日开会之国民外交大会》，《民国日报》1922年6月25日。
④ 吴志良：《生存之道——论澳门政治制度与政治发展》，澳门：澳门成人教育学会，1998，第235页。

抗日烽火中的濠江儿女[*]

1931年,日本发动"九一八事变"侵占东北,激起全国人民反抗日本帝国主义侵略的爱国浪潮;1935年12月爆发了著名的"一二·九爱国学生运动",从此抗日救亡运动席卷全国。在全国抗日怒潮的推动下,澳门爱国青年也纷纷投身抗日救亡运动。1937年7月7日发生卢沟桥事变,抗日战争全面爆发,抗日救亡运动进入了一个新阶段。澳门许多分散的小社团逐步组成统一的爱国力量。可是葡萄牙标榜"中立",不许澳门爱国社团公开使用"抗日""抗敌""救国"一类字眼。因此,澳门爱国者只好用"救灾"作为"抗日救亡"的代名词,以利开展工作。工商界组建"澳门各界救灾会";国民党澳门支部组建"澳门各界抗敌后援会"(由于该会在澳门对面的湾仔建立,不在澳葡当局管辖范围之内,故照旧使用了"抗敌"字眼);澳门《朝阳日报》《大众报》联合发起组建了"澳门学术界音乐界体育界戏剧界救灾会"(简称"四界救灾会")。其中,四界救灾会基本上汇集了澳门当年各方面的爱国青年力量,是团结澳门各阶层的抗日救国团体。朝阳日报社社长陈少伟被推举出任四界救灾会理事会主席。理事会下设5个部和23个股,各部股的主任集中了20世纪30年代澳门各界的精英,如粤剧名家陈卓莹、任剑辉,著名巨商崔诺枝及其长女崔瑞琛,大众报社社长陈天心等,堪称一时俊彦。救灾会还聘请了28名知名人士为顾问,其中有:著名医生、共产党人柯麟,澳葡政府华籍官员徐佩之、何仲恭,葡籍官员施基喇,中山县县长杨子毅,国民党澳门支部负责人梁彦明,商会主席徐伟卿等。

---

[*] 原文曾部分发表于《文化杂志》2010年冬季号,总77期,第197~207页。

镜海微澜：黄鸿钊澳门史研究选集

四界救灾会成立后，立即以巨大的爱国热情，投入到抗日救亡运动中去。从1937年8月至1938年10月，这段时间主要从事抗日筹募、宣传、动员和慰劳工作。四界救灾会采取多种形式开展筹募活动，包括售旗、售花、售纪念章、义卖、义唱、义舞、酒店义租、擦鞋童义擦、人力车夫义拉、街头和沿门劝捐、献金运动、捐输运动、学生中的"一仙"救国运动、游艺会、水艺会、女伶演唱、粤剧义演、话剧义演、各类球赛及埠际体育比赛等等。筹募活动不断深入发展，遍及澳门各个阶层，其动员群众之广泛，影响之深远，在澳门可说是史无前例的。1937年9月至11月间，四界救灾会亲自组织了5期筹款活动，一共筹集款项5000元，交由澳门广东银行转汇内地政府，作抗战赈灾之用。

1938年7月初，四界救灾会发动"七七纪念捐输运动"，并通函各界于当日举行素食活动一天，以悼念前方阵亡将士和死难同胞。这个倡议得到了澳门各界人士的热烈响应。7月7日这天，澳门饮食行业举行素食筹募，酒家茶楼不售卖荤腥食品，只供应素菜、罗汉斋、素包，包上并印有"毋忘七七"4个字。当年8月纪念"八一三"一周年期间，四界救灾会响应汉口发起的"献金运动"，组织5个队沿门派送"献金封筒"，挨家逐户去串门，深入宣传发动，取得良好成绩。献金运动结束后，四界救灾会又发动了一次义卖运动，先后响应加入义卖的商铺达100多家。为期40天的义卖，共筹款国币9万余元，是其历次筹款运动中时间最长、成绩最好的一次。

四界救灾会在开展筹募工作的同时，还积极进行抗日救国宣传和慰劳抗日将士的工作。

1937年8~9月，该会派出宣传队，到中山五区前山、白石、香洲、吉大宣传抗日，队员们张贴标语、壁报、漫画，演出街头剧、歌舞等节目，深受当地居民和驻军欢迎。与此同时，澳门《朝阳日报》《新声日报》《大众报》还不定期出版抗日救亡特刊，宣传抗日形势。1938年5月6日，盘踞横琴岛的日军派出100余人，分乘3艘橡皮艇攻打中山洪湾，被我守军击退。四界救灾会立即组织慰劳团，前往洪湾向驻军热情赠送慰劳品和锦旗，表示敬意。同年8月，四界救灾会又响应武汉发起的征集慰劳信运动，发动澳门各界人士踊跃写信慰问前线将士。一时间，上自70多岁高龄的老太太，下至年仅9岁的小学生，都纷纷拿起笔来，向英勇杀敌的抗日将士致敬，很

抗日烽火中的濠江儿女

快就收集到慰问信1000多封。

1938年底，抗战形势日益恶劣。10月间，广州沦陷；12月底，卖国贼汪精卫在香港发通电向日寇求和。在此国难深重时刻，四界救灾会表现了鲜明的爱国立场，于次年1月9日，向重庆国民政府发出快邮代电，声讨汪精卫，拥护政府开除汪精卫党籍和行政职务，坚持抗战到底。代电说："愿我将士同胞，本此意志，一心一德，誓死拥护，为政府之后盾，使抗日民族统一战线，各党派之合作，益臻巩固，务令暴敌汉奸，无所施其毒辣伎俩，则最后胜利，必属我矣。"① 与此同时，于1938年10月21日，正式成立"澳门四界救灾会回国服务团"。服务团在半年之内，先后派出11个队共160名男女青年分赴广东的西江、东江、北江和珠江三角洲等地，接受中共广东党组织的领导，积极参加抗日救国的艰苦工作。其中，第一队14人和第二队15人在团长廖锦涛率领下，于1938年11~12月分别在西江高明县、开平县和鹤山县开展抗日救亡工作，后来被派到第十二集团军担任军队政治工作。其后，第三队15人奔赴东江游击区东莞、宝安一带工作；第四、五队21人到顺德县沦陷区，与游击队一起在龙眼乡和西海一带活动；第六、七队29人几经周折，到达北江的翁源，加入第十二集团军的政治工作；第八、九、十、十一队共66人，到北江始兴县东湖坪，参加第十二集团军的政治工作。服务团的成员全是热血青年，又有一定文化水平，这是他们的特点和优点。因此服务团成员在军队和群众中充分发挥了他们的长处，大力开展宣传鼓动工作，取得了优异成绩。正如服务团团长廖锦涛1940年春总结时所说："在宣传工作方面，我们采取歌咏、戏剧、漫画、民众夜校、民众讲座、儿童短期教育班、妇女识字班、青年训练班、家庭访问、田间访问、民众晚会、说书、唱木鱼、音乐表演、街头戏剧、化妆游行、纪念会、联欢会、军民联欢会等工作形式去宣传，用民众喜爱的形式与内容。三十个月来工作中，我们提高民众的抗战情绪，使他们明瞭抗战与他们生活的关系，把高明、鹤山、新会、开平、东莞、宝安的民众和沦陷了的中山、顺德的民众都激动起来了，做了动员民众的基础。"②

---

① 《濠江风云儿女》，澳门：星光书店，1990，第21页。
② 《濠江风云儿女》，澳门：星光书店，1990，第25页。

服务团的工作并不局限于抗日政治宣传活动,而是参加了全面的抗日斗争。他们在各个战地组织担架,救护伤员,慰劳抗日军队;发动民众,毁坏前线各县所有铁路、公路、桥梁,使日军的机械化部队和骑兵在进攻中遭遇许多困难;建立军民合作站,举办保甲长培训班,组织战时向导队、运输队、担架队、破路队;以及设军队过境接待站,利用墟日举办宣传抗日大会。许多服务队队员还直接上火线参加战斗。1938年12月,日军在高明三洲海口村登陆,服务团第一队带领民众到海口协助自卫团进行反击,取得了胜利。

1939年8月,日军进占深圳。服务团第三队在东莞、宝安一带与游击队共同对日军作战。10月3日,日军3000余人进攻观澜。我军在观澜天堂围进行阻击。为了截断日军从南头增援的计划,需要炸毁观澜附近大沙河处一座10余丈长的大木桥。队员梁捷挺身而出,勇敢承担了这项艰巨任务。他率领4名政工队员和8名扛火药的乡民,以及担任火力掩护的一连士兵,悄悄摸近大桥约30米附近,被守桥日军发现,双方猛烈交火。梁捷身先士卒,沉着指挥部队抵抗,击毙敌人数名,他本人也击毙2名日军,但不幸身中数弹,与另外2名队员同时英勇牺牲。

梁捷是中山县斗门干雾人,家境贫苦,在澳门当过工人和店员。抗战军兴,他报国心切,三次报名参加服务团,终获批准。梁捷告别母亲和妻儿,返回内地后,勤奋学习,积极工作,被提拔为组长,在观澜地区抗日,独当一面。他为国捐躯时,年仅29岁。第四游击区司令王若周呈报第四战区司令长官,请予优恤。10月5日,四界救灾会在中山湾仔举行梁捷烈士追悼大会,附近各乡抗先队和学校师生代表共1500余人参加,气氛肃穆悲壮。抗日战争中牺牲的服务团成员还有第八队队长黎景尹、第三队队长陈寿彭,以及队员陈曼、苏达民等人,他们都为争取这场伟大战争的胜利献出了宝贵的生命。

回国服务团的抗日救亡工作成绩卓著,受到当地人民和政府的普遍赞扬。1940年2月2日,第十二集团军总司令余汉谋亲自签发证书,表彰服务团"到部服务以来,努力尽责,殊堪嘉许"。[①]

[①] 《濠江风云儿女》,澳门:星光书店,1990,第32页后面的该证书影印件。

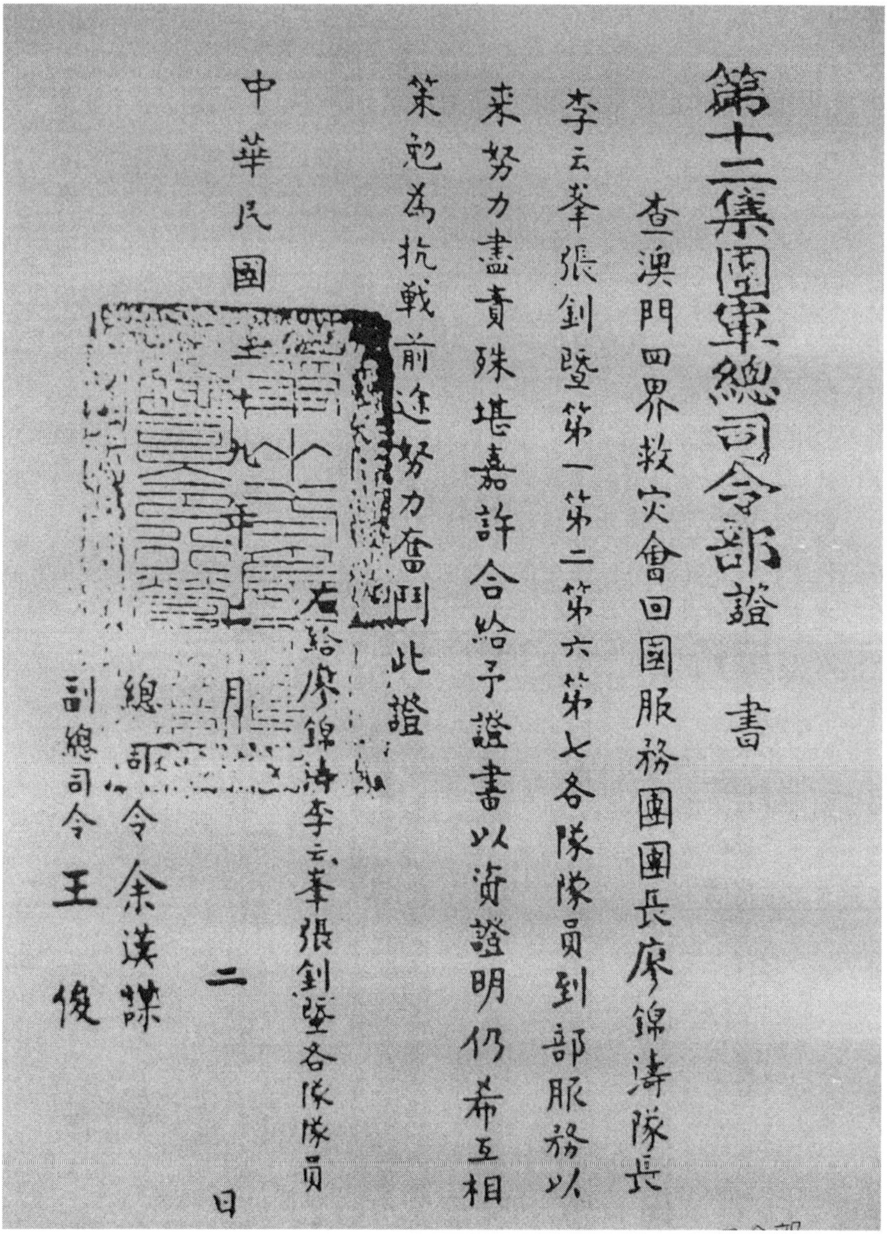
第十二集團軍總司令部證書
查澳門四界救災會回國服務團團長廖錦濤隊長李云峯張劍暨第一第二第六第七各隊隊員到部服務以來努力盡責殊堪嘉許合給予證書以資證明仍希互相策勉為抗戰前途努力奮鬥此證
右給廖錦濤李云峯張劍暨各隊隊員
總司令 余漢謀
副總司令 王俊
中華民國二十九年 月 二 日

表彰证书

1941 年 1 月，国民党顽固派发动“皖南事变”，残酷迫害抗日民主势力。此后这股政治逆流也席卷华南战区，第十二集团军内部出现了白色恐怖。6月13日，廖锦涛到157师471团，突然被集团军总司令部密令逮捕，次日解往曲江，囚禁在总司令部的宪兵连里，遭到秘密审讯，强加以所谓"企图颠覆政府"的莫须有罪名。廖锦涛受审时，大义凛然，慷慨陈词，驳斥了军法官的卑鄙诬蔑。一个星期后，廖锦涛被迫害致死，牺牲时只有27岁。

廖锦涛是广东南海人，曾在澳门岐关车路公司任职员，1937年加入中共，四界救灾会理事成立后，当选为理事，负责宣传工作，后担任回国服务团团长。他以满腔热忱投身抗日救亡工作，奔走于港澳和内地之间，筹募经费、药物和战地需用物品，乃至印刷机等物；组织和率领了一批批服务团成员回内地参加抗日斗争，为支持祖国抗战，鞠躬尽瘁，死而后已，不愧为中华民族的优秀儿女，澳门同胞的爱国志士。噩耗传出后，在第十二集团军内工作的服务团员极其愤慨，港澳爱国同胞也感到十分震惊和悲痛。10月间，四界救灾会致电第七战区司令长官余汉谋，就廖锦涛被害事件提出质询，指出廖锦涛率领服务团多批爱国青年回国参加抗战，为国家民族做出贡献，为何竟对这样的爱国青年加以逮捕和残害？第七战区当局理亏心虚，不敢作答。

1941年冬，在澳门的敌伪势力日益猖獗、政治局势日益恶劣的情况下，四界救灾会被迫停止活动。而在第十二集团军的服务团成员，也以求学、结婚、探亲、治病等名义陆续离去，转移到北江、西江、东江等地区，继续从事抗日救国活动。

抗日战争后的收回澳门问题[*]

　　澳葡当局于1849年发动澳门事件，破坏中国对澳门行使主权，其后又通过1887年中葡条约，迫使清政府承认其管治权。从那时起，中国人民就不断进行斗争，反抗葡人的殖民统治、争取收回澳门。但由于当时政府腐败无能，未能成功。国民政府定都南京后，中葡两国于1928年12月19日在南京签订了名为《中葡友好通商条约》的新约，该约确定中国关税自主、废除领事裁判权，以及在华外国人应受中国法律和法院的管治；但使葡萄牙暂时避开了交还澳门的问题，并继续进行扩张活动，将矛头对准湾仔和大小横琴岛等地。

　　1932年10月24日，中山县测量员陈峰等人前往小横琴薯莨岗下村测量沙田，遭到葡舰袭击，葡人拘留测量员陈峰等人，扣留测量仪器，将人带至氹仔炮台，后又转押至澳门警察所问话，迫令留下测量凭证及测量通知等件，然后放人。[①] 这一事件充分暴露了葡人企图占领横琴岛的野心，顿时使中葡关系紧张起来。国民政府外交部为此向葡使提出抗议，要求澳葡当局立即交还扣留物件，并保证以后不得再有此种举动。[②]

　　抗日战争爆发后，中国人民集中全部力量同日寇进行殊死战斗，澳门问题被暂时搁置起来。这期间，澳门葡人以"中立"者的身份，为日寇侵华

---

[*] 原文题为《有关抗日战争胜利后收回澳门的问题》，载于《澳门研究》2005年总第26期，第176~178页。

[①] 《中山县县长唐绍仪关于澳葡当局谋占中山县属横琴岛并扣留中国派往该岛测量人员呈》（1932年12月13日），《中国第二历史档案馆档案》（二），3170号，黄鸿钊编《中葡澳门交涉史料》（第二辑），澳门：澳门基金会，1998，第316页。

[②] 《行政院公函》（1933年1月20日），黄鸿钊编《中葡澳门交涉史料》（第二辑），澳门：澳门基金会，1998，第318页。

提供了方便。他们允许日舰停泊澳门港,日本飞机多数经由澳门入侵轰炸中山县,日本舰队补充给养也从澳门采办。与此同时,澳葡当局又极力反对中国在澳门附近设防抗日。当时中国军队为了防止日军自唐家湾、香洲埠或澳门附近登陆入侵,决定在关闸至唐家湾,以及澳门以北的北山、葫芦山等处构筑工事,此种工事虽然完全在中国领土之内进行,却遭到澳葡当局的反对。为此,国民党军第七战区司令长官余汉谋和吴铁城等人均曾向澳葡当局提出交涉。①

1939年因国民党驻澳机构开展抗日活动,召集各界开会,签名通电,声讨汪精卫,大触汉奸之忌,这些汉奸怂恿日本海军司令出面向澳葡当局抗议。澳葡当局为了讨好日寇,便于9月16日出动警察搜查国民党澳门支部,拘拿国民党广东侨务处长周雍能至澳门警务厅问话。厅长声称:国民党澳门支部纠集抗日分子进行抗日活动,危害澳门治安,日本驻华南海军司令已经提出抗议,海军武官亦来澳门要求严办;因此,要求国民党驻澳机构停止抗日活动。同时,澳葡华务局长又召集澳门商会主席、中华教育会主席训话,要求他们安分守己,不要参加抗日活动。② 事实表明,澳葡当局在所谓中立的外衣下,处处、事事维护日本人的利益,破坏中国人民的抗日正义斗争。

抗日战争胜利后,中国人民再次掀起了要求收回澳门的运动。当时,由于中国坚持抗战,做出了极大的牺牲,国际地位大大提高,成为战胜德日法西斯的四大强国之一。蒋介石雄心大发,希望趁接受香港日军投降的机会,一举收回香港。1945年8月25日,蒋介石在国防最高委员会与中央常务委员会联席会议上演讲,号召"完成民族主义",宣称"现在中国全国各租借地均应次第收复,九龙的租借条约,自非例外"。为了收回香港,蒋介石进行了必要的军事部署。他于8月18日命张发奎负责广州、海南岛、香港等地日军的受降事宜。张发奎当即命令十三军从广西苍梧地区南下,主力配置于广九铁路沿线,一部分推进香港,监视日军及受降。8月30日,张发奎又派孙立人为广州、香港岛、九龙受降官,令十三军协助新一军接收香港岛、九龙。

---

① 《国民政府军令部战史会档案》(二十五),1897号,黄鸿钊编《中葡澳门交涉史料》(第二辑),澳门:澳门基金会,1998,第319页。
② 《国民政府行政院档案》(二十二),417号,黄鸿钊编《中葡澳门交涉史料》(第二辑),澳门:澳门基金会,1998,第320~323页。

抗日战争后的收回澳门问题

蒋介石收回香港的政策对澳门问题产生直接影响。外交部欧洲司闻风而动,于同年8月31日拟订了关于收回澳门的方案。这份长达7000多字的文件详尽阐明了澳门问题的历史与现状,提出了战后澳门问题视环境之不同可能有4种对策:(1)要求收回;(2)进行划界,澳门龙田、沙岗以南归葡;(3)划定澳界,澳门关闸以南归葡;(4)中葡两国共管澳门。外交部认为,其中一策是彻底解决之办法,其余三策均是下策。至于收回澳门的办法,有两种:或用公民投票方式决定主权归属,或由两国磋商交还条件。由于澳门当时是无条件让与管治权,现在应无条件收回。至于公共财物,则可采用公平估价的方法,由政府购买。收回澳门的实施步骤是:首先,策动舆论,制造氛围。其次,应先在国际上争取得到美苏支持,而英国与葡萄牙存在同盟关系,更要得到它的谅解。中方可在香港问题上做出适当让步,换取其支持以收回澳门。目前,还应先通过驻葡公使,宣布中国收回澳门的决心,等等。① 与此同时,国民党《中央日报》于1945年9月23日发表了署名长文——《我应收回澳门之由》,大造了一番舆论。所有这些,都说明国民党政府于战后初期,确实曾有收回澳门的计划。

国民党政府收回澳门的高潮,是1945年11~12月发生的武装封锁澳门事件。这年10月,张发奎于国民党第二方面军到达广州接受日寇投降后,立即命令中山县县长张惠长和驻军159师师长刘绍武等策动反葡运动,提出收回澳门的口号。澳葡当局以维持社会治安为名,封锁前山一带边境出入口,限制内地人民赴澳,并严厉镇压澳门中国居民的反葡运动。澳葡当局的倒行逆施更激起人民的愤怒,张发奎令刘绍武派兵进驻前山,封锁边境,切断澳门的粮食供应,澳门顿时陷于混乱。澳葡当局慌了手脚。它通过英国政府向国民党南京政府求情,要求南京政府转令广州行营撤除武装封锁。另外,致函广州行营表示愿意妥协,保证将所有在澳的日本人驱逐出境,交由中国方面处理,并引渡汉奸战犯,查封其资产;中国军民可以自由出入澳门,不受任何限制;设立广州行营驻澳联络专员和肃奸专员办理引渡案件;允许中国方面的一切党团在澳门公开活动,群众集会绝对自由;等等。同时,派人向中国方面道歉,它的新任广州领事竟在广州记者招待会上表示,

---

① 《国民政府行政院档案》(十八),1905号,黄鸿钊编《中葡澳门交涉史料》(第二辑),澳门:澳门基金会,1998,第338~342页。

221

"澳门交还中国极有可能,为求中国领土之完整,本人极愿对此作各种努力"。

然而此后不久,由于美国杜鲁门政府违背罗斯福的政策,不再支持中国收回香港,国民党在中英有关香港受降权的交涉中失败。蒋介石为了发动内战,需要美英两国的支持,不宜在香港问题上同英国搞僵,被迫放弃收回香港的计划。此事影响所及,收回澳门计划也只好束之高阁了。

最后,广州当局按照南京政府的指示,于12月下旬撤除了前山边境的武装封锁。中国官兵均以未能收复澳门而群情激愤。解除武装封锁后,刘绍武等人仍于1946年2月5日率武装警卫连进入澳门游行示威。澳门同胞万余人涌向边境,热烈欢迎中国军队。刘绍武在澳门各界招待会上发表了慷慨激昂的演说,声称:"中国领土必须完整,澳门迅速收回,才可符合同胞之愿望。"①

武装封锁澳门事件推动了全国收回澳门运动的进一步发展。1946年5月21日,西康参议院向全国发出快邮代电,要求政府收回澳门;接着,国内一些省、市参议会通过了有关收回澳门的决议。

然而,此时国民政府的方针已变。1947年4月1日,中国外交部长与葡萄牙公使就废除领事裁判权进行换文。这个声称废除不平等条约的文件,再一次回避了收回澳门主权的问题。对此,国民政府当时曾做出解释。1947年5月16日行政院对江苏参议会代电的批语为:"关于收回澳门,参政会曾有此项建议,经交外部核办。据称:目前国际形势下,此问题一时难以解决,俟时机成熟,再提出交涉收回。"1947年5月30日,行政院又对琼山县参议会做出批示:

> 收回港澳,据外交部称,是我既定政策,俟时机成熟,即提出交涉收回,然观王部长此次在参政会提及香港、九龙问题,仅谓相信如果吾人对中英友谊继续加强,益以英国现政府之明智,此一问题之解决,当不致久延。②

---

① 李汉冲:《日本投降后有关香港、澳门的一些事件》,《广东文史资料》(第三辑),广州:广东人民出版社,1962,第163~183页。李汉冲曾任张发奎第二方面军广州行营的参谋处长。
② 《国民政府行政院档案》(二),9224号,黄鸿钊编《中葡澳门交涉史料》(第二辑),澳门:澳门基金会,1998,第343~345页。

222

抗日战争后的收回澳门问题

但是，在国民政府时期，国民党的注意力集中于内战，根本没有时间和精力去考虑收回澳门的问题。于是，中国人民收回澳门的愿望当时未能实现。

不过当时发动的收回澳门运动，也使葡萄牙人清醒地认识到，只有同中国政府搞好关系，才能继续维持其对澳门的管治权。因此，葡人后来向中国政府做出了一些善意的表示。1947年4月1日，中葡两国在南京互换关于取消在华领事裁判权及处理其他事项之文书，并于同日生效。此换文的要点是：

（1）废除葡萄牙在华领事裁判权，今后葡人在中国境内受中国法律和法院的管治。

（2）葡萄牙在前北京使馆租界，以及上海、厦门公共租界的权利，以及沿海贸易和内河航行的权利，一概取消。葡萄牙船舶在中国领水内按照互惠原则，可以享受最惠国待遇。

中葡两国这一换文，意味着各国在华特权的最后终结。从此，所有国家均废除了在华的领事裁判权、内河航行权和沿海贸易权等特权。

与此同时，澳葡当局又在查缉华南走私问题上给予合作。1947年9月22日，澳门总督柯维纳（Oliveira）访问广州。他在沙面葡萄牙领事记者招待会上表示，愿意帮助中国政府杜绝华南走私。在此之前，中国政府为了防止华南走私，已同英国签署关务协定；而澳门则是香港以外华南另一个主要走私活动中心。关于澳门缉私问题，同澳葡当局举行多次谈判之后，1948年3月5日，双方终于在澳门签署了《中澳缉私协定》。这一协定大大加强了打击华南走私活动的力度。其后澳门政府公布法例，规定如有中国输出的锑、猪鬃、棉纱、茶叶、锡、钨、植物油等类物品，未经中国海关办妥出口手续，不准输出过境或过载。此外，由澳门输入中国内地的货物，如未经澳门经济局检查，并领有中国内地方面发出进口许可证，一律不准由澳门输入境内。所有违例货物，一律予以没收。这个协定还规定，内地来澳的旅客只准携带法币500万元，逾额没收。①

---

① 赵国才、谭志强：《国共内战期间之中澳关系》，《台湾与澳门关系展望论集》，台北：中华港澳之友协会，1993，第121~122页。

镜海微澜

第三编

澳门海洋文化的发展和影响[*]

一 澳门海洋文化的形成

中国领土辽阔，民族众多，从西北到西南，有广阔的高地和草原；在中原地区是江河横贯的沃土；而东面的边沿则是曲折漫长的海岸线和星罗棋布的海岛，不仅是一个大陆国家，还是一个海岸国家。中国有18000多公里的大陆海岸线和14000多公里的岛岸线。早在旧石器时代，我国沿海的劳动人民就开始与海洋打交道，过着拾贝抓鱼的渔猎生活。7000多年前的新石器时代，我国沿海的劳动人民就发明了风帆、舵、桨，开始驾舟出海。中华文明是高度发达的农业文明与沿海地区海洋文明融合的产物。

在国内诸地域文化中，岭南文化别具一格。岭南[①]以五岭与长江流域隔离开来，处于珠江中下游地区，它与长江流域的区别就是丘陵地形较多，既无黄河平原的肃穆严峻，也无长江流域的温润秀雅，而是一块丰饶的经济作物区。岭南文化是中华民族传统文化中最具特色和活力的地域文化之一。岭南地区是中国海洋文化的发祥地，古百越人是典型的海洋民族；岭南地区的海洋文化积淀，对广东地区的改革开放、发展贸易等有着重要的影响。南海神与天妃是中国沿海最大的两位海神。北回归线以南珠江流域及两广沿海的广府文化，具有鲜明的商业性和海外拓殖性，有开放和兼容的胸襟，有

---

[*] 原文题为《澳门海洋文化的若干问题》，载于《"一国两制"研究》2011年第7期，第164~169页。

[①] 岭南即岭表、岭外，指五岭以南地区。五岭：大庾岭、骑田岭、都庞岭、萌渚岭、越城岭，位于湘、赣、粤、桂等省区边境。岭南包括广东、广西、海南、香港和澳门等省区，一般亦特指广东。

2000年长盛不衰的海外贸易,等等,这是中国最典型的海洋文化形态。

岭南是中国海上交通的发源地之一,是中国由海路走向世界的前沿,又是中西文化的交汇地,因之,海洋文化成为岭南文化引领时代潮流的重要因素。岭南地区的海上活动,主要沿着"海上丝绸之路"展开,构筑了其在中外关系史上的重要地位。岭南海上对外贸易早就遍及东南亚,直至南亚次大陆地区。历史上广州始终是海外贸易的重要港口,广州亦因是海上丝路的起点而闻名全球。我国历史上的大规模对外文化交流,多以岭南为主要枢纽。

澳门文化是岭南海洋文化的组成部分。澳门本是香山县孤悬海中的一个小岛。其后,因西江泥沙堆积,于澳门与内地之间冲积成一沙堤,遂将澳门与内地相连,澳门成一半岛。远在5000年前,澳门所在的珠江三角洲地区的南端,海岛遍布,岛上海岸沙堤内侧,背山面海,有古潟湖和淡水河。这种环境十分适宜于古代先民的生活。广阔滩涂带来丰富的海洋生物,而且澳门位于珠江口西岸,咸水和淡水相交,适合多种鱼虾生长。这里属于亚热带季风气候,岛上温暖湿润,草木丛生,四季常青,有丰富的动植物资源。在这种情况下,澳门先民的经济类型以渔猎和采集为主。1985年,路环岛黑沙发现5000年前新石器遗址,出土石器有石英、石芯,有打制砾石工具;此外还有陶片5000多片,上有刻划纹、席纹、条纹、编织纹多种,主要为红陶,亦有若干白陶。陶片纹路均为波浪纹、水滴纹。[①] 这是海港文化的基本特色,说明5000年前澳门地区的先民主要从事渔猎生活。而且澳门新石器遗址出土文物与香山南部的海岛古文化完全相同。因此,澳门是典型的岭南海洋文化。

二 澳门海洋文化的特点和意义

澳门海洋文化具有外向性、开放性和商品性的特征。古代澳门人奋力向外发展,通向海洋,通向世界,从不故步自封,在古代封建王朝闭关自守时代,自发地走向海洋,搏击风浪,以寻求发展。地处珠江三角洲南端的香山,很早就从事海舶贸易。澳门位于香山南面,珠江的出海口处,在海舶贸

---

① 陈振忠:《珠澳史前文化及其共同性》,《东南文化》1998年第2期。

澳门海洋文化的发展和影响

易中占有极其重要的地位。1548 年出版的明代嘉靖《香山县志》曾多处记载香山澳门附近地区参与海舶贸易的有关情况。① 从这些通蕃记载可以看出，至迟在元末或明初洪武年间，香山的海外贸易已经十分活跃。但这些全是违反政府禁令的走私活动，并往往与海盗行为相结合，因此常常遭到当局的严厉打击。但通蕃贸易的优厚利润，使香山人纷纷加入，无法禁绝。通蕃的区域当时通称为香山澳，可分为两个海区，一个是由九澳、大小横琴、九星洲等组成的澳门海区；另一个是三灶山、乌沙海等组成的浪白海区。但当时澳门、浪白这些名字尚未出现。到了16 世纪70 年代，黄佐于嘉靖年间编撰的《广东通志》指出：香山县的浪白、濠镜、十字门等是广州地区沿海的舶口之一。② 其中，濠镜和十字门后来合称为澳门。澳门由于地理位置上的原因，比浪白更便于联系县城和省城。

澳门在通蕃贸易时代，也是外国朝贡的一条主要贡道。据嘉靖《香山县志》记载，1393 年，彭豫任香山县丞期间，政绩斐然，深得民心。但后来一批经过香山入京的外国贡品发生问题，彭豫受此案牵连。

   时外裔贡方物，自香山入京，典其事者失封缄。朝廷遣御史按问。事连豫，其子启和愿以身代，邑民皇皇，恐豫得重罚。会赦获免，民大喜迎以归。坐是不得迁。③

这一事件发生于 14 世纪末。当时到来香山的外国贡船很可能就是停泊在澳门（濠镜和十字门）海区。清人尤侗有一首竹枝词《默德那》，似乎可以作为这一点的证明。他写道：

   香山濠镜辨光芒，妙女儿干进秘方。
   最是同侪多意气，郑庄千里不赍粮。

尤侗在该诗题记中说："回回识宝附舶香山濠镜澳贸易，正德中进女你

---

① 黄佐：《香山县志》（卷一），《风土志》，（卷八），《杂志》，明嘉靖刻本。
② 黄佐：《广东通志》（卷六六），《外志》，明嘉靖三十七年刻本。
③ 黄佐：《香山县志》（卷五），《官师》，明嘉靖刻本。又《康熙香山志》（卷五），《宦绩志·彭豫》。

229

儿干、于永献房中秘方。"① 明武宗正德年间，即 1506～1520 年，有阿拉伯国家的贡船停泊澳门，并向北京派出贡使。尤侗曾经参加编撰《明史》，《佛郎机传》就出自他的手笔。他根据手头的丰富资料，写了《外国竹枝词》，《默德那》是其中的一首。由此可见，澳门在 16 世纪初以前，就是一个知名的通蕃贸易舶口，有阿拉伯人在此贸易，并由此经广州进京。

16 世纪 30 年代澳门正式开放为贸易港口，是其文化形成与发展的重要阶段。明朝于 1535 年规定将市舶贸易船移舶澳门。此后，澳门逐渐成为通达海外的贸易港口，国际航路通畅。中国人从澳门出发，沿着这条漫长的贸易线，东面与日本、琉球和菲律宾相通，从西南面可到达东南亚和南洋各国，穿过马六甲海峡进入印度洋，则可直抵非洲东岸。再沿好望角北上，可前往欧洲。他们的活动扩大了中国文化的影响。葡萄牙人在 16 世纪初，便在马六甲向华侨商人调查中国的情况，1514 年葡人皮来资著《东方诸国记》一书，谈到中国情况时说："除广州港口之外，另有一港名濠镜。"② 说明他们未到中国之前，已经知道澳门这个地方了。

1557 年葡萄牙人入据澳门以后，大大推动了澳门海洋文化的发展，演变至今日，澳门海洋文化形成三大特点。

第一，它是外向型文化。海洋是澳门文化的摇篮，它的海港城市的地理环境决定它要向外发展，向海洋发展，它的经济和文化都是外向型的。在古代封建王朝闭关自守的时代，澳门人自发地走向海洋，搏击风浪，以寻求发展。早期澳门是一个渔民聚集和互市之地，以后逐步成为出国留学和移民海外的口岸。澳门率先通过海洋走向世界，同时接纳来自五湖四海的文化。澳门人引进外来文化较早，接受外来文化也较早。郑玛诺和容闳均是最早从澳门前往欧美留学的代表人物。他们以及其后出国的知识分子都是吸收西方文化的先进代表。

第二，它是多元文化。开放的澳门成为西方文化进入中国的孔道。西方文化如泉水般通过澳门涌入中国内地。澳门很早成为第一个外国人的居留地，中外人民混杂而居，更有来自世界各地的外国商人前来贸易，带来了多元的外国文化，促进了东西方文化在澳门相互渗透。当时先后有欧、亚、

---

① 尤侗：《西堂诗集》，《外国竹枝词·默德那》。
② 戴裔煊：《〈明史·佛郎机传〉笺证》，北京：中国社会科学出版社，1984，第 53 页。

非、美等洲 20 多个国家的商人到过澳门,他们长期在澳门相安共处,多种文化交融汇通,形成别具一格的多元混合文化,成为澳门文化的一道特殊景观,使澳门成为古代罕见的多元文化汇聚的地方。造成这种多元文化共存的原因,大体上有以下几个方面:

一是持有多神观的中国人向来采取宗教宽容态度。占澳门人口绝大多数的中国人信奉多神,认为多拜一个神,就会多争取一个神保佑,会使社会生活安定和幸福多一分保障。正是这种多神思想使之对外来上帝信仰抱有包容态度,并认为上帝也不过是诸神之一而已。由于中国人尊重外国人的不同信仰,也就必然换来对方同样的尊重。

二是天主教经过 16 世纪宗教改革运动以后,其宗教专制主义和排挤打击异教的做法已经有所改变,对不同的宗教信仰也比较宽容了。特别是天主教传教士到海外传教,首先考虑的是如何取得立足之地,因此在澳门也力求与信仰不同的中国人和平相处。

三是为了维护这个早期贸易港的地位,也必须保护宗教文化自由。澳门作为国际贸易港口,商人来自不同国家和地区,为了留住这些商人,保持港口的繁荣,管治当局就要尊重任何外国人的宗教信仰和文化习俗,这样宗教文化自由开放就成为澳门几百年来的一贯传统。

第三,它是休闲娱乐文化。博彩旅游业现在是澳门龙头产业,同样也是澳门的特色文化产业。博彩这个东西是一柄双刃剑,它有正面的效应,也有负面的效应。赌博作为一种社会文化现象,已经在中国流传了数千年。赌博是凭机运和策略促使财物所有权发生频繁转移,它并没有造成财富的丝毫增值,却养成了人们的侥幸和投机心理。而且赌博中无论输赢,均以损人利己为前提,钩心斗角,给社会造成无穷危害。但是赌博所含有的竞争性和娱乐性,会产生巨大的诱惑力量。现实生活中的人,凡是有好胜心、侥幸心和敛财欲望的,往往会去赌一把,而这正是赌博至今得以存在的社会基础。近年来,特区政府在大力发展博彩业,同时也大力开发澳门旅游资源,使澳门更具魅力,吸引更多游客来这里享受欧陆风情,而摆脱单纯倚赖博彩作为招徕手段。

以上是澳门海洋文化的三大特点。其中多元化是最大的特点,也是最大的优点。澳门海洋文化作为一个典范,向我们证明,东西方的文化不仅应当和平相处,而且完全可以做到和睦相处,交融共通。

镜海微澜：黄鸿钊澳门史研究选集

　　澳门海洋文化具有现实意义。澳门开埠以后，通过海洋走向世界；同时接纳来自五湖四海的文化，在近代中西文化交流中起着重大的作用。开放的澳门成为西方文化进入中国的桥梁。西方文化如泉水般通过澳门涌入国内，直接推动了中西文化交流的第一次高潮。许多西洋产品对我国的国计民生或社会时尚造成一定影响。此外，尚有西洋建筑艺术、绘画、音乐、语言文字、医药、物理、数学等传入中国。总之，在16世纪至19世纪初，澳门是西学东渐的跳板和据点，是中西文化汇通的前哨和中心。西学既带来许多新的科学知识，也带来了追求经世致用的务实学风，以及严密的逻辑推理方法，对中国的文化发展产生一定的影响。

　　澳门这个港口城市，也是中国新文化、新思潮的发祥地之一。由于西方新文化的传入，明朝就出现了中西文化交流的先驱，如徐光启、李之藻等人，他们通过各种渠道与澳门联系，希望利用西洋科技富国强兵。近代中国一些爱国的、追求改革和革命的人士，也很重视澳门，并以澳门为其活动舞台。澳门民主思潮的传入，使香山成为中国民主革命的摇篮。中国民主思潮之起源于南方，在澳门附近地区涌现了孙中山、康有为、梁启超、郑观应、刘思复等一批革命家和思想家，实与澳门大有关系。所有这些，便奠定了我们探讨澳门海洋文化的发展和影响的必要性。

　　澳门的历史作用，还在于它是三角洲地区人民放眼看世界的窗口，不断向这里传送而来的来自西方新思想、新文化的信息，使人们大受启迪。西方资本主义社会新思想、新观念通过澳门传入内地，使各种革命和改革思想十分活跃，澳门附近地区成为民主革命的故乡，出现了一批志向高远的思想家、革命家、实业家、科学家。

三　澳门海洋文化未来展望

　　展望未来，澳门可充分利用海洋文化优势，继续发挥良好的桥梁作用，推进国际交流合作。其发展前景是十分美好的。

　　首先，澳门具有国际城市的优越条件。海洋文化使它成为一个国际贸易港口，内联内地，外通四海，推动中西经济文化的交流。澳门经济历来是外向型的，企业产品90%以上供出口，其中一半以上输往西欧各国，还有30%出口美国。事实上，澳门完全是一个对外贸易的加工区。

澳门又是国际化的都市，有广泛的国际联系。它是近30个国际组织的成员；近30个国家在澳门设有领事；110多个国家和地区与澳门有贸易关系；澳门参加了"关税及贸易总协定"，有2700种产品享受欧洲共同市场的"普通优惠税制"。这些有利条件，使得澳门近30年来对外贸易得到了恢复和发展。

澳门对外面向五大洲，对内则是连接珠三角西部广大地区的桥梁。澳门与中国内地的经济关系较为密切。内地资源丰富、市场广阔、交通方便，是澳门工业发展的可靠后方。澳门的部分工业原料毛纱、布料和机器设备来自内地，大部分的生活资料，如粮油食品、肉类、蔬菜、水果等，均从内地进口。澳门从1978年以后，逐步将部分电子产品和针织品的生产工序转移至内地，以利用廉价劳动力来降低成本。从1988年开始，澳门又立法许可输入大量内地劳工，为扩大生产创造有利条件。而这里所说的内地，主要是珠江三角洲地区。澳门可以将自身打造成珠江三角洲地区的商务服务平台，可以利用地缘的有利条件，协助珠江三角洲尤其是粤西地区走向世界，把粤西地区的名优产品转口到欧盟、葡语系国家和东南亚等地，粤西地区的企业也可以更好地利用澳门作为联络海外的桥梁和窗口。澳门回归以后，即在这方面做了一些工作，取得了良好的进展。特区行政长官何厚铧上任半年，即率团出访葡萄牙、法国，并前往欧盟总部，阐述澳门将建成经济和文化交流的桥梁的构想。此后，他又陆续访问亚洲和非洲多个国家，并近访广东、广西、浙江、江苏、上海、重庆乃至内蒙古等地，推介澳门这个得天独厚的平台。这种做法，澳门人称之为"远交近融"方略。当然，澳门也有不可否认的缺点。目前澳门受所处的地理和社会条件的限制，其经济主要依赖中小企业，缺乏现代化大工业。澳门工业对外依赖性大，这一点，尤其表现在对香港和中国内地的依赖上面。澳门与香港的经济关系密切。由于它需要通过香港进出口，同时还仰赖香港的资金和技术人才，甚至依靠从香港转来订货单来发展工业生产，所以规模较大的澳门企业，多数是由港商独资设立或港澳商人合资经营的。但这并不妨碍它在新的历史时期发挥桥梁作用。

其次，澳门与台湾的关系有望使其成为加强两岸关系的纽带。澳门与台湾素有经贸与文化往来，关系密切。根据台湾财政主管部门统计处的统计，1983年台澳贸易总额仅140万美元，但到1997年已达3.493亿美元，台湾是澳门重要的贸易伙伴。投资方面，没有具体的统计数字，但可以肯定，台湾是继内地、香港之后在澳门的第三大投资者。近年来，双方人员往来迅猛增加。据台湾官方的统计，1997年，台澳人员往来达53万多人次；其中，台湾民众到澳门500456人次，澳门居民到台湾的达35692人次，台湾当局核定在台湾定居的澳门民众有662人。① 台澳人员往来的实际人数，肯定比上述数字还要大得多。因为还有不少台湾民众是经香港转赴澳门观光旅游的。与此同时，到台湾就学的澳门学生有增无减。入读台湾的大专院校一直是澳门学生的主要选择之一。从1994年开始，台湾当局在澳门设立"赴台升大专考生入学试"考场。该年澳门考生大幅增加，达651人，比1993年增长32.86%。1998年，澳门学生报读台湾大专院校的人数达700人，被录取的学生约为420人，而正式入读的学生超过250人，这三项数字都超过历史的最高纪录，并且是首次超过香港的同类数字。② 台澳关系是两岸关系的特殊组成部分。1995年12月8日，耗资10亿美元、历时6年完成的澳门国际机场启用后，澳门与台湾正式通航，双方分别由澳门航空和台湾长荣、复兴航空经营台澳航线，并且台澳飞机经由澳门可一机到底飞行于两岸。当日，澳门航空 NX-101 航班从上海飞至澳门，在澳门更改航班编号为 NX-602 后，于上午9时19分飞抵台湾桃园机场，原机改编号为 NX-601，于下午1时53分从桃园机场飞返澳门，之后经澳门一机到底飞往内地，班机再改编号为 NX-001 直飞北京。台澳通航是两岸关系发展中的大事。拥有51%内地资本的澳门航空可以"换班号、不换班机"的方式，"一机到底"续航内地，表明两岸从此进入间接直航阶段。

再次，澳门归侨在国际交往中的助力也不容忽视。在澳门为数50万的人口中，7万余人的归侨，是一支重要的社会力量，在澳门社会经济文化中具有相当的影响力。尤其是20世纪60年代，因东南亚地区一些国家发生排华事件而来澳门定居的归侨，在国外有着艰难辛酸的凄惨经历，来到澳门后刻苦耐劳、勤奋创业，与澳门同胞和谐相处，共同为澳门的进步和发展贡献力量。他们除了在从事各项事业中为澳门的建设出力之外，还在推进澳门文化建设方面做出了许多积极的努力。

澳门归侨先后在本地建立了6个归侨组织，包括澳门归侨总会（1968

---

① 《港澳月报》第75期，1998年3月15日。
② 《华澳日报》1998年9月11日，第1版。

澳门海洋文化的发展和影响

年)、澳门黑猫体育会(1970年)、澳门缅华互助会(1971年)、柬埔寨华侨联谊会(1975年，原名柬华福利组)，以及澳门缅甸归侨联合总会(1992年)等。归侨组织也是全球华商网络的一个重要群体。他们除了关注本身正当权益，还积极参与社会事务，自觉地推动澳门与原侨居地的联络；并根据其自身特点和优势，积极开展活动，推进澳门与外界的经济文化关系。2001年，归侨总会在澳门举行"华侨华人聚濠江联谊大会"，以扩大联谊、加强合作、共同发展、促进统一为主题展开讨论。共有30多个国家的华侨代表，以及内地各省区市华侨和侨务工作者近1000人参加大会，场面盛大而隆重。2002年7月31日，归侨总会又举办"中华文化与和平统一研讨会"，有来自内地、台湾、香港和澳门的学者宣读论文，研讨交流。2004年12月1日，归侨总会再次举办"华侨华人聚濠江联谊大会"，有25个国家的华侨代表，以及内地、港澳和台湾的侨界代表500多人欢聚濠江。

与此同时，归侨总会还大力推动澳门华侨与各国侨团组织互访活动。2002年和2004年，澳门华侨代表团先后访问印尼和柬埔寨等国，澳门社会文化司司长崔世安亦随团前往，使得这些访问增加了许多发展经济与文化交流方面的实际内容。其中归侨数达50000人的缅甸华侨显得尤其活跃。缅华互助会大力推动澳门与内地、香港、台湾地区以及缅甸和东南亚地区华侨的友好往来，多次派团访问，或邀请对方来访，或举行研讨会、联欢会等，不断扩大澳门在海外的影响力。

最后，澳门成为葡语社会交流合作的平台。澳门土生葡人是海洋文化留下的特殊遗产。土生文化对澳门的精神文化、物质文化和制度文化的影响非常明显。尤其是澳门土生葡人在加强同葡语国家的联系、开展文化交流、培养葡语人才等方面，更具有纽带作用。

澳门历史上同葡语国家和地区有着极其密切的关系，今后可以充分利用这个独特的历史优势，继续发挥桥梁作用，担当起推进中国与葡语国家交流合作的基地和平台。澳门完全有可能发挥这个作用。澳门有葡萄牙人居留400多年，一向与葡语国家保持着独特的历史联系。澳门有许多土生葡人，以及曾经侨居巴西、莫桑比克、安哥拉和东帝汶等葡语国家的华侨和葡侨社群。葡语国家中有些人，以前曾在澳门学习和工作过，他们现在本国担任要职，同时仍同澳门保持着紧密联系。新中国成立后，把澳门作为培养葡语人才的基地，多次派人员到澳门学习葡语，这些人后来多数在葡语国家工作。

此外，葡语国家设在澳门的各种机构的人员，经常参与澳门的商务洽谈、经济研讨、人员培训，以及各项文化交流活动，协助葡语国家和中国的中小企业开辟沟通渠道，开展经济合作。在葡语国家当中，葡萄牙与澳门关系特殊，向来是澳门最重要的投资者。截至 2004 年，其累计直接投资总额达 27.66 亿元，占来澳门投资总额的 8.7%，① 仅次于中国香港和内地，居第三位。葡资银行在澳门金融业中一直扮演重要角色，甚至成为发钞银行，并且是世界性葡语金融网络的一个重要端口，为葡语国家企业进行贸易结算、融资借贷和资金调拨等提供方便。以上诸方面的有利因素说明，澳门能够在中国同葡语国家的对外经贸关系中发挥一定作用，为澳门充当交流合作平台奠定基础。

如今世界上共有 8 个使用葡语的国家，即葡萄牙、巴西、安哥拉、莫桑比克、几内亚比绍、佛得角、东帝汶、圣多美和普林西比。此外尚有澳门和果阿等通用葡语的地区。他们分布于欧、亚、非、拉美四大洲，人口总数达 2 亿多。其中巴西是具有完整工业体系和较高经济水平的大国，而其他国家则或有丰富的矿藏资源，或有潜力巨大的市场。同时这些国家都是所在地区经济组织的成员，包括欧盟、南方共同市场、南部非洲发展共同体、西非国家经济共同体等。因此，中国与葡语国家发展经贸合作，必定会在这些区域经济组织内产生辐射作用。而且中国与亚非拉美葡语国家的经贸合作，本身就是南南合作的重要组成部分。加强这种合作，必将有助于提高双方在国际经济中的地位。2003 年 10 月，首届"中国－葡语国家经贸合作论坛"在澳门成功举办。中国和 7 个葡语国家的部长级经贸官员，以及 400 多位企业家济济一堂，讨论并确定了双方加强经贸合作与交流的措施和方向，并且签订了《经贸合作行动纲领》。会后，此论坛在有关政府的支持下设立了常设秘书处，陆续开展了相关跟进工作，进一步表明中国政府与葡语国家政府对经贸合作的高度重视。2004 年 7 月，欧盟委员会在一份关于澳门 2003 年的年度报告中，对澳门作为"中国与葡语国家经贸合作服务平台"及"中国－葡语国家经贸合作论坛（澳门）"的召开十分重视，并表示高度关注。② 自论坛举办以来，在一年多的时间中，中国与葡语国家的贸易额增长了 20%

---

① 澳门特别行政区政府统计暨普查局：《直接投资统计》（2004），2005 年 11 月。
② 李炳康、江时学：《澳门平台发展战略》，北京：中国社会科学出版社，2006，第 213 页。

以上。2005 年 12 月，温家宝总理访问里斯本期间，曾高度评价澳门在中国对外交往中所发挥的桥梁作用："澳门作为中国与葡萄牙交流的纽带，作为中国与葡语国家合作的平台，澳门的这种桥梁纽带作用今后会得到进一步加强。……中国与葡萄牙建立全面战略伙伴关系将会促进澳门与葡萄牙的合作。同时，我也相信，澳门与世界各地的友好往来会得到进一步加强。"[1]随后中葡两国总理签署的关于加强双边关系的联合声明明确指出："中葡强调'中国－葡语国家经贸合作论坛（澳门）'对发展两国机构和企业间经贸合作关系发挥的重要平台作用。"这是对澳门平台功能的正式肯定。

---

[1] 吴黎明、赵晓钟：《温家宝总理高度评价澳门的桥梁纽带作用》，新华社里斯本，2005 年 12 月 9 日。

澳门与早期的西学东渐[*]

一 东西方文化交流的新开端

中西在文化上早就互有来往。汉代与罗马帝国的接触，唐代景教的传入，以后又有中国四大发明——指南针、火药、造纸术和印刷术的西传。所有这些，便是古代中西文化交流的著名事例。然而，历史条件的限制和地域距离的遥远，双方的交往大多是偶发事件，而且往往是间接发生的。16世纪开始的中西文化交流，则是一个完全崭新的开端，具有许多新的内容和特点。

首先，新航路的发现不仅使东西方直接来往成为可能，而且使交往的地域更为广阔，遍及东西半球、南北大陆，五洲四洋均可相互沟通。从此国家之间再也不是偶尔发生接触，而是频繁地、愈益密切地交往。

其次，文艺复兴运动的开展、资本主义的产生、科学技术的进步，以及近代工业的形成，使西方文化登上了一个新的台阶。西方国家强烈要求向东方扩张，为新兴的资本主义谋求市场和原料产地。因此，所谓东西方文化交流主要是西学的东渐。

此外，早期的东西方文化交流，是从远东国家沿海地区一些开放的港口开始的。在18世纪以前，远东开放贸易的港口大体上有巴达维亚、安汶、万丹、望加锡、班达、亚齐、犹地亚、北大年、马六甲、帝汶、马尼拉、平户、长崎、广州、澳门等。其中澳门是远东地区文化交流的中心。

---

[*] 原文题为《16~18世纪西方文化对澳门地区的影响》，载于《文化杂志》1988年春季号，总第34期，第99~108页。

澳门与早期的西学东渐

天主教士是早期中西文化交流的主要推动者。他们在远东起到了双重作用：一是传播上帝福音，二是促进东西方文化交流。1553年葡人进入澳门贸易，天主教士也在此时来到澳门，建造教堂，进行传教活动。1562年，澳门已有圣母望德堂（发疯寺）、圣安多尼堂（花王庙）和圣老楞佐堂（风顺堂）3座教堂，教徒约600人，隶属于马六甲教区。1567年1月23日，罗马教皇颁布谕旨，成立澳门教区，任命贾耐劳（D. Melchior Carneiro S. J.）为第一任主教，负责远东传教事务。澳门成为独立的教区后，教堂不断增加，其中最宏伟的一所是圣保禄教堂（三巴寺）。

天主教士认为，在中国这样具有悠久的历史文化的国度，采取一般手段进行传教难以奏效，必须改弦易辙，方能打开局面。因此，16世纪80年代以后，澳门教区在利玛窦主持下，制定了一个"学术传教"的方针，报经罗马教皇批准实行。所谓学术传教，用基督教神学家的话来说，就是："利玛窦在中国开教，天主上智所用的方法，是学问，使利公用天文、地理、算术等等科学，兴起华人研究之心，使华人由本性的学问上，得获超性的学问。"① 天主教中的耶稣会士具有很高的文化素质。他们是罗马教廷精心选拔的传教骨干，受过良好的教育。如利玛窦既是狂热的传教士，也是博学多才的学者。他在大学时代，曾先后学习文学、法律、天文、数学、地理等学科，学识渊博。来华后，又认真学习中国语文，钻研中国典籍，并竭力适应中国风俗习惯，甚至将自己打扮成中国人。1583年利玛窦来到肇庆，贿赂知府王泮，获准在当地建造教堂。他为教堂取了一个地道的中国名字——仙花寺。他本人也剃头去鬓，身穿僧袍，一副洋和尚打扮。他在寺庙中举办欧洲文化展览，将西方各种奇巧物品，如自鸣钟、天文仪器、地图、三棱镜、洋装书籍等陈列满室，供人观赏。许多人出于好奇，前来拜访洋和尚，参观西方奇器，询问西洋文物制度和风俗习惯。利玛窦逐步在官吏豪绅和文人学士中结交了一批朋友。这时他已知道读书人的地位比和尚高出许多，于是他又改穿儒服，一副儒生打扮，被称为"西儒"。利玛窦这一手果然产生明效大验，迅速打开了传教的局面，同时也促进了文化交流。他同中国士大夫讨论天文、地理、数学、物理、化学等专门学问，以渊博的学识和高雅的谈吐使人耳目一新。许多人信服西方科学，接

---

① 徐宗泽：《中国天主教传教史概论》，上海：上海书店出版社，1990，第328页。

镜海微澜：黄鸿钊澳门史研究选集

受天主教义，领洗入教。然后，这些新教徒又大力宣传教义，遂使天主教逐渐在中国传播开来。

利玛窦去世后，耶稣会士金尼阁继续奉行学术传教方针，前往意大利募集图书，共得 7000 多册，这些图书作为教皇对远东教区的赠书，于 1620 年 7 月 22 日运抵澳门，其后又从澳门传入内地。这批图书数量大，内容丰富，包括宗教哲学和科学文化诸方面的典籍，使中国士大夫产生了浓厚的兴趣。阅读与翻译这些典籍成为晚明一时风尚。至 1639 年已有 100 多种译成中文出版，平均每年出版五六种。进入清代，耶稣会士及其门徒继续从事译书工作。康熙皇帝于 1720 年下令禁止天主教，但译书工作直至乾隆时才陷于停顿。以后再也没有人提及这件事了。据记载，在这 100 多年间，共翻译出版了 211 种图书，其中涉及西洋科学技术的共 35 种。① 参加译书的既有西方人，也有中国人。这是中西文化交流的盛事，具有重大的意义和深远的影响。

西洋学堂的创办是这时期西学传入的另一重要表现。始建于 1565 年的圣保禄公学原是个修道所，1594 年扩展为学院。它是远东第一所西学堂，是培养西学人才的摇篮。在它于 1835 年被大火焚毁以前，共存在 241 年之久。学院的课程有三类：（1）人文科——汉语、拉丁语、修辞学、音乐；（2）哲学科——哲学、神学；（3）自然科——数学、天文、历算、物理学、医药学等。其中汉语为必修课程，课时也最多。学生主要是来华耶稣会士，以及中国、日本等远东地区教徒。尽管这所学校的办学目的是培养传教士，但实际上学生结业后，均为中西文化交流做出不少贡献。值得注意的是入学的中国学生，许多是十多岁的少年，但也有年纪很大的学生，如江苏常熟人吴历，便是在 50 岁时才入学，他是清初著名诗人和画家。

耶稣会士还选派了一些中国学生出国留学。一般来说，中国学生留洋是从 17 世纪开始的。郑玛诺是中国第一个留学生，1633 年生于澳门，号惟信，祖籍广东香山县，1645 年 12 岁时随同陆德神父赴罗马深造。他从澳门乘船出发，经马六甲、爪哇、果阿、波斯、亚美尼亚和土耳其等地前往欧洲，途中遍历艰险，历时 5 年才抵达罗马，进入圣安德勒学院修读。1653 年加入耶稣会，并转入罗马公学学习修辞学、逻辑学、物理、化学、音乐和

---

① 徐宗泽：《明清间耶稣会译著提要》，上海：中华书局，1949，第 11～14 页。

240

外语等多门课程。毕业后居留罗马，教授拉丁文和希腊文法与文学。三年后转赴欧洲各地学校任教。至1671年返回澳门，这时他已38岁。同年应召入北京朝廷供职。

到了18世纪，被选派留学的人愈来愈多。1732年意大利人马国贤回国后，在那不勒斯创办中国学院，培养远东传教人才。学院不仅接收中国留学生，凡有志到远东传教的西人或土耳其人，均可入学。学院至1868年停办。据统计，在中国学院存在的136年间，先后就读的中国留学生有106人。[①]此外还有许多留学生分散在法国、葡萄牙等国就读，数字难以统计。以当时形势而论，这个留学数字已很可观了。

二 西学传入中国

16世纪30年代，澳门开放为贸易港口，此后又成为葡萄牙人的居留地，大批天主教士接踵而至，西方的新科技、新工艺、新文化陆续传入，使中国人大开眼界。

（1）天文学。我国天文学渊源久远。元代郭守敬著《授时历》，明初又编成《大统历》，都是较为先进的历书。但这些历法的推测计算仍不够精确。1629年，明政府命令徐光启、李之藻主持西局，编修历法。徐、李二人曾向利玛窦学过西洋历法。他们吸收耶稣会士参加西局编书，于1634年完成《崇祯历书》136卷，亦称《西洋新法历书》。此后清朝又于1645年修成《时宪历》。这些历书吸收了西方历学的科学计算方法，有解、术、图、考、表、论等，推算比较准确。从此，中国基本上推行西洋历法。

在编修新历法过程中，一批论述西洋天文、数学和测量仪器的著作也被陆续介绍到中国来，其中有：《几何原本》《测量异同》《勾股义》《测量法义》《乾坤体义》《圜容较义》《浑盖通宪图说》《同文算指》《简平仪说》《表度说》《天问略》等。

（2）地理学。利玛窦绘制了《舆地山海全图》（又称《山海舆地全图》），于1583年送给肇庆知府王泮。1584年，王泮将该图刻印出版，这

---

① 方豪：《同治前欧洲留学史略》，《中外文化交通史论丛》（第一辑），北京：独立出版社，1944，第120~130页。

是西方传入中国的第一张世界地图。利玛窦绘制地图时，为了取悦于中国人，特意将中国置于地图中央，而将各洲绘制在中国两侧。1598年，利玛窦重新修订《舆地山海全图》，于1600年出版，影响甚大。1600年，利玛窦将他编撰的《万国图志》呈献万历皇帝，这是传入中国的第一部世界地图集。此外，尚有其他传教士撰写的新地理学著作，如《职方外纪》《八宏内史》《西方纪要》《坤舆图记》等。这些书介绍的世界各国地理分布情况，以及用经纬线确定方位以绘制地图的方法，对中国地理学的发展起了一定作用。清康熙年间编绘成功的《皇舆全览图》，就是采用西方勘测方法的结果。

（3）医学。葡人在商税收入中抽出5%举办慈善事业，其中之一就是开办医院。1568年5月，澳门教区开办了第一家医院，这是西医传入中国之始。而西医学科中，最早传入的是解剖学。天主教士罗雅谷、邓玉函著《人身图说》和《泰西人身说概》，均属人体解剖范畴。此外尚有药物学。熊三拔著《药露说》一书，开西药传入中国的先河。1669年利类思、南怀仁、安文思合撰《西方要纪》一书，也谈及西药制造方法。康熙年间，一些精通医学的教士进京担任御医，曾多次用西医疗法治好康熙帝的疾病。有一次康熙身患疟疾，服用了西医的金鸡纳霜（奎宁）后，便得痊愈。奎宁可能是较早传入中国的一种名贵西药。

（4）西洋奇器。即各种新科技产品。邓玉函所著《奇器图说》，汤若望所著《远镜说》等，系统地解说了奇器的机械原理和制造方法。明末清初澳门常见的西洋奇器有：十二辰盘、自鸣钟、铜日晷、千里镜、显微镜、千人镜、多宝镜、玻璃屏、玻璃灯、玻璃镜和眼镜等。眼镜的传入为低视力患者解困，尤其使读书人受益不浅。当时有一首眼镜诗这样写道：

  西域传奇制，昏眸得暂清。自他而有耀，相隐以为明。
  暇日吟诗兴，衰年学易情。烦君继吾照，未敢负余生。①

（5）西洋建筑。近代西洋建筑技术也是通过澳门传入中国的。澳门是中外商民杂居之地，其住房形式中西混杂，十分复杂。当时中国人一般在平

---

① 印光任、张汝霖：《澳门记略》（下卷），《澳蕃篇》。

澳门与早期的西学东渐

地上盖平房居住,而葡人则在高地建房。《香山县志》称:"因山势高下,筑屋如蜂房者,澳夷之居也。"当日情景,可以想见。葡人建造的又是"高栋飞甍,栉比相望"的楼房。其式样主要有教士居住的天主教堂,以及一般商民住的高楼洋房两种类型。澳门于 16~17 世纪建造的古教堂有:圣母望德堂、圣老楞佐堂、圣安多尼堂、圣奥斯定堂(龙松庙)、圣母玫瑰堂(圣多明我堂、板樟庙)、圣保禄教堂。其中圣保禄教堂又称三巴寺,在澳城东北部。1595 年初被火烧,后重建。1601 年又被火烧。此时适逢日本禁天主教,很多日本教士来澳门避难,他们集资白银 3 万两,于 1602 年重建圣保禄教堂。1835 年 1 月 26 日第 3 次毁于大火,今只剩正面大理石前壁和教堂前的 68 级台阶。这些 16 世纪末和 17 世纪初建造的古教堂,在建筑风格上具有当时罗马教廷盛行的巴洛克风格,而澳门规模最大的圣保禄教堂则是巴洛克建筑艺术的典型代表。巴洛克(Baroque)一词,起源于葡萄牙语 Barroco,原意为"不合常规",尤指外形有瑕疵的珍珠。巴洛克的艺术特点是庄严高贵,气势雄伟,生机勃勃,有动态感,注重光的效果,擅长于表现强烈的感情色彩。这些特点来自文艺复兴运动所发扬的古典艺术精华同礼教观念的结合。《澳门记略》对于上述教堂的介绍只有寥寥数语,唯独对圣保禄教堂花了不少笔墨,写得十分详细。

> 寺首三巴,在澳东北,依山为之,高数寻,屋侧启门,制狭长。石作雕镂,金碧照耀,上如覆幔,旁绮疏瑰丽。所奉曰天母,名玛利亚,貌如少女。抱一婴儿,曰天主耶稣,衣非缝制,自顶被体,皆采饰平画,障以琉璃,望之如塑。旁貌三十许人,左手执浑天仪,右叉指若方论说状。须眉竖者如怒,扬者如喜。耳重轮,鼻隆准,目若瞩,口若声。上有楼,藏诸乐器。有定时台,巨钟覆其下,立飞仙台隅,为击撞形,以机转之,按时发响。僧寮百十区,蕃僧充斥其中。①

因此,当时有人说,"相逢十字街头客,尽是三巴寺里人"。可见其在澳门宗教上的势力和影响力之大。由于教堂被毁于火,今已无法一睹风采。

---

① 印光任、张汝霖:《澳门记略》(下卷),《澳蕃篇》。

而仅存的大理石前壁,高 27 米,宽 23.5 米,厚 2.7 米,高踞于 68 级台阶之上,蔚然壮观。它又是中西文化艺术交流的结晶。40 根石柱组成的架构把它分成五层,每层雕刻着圣经故事的图像。第三层图像的旁边,题刻着中文"念死者无为罪"、"圣母踏龙头"和"鬼是诱人为恶"等箴言;第三、四层的左右两端,均有中国传统的石狮子雕像,造型别致,姿态生动;第四层耶稣铜像的两旁,分别刻有西方的百合花和东方的菊花浮雕图案。

这些中西文化合于一壁的情况说明,大三巴牌坊是一座中西文化交流的纪念碑。

澳门的西洋建筑除了教堂之外,尚有各式洋房。其特征是多为二层以上楼房,有走廊,四面开窗,门楣多作圆拱形,红墙粉壁,颇为美观。《澳门记略》对西式洋房曾做这样的描绘:

> 屋多楼居,楼三层,依山高下,方者、圆者、三角者、六角、八角者,肖诸花果状者;其覆俱为螺旋形,以巧丽相尚;垣以砖,或筑土为之,其厚四五尺,多凿牖于周,垣饰以垩。牖大如户,内阔双扉,外结琐窗,障以云母。楼门皆旁启,历阶数十级而后入,窈窱诘屈,己居其上,而居黑奴其下。门外为院,院尽为外垣,门正启。又为土库楼下,以殖百货。①

明末清初,西洋人从澳门至内地传教,各地兴建的天主教堂日渐增多。西洋建筑艺术又从澳门传入内地,对中国建筑风格亦产生了一定的影响。

(6)西洋绘画。明清之际传入中国的西洋画,最早也是宗教画,由耶稣会传入中国。万历年间,传教士罗明坚到澳门,携有耶稣和玛利亚画像。后来利玛窦入内地传教,所到之处,每以这些宗教宣传画赠人。1600 年赴京,向万历皇帝献礼,礼品中便有天主圣像和圣母圣像。当时顾起元在《客座赘语》一书中,对这些西洋画技术非常欣赏:

> 所画天主乃一小儿,一妇人抱之,曰天母。画以铜板为帧,而涂五彩于上,其貌如生。身与臂手,俨然隐起帧上,脸上凹凸处,

---

① 印光任、张汝霖:《澳门记略》(下卷),《澳蕃篇》。

正视与生人不殊。人问画何以致此？答曰：中国画但画阳不画阴，故看之人面躯正平，无凹凸相。吾国画兼阴与阳写之，故面有高下，而手臂皆轮圆耳。凡人之面正迎阳，则皆明而白；若侧立则向明一边者白，其不向明一边者眼耳鼻口凹处皆有暗相。吾国之写像者解此法用之，故能使画像与生人亡异也。①

西洋画的品种也很多，《澳门记略》曾做过介绍："其余技则有西洋画。三巴寺有海洋全图，有纸画，有皮画、皮扇面画、玻璃诸器画。其楼台宫室人物从十步外视之，重门洞开，层级可数，潭潭如第宅。人更眉目宛然。又有法琅人物山水画，织成各种故事画、绣花画。"②

由于西洋画注重阴阳明暗和远近高低的配合，独具特色，对明清的绘画亦有影响。《清史稿》称，莽鹄立、丁允泰、丁瑜、吴历、焦秉贞等画家，"作画每用西洋法"。③ 天主教徒吴历更是其中代表人物。吴历是明清之际著名画家和诗人，50岁时欲与传教士柏应理赴罗马留学，到澳门后未能成行。他在澳门圣保禄学院进修拉丁文、神学、教律等课程半年，经过一段时间学习和生活的体验，对中西文化的区别有了一定了解，特别在中西画风方面的体会尤深。他在《三巴集》中说："澳门一名濠镜，有大西小西之风焉。其礼文俗尚，与吾乡倒行相背，如吾乡见客，必整衣冠；此地见人，免冠而已。若夫书与画亦然，我之字以点划凑集而成，然后有音；彼先有音而后有字，以勾划排散，横视而成行。我之画不取形似，不落窠臼，谓之神逸；彼全以阴阳向背形似窠臼上用功夫。即款识我之题上，彼之识下，用笔亦不相同。"④ 他的《湖天春色图》即是现实生活的描绘，画面的工整与细腻程度近似西洋技法。同时，教士毕方济所著《画答》一书，是中国早期论述西洋画理论的著作。

（7）西洋音乐。近代西方音乐也随着天主教一起传入澳门。教堂音乐，最主要的乐器是风琴，中国人开始时称为"风乐"。屈大均《广东新语》有一段谈到这种乐器的情况："男女日夕赴寺礼拜，听僧演说。寺有

---

① 顾起元：《客座赘语》（卷六），《利玛窦条》。
② 印光任、张汝霖：《澳门记略》（下卷），《澳蕃篇》。
③ 《清史稿》（卷五〇四），《吴历传》。
④ 吴历：《三巴集》、《墨井题跋》，昭代丛书本。

245

风乐,藏革柜中不可见,内排牙管百余,外按以囊,嘘吸微风入之,有声鸣鸣自柜出,音繁节促,若八音并宣,以合经呗,甚可听。"此外,还有一种名为"铜弦琴"的乐器,"削竹扣之,铮铮琮琮然"。西洋音乐其后随传教士的传教活动传入内地,利玛窦觐见万历皇帝时,曾进献铁弦琴和《西琴曲意》一卷,由教士庞迪我教导宫廷乐队演唱,音色幽雅悦耳,甚获好评。最早的西洋乐理书是徐日昇和德理格编的《律吕正义续编》,康熙年间出版,讲授五线谱的有关知识,简单明了;稍加指导,人们即能读谱弹唱,很适合初学者。

三 语言文字与生活习俗的交流

1. 语言词典的编制

语言是人类交流的工具。葡人来华贸易之初,为了克服语言障碍,聘用华人为通事(翻译),协助沟通贸易渠道。但天主教士却不能依靠通事传教,必须自己学会使用中文讲解教义。他们在澳门学习中文过程中,常在中文字旁写着拉丁文注音,以便记诵。经过长期积累,逐渐编成字典。1584~1588年,利玛窦与罗明坚合编了第一部葡华字典 *Dizionario Portogheses - Cinese*,中文书名为《平常问答词意》,全书共189页,为尚未完成之作。事实上,这只不过是用拉丁文注音的中文会话手册而已。其后,1605年,北京刻印利玛窦的《西字奇迹》一书,也是以拉丁文注音的汉字字典。利马窦赠程幼博的4幅宗教画中,附有由387个汉字组成的短文,字旁也有拉丁字母注音。据研究,当时拼读中文的拉丁字母有声母26个,韵母43个,次音4个,声调符号5个。1626年,金尼阁著《西儒耳目资》,是一本以拉丁文注音的中文字典。书名的意思是方便西方人学习中文,"耳以听字之音韵,目以视字之拼合",所谓拼合,就是使用拉丁字母拼出汉字的发音。全书共三册,第一册《译引首谱》,111页,讲文字音韵学;第二册《列音韵谱》,155页,讲述如何按照字的音韵排列汉字;第三册《列边正谱》,135页,讲述使用偏旁笔画排列汉字,而注明西字拼音。① 此书比利玛窦的字典《西字奇迹》晚20年,条理更加严密,也更有

---

① 徐宗泽:《明清间耶稣会士译著提要》,上海:中华书局,1949,第321~322页。

科学性。它不但在汉字西译方面做出了贡献，对于汉字的拉丁化也产生了深远的影响。金尼阁在书中把汉字分为29个音素，以拉丁字母符号编成四类：

（1）韵母（元音）5个：

a 丫　e 额　i 衣　o 阿　u 午

（2）声母（辅音）20个：

ç 则　ć 测　ch 者　′ch 诀　k 格　′k 克　p 百　′p 魄
t 德　′t 忒　j 日　v 物　f 弗　g 额　l 勒　m 麦　n 搦
s 色　x 石　h 黑

（3）不鸣（中国人不用之辅音）4个：

b　d　r　z

（4）叠韵（双元音与三元音）45个：

ai 爱　ao 澳　am 盏　an 安　eu 欧　em 硬　en 恩
ia 鸦　ie 叶　io 药　iu 鱼　im 应　in 音　oa 阿答　oe 阿德
ua 瓦　ue 五石　ui 尾　uo 屋　ul 而　um 翁　un 无切
eao 无切　eam 无切　iai 隘　iao 尧　iam 阳　ieu 有　ien 烟　iue 月
ium 用　iun 云　oai 阿盖　oei 无切　oam 阿刚　oan 阿干　oen 阿根
uai 歪　uei 威　uam 王　uan 弯　uem 五庚　uen 温　uon 碗　iuen 远①

此书一出，中文发音更加准确，在学界引起震动。"当时文人学士视为奇书而惊异之。"这一成就使金尼阁十分高兴，他曾向人夸耀说："余应中国教友之请，曾以汉文编一字典，凡三册，使汉字与吾邦之元辅音接近，俾中国人得于三四日内通晓西洋文字之系统。此一文典式之工作，颇引起中国人之惊奇。彼等目睹一外国人矫正其文字上久待改善之疵病，自觉难能可贵也。此书且为吸引偶像教人（佛教人）进入天主教网罟之饵，前礼部尚书某公（指张尚达）捐资刊刻，并作一极有价值之序，为之增色。"②

到19世纪，欧洲人编纂中文字典工作有了更大的成就。英国人马礼逊于1807年来华传教，并学汉语、编字典、译圣经。从1817年起编纂《华英

---

① 罗常培：《耶稣会士在音韵的学术上的贡献》，《中央研究院历史语言研究所集刊》（第一本第三分册），第275~277页。
② 方豪：《拉丁文传入中国考》，《方豪文录》，北京：北平上智编译馆，1948，第226~227页。

247

字典》,到 1823 年共出版 6 卷。该书为四开大本,共 4595 页,仅从《康熙字典》中选取的汉字译成英文的,就有 4 万字之多,工程浩大,成就卓著,为中西文化交流做出了贡献。马礼逊本人也因此受到了英王乔治四世的高度评价和嘉奖。①

文化交流总是双向的。一方面欧洲人在学习汉语,另一方面,中国人也在学习葡语。有些中国商人因为同葡萄牙人做生意,"久居澳地,渐染已深,语言习尚,渐化为夷"。②中国人学葡文,讲葡语,也采用汉字注音的方法,编有语言小字典。乾隆前期出版的《澳门记略》一书,篇末附有"澳译",即葡语常用单词表,分为天地类、人物类、衣食类、器数类和通用类 5 种,共收入单词 395 个。所注汉字,须用广东音读。现按分类略举数例如下:

类　别	葡语原意	葡文	汉字注音
天地类	天	Ceu	消吾
	海	Mar	孖剌
	日	Sol	梭炉
	岛	Ilha	以里丫
	关闸	Portas do Cerco	波打赊芦古
	议事亭	Cidade	事打的
人物类	父	Pai	摆
	母	Mãe	买
	男人	Homem	可微
	兵头	Governador	个患多虑
	皇帝	Imperador	燕罢喇多卢
	水手	Marinheiro	骂利也路
衣食类	丝	Seda China	些大机拿
	酒	Vinho	尾虐
	烟	Tabaco	大孖古
	鸦片	Opio	亚荣
	茶叶	Chá	渣些古
	早饭	Almoça	亚路无沙

---

① 参见《马礼逊回忆录》(第二卷),郑州:大象出版社,2008,第 254~255 页。
② 张汝霖:《请封唐人庙奏记》,转引自印光任、张汝霖《澳门记略》(上卷),《官守篇》。

248

续表

类　别	葡语原意	葡文	汉字注音
器数类	笔	Pincel	变些立
	纸	Papel	霸悲立
	眼镜	Óculos	恶古路
	自鸣钟	Relógio	列罗西吾
	船	Embarcação	英巴家生
	刀	Faca	化加
通用类	买	Comprar	公巴喇
	卖	Vender	湾爹
	有	Ter	丁
	无	Não ter	哝丁
	笑	Rir	哩
	死	Morrer	磨利

2. 社会生活的交流

（1）饮食。澳门葡人的饮食习惯，与华人迥然不同。他们喜甘辛，多糖霜，以丁香为糁。进餐时，各人围坐一桌，桌铺白布，洒以蔷薇露或梅花片脑等香水，每人面前置放碗碟刀叉。候黑奴送上食品，各人用饭叉取食，食毕用白毛巾揩手。每周5日荤食，2日素食。所谓素食，是指禁食牛肉和猪肉，但不禁食鱼虾。进餐后，将残羹剩饭倒入一个马槽形的长盘中。这时男女黑奴以手捞食。葡人一般饮用葡萄酒佐餐，通常注入高脚玻璃杯中饮用。

（2）服饰。葡人男子着西装，"以黑毡为帽，檐折为三角，饰以錾花金片，间用藤形，如笠而小，蒙以青绢。衣之制，上不过腹，下不过膝。多以羽毛、哆罗、辟支（即哗叽）、金银丝缎及佛山所织洋缎为之，边缘以锦金银钮联缀，胸腋间裹以白衫。袖属于腕，折叠如朵莲。裤袜用织文束迫，如行縢（即绑腿布）。躧黑革屦约以金银屈戍。衣裤皆有表里，虽盛暑袭之数重，里有小囊，贮鼻烟壶、自鸣钟诸物"。① 妇女的衣着比较单薄，"隆冬惟一衫，仅及腰。下裳三重：一至膝，一掩胫，一覆其足，以五色洋绢为之。髻盘于额，希用簪。无珥，为华靥，贴穿孔前后。手金钏。初皆跣足不袜，近有丹其革以为履者，然短不纳趾。出则以锦帕蒙诸首，谓之巾缦"。又据

---

① 印光任、张汝霖：《澳门记略》（下卷），《澳蕃篇》。

叶权《游岭南记》描写葡人服饰："顶红帽，着裤袄，以撒哈喇为之，或用云彩绸缎凿梅花八宝之类于其上，皆鲜艳美好。足登革履，俱勾身为便利，以软皮为指套，套掌上。有时左手持念珠，右拽一杖。天稍寒，则戴毡笠子，披氅衣，如袈裟。富者用红撒哈喇，以紫剪绒缘领，胸前缀金锁杂饰，戒指镶以西洋宝石，香油涂身，腰悬八剌乌，长咫尺，以金银错之，其色稍黑，乃匕首有毒者。随四五黑奴，张朱盖，持大创棒长剑。剑之铁软而可屈，纵则复伸。"① 黑奴衣着最为简单，"男女皆衣布，无冠履，色尚白，朱紫次之，青又次之，用诸凶服"。白人喜欢佩刀，带长刀，刀尾曳地，高贵者则手握藤杖，妇女则持数珠或羽扇。

（3）大主教。天主教教区大主教被中国人称为"法王"，在澳门有很高地位，凡澳门的重大事件或案件，葡人总督及其他官员无法决定，或出现争议之时，往往投诉于法王，法王做出决定则有如一锤定音，葡人奉之唯谨。法王在澳门市面行走也气势非凡，"张盖树幡幢，僧雏拥卫之，男女见者辄前跪捧足，俟过然后起。法王或摩其顶，以为大幸。妇女尤信向之"。

（4）教士衣着。澳门教堂甚多，各个教堂的教士衣着装扮也不尽相同，圣保禄堂教士削发、披青、冠斗帽。圣奥斯定堂教士亦削发蒙毡，内衣白而长，外覆以青。圣母玫瑰堂教士不冠，曳长衣，外玄内白，复以白布覆其两肩。噶斯兰庙（伽思兰庙）教士穿粗布衣，带索草履，不冠不袜，出入持盖。教士有的全剃光头，有的只剃光头顶，其他如大堂（即大庙）、圣老楞佐堂、圣安多尼堂、支粮庙（仁慈堂）等教堂，全都秃顶而圆帽，披长青衣，无妻室。各个教堂都有一些进入内地从事学术传教的有学问的教士，他们懂华语，留髭须，着儒服，俨然一副学士文人的打扮。

（5）宗教仪式。葡人奉天主教，甚为虔诚。澳门宗教节日多，仪式也很隆重。教徒身上都有一个小十字架挂在胸前，每7日做一次礼拜。届时，男女教徒分别到各个教堂去，长跪地上，聆听神父说教。一年之中，各个教堂均一次或几次主办天主出游仪式。每次游行的前夕，由主办的教堂派人至圣奥斯定堂迎奉天主像至本教堂，燃灯达旦。第二天，全澳教徒聚集该教堂，由黑奴抬天主被难像前行，随后有教童诵圣经，又有教童扮

---

① 叶权：《贤博编》，北京：中华书局，1984，第45页。

成披着长发而有双翼的天使，来回腾跃。教士手持香烛步随其后缓缓行进。又由年长的教士手抱耶稣像，随后有人群簇拥游行。每年3月15日为天主被难节，教堂钟沉寂，至17日才恢复鸣钟之例，在这期间，澳门所有教徒均不食酒肉。

（6）礼仪。凡中国官员巡视澳门，迎接仪式十分隆重。全体澳葡官员列队迎于三巴门外，三巴炮台燃放大炮三、五、七发致敬。鸣鼓，一人舞旗，队长舞枪前导，入谒则左右列座。中国官员登炮台，则葡兵整队相迎、吹号、操演队列。

（7）西洋礼节。西人相见脱帽以为礼。

（8）年历。奉行公历。一年365天分为12个月，以元旦为岁首，插柳叶于户，人相贺岁，四时无节令，春秋也无祭祀祖先之例。

（9）婚丧。葡人重女轻男，由女子操家政，女主人死后亦由女子继承产业，男子出嫁女家。又乐于同华人通婚，凡召得华人为女婿，亲友同贺。由于华洋杂居，往往有洋人"己居楼上，而居唐人其下，不以为嫌"，① 于是出现华洋通婚现象。婚姻不由媒介，男女自由恋爱，结婚时到教堂举行婚礼。澳门有3所教堂，即圣安多尼堂、大堂、圣老楞佐堂，均行使主持婚礼的职能。家有丧事，号哭不过7日，不举炊，由亲友送食品充饥。不用棺材置殓，抬尸至支粮庙，以布帛覆罩入葬。富人向教堂捐钱多，可获准在教堂墓地安葬，穷人则在教堂墓地以外入葬，一年后再移葬其他地方。

澳门在16～18世纪中西文化交流的第一次高潮中，确实起过非常重要的作用。事实上，直到19世纪中期为止，澳门均是中西文化交流的中心。但随着鸦片战争后香港的割让，以及众多贸易口岸的先后开放，中西文化交流变成了多渠道进行，澳门在这方面的地位和作用就不再那样突出了。

---

① 印光任、张汝霖：《澳门记略》（下卷），《澳蕃篇》。

中西文化在澳门的碰撞与融合

一 澳门人对西方文化的包容

  1557年以后,澳门成为一个华洋杂居的海港城市。中外商人在共同促进澳门经济繁荣的同时,也促进了澳门文化的繁荣。但澳门文化再也不是简朴的渔港文化了。当时有大约二十多个国家的商人先后来到澳门。其中有欧洲的葡萄牙、西班牙、英国、法国、荷兰、俄国、丹麦、意大利等国,美洲的美国,非洲东部的索马里,以及亚洲的阿拉伯半岛、印度半岛、印尼群岛、马来半岛、中南半岛、菲律宾群岛和日本群岛的国家。国家众多,遍布世界四大洲。但是澳门主体文化有两种:一是中国传统文化;二是以葡萄牙人为代表的西方基督教文化。因为葡萄牙人是澳门的长期居留者,而其他欧洲、美洲、东亚、东南亚、西亚和非洲国家人数极其有限;因此在澳门很明显是中国的和西方的文化共存于一个地方,而各自保存其本身的特色。葡人居留澳门,目的是从事贸易,但他们长期居留,生息繁衍,带来了西方生活方式:住洋房、着洋服、吃西餐、执洋礼、说洋话、写洋文,以及建教堂、办学校和设医院等。这就给澳门带来浓厚的西洋文化气氛。当时澳门华人仍按中国传统方式生活,并用惊讶的眼光注视澳门出现的西方文化,认为葡人"诡形异服,弥满山海,剑芒耀日,火炮震天,喜则人而怒则兽,其素性然也"。[①] 因而特别注意多加提防。这是中国人与西方文化接触之初所存在的一种心态。

  但中西文化既然共处一地,就必然相互产生潜移默化之影响。西方文化

[①] 庞尚鹏:《百可亭摘稿》(卷一),《陈末议以保海隅万世治安疏》,清道光壬辰年刻本。

之所以能获得中国人的好感,因为人们对西方人及其文化感到新奇,其中许多新科学、新知识能使人耳目一新,大为赞叹。不少人为之倾倒,而学习它。此外,葡人的贸易活动所带来的丰厚商利,葡国大帆船运来许多外国的奇异花木、珍贵产品,又大大丰富了人民的社会生活,因此也深深吸引中国人接近他们。渐渐地便有中国人穿洋服、习洋文、进洋学堂、信奉洋教,乃至出洋留学,学习西洋科学知识;同样,也有洋人穿汉服、讲汉语、研究汉学、翻译中国典籍等。华洋通婚的事也时有发生。这些说明中国人对西方文化并不是反对,而是包容,就如同对待之前进入中国的其他文化一样。可见,澳门使中西文化在长期共处中自然得到相互渗透与融合。大体上双方是通过中葡商人生意交往,相互沟通,进而习染对方文化。

葡人居留澳门后,东南沿海的粤、闽、浙等省商人纷纷聚集于澳门,其中尤以福建商人的势力最大。1564 年庞尚鹏称:"其通事多漳(州)、泉(州)、宁(波)、绍(兴)及东莞、新会人为之,椎髻环耳,效番衣服声音。"①《澳门记略》说:"其商侩传译、买办、诸杂色人多闽产,若工匠、若贩夫、店户,则多粤人。赁夷屋以居,烟火簇簇成聚落。"胡平运更说:"而大蠹则在闽商,其聚会于粤,以澳为利者,亦不下数万人。凡私货通夷,勾引作歹,皆此辈为之。"② 屈大均也说,葡人"诸舶输珍异而至……每舶载白金巨万,闽人为之揽头者分领之,散于百工,作为服食器用诸淫巧以易瑰货,岁得饶益"。③ 一些中国商人唯利是图,大做走私生意,"有见夷人之粮米牲菜等物,尽仰于广州,则不特官澳运济,而私澳之贩米于夷者更多焉。有见广州之刀环硝磺铳弹等物,尽中于夷用,则不特私买往贩,而投入为夷人制造者更多焉。有拐掠城市之男妇人口,卖夷以取货,每岁不知其数,而藏身于澳夷之市,画策于夷人之幕者更多焉"。④ 由此可见,由于中国商人到澳门做生意,并受雇于葡人,充当买办、通事、工匠等,而与葡人频繁接触,进而习染其文化,穿洋服、讲葡语;当然葡人也有穿汉服、讲汉语的。

同时,葡人"于澳门建造屋宇楼房,携眷居住,并招民人赁居楼下,

---

① 庞尚鹏:《百可亭摘稿》(卷一),《陈末议以保海隅万世治安疏》,清道光壬辰年刻本。
② 史澄:《广州府志》(卷二二二)。
③ 屈大均:《广东新语》(卷二),《地语·澳门》,广州:广东人民出版社,1991,第 33~34 页。
④ 郭尚宾:《郭给谏疏稿》(第一卷),岭南遗书本,第 12~17 页。

岁收租息"。赴澳贸易的内地商人自然都租住这些洋房，而与葡人成为上下邻居，朝夕相处，融洽无间，不但互相影响，甚至互通婚嫁。葡人认为东方女性纯良温顺，乐于娶中国女子为妻，也很乐意把女儿嫁给中国人。他们往往因为"得一唐人为婿，皆相贺"。① 可见两国人民在澳门的友好相处。总之，两国人民通过贸易往来频繁接触，使文化习俗相互影响，这应是澳门中西居民文化融合的一个主要的表现形式。

二　传教士融汇东西方文化的努力

　　葡人居留澳门后，便开始输入西方文化，进行传教活动。至1562年，澳门葡人建造了3座简陋的教堂，共有天主教教徒600人。同时澳门葡人促使罗马教皇于1567年颁布谕旨，成立澳门教区，任命葡萄牙耶稣会士贾内劳为主教，负责远东地区的传教事务。1566年至1569年间，教会在澳门建造了麻风院、仁慈堂和白马行医院（又称医人庙），这是教会为了吸引信徒而从事的最初的慈善事业。不论患者是否为教徒，均予收容治病，这样就沟通了教会与民众的关系。此后澳门的教堂愈建愈多，其中最宏伟的一所为圣保禄教堂（俗称三巴寺）。该堂始建于1563年，分修道院和教堂两部分，由5座相互连接的建筑物组成。每当举行宗教仪式，参加礼拜者达300人，故成为遐迩闻名的远东教区大本营。凡澳门教士，都被视为三巴寺僧。方颛恺所咏《澳门诗》中，有"相逢十字街头客，尽是三巴寺里人"之句，足见圣保禄教堂教士与信徒之多。

　　范礼安、利玛窦等耶稣会士也在澳门努力促进中西文化的融合。他们是西方文化的第一批代表，来到澳门以后，发现中国是一个前所未见的伟大文明古国。范礼安、利玛窦等西方耶稣会士原来以为西方文明是唯一辉煌灿烂的文明，而东方只是居住着原始文明的人群。他们来东方时曾公开宣称："我们耶稣会同人依照本会成立的宗旨，梯山航海，做耶稣的勇兵，替他上阵作战，来征服这崇拜偶像的中国。"② 如今他们发现："在亚洲之极还有另一种文明，并不次于……希腊拉丁文明，这不仅是说它完美无缺，而且更严

---

① 印光任、张汝霖：《澳门记略》（上卷），《官守篇》。
② 裴化行：《利玛窦司铎和当代中国社会》，王昌社译，上海：东方学艺社，1943，第1～3页。

中西文化在澳门的碰撞与融合

重的是它极其古老!"① 中国的文明超越了他们欧洲人的文明,这使得耶稣会士原有的那种狂妄自大和优越感一扫而尽。当时在澳门负责传教事务的范礼安是第一个表示崇拜中国文明的人,对中国的古老文明大为赞叹。他向刚到澳门传教的利玛窦介绍中国文明有七大优越之处:

一、它是由单独一个国王统治的领土最辽阔的国家;
二、它是人口最多的国家;
三、全世界也没有哪个国家比它更富饶,更丰衣足食;
四、物产丰富,似乎没有哪个国家可以相比;
五、似乎没有哪个地区比得上中国山川壮丽、国泰民安;
六、居民是世界上最勤劳的;
七、中国在已发现的国家中是最和平、治理得最好的国家。②

著名传教士利玛窦也说:"看见在中国实现了柏拉图仅仅理论上设想的事情,即,作为真正牧民者的'哲人'占统治地位。"③ 因此,传教士决心主动靠近中国文化,尊重中国文化,刻苦学习中国文化。1565年他们在澳门创办圣保禄公学,后来于1594年改名圣保禄学院,号称远东第一所大学,学院的主要功能就是培训来华传教士,而汉语言文化又是必修的课程。利玛窦到澳门后,也曾在学院进修。他禀赋超凡,不仅精通汉语,深刻领悟儒家学说,还把儒家经典四书翻译成拉丁文。他认为孔子是一位博学的伟大人物,而四书"是四位很好的哲学家写的,书里有很多合理的伦理思想"。④ 利玛窦尊崇儒学,熟识儒家礼仪和习俗,身着儒装,头戴方巾,自称"西儒",会客时用秀才礼节。他充分肯定和赞赏中国文化的正统儒家思想,认为儒家不是一种宗教,而是建立在"自然法则"基础上的一种哲学。他极力反对佛教和道教的偶像崇拜,但不反对敬天、拜孔和祭祖。利玛窦深知天主教与中国固有文化之间存在巨大差异,感到在中国人中间传播福音,规劝他们信奉天主教,绝非易事。他从自身经验体会到,唯一有效的办法就是努力找出天主教

---

① 裴化行:《利玛窦评传》,管震湖译,北京:商务印书馆,1993,第63页。
② 裴化行:《利玛窦评传》,管震湖译,北京:商务印书馆,1993,第66~67页。
③ 裴化行:《利玛窦评传》,管震湖译,北京:商务印书馆,1993,第71页。
④ 罗光:《利玛窦传》,台中:光启出版社,1960,第71页。

义和儒家学说之间的共同点或相似之处，以此说服中国人，让他们相信天主教与中国固有文化同根同源。于是，利玛窦和他的教友们制定了尊孔联儒的传教方针，企图把天主教义与儒家文化融合。在其主要著作《天主实义》、《畸人十篇》和《二十五言》中，他大体上采取了四种方法融合中西文化。一是以天主教义附和儒家学说。例如利玛窦论证了中国人祭天、祭祖先是讲求忠孝，是一种道德，符合理性。而且天即上帝，也与西方的天主相合。二是以天主教义补充儒家学说。例如儒家讲"善恶报应"，是从个人道德修养上讲"修身"或"明德"之必要。而利玛窦讲"善恶报应"，则引申到"论死后必有天堂地狱之赏罚以报"（见《天主实义》第六篇）。三是宣传天主教义超越儒家学说。例如儒家以追求"内在超越"为目标，即通过内在的道德修养成为完人，而利玛窦则认为一个人仅仅靠自身内在的道德修养是不够的，还必须有外在的超越力量即上帝来推动，由此说明信仰上帝的必要。四是修改天主教义以适应儒家思想。例如对儒家祭祀的迁就和辩护；将天主比附为上帝、天；修改天主教的"原罪说"，使之接近于儒家传统的"性善说"；等等。

利玛窦和其他耶稣会士依靠澳葡商人提供资金，在澳门和内地大力开展传教活动，迅速打开了局面。就连当时明朝政府中的官员徐光启、李之藻、冯应京等大儒，在读了融天主教义和儒家学说于一炉的《天主实义》等著作之后，也纷纷皈依天主，拜倒在利玛窦门下。清朝初年，据杨光先的报告，有30所大教堂遍布全国大中城市，教徒达15万左右。作为传教基地的澳门有教徒"盈万人"，并在1578年建立了华人教堂，中国称为"唐人庙"。这是一所华人进行宗教活动的教堂，由三巴寺的教士负责管理，用华语传教，吸收华人教徒。当时中国人入天主教有两种情况：一种是住在澳门的华人进教；另一种是附近南海、番禺、东莞、顺德、新会、香山等县居民每年一次到澳门入教。入教与西化关系密切，入教就是接受西化：

> 其在澳进教者，久居澳地，集染已深，语言习尚，渐化为夷。但其中亦有数等，或变服而入其教，或入教而不变服，或娶鬼女而长子孙，或藉资本而营贸易，或为工匠，或为兵役。又有来往夷人之家，但打鬼辫，亦欲自附于进教之列，以便与夷人交往者。①

---

① 印光任、张汝霖：《澳门记略》（上卷），《官守篇》。

很明显，华人进教不仅仅是对基督信仰的皈依，也是对西方文化的认同。因此天主教士传教的过程，也是西方文化在东方扩展其影响的过程。同时，澳门教区当时实际上兼管着珠江三角洲6县的传教事务，华人受洗后，不但在澳门积极参加宗教活动，还常常陪同西洋教士进入内地传教，充当洋教士的向导和翻译。如广东新会人钟鸣仁、钟鸣礼兄弟同其父一起在澳门进教后，先后伴随利玛窦、罗明坚、王丰肃、郭居静等人传教于广东、江西、南京和浙江等地，又居住北京传教六七年之久。

当然，文化交流总是双方面的，外国传教士西化了中国教徒，中国人民也汉化了来华的传教士。这些传教士开头只是出于传教的需要而不得不学中文、讲华语，竭力适应中国的风俗习惯，甚至使自己变成"中国人"。但当他们钻研中国典籍，了解中国国情之后，便深深地被它的悠久的历史文化所吸引。于是，他们努力使自己成为汉学家，积极将中国文化推介于西方。因此，天主教在中国的传教活动所造成的文化影响是双重的：它使西方文化传入中国，也使中国文化传入西方。

三 礼仪之争——中西文化交流的噪音

然而，中西文化之间毕竟存在差异，中国传统文化敬天尊孔，信仰多神；而西方文化则独尊天主，排斥异端。双方的义理根本对立，难免产生矛盾。利玛窦主持中国传教事务时，用调和的方法，暂时缓和了双方的矛盾，从而取得了传教的进展。但矛盾是客观存在的，总是要爆发出来。事实上，利玛窦在世时就有传教士背弃他的方针，自作主张不许教徒敬天、祭祖和拜孔，导致一些地方民众提出抗议。1610年利玛窦去世后，他所奉行的传教方针立即在天主教各个教派之间引发一场大争论，这就是所谓的"礼仪之争"。争论的焦点是如何对待教徒敬天、拜孔和祭祖等问题。利玛窦认为这是中国人的民俗，与宗教信仰无关，因此允许中国的天主教徒继续保留这种习俗。他的这种观点一方面是出于对中国传统文化的理解和尊重，另一方面也是从天主教在华传教大局出发，只有这样做，天主教才能站住脚跟。而意大利传教士龙华民等人则不体谅利玛窦尊孔联儒的良苦用心，认为这是迷信活动，力主严禁教徒参加。后来围绕着这个所谓礼仪问题，传教士划分为两派。赞成利玛窦的看法的几乎全是耶稣会士。澳门葡人从一开始就全力支持

镜海微澜：黄鸿钊澳门史研究选集

利玛窦派。因为只有尊重中国民俗，同中国人保持良好关系，葡人才得以在澳门安居。而反对派方面，包括方济各会、多明我会、巴黎外方传教会等派的传教士，其中也有个别耶稣会的教士站在反对派一边。两派争持不下，互不相让，又各自向罗马教廷报告，请求支持。从1645年至1669年，先后有三位教皇被卷入这场争论之中。他们各自下了一道圣谕，其中，教皇英诺森十世1645年的圣谕禁止教徒参加拜孔和祭祖的礼仪；而教皇亚历山大七世的圣谕则表示允许教徒参加拜孔和祭祖的礼仪；克莱蒙九世则对他两个前任的意见都予以肯定，反映了教廷对这场争论态度暧昧，拿不定主意。但争论的双方却势成水火，不肯罢休。这场礼仪之争，除了因教义的分歧之外，还有深刻的政治和历史背景。反对派对利玛窦和耶稣会在华成功传教心存嫉妒，总想通过礼仪之争消除利玛窦的影响，取代耶稣会在华传教地位。而站在方济各会、多明我会和巴黎外方传教会背后的法国和西班牙等国，也想借此打击葡萄牙在澳门的地位。

礼仪之争破坏了利玛窦所建立的中西文化间的和谐关系，那些反对利玛窦传教方针的人，一改平等友善的态度，用高势位的姿态傲视东方，一味歧视、排斥东方文化，必然引起中国人民的不满和疑虑，挑起中西文化的对立，直接导致教案的频频发生。青洲事件就是一例。青洲原是澳门西北部的一个小岛，葡人居澳后，常到岛上打猎，乃至偷建房屋。1604年，圣保禄学院院长卡尔瓦略和东方巡教总监凡列格纳诺看中了这个地方，未经中国政府允许，私自在岛上建造教堂，"高六七丈，闳敞奇闳。"① 当时人们以为这是一座城堡，十分不安。1606年的一天，正当葡萄牙人在新建教堂进行宗教活动时，中国驻澳门官员率领一批人来到岛上，烧毁这座非法建造的教堂及其他居室，并将教堂里悬挂的圣像撕毁。教堂修士将被撕毁的圣像带回澳门去进行煽动，高喊要报仇雪恨。许多葡萄牙人和天主教徒手拿棍棒，冲砸中国官员住所，暴打官员，大肆抢掠财物，并把官员抓到神学院。后经香山县和澳门议事会当局出面调停，方才放回官员。②

青洲事件尚未平息，与耶稣会对立的奥斯定会又在澳门散布谣言，说耶稣会士郭居静策划暴乱，联合一批葡萄牙人，勾结荷兰、日本军舰，密谋进

---

① 印光任、张汝霖：《澳门记略》（上卷），《形势篇》。
② 徐萨斯：《历史上的澳门》，黄鸿钊、李保平译，澳门：澳门基金会，2000，第45~46页。

258

攻中国。他要首先杀尽澳门的中国人，然后进攻广州，劫掠财物，并利用内地信徒为内应，准备接管中华帝国，自立为君主。消息传开，澳门人心惶惶，居民纷纷离去。几天之内，澳门便只剩下葡萄牙人和黑奴。两广总督闻讯，立即召开紧急会议，讨论对策。总督下令集合广东全省水陆军队，严加防备；又下令拆除广州城墙外面的全部房屋，封锁澳门，中断一切贸易和粮食供应，禁止任何人接待从澳门来的人，特别禁止接待外国传教士。澳葡当局承受不了这种巨大压力，派了一个谦恭的代表团前往广州，畀以厚币，贿赂地方官员。广东地方政府也派官员前往澳门实地调查，见到郭居静本人，听了他的解释，确定这是谣言之后，才解除封锁，恢复贸易，澳门的紧张局势方才得以缓和下来。①

16世纪以后，中国频频发生教案。其中南京教案是比较重大的一次。1616年，南京礼部侍郎沈㴶反对天主教，指控的罪名有：西方传教士不祭祀祖宗，不孝敬父母，参与修改历法违背中国传统黄历，"势必斥毁孔孟之经传，断灭尧舜之道统"。沈㴶是佛门弟子，鉴于原信佛教的杨廷筠改奉天主教，觉得有损佛门颜面，一怒之下，举起了反天主教的大旗。他的第一次奏章被驳回后，索性采取先斩后奏，首先在南京大肆搜捕教徒，横加罪名，然后上报处理。不少传教士和教徒受到迫害。直至1622年沈㴶被革职，南京反教事件才暂告平息。1664年又发生教案。起因是杨光先向礼部参劾汤若望等教士密谋造反、邪说惑众、缪修历法等罪状。结果，传教士受到很大打击。

康熙亲政以后，重新恢复对传教士的礼遇，逮捕鳌拜，为汤若望平反，重用南怀仁为钦天监监正，后升工部右侍郎。但康熙采取的开明宗教政策，并没有使一部分天主教士停止过激行为。17世纪末，天主教内部的礼仪之争出现了一个转折点。1693年，巴黎外方传教会的颜珰担任福建教区代牧后，发布七条告示，严禁教徒祭祖、拜孔。② 耶稣会士拒不执行颜珰的七条禁令。1700年，闵明我、徐日昇、安多、张诚等耶稣会士联合奏报康熙皇帝称，他们坚持利玛窦尊孔联儒的做法，请求支持。康熙看到奏折，立即批示："所写甚好，有合大道，敬天及事君亲、敬师长者，系天下通义，这就

---

① 徐萨斯：《历史上的澳门》，黄鸿钊、李保平译，澳门：澳门基金会，2000，第46~47页。
② 杨森富：《中国基督教史》，台北：商务印书馆，1978，第134页。

是无可改处，钦此。"① 康熙皇帝公开表态支持耶稣会，消息传到欧洲，罗马教廷十分恼火。1704年，教皇克莱蒙十一世签署文件，严禁中国教徒使用"天""上帝"称天主；禁止礼拜堂内悬挂有青天字样的匾额；禁止教徒拜孔和祭祖；禁止牌位上有灵魂等字样。② 他还派使节多罗到中国公布禁令。康熙大怒，下令将多罗囚禁于澳门，颜珰也被逮捕，并被驱逐出境。康熙皇帝同时命令全国传教士进行登记，以便加以控制。凡没有登记的传教士，"驱往澳门安插，不许存留内地"。此后教皇克莱蒙十一世于1715年和1720年两次派遣使节前来交涉。康熙始终没有屈服。由于罗马教廷无视中国传统礼仪和社会特点，干预中国内政，触动中国传统文化的根基，尤其是罗马教皇那种目空一切、君临天下的傲慢态度，激起许多士大夫的不满。其结果是康熙皇帝于1720年宣布禁止传教。以后雍正、乾隆、嘉庆、道光年间一再颁布限制和禁止传教的命令，使天主教传教事务一落千丈。

澳门是天主教在远东的传教基地，这个基地是葡萄牙人一手建立起来的。其后利玛窦和耶稣会士的传教活动，又是在获得澳门葡萄牙人的经费资助下开展的。因此澳门葡萄牙人在天主教内部礼仪之争中，始终站在利玛窦派一边，没有禁止教徒拜孔和祭祖等过激行动。清朝政府也把澳门看作特殊地区，虽在内地禁止天主教，但认为澳门"天主教礼拜诵经，乃该国夷风，彼自循其俗，我天朝原不禁止"，澳门宗教活动依然十分活跃。据《澳门记略》记载，澳门天主教"每七日一礼拜，至期，男女分投诸寺，长跪听僧演说。岁中天主出游，三巴则以十月，板樟以三月、九月，支粮三月，大庙则二月、五月、六月凡三。出游率先夕诣龙松庙，迎像至本寺，燃灯达旦，澳众毕集，黑奴异被难像前行，蕃童诵咒随之。又以蕃童象天神，披发而翼，来往腾跃，诸僧手香烛步其后。又用老僧抱一耶稣像，上张锦棚，随众如前仪。岁三月十五日为天主难日，寺钟胥喑，越十七日复鸣，诸蕃撤酒肉三日，虽果饵噉不至饱。"③ 宗教活动场面之热烈，跃然纸上。

当时传教士从欧洲来到澳门，进入圣保禄学院培训后，即分赴各地传教。而当传教活动受挫，澳门又成为传教士的庇护所，他们在这里躲避风

---

① 黄伯禄：《正教奉褒》，上海：上海慈母堂铅印本，1894，第123页。
② 王治心：《中国基督教史纲》（第十二章），上海：上海古籍出版社，2007，第136页。
③ 印光任、张汝霖：《澳门记略》（下卷），《澳蕃篇》。

头,等待时机一到,便重入内地进行传教活动。康熙皇帝在内地禁止天主教以后,澳门天主教依然享有几十年的自由传教权利,发展了大量中国教徒。

但当时全国反天主教的形势逼人,澳门也难免受到影响。1746年,福建发现天主教士卷土重来,进行传教活动。多明我会士白多禄在福安发展教徒2000多人。福建当局逮捕白多禄等14人,奏请将主教正法。乾隆皇帝谕令处决白多禄等人,同时下旨在全国严厉查禁天主教。当时代理澳门同知的张汝霖经过调查,发现了澳门"唐人庙"的秘密。唐人庙即进教寺,原是圣保禄教堂管理的一座小教堂。康熙五十八年(1719年)由中国教徒集资重修,重修后由一个被称为林先生的中国教徒负责管理。林先生入教后取洋名咭犬叽吵,同他的儿子和另一名教徒住入教堂,以行医为名进行传教。教徒除澳门本地的华人外,部分来自珠江三角洲的南海、番禺、东莞、顺德、新会、香山各县,还有少数人来自外省。每年复活节和圣诞节,各地教徒接踵而来,礼拜之后,向林先生取经诵习。澳门华人教徒久居当地,长期与葡人往来,深受西方文化影响,有的人还在澳门有点地位。如周世廉,外号卖鸡周,洋名安哆弥因离地,娶葡人之女为妻,担任葡人商船船长,经常出洋贸易。张汝霖查明情况以后,将澳门唐人庙传教问题报告广东地方政府,提出了如下的处置意见:

(1)封锢唐人庙,教堂中的神像和经卷或焚烧,或交葡人领回。

(2)通告珠江地区各县人民不许前往澳门礼拜,违者拿究;以前去澳门入教之人,许令自新,再犯加倍治罪。

(3)凡查获在乡村、城市私自进行礼拜诵经,以及聚众传经者,以左道问罪。

(4)凡在澳门入教的教徒,勒令出教,回籍安插,教徒已经同葡人之女结婚者,勒令易服出教,待其妻去世后回籍。

(5)饬令澳葡当局头目将葡人聘用华人做工情况造册登记申报,并保证不私自藏留、不拉拢入教。

广东地方政府批准了张汝霖的处理意见,同时饬令澳葡当局今后"不得引诱内地民人在澳习教,及将封禁之进教寺擅行私开,致干天朝法度"。1749年,香山县又拟定澳门治安条例刻石颁布。其中第十二条规定:"禁设教从教。澳夷原属教门,多习天主教,但不许招授华人勾引入教,致为人心风俗之害,该夷保甲,务须逐户查禁,毋许华人擅入天主教,按季取结缴送。倘敢故违,设教从教,与保甲、夷目一并究处,分别驱逐出澳。"① 这样一来,教士们在澳门向华人传教也被取缔了。这次查封澳门唐人庙事件与福建教案相比,显然本着处理从宽、惩前毖后的方针。它虽然禁止澳门天主教士向华人传教,但并没有禁止澳门天主教的其他宗教活动。同时,澳门从1557年开始的中西文化的融合和交流也没有因此而停止。

康熙禁止教士传教,但没有断绝中西文化交流,仍允许经过登记注册的教士留在内地,施展其学识才干,为朝廷效力。因为他显然认识到,吸收西方文化的优秀成果,吸纳别人之长处,能够更加丰富本国的传统文化。这种"弃其宗教而用其专长"的政策,被其后的雍正、乾隆、嘉庆等皇帝沿袭下来。与此同时,又鉴于澳门是外国人进出中国的孔道,外国教士前来澳门等候进京供职,或从外地来澳门等候搭便船回国的有关事宜,均责成澳门同知加强监督管理,以防止教士借故逗留澳门,滋生事端。1781年间,乾隆皇帝鉴于在京效力的西洋人逐渐少,谕令广东官员注意访查学有专长的西洋人,经过澳门同知、香山知县初步考察,再送省查验合格,然后进京供职。澳门同知除了负责选送有才能的洋人进京之外,还肩负着安排和监督外国人离开澳门回国的任务。这方面的工作也是十分艰巨和复杂的,稍有疏忽,便会被传教士钻了空子。但总的来说,传教士的活动在澳门同知的控制之下,严格而有序地进行着。

禁教令一直延续至鸦片战争时期。由于禁令时紧时松,贯彻不力,澳门传教士仍在秘密传教。据1810年统计,有欧籍教士31人在中国内地16个省秘密活动,招收教徒25.5万人。到1839年6月,教徒估计达30万人。而澳门在1830年估计有6090名中国教徒,其中有7名中国神父。

四 中西文化的多元共存

中国传统文化在澳门有着悠久的历史,而在葡萄牙人居留澳门以后,澳门引进了西方盛行的上帝信仰。之后,基督教(新教)、伊斯兰教、巴哈伊

---

① 印光任、张汝霖:《澳门记略》(上卷),《官守篇》。

中西文化在澳门的碰撞与融合

教、白头教也相继传入澳门。从此，信仰的多元化现象便在澳门长期存在。

当时往来澳门港口贸易的虽然有二十多个国家，遍布世界四大洲，但是澳门主体文化不过有两种：一是中国传统文化；二是以葡萄牙人为代表的西方基督教文化。而其他欧洲、美洲、东亚、东南亚、西亚和非洲国家和地区的文化的影响则较小。各种宗教信仰均有文化差异。其中中国人的神佛信仰与欧洲人的上帝信仰水火不相容。神佛信仰允许崇拜多神，而天主教则只允许信奉上帝，反对崇拜其他任何偶像，甚至反对其信徒祭祀祖先。因此这两种宗教文化本质上是相互对立的。但他们能够在澳门和平相处，长期共存，主要得益于双方的文化包容政策。

中国传统文化蕴含包容思想。天主教在中国传教之初，虽然也招致国内一些人士的强烈反对，但信奉多神的中国人对这种外来宗教总的采取宽容态度，还有人受洗入教。康熙皇帝又特别罗致了一些有学识的传教士在朝廷做官，等等。这也同利玛窦的灵活传教策略有关。利玛窦发现偶像崇拜在中国民间习俗中根深蒂固，为了传教事业的开展，而不得不默许受洗的中国教徒祭祀祖先。这种特殊的宗教政策，帮他克服了传教活动中的许多困难，使天主教在中国初步立住脚跟。不过利玛窦死后，一些新来的传教士在罗马教廷的支持下，修改了利玛窦的传教策略，明确宣布不许中国教徒拜神祭祖，以致康熙皇帝一怒之下宣布禁教。即便如此，中国政府也只是禁止内地天主教吸收中国人入教，而并没有禁止居留澳门的外国人的宗教活动，当时澳门教堂林立，宗教活动十分频繁。18 世纪中叶印光任和张汝霖所著《澳门记略》曾对此有翔实的记载。书中首先提到三巴寺（圣保禄教堂）是澳门最大的教堂，有"僧寮百十区，蕃僧充斥其中"，另外还提到小三巴寺（圣若瑟教堂）、板樟庙（圣母玫瑰堂）、龙松庙（圣奥斯定堂）、大庙（望人庙、大堂）、风信庙（风顺堂、圣老楞佐堂）、噶斯兰庙（伽思兰庙）、花王庙（圣安多尼堂）、支粮庙（仁慈堂）、尼寺（天主教修女院）、发疯寺（圣母望德堂）等。对于天主教的宗教活动，当时中国政府管治澳门的官员均没有加以阻挠或干涉。

到了 19 世纪中叶，葡人掌握澳门统治权后，在宗教上也采取了宽容政策，没有独专天主教，对中国人的佛教、道教和多神信仰也基本上没有压制和排挤。

于是澳门无论在中国政府管治时期，还是在葡萄牙人殖民统治时期，都

263

是一个充分体现了中外宗教文化共存与交融的地方,这里,基督旧教与新教的教堂同各种神仙庙宇杂处于岛上,教堂与庙宇互为邻居。例如,在著名的圣保禄教堂废墟——大三巴牌坊的旁边,便有一座由华人建造的哪吒庙。新口岸边屹立的观音塑像,也被葡人注入了西洋风格,成为一座洋观音。路环圣方济各天主堂内供奉的,不仅有圣母、圣子,还有一幅身着明代裙服、怀抱束发金冠孩童的妈祖画像;十字架上的耶稣受难塑像旁,赫然挂着地道的中国式红灯笼。而在澳门三大寺庙之一的普济禅院内,十八罗汉中居然有一尊是高鼻深目、留着八字胡须的马可·波罗!近年还有葡人在妈祖文化村中捐钱刻石留名的现象,说明妈祖信仰也得到了西方人的认同。澳门的宗教节日众多,一会儿是基督的盛典,一会儿是神仙的诞辰;这一边神庙香火兴旺,那一边教堂音乐悠扬。中外各种神教与圣教的信徒们各自进行宗教活动。尤其是澳门的一些庆典剪彩仪式前,佛教僧众与天主教神职人员同台作法、祈福,景象十分有趣。佛教僧众在左,天主教神职人员在右,各据一案,轮流行法。一时间,铙钹与风琴同鸣,梵音共赞诗相和,法师的大红袈裟和神父的黑袍小帽相映。纸烛焚香,化作祥云缭绕;圣水轻洒,好似甘露普降。

澳门的宗教信仰和传播也体现着"多元融合"的特性。世界各主要宗教及教派如佛教、道教、基督教、伊斯兰教、巴哈伊教,乃至一些流传不广的宗教教派,都拥有各自的信徒群体。不同教派的信徒安然相处,一如城中的庙宇与教堂晨昏相对。当今世上,有不少类似澳门的宗教重叠区或异族混居地,它们往往成为文化冲突的危险地带,如耶路撒冷赫然已是流血战乱事件的频发地。对比之下,澳门所呈现出的"东西宗教兼容,华洋风俗并存,异族通婚共处"的城市品格,便显得格外难得。

如今拾步澳门街头,不时会在摩天大楼的侧影下,人车频密的街道旁,小石子路的拐弯处,眼前一亮地发现一座欧式的古典建筑,造型别致,装饰考究,窗边还懒懒地爬着些常青藤。让人称奇的是,这些如繁星般散落在大街小巷的欧式古典建筑,与中式的庙宇、大屋,美式的摩天大楼,现代风格的欧洲建筑杂处一城,竟然并无突兀之感,反而别有情致。与此类似,澳门城中那些配有绿草、喷泉、白鸽的欧式花园,与拥有小桥、荷塘、亭台的中式庭园,以及古典主义、立体主义、抽象主义的城市雕塑,也是各具风格地散布于各处。这种古今中西各种风格的建筑、园林、雕塑艺术的纷然杂陈,可以说是多元融合的艺术写照。

造成这种多元文化共存的原因,归纳起来,大体上有以下几个方面。

其一,持有多神观的中国人向来采取宗教宽容态度。占澳门人口绝大多数的中国人信奉多神,认为多拜一个神,就是争取多一个神保佑,会使社会生活安定和幸福多一分保障。正是这种多神思想使之对外来上帝信仰抱有包容态度,并认为上帝也不过是诸神之一而已。由于中国人带头尊重外国人的不同信仰,也就必然换来对方同样的尊重。

其二,天主教经过16世纪宗教改革运动以后,其宗教专制主义和排挤打击异教的做法已经有所改变,对不同的宗教信仰也比较宽容了。特别是传教士到海外传教时,首先考虑的是如何取得立足之地,因此在澳门也力求与信仰不同的中国人和平相处。

其三,为了维护这个古代贸易港的地位,也必须保护宗教自由。澳门作为国际贸易港口,商人来自不同国家和地区,他们在澳门居留也必然带来各种不同的宗教信仰活动,为了留住这些商人,保持港口的繁荣,就要尊重任何外国人的宗教信仰,这样宗教自由就成为澳门几百年来的一贯传统。

16～19世纪澳门的外来动植物

一 观赏动物

獴猢 海外出产的一种动物，形状与狸相似，高足而结尾，分黄、白、黑三种。其中产于暹罗的还善于捕鼠，尤为葡人珍爱，葡人视之如同子女，卧起必抱持不置。广东人受葡人的影响，也把它当作珍贵动物，常以本地特产货物向葡人求换一只玩赏。

番狗 亦即西洋狗，也是葡人从欧洲运来的一种玩赏动物，身形矮小，毛若狮子，每只价值十余金。此狗并无任何本事，但备受葡人宠爱，与主人形影不离，食同餐，寝同眠，所享受待遇是奴婢不能相比的。故澳门人有句俗话说："宁为番狗，莫作鬼奴。"①

二 瓜果花木

阳桃 又名洋桃。因有五棱，亦称五棱子。澳门的阳桃树种自西洋引进，高六七丈，花红，一蒂数果，大而甘甜。亦能为药，具有辟岚瘴毒的效用，有中蛊者，捣汁饮之，毒即吐出。还能治水土不服和疟疾等病。

番荔枝 澳门有番荔枝，大如桃，色青，剥开表皮，有白瓤、黑子，嚼之味如波罗蜜。1679年，耶稣会士曾进献给康熙帝品尝。

番薯 一名甘薯，产于美洲，通过西班牙人传入菲律宾，明万历年间，从菲律宾传入福建，又传入澳门。据《澳门记略》记载："薯，蔓生如瓜

---

① 屈大均：《广东新语》（卷二一），《兽语·番狗》。

蒌，根如山药，其皮薄而朱，去皮可生食，熟食色如蜜，亦可酿酒，闽人截其蔓以来。"① 广东人把它当粮食，称为"薯粮"。《粤中见闻》称："诸薯种俱易生，叶可肥猪，根可酿酒。切片晒干贮之，是曰薯粮。可以为谷米之佐。"②

西洋花草 澳门的西洋花草有西洋莲、西洋菊、西洋牡丹和茉莉花。"西洋莲，蔓如细丝，朱色，花初开如萤白莲，十余出。久之，十余出皆落，其蕊变而为菊。瓣为莲而蕊为菊，以莲始而以菊终，故名西洋菊。其种来自西洋，今广州多有之。"

洋山茶 葡人从海外引进澳门种植，有红、白二种，性畏寒，而花色绝佳。

洋葱 来自海外，葡人引进澳门，用作菜肴。其形状"如独蒜而无肉，缕切为丝，玲珑满盘，以之饷客，味极甘辛"。

木货 澳门木货，种类繁多，有紫檀木（紫榆木）、乌木、黄花木、影木、泡木、波罗树等。紫檀木来自番舶，以轻重论价值，传入广东，用以制作小器具，如床屏、几案等售于天下。

三 烟草及其他

烟草 烟草，汉译淡巴菰，来自葡文 tabaco，是美洲印第安人土语对烟草的称呼，本属药物，有提神之效。葡西两国人到达美洲后，染上吸烟习惯，烟草遂传入欧洲。大约在嘉靖末年，由葡人传到澳门，当地华人养成吸烟嗜好。万历年间从菲律宾传入福建，又传入内地，称为"吕宋烟"。明人张岱《陶庵梦忆》写道："余少时不识烟草为何物。十年之内，老壮童稚，妇人女子，无不吃烟；大街小巷，尽摆烟桌，此草妖也。"崇祯朝虽有禁烟令，但无法阻止这一嗜好的流行，及至清朝初年，上至"公卿大夫，下逮舆隶妇女，无不嗜烟草者"。③

吸鼻烟是吸烟的一种文雅的新方式，即在烟草中混入香草或香料，通过鼻孔吸入。陆耀撰《烟谱》中有《烟草歌》一首，提及"以鼻代口事更奇，

---

① 印光任、张汝霖：《澳门记略》（下卷），《澳蕃篇》。
② 范端昂：《粤中见闻》，广州：广东高等教育出版社，1988，第 279、302、295 页。
③ 罗荣渠：《中国与拉丁美洲的历史文化联系》，周一良主编《中外文化交流史》，郑州：河南人民出版社，1987，第 855 页。

其法乃自西洋肇"。清康熙朝时，皇室成员已有吸鼻烟的嗜好，并有御赐鼻烟及鼻烟壶的记载。居留澳门的葡萄牙人普遍有吸烟和吸鼻烟的习惯。纸烟，"纸卷如笔管状，燃火吸而食之"，① 与现时吸烟方法无二。至于鼻烟，"上品曰'飞烟'，稍次则鸭头绿色，厥味微酸，谓之'豆烟'，红者为下"。葡人外出时，穿戴的习惯为："衣裤皆有表里，虽盛暑袭之数重，里有小囊，贮鼻烟壶、自鸣钟诸物。"②

香货 历来为皇室贵族所享用，盛产于南洋一带，包括印度的一些地区。东南亚大陆、爪哇、婆罗洲、亚丁和琉球等地，均曾以贡物形式将其输入中国，葡萄牙人亦以转运贸易形式将其运销于澳门。明代在澳门设立香山验香所，每年派官员前去采购香货，供后宫妃嫔享用。这些官员是香货的最大买主。为了保证九重宫禁内的需要，他们在澳门购买时往往一掷千金，派头十足。汤显祖于1591年游览澳门时，适逢采香盛会，曾口占一首《香山验香所采香口号》叙其盛况，诗中写道：

不绝如丝戏海龙，大鱼春涨吐芙蓉。
千金一片浑闲事，愿得为云护九重。③

龙涎香和龙脑香是最贵重的香货，以大食国所产者为优。每两售价60～100千。这两种香"焚之则翠烟浮空，结而不散，坐客可用一剪以分烟缕"。④ 此外较著名的有伽南香，"伽南来自二洋者为上，占城所产，剖之香甚轻微，乃久而不减"。又有檀香，"檀香三种，皆以色名。黄者黄檀，白者白檀，紫者紫檀。香俱酷烈，而白檀为胜，多从海舶而来"。尚有梅花片脑（与龙脑一样，由香树的汁液凝结而成）、巴尔酥麻香（即安息香）、降香、乳香、衣香等等。⑤

胡椒 产于南洋，今印尼一带，当地为荷兰人所占据，当时中国称荷兰为红毛国，遂称产于红毛国。"洋椒色深黑，多皱，味辣，中土贵之，

---

① 印光任、张汝霖：《澳门记略》（下卷），《澳蕃篇》。
② 印光任、张汝霖：《澳门记略》（下卷），《澳蕃篇》。
③ 《汤显祖集·诗文集》（卷一一），《玉茗堂诗之六》。
④ 印光任、张汝霖：《澳门记略》（下卷），《澳蕃篇》。
⑤ 范端昂：《粤中见闻》，广州：广东高等教育出版社，1988，第262页。

故舶货惟椒多。""常时红毛鬼子乘大艨来，掳掠唐人以炒椒，椒气酷烈有毒，役至年余则毙，得唐人价值百金，辄埋下体地中，以防其逸，故广人以为大患。"①

贝多罗 来自西洋，叶大而厚，古时梵僧用以写经。花大如酒杯，白色，有香甚缛，其花落地数日不败。

丁香 来自洋舶。广州亦有，但不如澳门的洋品珍贵。其树高丈余，花圆细黄而子色紫，有雌雄二种，澳门葡人常口含嚼以代槟榔。亦常放牛羊肉中蒸煮而食。

荼薇 产于欧洲。冬天开花，露凝花上，晶莹芬郁，称为荼薇露。味甘性凉，举凡花露均有润肌益颜之效，而荼薇露尤佳，葡人从欧洲运销亚洲各国，暹罗、满剌加人购买后，贮入玻璃瓶中，又转销于占城，占城妇女加入香蜡调之涂发。澳门葡人妇女用以注饮馔。广东人引进荼薇广为种植，均以亩计算，但不如欧洲所产质量优良。屈大均有《荼蘼花诗》说：

　　南海荼蘼露，千瓶出此花。
　　酡颜因白日，靧面即红霞。
　　色著沾衣客，香归酿酒家。
　　摘防千手损，朵朵刺交加。②

---

① 屈大均：《广东新语》（卷二七），《草语·椒》。
② 屈大均：《翁山诗外》（卷八），《荼蘼花》。"荼薇"在古书上称"荼蘼"。

早期传入澳门的西洋器物

一 澳门西洋火炮在中国的推广

西洋枪炮最先由葡萄牙人在16世纪初传入,因当时称葡萄牙为佛郎机,故西洋枪炮又称佛郎机炮。它们由顾应祥、汪鋐与何儒等人引进。顾应祥1517年任广东佥事,兼管海防。当时葡人初来,在广州港口停泊,鸣放大炮,轰声如雷,并向顾应祥赠送大炮和弹药,用以征剿海盗。顾命人在校场演习后,盛赞它是"海船中之利器也"。[1] 这是西洋火炮输入中国的开始。但顾应祥认为,这种火炮只能用于海战或守城,"持以征战则无用矣",因此没有进一步加以推广。其后汪鋐与何儒又在1521年仿造佛郎机炮,在同葡人作战时取得胜利。[2] 明朝政府决定在南京设工场,铸造佛郎机炮,配备于西北边关重镇,御虏守城。[3]

西洋火炮的威力,在它传入之初便受到人们的赞叹。叶权于1565年考察澳门时曾说:"余亲见佛郎机人投一小瓶海中,波涛跳跃间击之,无不应手而碎。恃此为长技,故诸番舶惟佛郎机敢桀骜。"[4] 葡人入居澳门以后,继续在中国推广使用西洋火炮。明清交替之际,为争夺政权而战斗的各种政治力量,都曾使用过这些新型武器。

葡萄牙人入居澳门后,设火药局于嘉思兰炮台左侧,铸造枪炮,部署在城楼上,以强化澳门的防务。据记载,1626年澳门共有6个炮台,配置70

---

[1] 胡宗宪:《筹海图编》(卷十三)。
[2] 严从简:《殊域周咨录》(卷九),"佛郎机"词条。
[3] 《明史》(卷三二五),《佛郎机传》。
[4] 叶权:《贤博篇》,北京:中华书局,1984,第23~24页。

早期传入澳门的西洋器物

门炮,到 18 世纪中叶时,配置大炮数量增至 76 门。关于大炮的威力,屈大均写道:

> 其曰西洋大铜铳者,重三千斤,大十余围,长至二丈许,药受数石,一发则天地晦冥,百川腾沸,蛰雷霆烨,崩石摧山,十里之内,草木人畜无复有生全者。红毛夷(荷兰)擅此大器,载以巨舶,尝欲窥香山澳门,胁夺市利。澳夷乃仿为之,其制比红毛益精,安置南北两台,以守要害。发时以铳尺量之,测远镜度之,无不奇中,红夷乃不敢犯。用于中土,则诚攻守重器也。①

大炮之外,还有长枪、手枪与自来火枪等数种。其中手枪又名机铳,体积小而威力大,尤其引人注目。

> 至如机铳者,名觌面笑,弢藏于衣袯之中,而突发于咫尺之际,杀机不测,良可寒心。其制也,小石如豆,啮庋函外,铁牙摩戛,火透函中,盖皆精铁分合而成。分之二十余事,邈不相属;合之各以牝牡橐籥相茹,纳纽篆而入蜗户,枯转相制,机转相发,外以五六铁棍棍之,大四寸,围长六七寸,以带系置腰间。带有铜圈,可插机铳二十枚。铅弹亦怀于身,用时乃入。弹重八九分,用止二枚不可多,多则坏铳。危急时,一人常有二十铳之用,百不失一。此亦防身之奇技也。②

广东官员深知葡人"鸟铳颇精,大铳颇雄",③ 故经常征用其军舰助剿海盗。16 世纪 80 年代利玛窦入内地传教时,极力向徐光启、李之藻宣传西洋枪炮的威力,促进了西洋枪炮再次向中国推广使用。李之藻向朝廷报告说:"臣尝询以彼国武备,通无养兵之费,名城大都,最要害处,只列大铳数门,放铳数人,守铳数百人而止。"④ 1618 年,徐光启奉命练兵抗击女真。他与李之藻、杨廷筠等商议,决定引进西洋火炮御敌。1620 年 10 月,徐光

---

① 屈大均:《广东新语》(卷一六),《器语·大铳》。
② 屈大均:《广东新语》(卷一六),《器语·机铳》。
③ 俞大猷:《正气堂集》(卷一五),《论商夷不得恃功恣横》。
④ 李之藻:《徐文定公集》(卷三),《为制胜务须西铳乞敕速取疏》。

启、李之藻派张焘、孙学诗前往澳门购买西洋火炮,招募炮手。澳葡当局为了讨好明朝,募捐筹款,购买火炮4门,选派4名优秀炮手,将火炮送至广州,后来又转送至江西广信。1621年,徐光启再派张焘、孙学诗去澳门买炮30门,招募葡萄牙炮手百人。但是徐光启的政敌极力反对,明政府只同意购买火炮,不批准招募百名葡兵。1622年,从澳门招聘到达北京的葡人仅有"夷目七人,通事一人,傔伴十六人"。这名通事就是葡籍传教士陆若汉(João Rodrigues)。后来,在北京一次实弹演习中,火炮发生故障,炸裂炮身,造成葡人教官和中国士兵严重伤亡,明政府被迫放弃使用洋炮的计划。葡人教官返回澳门,徐光启因此事故于1625年被撤职。

1628年,明朝崇祯皇帝即位,次年,起用徐光启为礼部左侍郎。徐光启再次主张使用澳门西洋火炮,并派人去澳门购买火炮,招募葡兵。李逢节、王尊德前往澳门购买火铳10门,葡人派公沙的西劳(Gonçalves Teixeira)带领炮手和工匠伯多禄、金答等进京,在涿州一带布防,参加北京保卫战。崇祯帝很重视这些西洋火炮的作用,赐名"神威大炮"。1630年,徐光启又派中书姜云龙、教士陆若汉到澳门购买大炮,聘请葡萄牙炮手300名进京。但是葡人乘机提出种种非分要求,以相要挟。其中包括:要求撤去香山参将和驻军,葡船不受盘查,不受禁阻,免除每年租税银1万两,每名应募葡兵安家银300两,以及"必筑复城台,而后三百人始肯应调"。由于香山人、礼部给事中卢兆龙极力反对,引起明政府疑虑。于是,姜云龙被革职,已招募的300名葡萄牙炮手、工匠便从江西遣回澳门,①改由徐光启推广仿制西洋火炮。从1629年至1632年,福建、广东、云南各省均制造大炮进献。虽然招募葡兵进京的计划因卢兆龙的反对而中止,但地方大吏中仍有人主张使用葡兵参战。1630年6月,孙元化任登莱巡抚,为了增强部队的作战力量,便通过陆若汉、公沙的西劳等人,把一批葡萄牙造铳工匠和炮兵教官征调来登州,铸造了20多门征夷大炮、30多门西洋炮。1633年,孙元化的部属背叛明朝,使登州陷落,所有西洋枪炮落入清军之手。登州战役中,炮队统领公沙的西劳、副统领鲁未略等12名葡人以身殉职,陆若汉与其他15名葡人幸免于难。

与此同时,清军也掌握了仿造西洋火炮的技术,用以同明军作战。1631

---

① 《崇祯长编》(卷三四、三五),崇祯三年五月至四年二月。

早期传入澳门的西洋器物

年 10 月的辽西之战中,清军首次用红衣大炮击败明军于子章部队。明朝为了挽救败局,亦在澳门教区教士的协助下铸造大炮。1636 年,教士汤若望在皇宫旁设立铸炮厂,两年之内铸炮 20 门。1640 年,明政府以其督造战炮有功,予以嘉奖。清军入关后,南明诸王仍与澳门葡人联络购买西洋火炮抵抗清军。如福王曾派教士毕方济与庞天寿到澳门购炮,但不久福王军队即被清军击败。于是庞天寿把所购得之大炮转献给肇庆桂王。1648 年,澳门葡人又赠送桂王 100 枝火枪,并派葡兵 300 人支援桂林防务。明清之际的战争,验证了西洋火炮的威力。在澳门葡人的协助下,中国人逐步掌握了铸造与使用火炮的技术,于是西洋火炮在清代得以逐渐推广开来。

二　其他西洋产品

玻璃与玻璃制品　中国古代称玻璃为琉璃。汉武帝时,有大秦国(罗马帝国)10 种色彩的琉璃传入中国。古人称之为千年积冰,玉洁冰清。晋代的潘尼(字正叔,中牟人,官至太常卿)说:"凝霜不足方其洁,澄水不能喻其清。"① 当时人以为,"琉璃本质是石,欲作器,以自然灰治之",大抵以药烧成。自然灰的形状类似黄灰,产于南海之滨。郑和下西洋时,曾把阿拉伯玻璃工匠带来中国,传授烧制钠钾玻璃的新工艺,烧出来的玻璃"有气眼而轻",② 玻璃透明度远不如西洋玻璃。

明清之际,玻璃经由澳门再次传入中国内地,与人们的日常生活联系密切,使用广泛,影响巨大。当时西洋传入的玻璃制品有屏风、杯、壶、围棋棋子、灯,而最普遍的是各种形状和用途的镜子。屈大均曾在澳门看到功能不同的玻璃镜,叹为观止。他的《玻璃镜》诗说:

　　谁将七宝月,击碎作玻璃。
　　绝胜菱花镜,来从洋以西。
　　铸石那能似,玻璃出自然。

---

① 引文见屈大均《广东新语》(卷一五),《货语·玻璃》。
② 沈福伟:《中西文化交流史》,上海:上海人民出版社,1985,第 315 页。

273

光含秋水影，尺寸亦空天。①

镜又分为照射镜、千里镜（望远镜）、显微镜、大字镜、照字镜等多种。《澳门记略》曾对此加以描述："有千人镜，悬之，物物在镜中。有多宝镜，合众小镜为之。远照一人作千百人。有千里镜，可见数十里外。有显微镜，见花须之蛆，背负其子，子有三四；见蝇虱毛黑色，长至寸许，若可数。有火字镜，有照字镜，以架皮而照之。"最让明代人啧啧称奇的是眼镜。很久以前，人类就探索各种方法医治视力衰退（即近视眼）的患者，直到13世纪才取得突破性进展，由意大利的阿玛蒂（Salvino Degli Armati，1258~1317年）发明了眼镜。这位佛罗伦萨的物理学家有一次在做光折射实验时，眼睛受到损坏，于是他致力于研究如何改善视力。1280年，他研制成功两块有一定厚度并有曲率的玻璃架，套在眼睛上以放大物体，这就是最初的眼镜。此后经过不断改进，终于在15世纪末产生了第一副凸透玻璃眼镜。这种眼镜是用两块水晶透镜做成的，镶嵌在木质或角质的眼镜框内，称为圆框眼镜。眼镜大抵也是于明季传入澳门的。屈大均说："玻璃来自海舶，西洋人以为眼镜。儿生十岁，即戴一眼镜以养目光，至老不复昏矇。"②李绂有《眼镜诗》一首，写道：

　　西域传奇制，昏眸得暂清。
　　自他而有耀，相隐以为明。
　　暇日吟诗兴，衰年学易情。
　　烦君继吾照，未敢负余生。③

洋舶　既是西洋载货商船，又是配备火器、士兵的军舰。其大小可按载重量分为四等，一等称"独樯舶"，能载重1000婆兰，婆兰是外文音译，以1婆兰为300斤计，即为30万斤；二等称"牛头舶"，载重10万斤；三等称"三木舶"，载重6.6万斤；四等称"料河舶"，载重2.2万斤。凡

---

① 屈大均：《翁山诗外》（卷九），《玻璃镜》。
② 屈大均：《广东新语》（卷一五），《货语·玻璃》。
③ 印光任、张汝霖：《澳门记略》（下卷），《澳蕃篇》。

早期传入澳门的西洋器物

大船可容纳千人以上，中等的可容数百人。船腹有楼，高崇如山岳，设置藤梯，可攀援上落。船上一切生活设施齐全，有淡水柜，甚至有菜畦。船上装备大炮百门以上，战斗力颇强，虽主要用于航海防卫，但亦滋扰沿海地方。

纺织品 纺织品有来自西洋的各种布、绒、纱等。布有红、白、蓝、花各色，有织金头，有棋子纹，有柳条纹，统称为洋布，细腻精密，皑如雪，轻如纸，布幅四五尺。绒以红色绒质量上等，另有黄、蓝、黑、紫、蓝等多种，分别称为天鹅绒、大呢或小呢。广东人因其用鸟毛织成，俗称为鸟服。洋人剪天鹅翎细管，杂以机丝织成鸟服，绚丽无比。传入广东后，当地人剪土鹅羽毛加以仿造，织成的鹅绒较粗糙，价格要相应降低。缎和纱亦是鸟毛拌以金丝、银丝织成，因为雨洒不湿，称为雨纱、雨缎。冬天穿着的为金花缎、羽缎，春秋两季穿着的为各种色彩的羽纱。另有琐袱、哔吱缎（即哔叽）、大毡、大花绒毡等，是不同品类的鸟服。又有一种用孔雀羽毛织成，金翠夺目，为妇女喜爱的饰物，广东人多向洋人购买原料仿造。"其毛多买于番舶，每一屏尾价一金。一屏者，一孔雀之尾也，以其尾开如锦屏，故曰屏。"①

锡器 澳门锡器，也是葡人携来的，"坚而白，制器如银，久不渝色"。②

硫黄 "贾舶多以之压舟，然有厉禁。"有洋红、洋青，其颜色鲜丽，其中尤以洋红最贵，白银1金（金是衡量单位，4两＝1金）只可换取1两。

席 澳门有西洋菱文席，最为著名，由西洋人运销于澳门。亦有用运来的席草织席，但较粗厚，不如原产地质量好。

钟表 人类最初的计时器有沙时计，为中国人所发明，通过埃及人传到了西方。公元前3世纪喜剧诗人巴顿（Baton）的诗中，曾提到过这种沙时计。圭表是中国人和迦勒底人（古巴比伦人的一支，曾建立新巴比伦王国）发明的。它有一根指针，在水平面上产生阴影，根据阴影长度，可测出太阳或月亮的高度以定时间。此外还有铜壶滴漏、日晷（由一根指针和

---

① 范端昂：《粤中见闻》，广州：广东高等教育出版社，1988，第262页。
② 印光任、张汝霖：《澳门记略》（下卷），《澳蕃篇》。

275

刻度盘组成）等计时器，古代的中国人、埃及人、希腊人、罗马人使用过。

至于机械自动钟则在中世纪时被发明。最早在1120年，由西多（Cteau）写的《修会的习俗》一书中提到，教堂圣器室的管事负责拨钟，使它在早晨祈祷时敲响。这是最早的关于钟的记载。1314年，博蒙（Beaumont）在法国卡昂（Caen）建造了第一台公用的自鸣钟。其后，许多科学家对钟进行了长期的研究和不断改进，尤其是1600年意大利著名科学家伽利略发现了钟摆的定律和性能后，人类便制成了各种更加准确、美观与耐用的时钟。16世纪末，钟表也随耶稣会士传入中国。1582年，耶稣会士罗明坚与利玛窦同到肇庆谒见总督陈文锋（利玛窦说总督名叫陈瑞，就是此人），罗将印度教区主教所赠一钟转赠给陈，大获好感，随即获准在肇庆居留和建立教堂，因此利玛窦在笔记中称这个陈姓总督是个贪官。① 而钟表便从这时传入中国。据说，罗明坚赠送给总督的是一台大小如车轮的自鸣钟，后被改装成合乎中国观念的12时辰，阿拉伯字改为中国字，每日分100段，每段分100分。利玛窦进京时，亦向朝廷进贡了自鸣钟。这台自鸣钟，"以铁为之，丝绳交络，悬于簴，轮转上下，戛戛不停，应时自击钟，有声"。②

"大钟鸣时（正午一击，初未二击，以至初子十二击；正子一击，初丑二击，以至初午十二击）。小钟鸣刻（一刻一击，以至四刻四击）。"③ 1613年，金尼阁赴罗马谒见教皇，在欧洲各地募集图书时，曾得到托斯坎纳大公爵馈赠一台自鸣钟。其制作十分精巧，钟内刻有森林之神，一手持弓，一手持箭，发箭报时。1621年，金尼阁进京时，亦把这台奇巧的钟进贡给宫廷。到了清代康熙、乾隆之世，西人进贡的各式各样的自鸣钟就更多了。当时传入澳门的钟表和计时器，品种甚为齐全。其中，十二辰盘，是一种大钟，放置于三巴寺内，"俟某时钟动，则蟾蜍移指某位"。④ 至于自鸣钟，则有桌钟，能自动报时；乐钟，以音乐报时；还有手表、月影（一种依月影以定时的仪器），乃至鹅卵沙漏。鹅卵沙漏形如鹅卵，"实沙其中，而颠倒渗泄

---

① 利玛窦：《利玛窦中国札记》（上），北京：中华书局，1983，第149~151页。
② 顾起元：《客座赘语》（卷六），"利玛窦"词条。
③ 《续文献通考》（卷一二），《夷部乐》。
④ 印光任、张汝霖：《澳门记略》（下卷），《澳蕃篇》。

之，以候更数"。后来，徐光启的五世孙徐钧俊曾仿造西洋钟表。他有家学渊源，技术甚精。他晚年所著《高原蒙求》（1796年）一书中，有自鸣钟表图法，评论钟表制造。当时广州已出现修钟的造钟业，称为"广钟"。不久，在苏州也制出了"苏钟"。

刀剑 来自海外的刀剑，有长剑、短剑。刀亦有多种，"长者五六尺为上库刀，中者腰刀，短小者解腕刀"。有一种软刀，狭而长，"以金银杂钝钢炼之，卷之屈曲，舒之刚直，可以穿铁甲，洞坚石，澳番常佩之"。[①] 另有一种小刀，轻薄如纸，刀把饰以金珠、珊瑚、琥珀。这些刀剑也通过澳门传入广东。

香水 香水有花露水，即蔷薇水，妇女装饰打扮之时，用以搽抹脸手，沾洒衣裳。高启在《蔷薇露盥手诗》中描写了这种情况："蛮估海帆回，银罂玉汞开。盥余香满手，恰似折花来。"又《粤中见闻》记载，蔷薇露传入广东后，"广人多以土蔷薇浸水效之"，这种土制花露水效果也不如舶来品。此外，药水则有苏合油、丁香油、檀香油、桂花油、冰片油等，多用瓶装，在广东流行。

---

① 范端昂：《粤中见闻》，广州：广东高等教育出版社，1988，第267页。

澳门道教文化志略*

一　民间神仙信仰与道教

中华文化以长江为界，划分为南方文化与北方文化。北方为儒家文化，贬斥百家，独专儒术；南方为巫道文化，反对儒家一统天下，信奉多神。神仙是指那些不受自然规律支配、神通广大、变化莫测、长存不灭的异人。《汉书·艺文志》称："神仙者，所以保性命之真而游求于其外者也。"所有神仙都是人的产物。人们对神仙的崇拜或者是出于迷信，或者是为追求内心的慰藉。南方人特别信神，更热衷于造神。神仙也与南方的文化氛围密切关联。信奉多神的道教就是在南方诞生的。道教认为世间万物皆有灵性，都可能成为神灵。一般人死后，灵魂变为鬼；但如果此人曾有不平凡的事迹，或曾对人类做出过重大贡献，死后就会变为神仙。在这种造神理论指导下，南方造出了许多神仙。

澳门本土文化中较早出现了神仙信仰。澳门人具有冒险精神，勇于探索，谋求向海外发展，从事走私活动、通蕃贸易，使澳门成为古代舶口。天有不测风云，人有旦夕祸福。商人出门办事、贸易航海，处于风口浪尖，前途难以预测，他们祈求神仙庇佑，帮助航船避开惊涛骇浪，顺利完成贸易，一本万利，赚得百万家财。人们在日常生活中，也习惯于到神坛前求签问卜、咨询吉凶，祈求神仙保佑出入平安、消灾解难、身体健康、添福添寿等。所有这些，就是神仙信仰得以在澳门民间产生和发展的社会基础和客观前提。

---

* 原载于《文化杂志》2004 年春季号，总第 50 期，第 107~115 页。

原始民间信仰与道教关系密切。道教与基督教、佛教、伊斯兰教一样，均是在我国流传较广的宗教，所不同的是，其他几种宗教是从外国传入的，唯有道教是中国本土产生的宗教。佛教自印度传入中国后与中华文化逐渐融合，也成为中华本土文化的组成部分。道教历来是造神运动的鼓动者和领导者。道教的思想源于先秦道家、儒家和墨家的思想，以及阴阳五行观念。它的教理教义是中华本土文化中流行的思想观念的综合反映。与此同时，道教的神仙世界又是建立在古代原始宗教、神仙传说和成仙方术的基础之上，道教的仙学体系是对中华本土文化中民间信仰和民间风俗的综合改造。由于在现实生活中原始民间信仰的广泛存在，道教在中国民间的影响是很大的。

道教产生于东汉末年，即公元2世纪末，大约在3世纪传入广东番禺。此时，香山尚未建县，香山地区包括澳门在内仍为番禺辖区。因此，道教可能就在此时传至香山澳门了。

宋朝以后，各种道教神仙信仰，如城隍、土地、灶君、药王、财神、关公、妈祖信仰，便在澳门附近香山地方广为流行，香山陆续建造了许多道教的观堂庙宇。据县志记载，宋代建的道教场所有：真武堂，宋淳祐年间赵时枞示建；集真废堂，宋绍兴中刘必从建；显真废堂，宋绍兴中林仲芳建；忠勇废堂，宋宝祐中阮能安建。① 另有祀天后的月山古庙，宋咸淳年间建；城隍庙，宋绍兴年间建；东岳庙，宋绍兴年间建；北极观，宋乾道五年（1169年），县令范文林建。北极观是一座道观，观内有三清殿和鲁光殿等。1245年赵希盾撰《北极观记》，文中说："北极观，邑之壮丽者也……余始抵任，谒时，睹其阶级之崇严，轮奂之弘敞，景象不减于中州。……"② 这些事实说明宋朝以后，道教在香山县已经相当流行，当时已有奉祀三清（元始天尊、灵宝天尊和道德天尊）、鲁灵光、玄武、天后、东岳大帝、城隍、康王神等道教神仙活动，并已有规模宏伟的道观。

元明清三朝，香山地区也有不少道教活动。

元至元年间，杜季和建康帅堂；至正年间，袁元隆建洪圣王庙。

---

① 康熙《香山县志》（卷十），《寺观》。
② 道光《香山县志》（卷五），《寺观》。

明洪武年间，陈豫建天妃宫；成化年间，知县朱显建社坛、山川坛、风云雷雨坛和城隍庙；嘉靖二十六年（1547年）建厉坛；嘉靖二十八年（1549年），香山所千百户王邦建关帝庙；正德年间，千户盛绍德建天妃庙；万历四十三年（1615年），知县但启文创建文昌宫；同年又建另一座天妃庙；成化元年（1465年），建北帝庙。

清朝，道教信仰在香山地区更加活跃。1734年，建太清道观于北帝庙旁。据记载：

> 太清道观，在北门外拱北街北帝庙右。雍正甲寅（1734年）邑人梁金震等酿建，颜曰"太清宫"。乾隆癸丑（1793年）重修。①

关于道人术士也常有记载，例如：

> 许道人者，泮沙许东斋女也。幼有超尘之志，父母禁之不可，遂清斋入道。先有魄石和尚创庵云梯山，号张道人庵。至是修而居之，经年独处，常有虎卫其庐。②

在澳门北面的北山村，也有一个神通广大的术士：

> 詹师者，北山人，习庐山法术，以符咒治病祛邪，掷火铃，踏刀梯，有神下之，病者辄愈。失物相诬哄者，投铜钱沸油中，常人手探辄得如挹清冷，盗则灼烂服罪，变幻物态，役使鬼神，非止一端，故老有能详道之者。③

由此可见，自宋朝香山建县以后，道教在香山县各个社会阶层中受到尊崇，传播越来越广泛。当地人民十分虔诚地求神问卜，乐此不疲。由于澳门

---

① 道光《香山县志》（卷五），《寺观》。
② 康熙《香山县志》（卷十），《仙释》。
③ 康熙《香山县志》（卷十），《方技》。

的历史文化与香山有莫大渊源,在这种大环境下,澳门地方无疑深受影响,陈仁娇羽化成仙的故事,也就是在这种背景下流传起来的。

二 陈仁娇羽化成仙的传说

在千年之前,澳门地区便有陈仁娇羽化成仙的传说。据明代香山著名学者黄佐纂嘉靖《香山县志》记载:

> 陈仁娇者,汉廷尉临之后也。父玘,母邓氏。自幼灵敏,父母名之曰安。乃自以仁娇为字,家人叹异之。尝梦为逍遥游,餐丹霞,饮玉液,及寤不瞑。每思旧游,不可得。比至八月十五日丙夜,忽有神仙数百,从空招之,仁娇乃飘飘然随众谒于帝居,遂掌蓬莱紫虚洞天。归而能飞,至龙塘潭中,与北骑群仙共戏唾于潭,鱼皆腥不可近,呼鹤下啄之,笑以为乐。其俦侣五人,曰琼娇、玉润、伯山、蟾姬、伯瑰,相与飞至深井,踏石而歌明月,渔人见之。须臾,凌空而去,石上留屐痕焉。人号其地为仙女澳,又曰蓬莱仙云。宋元祐中,降于广州进士黄洞家者再,时犹蔡经之遇麻姑,其与偕者,或上元夫人之流,不可知也。经略使蒋之奇传其事如此。①

关于陈仁娇羽化成仙的故事,黄佐之前在16世纪20年代左右成书的《广州人物传》中早有记载,事见第六卷《宋乡进士黄公洞传》。陈仁娇的先人陈临,大约生于建安时代,即公元196~219年,乾隆《香山县志》卷六《人物列传·名臣》中有陈临传。据黄佐说,黄洞是一个奇人,"浮屠、老子之书,罔不究心","好谈神仙变幻之术"。大约也是道教人士。自从黄佐撰写陈仁娇故事后,历朝编撰香山县志,都将这个美丽的道教故事载入《仙释》卷中。

仙女陈仁娇与澳门有密切关系,因为她成仙之处——仙女澳就在古澳门地域内。之所以这样说,是因为仙女澳即横琴岛,而横琴本是古代澳门的一

---

① 嘉靖《香山县志》(卷八),《仙释》。

部分。澳门本名濠镜澳，后来与南面海上十字门四岛合称为澳门。而十字门四岛分别是：小横琴、大横琴、鸡颈（氹仔）、九澳（路环）等岛屿。

三　澳门的神仙及其庙宇

众多神仙进入澳门人的生活之中，积年累月，神仙庙宇愈建愈多。

道教信仰的特点就是敬奉神仙，澳门除了妈祖信仰十分流行之外，尚有众多的大小神仙，如财帛星君、和合二仙、华光大帝、文昌帝君、玄天上帝（北帝）、吕祖、太岁星君、土地、城隍、雷公、关帝、包公、石敢当、康公、朱大仙、洪圣爷（大王爷、大王）、哪吒、谭仙、悦城龙母、黄大仙等。因此，澳门也是神仙荟萃之地，是神仙的"博物馆"。这座小城供奉神仙之多，在国内城市中十分罕见。一些在内地岭南地区消失已久的神仙，都在这里集中亮相。

（1）莲溪新庙。它是一座杂糅佛道信仰的神庙。庙中供奉观音、财帛星君、和合二仙、华光大帝、文昌帝君、玄天上帝、吕祖、太岁星君、唐三藏等菩萨。其中除了观音和唐三藏两名佛教神之外，其余均是道教的神仙。

文昌帝君。文昌本是星官的名称，它包括六颗星，即魁星之上六星的总称。古代星相家说他是主大贵的吉星，道教将其尊为主宰功名禄位之神，又叫"文星"。其神殿名"文昌宫"，1887年立匾。

吕祖。本名吕洞宾，唐末、五代时期著名道士，姓吕名岩，号纯阳子，自称回道人。吕洞宾集"剑仙"和"酒仙"于一身，道教全真教奉其为北五祖之一，世称吕祖或纯阳祖师。

华光大帝。玉皇大帝御前护卫正神，掌五行，润苍生；又称"五显灵官""五显大帝"。由五百神兵的五位统帅组成，称为五显灵官，或称灵官大圣华光五大元帅。其殿名"华光殿"，1898年立匾。而在1888年，有信士送对联称："火德耀琼宫，五显威灵崇圣代；离明照镜海，万民乐利仗神恩。"[1]

---

[1] 林明德：《澳门的匾联文化》，台北：中华民俗艺术基金会，1997。如无说明，本文引用的其他匾额楹联，均出自此书。

和合二仙。和合一词，有和睦同心、调和、顺利之意。和合二仙是家人和合的"和合神"，是婚姻和合之神。寒山是"和神"，他一手持荷，"荷"与"和"同音，取"和谐"之意；拾得是"合神"，他一手捧盒，"盒"与"合"同音，取"合好"之意。

太岁星君。太岁是道教的值岁凶神，民间对于轮值当道的太岁星君，皆需安置相关的消灾祈福牌位，举行祭祀解厄等仪式，以求当年行事一切顺利平安。

玄天上帝。即北帝，又称真武大帝。玄武代表北方，玄为黑色，其动物形象为龟蛇相缠之形。玄武本是净乐国的王太子，出走学道，得仙人指点，入武当山修炼成正果，奉玉帝之命，镇守北方，是为玄天上帝。1932年，澳门信士送给他的对联称："位震坎方，圣本佑民而辅国；权钦北极，帝惟真德以居尊。"突出地彰显了北帝身居北辰，南瞻庇佑众生的神威与神德。

财帛星君。主管发财致富之神，有文财神、武财神、五路财神等。

莲溪新庙在澳门多神并祀的情况下，是相当具有代表性的一座寺庙。由于奉祀众多神祇，颇能满足信众不同的需求，因此该庙香火鼎盛，游客络绎不绝。据该庙庙祝（庙务主持人）介绍，来奉神的亦有许多演艺人员。参拜者无非求取平安（对象为观音、太岁）、获取财利（对象为财帛星君），以及祈求夫妻和谐（对象为和合二仙）等。

（2）关帝古庙。与莲溪新庙不同的是，关帝古庙中不是诸神共处，而是以关帝为主神，两边辅以财神爷和太岁爷。门外两旁则为社庙和公所。其前身为有二百多年历史的三街会馆，是华商团体聚会之处。会馆兴建之初，即设关帝神坛，后来更设关帝殿和财帛星君殿。1913年澳门商会成立，三街会馆失去了原有功能，到会馆参拜关帝的善男信女反而增多。于是三街会馆遂演变成关帝古庙。关圣帝君，一般称为关公，是三国时蜀汉的大将关羽。民间对关公的信仰极为普遍。道、释、儒三家均极其尊崇关公，其中，道教尊关公为"协天大帝""武安尊上""崇富真君""三界伏魔大帝""恩主公"。关公生前最大职位是"前将军"，最高爵位是"汉寿亭侯"，死后却封王、封帝，声名显赫。这是因为关羽拥有忠义、仁勇、刚烈这些优秀品质，符合传统社会的道德标准，备受人民的尊崇，直至与"文圣人"的孔子并列，号称"武圣人"。民间以关帝为偶像，尤其是商人合营企业，以义气结交，奉之为保护神。关公被神化以后，具有司命禄、佑科举、治病消灾、驱邪避恶、诛罚叛逆、巡查冥司乃至招财进宝等功能，真是法力无边。所以海内外华人，各行各业，不分妇孺老幼，均对这"万能之神"顶礼膜拜。因而关公香火之鼎盛，又远远超过了文庙的孔夫子。道教有《关圣帝君觉世真经》《关帝明圣经》等，劝人行善。庙中匾额对关公颂扬备至，如："赤心永保"（1879年）、"永昭大义"（1884年）、"浩气长流"（1908年）、"忠义仁勇"（1913年）等。楹联亦多表彰关公的忠义气节，如："义胆忠肝，一生志在春秋，全欲匡扶两汉；丹心赤面，万古光悬日月，咸钦降服群魔。"

（3）北帝庙。北帝即玄天上帝，为道教高级之神。香山自宋代即建有"北极观"，供奉北帝。澳门地区除了莲溪新庙供奉北帝之外，尚有专门供奉北帝的庙宇，即建于1843年的氹仔北帝庙。该庙曾于1882年重修，庙堂亦为氹仔地区民众聚集之所。

（4）吕祖仙院。道教八仙充满神妙趣味，而吕洞宾则是八仙的核心人物。宗教学者认为，吕祖、观音和关帝，是中国民间声名最大、影响最深的三位神明。因此除了莲溪新庙供奉吕祖之外，亦有吕祖仙院，该庙建于1891年，位于三巴门附近。庙内除了供奉吕祖，还供奉谭相公爷和包公。

（5）城隍庙。位于澳门望厦美副将大马路，1908年建。该庙坐东朝西，庙貌简朴。香山城隍信仰，早在宋代就已存在。12世纪时，香山已建有城隍庙。在民间信仰中，城隍是一尊神圣正直的神，是城市的保护神，彰善惩恶，护国安邦……由于他降福人间，深为民众崇信和敬畏。1908年，望厦地方建立澳门唯一的一所城隍庙，但其建庙宗旨，却另有一番深意。望厦乡绅沈雄文撰写的《倡建城隍庙碑记》称：

> 前督粤使者张之洞入奏，盛称我旺厦乡民知守义团体，独固深堪嘉尚。不谓时局变迁于戊戌之秋，竟至华洋杂处。余触目时艰，狂澜莫挽，不禁感慨系之。夫既乏贤明大吏以为之主宰。盖威灵显赫，报应昭彰，自足以憺人心而正风俗。乃知圣人以神道设教，莫不有深意寓乎其间。于是联集二三同志，倡建城隍庙于观音古庙之右，其两旁则恭立洪圣王、张王爷圣像焉。并于是岁重修观音正殿，经理束偏客厅，历四阅月而工始竣。从此神庥敬迓，绥幸福以无疆，琼宇告成，奠金瓯于永固矣。

城隍立庙的 1908 年间,正是当地人民反抗澳葡当局扩界的斗争处于高涨之时。从碑记中可以看出,人民因见缺乏力挽狂澜的贤明大吏来护持,只好求助建造城隍神庙,依靠他的显赫威灵,震慑人心而正风俗,奠金瓯于永固,以抵抗澳葡当局的扩张行动,为人民谋幸福。

(6)包公庙。包公名拯,字希仁。宋朝官员,1027 年进士及第,曾任开封府知府、谏议大夫、礼部侍郎,死后被追封为礼部尚书。据《宋史》记载:"拯立朝刚毅,贵戚宦官为之敛手,闻者皆惮之。人以包拯笑比'黄河清'。……京师为之语曰:'关节不到,有阎罗包老。'"[①] 包公死后,民间广泛流行"包青天"的故事,将他塑造成为一尊"正义之神"。澳门包公庙创建于清光绪十五年(1889 年)。庙中匾额楹联甚多,有"笑比河清""光天化日""惠我无疆""福庇商民",以及"政治洞阴阳识标青史,端严垂绅笏笑比黄河""恩泽汪洋少者怀老者安自是咸沾厚福,气灵赫濯近而悦远而来居然共乐长春""宋室着神摸正直无私铮铮铁面,巴峰崇庙貌鉴观有赫凛凛霜威"等。这些充分反映了人民对包公的颂扬和感念。

(7)石敢当。泰山石敢当,又名石敢当、石将军、石丈夫。它是起源于山东泰山地区的一种石神。宋代王象元《舆地碑目记》载:"石敢当,镇石鬼,压灭殃,官吏福,百姓康,风教盛,礼乐张。"可见它与城隍庙一样,是地方的保护神。澳门人崇拜石敢当,于 1894 年创建"石敢当行台"神庙。庙内匾额很多,其中有:"荷德如山""永庇鸿恩""泽及同人""万福均沾"。楹联亦有:"公是公非创立规模垂久远;正人正己协力同心兆安康";"神仰泰山名当孔道而着英灵泽流濠镜;客营沧海利处新桥而邀默佑恩沐康衢";等等。从中可以窥见澳门人颂扬神威与劝人为善的良苦用心。

(8)三婆庙。澳门人供奉三婆神,也属海神信仰。据说三婆是天后的三姊,姊妹一同修炼成仙,神诞在 3 月 22 日。澳门氹仔岛有三婆神庙,建于 1845 年,现已荒废,仅剩一正门,上面一方石刻楷书"三婆庙",楹联为"灵昭海国,慈荫江乡"。尚存残碑 8 块,其中较为完好的有 1859 年《重修三婆庙碑记》、1864 年郭裕堂的《氹仔三婆庙碑》等。碑文称,三婆神传自惠州,曾大显神威击灭海盗,保护地方安宁。

(9)洪圣爷。亦称大王爷或大王,也是一位海神,但地位并不显赫,

---

① 《宋史》(卷三一十六),《包拯传》。

只在一些规模较小的庙宇供奉，计有：路环九澳村三圣庙，三圣即洪圣爷、关帝和谭仙，1883 年建庙；路环三圣宫，俗称金花庙，也是供奉洪圣爷、关帝和谭仙的庙宇；澳门康公庙内洪圣殿；路环黑沙大王庙，1902 年建。

（10）哪吒庙。哪吒又称中坛元帅、玉皇太子爷、大罗仙、哪吒三太子等。哪吒原是佛教神，后来又成为道教中的护法，他神通广大，深受人民喜爱，有许多传奇故事在民间流传。据说他奉玉帝符命降世除魔，辅助姜子牙灭纣兴周，功成名就，被敕封为中坛元帅。澳门哪吒庙建于 1898 年，正门楹联写道："乾坤圈镇妖邪灭，风火轮添泽国安。"庙门两边石柱上刻着："何者是前身漫向太虚寻故我，吾神原直道敢生多事惑斯民。"

（11）谭仙圣庙。1862 年建于澳门路环风景区。谭仙，一名谭公，原名谭公道，修行于惠州的九龙山，每次出山有老虎相随。故匾额楹联有"法伏龙虎""尖笔萃仙灵龙虎俱服，路环沾圣泽神鬼皆钦"等句。

（12）女娲庙。女娲，风姓，女希氏，人首龙身，是人类的始祖女神。女娲的主要功绩是抟土造人，炼石补天，因此被奉为三皇之一。澳门人于 1888 年始建的女娲庙，又名灵岩观，灵岩仙观，成为民间求子之神。该庙面临草堆街，背靠高尾巷，位于闹市之中。庙中同时供奉海神悦城龙母。

（13）永福古社（土地庙）。土地神为福德正神，俗称土地公。民间为他雕像膜拜，祈求风调雨顺、稻果丰收、兴利发财，土地成为最受欢迎的神祇之一，街头巷尾均有土地庙。沙梨头的永福古社是澳门最古老的土地庙，相传建于宋朝末年，至今已有 700 多年的历史。其间曾于 19 世纪初和 20 世纪初（1924 年）两次重修，扩充了规模，全庙由土地殿（永福古社）、医灵殿、水月宫、观音岩等部分组成。庙宇面水背山，浓荫蔽日，山石嶙峋，景色宜人。

（14）黄大仙祠。黄大仙是晋代道士黄初平，浙江金华人，别号赤松子。最早的黄大仙祠——赤松观建于晋代金华山北，十分宏伟壮观，被誉为"江南道观之冠"。传说黄大仙擅长炼丹和医术，得道后南下广东行医济世，成为广东民间信仰的神。广东著名的黄大仙祠有四座：罗浮山黄野人庵、西礁稔岗赤松黄大仙祠、芳村黄大仙祠和香港九龙黄大仙祠。其中香港黄大仙祠香火最为鼎盛。澳门的黄大仙祠与曹大仙祠合祠，规模甚小，设在二楼上。

关于澳门著名的海神妈祖，她本是原始民间信仰神，应属道教，但有的学者将之并入佛教，众说纷纭，难以定论，故笔者将之另立一篇评述。

妈祖信仰在澳门的流行[*]

澳门人十分崇敬海神妈祖。葡萄牙人初到澳门的时候,商船停泊于妈祖庙附近水面,便称呼澳门为妈港(Macau)。如今澳门妈祖文化已经驰名中外了。

那么,澳门的妈祖信仰是怎样形成的呢?妈祖文化起源于福建莆田。妈祖或娘妈,是对天妃或天后的称呼,她原名林默娘(林湄娘),生于北宋太宗建隆元年(960年)农历三月二十三日,死于太宗雍熙四年(987年)。她是福建莆田湄洲巡检林愿的第六个女儿。据说林愿与夫人王氏乐善好施,有五女一子,子名洪毅,体弱多病。王氏祷告于观音座前,愿再得一儿。当夜观音托梦,称其家素来敦善,赐给一丸,王氏吞服后怀孕。于是生下一女,起名九娘。据说出生时满室异香红光,人称奇迹。从出生至满月没有哭啼声,故又名默。林默娘生而与众不同,有特异功能,可预言人之祸福;且为人善良,乐于助人。十三岁时,有道士元通到其家,传授秘法,默娘成为当地有名的女巫。有一次,默娘随父兄渡浦南溪,中途船覆,默娘游水救父。十六岁时,与女伴游戏于井边,遇神人自井中赐以铜符宝笈,能布席于海上救人,驱邪济世,并常于梦中拯救海上遇难航船,因而受到人民的尊敬崇拜。二十八岁时,于重阳节升化成神,被奉祀为海上保护神。莆田人最初供奉妈祖的庙宇,被称为神女庙、神女祠或林夫人庙。迄今中国最大和最老的妈祖庙是莆田湄洲祖庙,香火已历千年。

---

[*] 原文题为《澳门妈祖文化与神仙信仰》,载于《妈祖文化研究·第一届妈祖文化研究奖得奖作品集》(2005年);修订后以《妈祖文化的定型及流布》为题,载于《澳门日报》2014年5月21日,第E06"莲花广场"版。

林默娘被人民神化，并被广泛信奉之后，历代统治者也乐得顺应民心，予以赐封。宋代皇帝封她为夫人；元、明两代皇帝加封其为天妃；清代皇帝晋封其为天后。其庙宇便称为天妃宫或天后宫，福建人则称为妈祖庙或妈宫。道教把天妃列为重要的神仙，据道教《太上老君说天妃灵验经》载，天妃是妙行玉女降世，有平波息浪、救助舟船和起死回生很多本领。① 此后妈祖崇拜迅速在沿海居民中推广开来。从东北至海南，沿海各地均有妈祖庙、天妃宫。其中又以福建、台湾和广东最盛。中国周边的东亚和东南亚各国，如日本、韩国、菲律宾、越南、新加坡、马来西亚、印尼等国，多因有华侨定居而带去妈祖文化，甚至远在大洋彼岸的美国和拉丁美洲各国，也由华人建造了妈祖庙。

位于珠江出海口的香山县也早就盛行妈祖崇拜。毫无疑问，香山的妈祖文化是由福建人传入的。早在宋元两代，许多闽南人陆续落户香山县，香山形成三大闽南人居住区：隆都片（包括今沙溪、大涌二镇）、东乡片（包括今张家边和南朗）和三乡片。1997 年出版的《中山市志》称，现在该地闽南语人口已达 143000 人。②

隆都溪角刘氏家族，始迁人刘汝贤，闽南人。宋绍兴末迁移香山，后人定居溪角等乡村。良都长洲黄氏家族，始迁人黄献，福建福州人。宋理宗景定三年（1262 年）出使安南，归舟遭遇台风，漂泊至香山，定居长洲。谷都南湖郑氏家族，始迁人郑菊叟，宋仁宗时从福建兴化府浔阳县迁居谷都各乡村。仁良都南湖郑氏家族，始迁人郑芑，福建莆田人。宋乾道壬辰年（1172 年）来香山，定居石岐城内及附近乡村。刘、黄、郑三姓是移居人数最多的闽南人，成为香山的三个大姓。旧时香山民谚称："刘、黄、郑，杀人不用偿命。"这说明闽南三族在香山人口众多、财雄势大。③

有些福建人也很早就迁移至澳门。据现有记载，大约在明正德年间，福建何、沈、黄、许、赵诸族，便来到望厦定居。④ 1849 年领导望厦乡民

---

① 金正耀：《中国的道教》，北京：商务印书馆，1996，第 149 页。
② 中山市地方志编委会编《中山市志》（第四十一编），广州：广东人民出版社，1997，第 1384 页。
③ 《香山县乡土志》（卷七）。
④ 章憎命：《澳门掌故》之十二，《澳门日报》1962 年 10 月 18 日；郭永亮：《澳门香港之早期关系》，台北：中研院近代史研究所，1990，第 3～4 页。

妈祖信仰在澳门的流行

反抗葡人侵略,将澳门总督亚马勒杀死的沈志亮义士,便是闽南沈氏移民的后代。

福建人宋代已逐渐移居香山,一般来说,这就意味着在此后的任何时间内,他们都有可能将一向崇拜的妈祖神传进来。嘉靖年间黄佐所纂《香山县志》便有多处关于天妃遗迹的记载:"天妃桥在恭常都濠潭村天妃庙前,元民周元建石梁。""观潮亭在县西南官濠浒旧天妃宫前,元至正二年(1342年)主簿王仕俊创。元季毁于火。""天妃像在官船厂备倭官船湾泊之所。正德中,千户盛绍德立。后废。嘉靖二十四年,指挥田輗重建。""天妃废宫在河泊所前,洪武中千户陈豫建。"①

由此可见,至迟在14世纪上半叶,妈祖文化已经进入香山。这种文化的形成与航海关系密切,按理也会出现在濒海贸易的澳门地区。据澳门民间相传,在明朝宪宗成化年间,有闽潮商贾来此兴建妈祖庙。又说妈祖阁最早的建筑弘仁殿建于弘治元年(1488年)。② 这些虽然只是传言,但是若与前面所提到的香山县历史结合来看,不是不可能的事。

事实上,当时广东人也称澳门为"亚马(阿妈)港"。16世纪下半叶出版的郭棐所撰《粤大记》便有此记载。该书卷三十二《香山县图》中,于今天之澳门地区有望厦村、濠镜澳,图的右侧印有房屋图像,并用小字标明"番人房屋"字样,再向右便有"亚马港",最后则是十字门。

1535年广州市舶船移泊澳门以后,葡人虽被禁止通商,但亦偶尔混入贸易(1537年)。而葡人初来澳门,便在妈祖阁附近停泊,并以停泊地点称澳门为妈港。我们如今见到的最早的资料是葡人平托(Mendes Pinto)于1555年11月20日在澳门写信,已用 Ama Cuao 来称呼澳门,用广州音译即是阿妈阁或阿妈港。在16世纪,这个名称有多种写法,例如 Amaqua、Amachao、Amacao、Amacuao、Amaquam、Machoam、Maquao,最后才统一为 Macau。

妈祖是航海保护神。澳门妈祖信仰的产生,同澳门贸易港的兴起有直接的关系。可以肯定的是,在16世纪50年代葡人到来之前,澳门早已经存在

---

① 黄佐:《香山县志》(卷一)、(卷三)、(卷八)。
② 李鹏翥:《澳门古今》,澳门:澳门星光出版社,1986,第21页;黄兆汉、郑炜明:《香港与澳门之道教》,香港:加略山房有限公司,1993,第74页。

妈祖文化了。清末学者汪兆镛认为，葡人初入中国寄碇于妈阁庙附近，因此称澳门为妈港。而意大利人利玛窦在他写的《利玛窦中国札记》中，更是十分明确地指出澳门得名与妈祖的关系。他写道：

> 他们（广东人）从未完全禁止贸易。事实上他们允许增加贸易，但不能太快，而且始终附有这样的条件：即贸易时期结束后，葡萄牙人就要带着他们全部的财物立即返回印度。这种交往持续了好几年，直到中国人的疑惧逐渐消失，于是他们把邻近岛屿的一块地方划给来访的商人作为一个贸易点。那里有一尊叫做阿妈（Ama）的偶像。今天还可以看到它，而这个地方就叫做澳门，在阿妈湾内。①

上述《利玛窦中国札记》中关于澳门和天妃女神的一段话指出，澳门得名是因为"那里有一尊叫做阿妈（Ama）的偶像"。我们过去引用这段文字时，虽觉得"偶像"一词有些别扭，但总认为利玛窦已经把天妃女神与澳门得名的关系表述出来了，因此没有过多地去推敲。其实该书开始是由利玛窦用意大利文撰写，后由金尼阁整理和翻译成拉丁文，于1615年出版；加莱格尔再从拉丁文译成英文，于1953年出版；最后由何高济等人从英文译成中文，于1982年出版。中间经过几种文字的转换，翻译过程中还有一词多义等问题，这样难免会造成某些词在翻译上的差错。近年有学者对何高济等人的译文提出质疑。谭志强先生认为"偶像"应译为"神龛"，而金国平先生则认为应译成"神庙"。他们根据意大利文 pagoda 和葡文 pagode 来证明自己的见解，纠正了英文的误译。

利玛窦这里写的是16世纪50年代葡人在香山的贸易情况，以及葡人怎样得以居留澳门。利玛窦来澳门时，葡人居留澳门不过20多年，他是属于那个时代的人，他的话自然是可信的。他提到澳门有阿妈神庙，为妈阁庙建成于16世纪中叶以前提供了有力的证据。

明代万历年间，闽商曾修建天妃庙。《澳门记略》一书称：

---

① 利玛窦：《利玛窦中国札记》，何高济等译，北京：中华书局，1983，第140页。

妈祖信仰在澳门的流行

> 相传明万历时，闽贾巨舶被飓，殆甚。俄见神女立于山侧，一舟遂安。立庙祀天妃，名其地曰娘妈角。娘妈者，闽语天妃也。①

现今妈祖阁的石殿门横梁上刻有"神山第一"四字，下方落款刻有明万历乙巳年（1605年）德字街众商建。近年澳门学者又发现在神山第一亭后的神龛后面的石壁上，有一行刻字："钦差总督广东珠池市舶税务监管太监李凤建"，从而推断此神龛与前面的神山第一亭同建于万历三十三年，亦即1605年所建。于是有人据此认定妈祖阁建成于1605年，完全推翻葡萄牙人入澳居住时已经存在妈祖阁的说法。

我认为，神山第一亭的建造于1605年固然是事实，但这同此前澳门久已存在妈祖文化似乎并不矛盾。可能原先的天妃庙日久失修，逐渐破废，因此重新修建；也可能是在已有天妃庙基础上扩建，即增加新的殿亭等。我们可以把这种现象理解为，澳门的妈祖文化有一个产生、发展与定型的过程，包括庙的名称也是如此，原先称为天后庙，现在则已变成妈祖阁了。

妈祖阁是澳门历史悠久的三大禅院之一，也是澳门的著名景点，澳门纸币曾以妈祖阁为图案。它又名妈阁庙、正觉禅林、海觉寺、天后庙等。整座庙宇包括大殿、石殿、弘仁殿和观音殿。其中弘仁殿供奉天妃，建于1488年，是庙中历史最悠久的部分。妈祖阁的后山石壁有摩崖石刻"太乙""海觉""名岩"等，隐约显现道家修行的痕迹。

澳门奉祀天妃的地方不只一处。除了妈祖阁之外，还有以下几处。

莲峰庙内的天后殿。建于1602年。同妈祖阁一样，莲峰庙也是澳门的一座有名的庙宇，故址原名天妃庙，庙前有一渡头，附近也多水上人家。1723年扩建后改名慈护宫，并增设观音殿，刻有罗复晋1723年撰写的《莲蓬山慈护宫序》。"慈"，指大慈大悲的观音菩萨；"护"，指护国庇民的天后。嘉庆年间，香山知县许乃来定名为"莲峰庙"，仍供奉天后妈祖，中为观音殿，后为义昌阁，左为武帝殿，右为仁寿殿。1839年，林则徐巡视澳门，曾在此庙接见葡萄牙官员，留下了珍贵的历史文物。如今庙外庭园中，立有林则徐之铜像，以资纪念。

望厦康真君庙中的天后圣母殿。建于1792年前，1882年重修，并立有

---

① 印光任、张汝霖：《澳门记略》（上卷），《形势篇》。

《重修天后康真君庙碑记》。

天后古庙。又名地母庙,位于渔翁街。庙建于1865年。之前为一处石龛,以奉祀天后。今庙内有1987年《天后古庙重修碑记》。古庙西临旧日东湾,依山而筑,极具特色。

路环岛天后古庙。建于1677年。古庙原先濒临海面,20世纪以来澳门填海扩陆,使路环天后庙渐渐远离海岸。古庙仿传统形制兴建,设台阶,三进式,还有公所。古庙曾经七次重修,其中1842年为较重要的一次。

氹仔岛关帝天后古庙。建于1662年至1722年。该庙坐落在氹仔观音岩附近的卓家村的小山岗上,为氹仔岛上九间庙宇中历史最悠久者,古庙为卓姓村民集资兴建,供奉天后娘娘和关帝爷爷。

氹仔岛天后宫。始建于1785年。中经1848年的重建,保持庙貌至今。该庙是具有南方建筑特色的三进庙宇。庙中有一口铁钟,是最古老的文物,钟面刻着"龙头环""乾隆五十年铸造"等字样,使人不禁想起天后宫初建的历史情景。龙头环,简称龙环,是旧时氹仔的名称。天后宫至今香火十分旺盛。

以上多处天妃宫或天后庙,是在17~19世纪先后建造的。庙宇中一些匾额和楹联中刻着"恩光浩大""德垂泽国""英灵显应""河清海晏永借慈航普度,民安物阜恒沾圣德匡扶"。足见妈祖的人格和神威!妈祖崇拜在澳门的盛行,一方面说明了古代澳门的海港特色,以及贸易的繁荣,另一方面也有力地说明以妈祖信仰为中心的道教神仙信仰,其传入澳门历史之久远和影响之巨大。

澳门华侨的地位和作用[*]

澳门本是渔村，人烟稀少。1535年成为对外贸易的泊口。1557年葡人居澳以后，人口迅猛增长，400多年间，从一个小渔村，发展成拥有60万人的现代城市，人口增长了1000多倍。但澳门是一个典型的移民城市。它的人口增长的过程，也是移民不断涌入和人口多元组合的过程。最初的移民主要是广东珠江三角洲地区的走私商人，以及福建和浙江沿海的商人，其次是来自亚洲和西方国家的商人、传教士等。他们源源不断地涌入澳门经商，从而使澳门成为中外贸易和文化交流的"总汇之区"。澳门的人口来源于数十个国家，其中中国人占绝大多数。据统计，中国人约占96%，葡人约占3.5%，其他47个国家的人约占0.5%。

此外，澳门有为数众多的归侨，他们是一支重要的社会力量。澳门早就是海外华人回国居留之地。17世纪中期郑玛诺出洋留学20多年后回到澳门，19世纪中，著名航海游记作家、《海录》一书的作者谢清高在海外漂泊、贸易多年，最后定居澳门。像这类中国人出洋留学和经商，而后又返回澳门的事例屡见不鲜。

及至20世纪60年代，东南亚地区一些国家政局动荡，排华事件层出不穷，当地华人备受凌辱迫害，遭受死亡威胁，私人企业财产被没收。华人迫于无奈离开侨居地远走他方，其中不少人选择来澳门定居，使澳门归侨人数快速增长。

目前澳门华侨来自五大洲60多个国家，其中以亚洲为主。据统计，1978年澳门华侨人数约26000人；20世纪80年代中期，澳门华侨增长至

---

[*] 原文题为《澳门归侨溯源》，原载于《澳门杂志》2011年总第83期，第40~45页。

50000 多人，其中缅甸归侨 30000 多人，印尼归侨 8000 多人，柬埔寨归侨 3000 多人，非洲归侨（以马达加斯加归侨为主）1000 多人，美洲归侨数百人。而这个数字是不断增长的。据估计，到 2001 年，归侨总数已达 70000 多人。这在总人口只有 60 万的澳门占有相当大的比例。澳门归侨来源较多的国家和地区为缅甸、柬埔寨、印尼、新加坡、秘鲁、美国、加拿大、东帝汶、墨西哥、越南、南非、莫桑比克、坦桑尼亚、留尼汪、古巴、斐济、巴西、新西兰、澳大利亚、法国、英国等。

缅甸归侨占澳门归侨人口的 60%，主要居住在澳门半岛的两个区域。20 世纪 70 年代初来澳的缅甸华人大部分住在三盏灯一带，目前这一带已成为缅甸美食中心；许多缅侨机构，如缅华互助会、黑猫体育会和缅华诊所等都设在这里，故有人称此处为"小缅甸"。70 年代后期至 80 年代初，另有一批缅甸归侨从内地迁入澳门，他们多数住在黑沙环、祐汉新村一带。他们给澳门制造业提供了大批廉价劳动力，故当年澳门制造工厂，如针织厂、毛纺厂、制衣厂、鞋厂，以及许多的针织山寨工厂（即拉机工厂），都集中在这一带。他们有的购置一台或多台机器在家里工作，有的开办山寨工厂，逐步办成一些较大的工厂，如昌荣针织厂有限公司、星威针织厂有限公司、利成针织厂、伟新针织厂、澳门纺织针织厂有限公司、澳门针织厂等等。其中昌荣厂还在中山市设厂，产品主要销往美国和欧洲共同市场、日本和中国台湾等地，年营业额高达 6000 万。星威厂除了在中山市和珠海市开厂之外，还在缅甸和柬埔寨等国设有分厂。它们在澳门纺织业方面创造了辉煌业绩，堪称典范。缅甸华人中有许多熟练的建筑业技术工人，他们有木匠工艺绝活，在澳门公路、大桥和酒店建设等各项重大工程中大显身手，为澳门的城市建设、经济发展做出了贡献。缅甸归侨中还有许多学有专长的医生和护士，创办了缅华诊疗所，还开办了许多私人诊所，满足了侨民和市民的医疗卫生需求。

澳门归侨人数中居第二位的印尼归侨，他们分两次进入澳门。第一次是在 20 世纪 60 年代中期。1965 年 9 月 30 日，印尼军官苏哈托发动政变上台后，掀起反华恶浪，大量的印尼华侨被迫离开印尼。1966～1967 年，共有 5000 多名印尼归侨来到澳门定居。第二次是在 20 世纪 70 年代末、80 年代初，中国实行改革开放政策后，有大约 3000 名 60 年代回国的归侨转移到澳门定居。他们主要从事建筑业、地产行业、物业管理、餐饮

澳门华侨的地位和作用

业、零售商业，还有的士司机等。许多印尼归侨曾在国内读大学并毕业，其中有学有专长的医生，他们在澳门开设诊所，治病救人，发挥了重要作用。据统计，2004年澳门共有医生609名，其中归侨为50人，而这些归侨中又以印尼归侨最多，共有36人。陈新泉大夫毕业于北京医科大学，他的医术高明，被推选为澳门中华医学会副会长，在澳门医药界占有一席之地。

1975～1978年，红色高棉统治柬埔寨，把这个鱼米之乡的国家变成了血流成河、尸横遍野的人间地狱。据估计，约200万人惨遭杀害、死于疾病和饥饿，其中就有华侨25万人，约占华侨人口的一半。另有15万人逃难到世界各地，到澳门的华侨约有8000人。到20世纪80年代末柬埔寨局势稳定后，有部分侨民回流侨居地，目前留居澳门人数为3500～4000人。他们在澳门从事的行业呈多样化，主要有建筑、房地产和装修工程等，还有从事贸易和零售行业。他们开设的超级市场和药店等分布澳门各区域。

马达加斯加归侨约有1000人，他们在澳门从事房地产、家用电器、出入口贸易、旅游业等。他们热心公益，积极参加社会活动。澳门归侨总会副会长岑锐松，以及总会的颐康委员会副主任、康乐部部长、联络部副部长、监事等均是马达加斯加归侨。他们在促进马达加斯加与中国澳门、内地的文化交流、旅游、投资等方面都做出了贡献。

东帝汶和澳门以前都处于葡萄牙的殖民统治下，华侨约1万人。1975年，独立不久的东帝汶被印尼军事占领，华侨纷纷逃离当地，到其他国家避难，其中有500人来到澳门。其后他们中一些人陆续转移到葡萄牙、澳大利亚、美国和英国，目前留在澳门的约有100人。虽然人数不多，但许多人事业有成，热心公益，口碑良好。如黎蕴石在港澳从事房地产生意，多次向家乡梅州捐款，设立奖学金，又向澳门镜湖医院和同善堂捐款。梁耀伟1969年在澳门创办德光电子制品厂，80年代后又在珠海斗门创办德光电子工业城，有员工3000多人，出口产值超亿元。

澳门马来西亚归侨有200多人，大部分直接来自马来西亚，一部分从马来西亚回中国内地，再移民澳门。他们早期在澳门多从事酒店服务业，还有的在马会当练马师和骑师等。从内地来澳门的归侨，或做医生，或开医药店，或当教师，或经营清洁公司等。

20世纪50年代前后，在澳门定居的拉丁美洲华侨有240多人，来自19个国家，其中以秘鲁最多，有86人，其次是哥斯达黎加30人、委内瑞拉20人、巴拿马19人，其余国家则人数甚少。他们于1963年成立了崇正福利会，这是一个由归侨组建的同乡会性质的社团，活动也不多。

澳门的印度归侨约有100人，他们是在1962年中印边界战争之后，由于印度政府奉行排华政策而被迫回国，后来又从内地移居澳门，部分在工厂或服务行业工作，也有从事工程师和医生等职业的。

澳门为数70000多人的归侨，是一支重要的社会力量，在澳门社会经济文化中具有不容忽视的影响力。尤其是20世纪60年代，因东南亚地区一些国家发生排华事件而来澳门定居的归侨，由于其在国外有着艰难辛酸的凄惨经历，他们来到澳门后刻苦耐劳，勤奋创业，与澳门同胞和谐相处，共同为澳门的进步和发展贡献力量。他们除了在所从事各项事业中为澳门的建设出力之外，还在推进澳门文化建设方面做出了许多贡献。例如，秘鲁归侨黄营均先生带头捐资1500万澳门元建立基金会，在澳门兴办图书馆。1996年4月，位于北区纪念孙中山市政公园内的黄营均图书馆问世。1999年11月，在白鸽巢公园内的黄营均图书馆正式启用。此后，黑沙环公园、氹仔地堡街和何贤公园等处均建立了黄营均图书馆。

又如东南亚泼水文化被引进澳门。缅甸华侨最先于1995年举行了为时半天的泼水联欢活动。泼水节盛行于东南亚缅甸、泰国、老挝、柬埔寨等国，是新年前夕举行的大型节庆活动。我国云南西双版纳傣族也有泼水节习俗。在缅甸归侨的倡导之下，每年一届的泼水节成为澳门归侨的盛大狂欢活动。2005年4月22日至25日的第十届泼水节，一连4天分别在旅游活动中心、三盏灯圆形地和路环黑沙等地举行了多姿多彩的活动，有花车巡游、摄影图片展览、高僧诵经、东南亚美食嘉年华、文艺晚会、商贸推介会等。参加活动的归侨达2万多人。

归侨还将丰富多彩的东南亚饮食文化引进澳门。多元文化的澳门，饮食自然也是多元化的，但在20世纪中期之前，澳门的三类饮食场所——餐室、茶楼和酒楼，所涵盖的饮食文化不外中西两大类，餐室是指供应西式或半中西餐饮的场所，而茶楼和酒楼则提供中式饮食。60年代以后，数万东南亚归侨涌入，在他们的聚居地开设许多东南亚特色餐饮店，遂使东南亚美食别树一帜，成为异军突起的饮食"新星"。这里有缅甸的鱼汤粉、猪脑面、黄

澳门华侨的地位和作用

姜饭、椰汁鸡面、越南的檬粉、春卷、椰汁糯米饭、黄金糕、薯茸牛肉球、鱼饼、印尼的九层糕（千层糕）、糯米鸡丝卷、年糕、豆捞，等等。数之不尽的东南亚美食，提高了澳门旅游美食城市的号召力。

澳门归侨先后在本地建立了6个归侨组织，它们是：由梁披云创建的澳门归侨总会（1968年）、澳门黑猫体育会（1970年）、澳门缅华互助会（1971年）、柬埔寨华侨联谊会（1975年，原名柬华福利组），以及澳门缅甸归侨联合总会（1992年）等。归侨组织也是全球华商网络的一个重要群体。他们除了关注本身正当权益，还积极参与社会事务，自觉地推动澳门与原侨居地的联络；并根据其自身特点和优势，积极开展活动，推进澳门的对外经济文化关系。2001年，归侨总会在澳门举行"华侨华人聚濠江联谊大会"，以扩大联谊、加强合作、共同发展、促进统一为主题展开讨论，共有来自30多个国家的华侨代表，以及中国内地各省市华侨和侨务工作者近1000人参加大会，场面盛大而隆重。2002年7月31日，归侨总会又举办"中华文化与和平统一研讨会"，有来自中国内地、台湾、香港和澳门的学者宣读论文，研讨交流。2004年12月1日，归侨总会再次举办"华侨华人聚濠江联谊大会"，有来自25个国家的华侨代表，以及来自中国内地、港澳和台湾的侨界代表500多人欢聚濠江。

与此同时，归侨总会又大力推动澳门华侨与各国侨团组织互访活动。2002年和2004年，澳门华侨代表团先后访问印尼和柬埔寨等国，时任澳门社会文化司司长崔世安亦随团前往，使得这些访问增加了许多发展经济与文化交流方面的实际内容。在澳门归侨中，人数达50000人的缅甸华侨显得尤其活跃。缅华互助会大力推动澳门与内地、香港、台湾地区和缅甸及东南亚地区华侨的友好往来，多次派团访问，或邀请对方来访，或举行研讨会、联欢会等，不断扩大澳门在海外的影响力。总之，澳门华侨一贯爱国爱澳，他们对国家、对澳门所做的种种贡献是值得重视和表彰的。

第四编

耶稣会圣人沙勿略在远东[*]

16世纪文艺复兴的浪潮波澜壮阔，宗教改革的声势惊天动地、弥漫全欧，伟大的地理发现又把人们的视线推向全球，激发人们掀起海外扩张活动的狂潮。这是一个不平凡的时代，是一个动乱、变革与进取的时代。各种势力都在组合力量，为本集团的利益而拼搏。在这种形势下，耶稣会于1534年圣母升天节那天，在巴黎蒙马特圣伯多禄教堂里宣告成立。该会领头人和终身会长是依纳爵·罗耀拉，西班牙巴斯克人。他本是一个放荡不羁、爱慕虚荣的贵族士兵，平时在赌博、玩女人和决斗方面放任无度，后来他在一次战争中负伤，躺在医院病床上阅读了《耶稣传》和《圣徒列传》。耶稣受难和殉教者的痛苦形象给他留下了不可磨灭的印象，于是他突发奇想，要将自己的全部热情和精力投身于"传教"和"卫道"当中去。他聚集了若干名志同道合的青年人，成立了一个修会组织，取名耶稣会。1540年，罗马教皇保罗三世批准了耶稣会的会规。从此，耶稣会便保证无条件地服从教皇，成为教皇亲自支配的私人部队。须知这个时候，天主教保守势力正受到巨大的冲击，各国经过宗教改革之后，纷纷成立基督教新教派。耶稣会成立并表示效忠于教皇，在这场宗教革命与反动的斗争中，公开站在宗教保守势力一边，向宗教改革派进行反扑。罗耀拉这一宗教投机活动，非常符合教皇和天主教保守势力的利益。因此，耶稣会从一开始就受到教皇的重视，获得巨大的独立性和特权。

---

[*] 原文题为《耶稣会与沙勿略在远东的传教活动》，载于《澳门研究》2008年总第46期，第110~114页；后以《沙勿略远东传教之路》为题，载于《澳门月刊》2012年总第181期，第38~40页。

当时耶稣会以罗耀拉为终身会长,常驻罗马,整个耶稣会便在他一人的控制和指挥之下。此外,还有一名训诫官、一名检察官和数名助手常驻罗马,协助罗耀拉管理修会的日常事务。总会之下设6个分会,即意大利、德国、法国、西班牙、英国和美洲。这6个分会又分成若干省分会,集中管理修会的各类机构。耶稣会在天主教内部自成体系,其成员不受各地主教的管理而独立进行各种传教活动,直接向总部和教皇请示报告。

为了使耶稣会士像自己那样死心塌地效忠教皇,成为狂热的教皇专制主义的卫道士,罗耀拉想出了一套耶稣会士的精神修炼法,他编写了一本名叫《神操》的书,要求会众在灵魂导师的引导下进行修炼。其目的是将一种精神的力量渗入会众身上,使之以后很难摆脱。这种力量比任何原则和任何动人的学说都更有抵抗力,它会迫使人盲目服从,接受驱使,奋不顾身去行动。罗耀拉要求耶稣会士不问是非黑白,他在写给葡萄牙耶稣会士的信中说:"如果修会认为白的是黑的,那么,我们便必须把白的说成是黑的。"[1] 总之,罗耀拉要求会众身心都服从于会长,任何怀疑和顾虑都被看成是罪孽。

耶稣会的目标是效忠教皇,保卫天主教,让全世界都服从罗马教廷。为达成此目的,耶稣会刚一成立,就迫不及待地表示要到全世界去传教,征服世界各地异教徒的心灵,使他们皈依天主。于是在得到教皇的支持后,耶稣会派出了他们狂热的圣徒沙勿略,沿着葡萄牙人开辟的东方新航路,开始其向东方传教的活动。

沙勿略1506年4月7日出生于西班牙纳瓦拉王国沙勿略堡的一个贵族家庭。他在家乡度过了少年时代之后,1525年来到法国巴黎求学,进入巴黎大学最著名的巴尔巴拉学院攻读哲学,后又在蒙太古学院学习人文科学。此时沙勿略的梦想是成为一个学者。1530年,他获得学士学位,1533年开始在巴黎毕蒂维斯学院任教,讲授亚里士多德哲学。在将毕业于巴尔巴拉学院之时,沙勿略结识了罗耀拉,后者于1529年进入学院求学。沙勿略与这个比他大15岁的朋友同居一室,交往密切,罗耀拉向他灌输的"传教"和"卫道"理念,深深地影响了他的一生。就在他担任教师一年之后,罗耀拉又找上这位小兄弟以及其他友人,一起成立耶稣会。从此沙勿略改变了人生轨迹,成为一名狂热的天主教传教使徒,终此一生,为耶稣基督献身。沙勿

---

[1] 埃德蒙·帕里斯:《耶稣会士秘史》,张茹萍等译,北京:中国社会科学出版社,1990,第27页。

耶稣会圣人沙勿略在远东

略加入耶稣会后,担任会长罗耀拉的秘书。

耶稣会成立后,1537年,沙勿略与罗耀拉等人从巴黎前往意大利,多次觐见教皇保禄三世,表示效忠,并请求前往全世界传播福音。恰好葡萄牙开辟东方新航路以后,在东方夺取了一些殖民地,葡萄牙国王若昂三世为使其殖民地人民更驯服地接受统治,急需传教士来协助他改变土著居民的灵魂,使之改宗天主教。耶稣会士这一请求与葡萄牙国王的想法不谋而合,而沙勿略立即成为东方传教的首选之人。

1541年4月7日,沙勿略在35岁生日这一天,随同葡萄牙新任果阿总督卡斯帕尔·索萨乘坐圣迪戈号旗舰,从里斯本特茹河起航前往遥远的东方印度。8月底,船队抵达非洲东部莫桑比克的一个港口。这里向来是葡萄牙远东船队的中转站。船队在此通常要休整半年左右,治疗病人、补充淡水给养,等待下一年季风的到来。1542年2月末,船队重新起航,跨越印度洋,于5月6日抵达印度果阿。

沙勿略身为教皇使节的尊贵身份使他受到当地官员的热烈欢迎,他被安排居住在豪宅。但沙勿略在拜会当地主教之后,立即深入到当地人民中间去,通过访贫问苦、治病施药、周济穷人等传教士惯用的手段,开展传教活动,取得一些成功。当然,沙勿略深知单凭他一个人去做,是永远不可能完成天主教庞大的传教任务的,因此他花费许多时间去编写传教小册子《小公教要理书》,书中包括十诫、使徒信经和基本祈祷辞等内容。他还设立圣信学院,招收了300名来自四面八方的少年儿童,培养他们成为开展本地传教事业的人才。沙勿略不愧是一个出色的宗教宣传家,他在东方奔波劳碌,不辞艰辛,不怕困难,深入人群中去传播天主福音。他的艰苦努力使他取得了巨大成绩,在一片荒僻的土地上建立了一个个教区。

沙勿略的东方传教活动,是在西方殖民扩张的大背景下进行的。因此,他所到之处,除了传教之外,还附带有调查风俗民情、收集当地政治经济情报,并定期向教皇和葡萄牙国王报告的使命。这一点,充分反映了宗教与殖民扩张活动,以及同争夺海洋霸权的密切关系。沙勿略的传教成绩也得益于葡萄牙人政治上的支持。例如,1544年2月,沙勿略在果阿以外一处名为渔夫海岸的地方,用一个月时间,成功地给当地将近10000名土著施洗。之所以有此成绩,是因为当地一个王公与葡萄牙的总督订立了盟约,促使人民

303

镜海微澜：黄鸿钊澳门史研究选集

踊跃入教，皈依天主。渔夫海岸从此成为基督徒最多、教会影响最为广泛的地区之一。①

1545年至1549年间，沙勿略从果阿乘船出海，穿越孟加拉湾，进入马六甲海峡，前往摩鹿加群岛的特尔那特、安汶、西里百、茅利加和马六甲地区传播福音。在他的努力下，许多当地居民皈依了天主教。

沙勿略除了积极宣传基督教教义之外，还多次参加殖民扩张的军事行动，也是一个狂热的殖民分子。他在宣传教义遭受挫折之后，曾号召葡萄牙军队打着圣战旗号，攻打难以归化的茅利加岛。占领该岛终于使传教大获成功。不仅如此，沙勿略还在这里直接参与了葡萄牙人的军事殖民扩张活动。1547年，马六甲总督同沙勿略商讨与亚齐作战问题。沙勿略认为亚齐国的强大是对马六甲的威胁，站在葡萄牙王国和天主教会立场，主张为了巩固对马六甲的殖民占领，出兵征战亚齐。在沙勿略号召下，马六甲葡人出动战舰向亚齐进军，取得了重大胜利，解除了亚齐对马六甲殖民地的威胁。这次战争被称为"亚齐奇迹"，它充分展现了沙勿略殖民主义急先锋的面目。平托《远游记》一书记载，葡萄牙占领马六甲后，与亚齐矛盾尖锐，争战不断。1547年10月间，亚齐起兵报复，5000士兵、70艘兵船杀奔马六甲港口，一度猛攻马六甲城。一贯从事海盗活动的葡萄牙人措手不及，惶惶不安。城防司令也不知所措。这时沙勿略从山顶圣母堂来到城防司令部，鼓励这里的葡萄牙人修复破船，组织一支舰队进行反击，并且自告奋勇地说："如果事情仅在于修复小帆桨战船，我愿为上帝及我主的荣誉承担这一任务。如有必要的话，我会随时同这些基督的信徒，我的兄弟们，去同十字架的敌人作战。"其后沙勿略亲自指挥修船的事务，很快修复船只，组成舰队；然后他又到士兵中去布道，"列举种种理由，要众人为贤良的上帝献出生命"。② 但是当这7条小船组成的舰队次日准备起航时，士兵中出现混乱，有人公开拒绝出征，认为沙勿略的那一套宣传鼓动，"纯属魔鬼冒犯上帝的诡说……是要把那弱小的舰队拱手送给亚齐人。可以肯定，如果出征的话，无一人可以生还，因为我们仅有7艘小帆桨战船而敌方有70艘，我方仅有180人而敌军达5000人"。沙勿略为了稳住军心，又深入士兵中去进行宣传鼓动，说服每个士兵去

---

① 戚印平：《西方宗教绘画中的沙勿略图像》，《文化杂志》2006年总第59期，第39页。
② 平托：《远游记》（下册），金国平译，澳门：澳门基金会，1999，第627~631页。

耶稣会圣人沙勿略在远东

进行侵略战争。同时他又顺利地说服过路的葡萄牙商船加入征战。最后他们终于打了一次大胜仗，打死几千名亚齐士兵，夺取了46条大船，满载而归。①

1547年12月7日，沙勿略在马六甲结识日本武士弥次郎。此人能说流利的葡语，因身负杀人罪案，随同葡萄牙商船逃亡海外。沙勿略将他收入门下，送往果阿神学院培训，使之成为一名基督徒，并担任在日本传教教士的向导和助手。1549年，沙勿略离开果阿前往日本传教，先后在九州鹿儿岛、平户、山口等地活动，还在1551年访问了京都。但传教收效甚微，前来听传播福音的日本民众并不听信神父的话。"见到外国人，大人们逗乐般地瞧着，而孩子们则吵吵嚷嚷地尾随其后。"②

沙勿略经过调查后发现，日本人深受中国文化的影响，喜爱模仿中国人的生活习俗。他们往往询问传教士，中国有多少人信奉基督教。他同日本佛教僧侣辩论时，有僧人告诉他："日本久附中国，其教亦自中国传来。中国未曾信奉（天主教），日本不可擅更。"③ "他们说他们宣传的教规是从中国传过来的，六百年来一直将其视为金科玉律。只有当他们知道大师以同样的理由说服了中国人，他们才口服心服，承认他们的教义是真正的教义，听他布道。"④ 在这种情况下，沙勿略深深感到对中国传教的重要性和迫切性，只要中国人感受到基督福音，皈依天主教，日本人自然就会仿效中国人，纷纷拜倒在基督门下。于是，1551年11月间，他留下两名神父在日本守候，便匆匆乘坐葡人商船返回印度，筹划来中国传教事宜。他途中曾抵达中国广东珠江口外的上川岛，在那里停留了一段时间，用中文翻译了一部教理书，做到中国传教的初步准备，并且同一些人士商讨前往中国传教问题。有人建议沙勿略跟随一个使团前往中国，不要单枪匹马私自入境。沙勿略对此建议表示认同，返回印度后，说服总督派遣迪奥戈·佩雷拉为特使，沙勿略作为使团随员，一同前往中国。但是使团途经马六甲时，由于当地总督向佩雷拉借钱未遂，便寻找借口坚决不准佩雷拉前往中国。沙勿略只得带领几名助手，以及一名中国教徒离开马六甲。临走前他狠狠地说，总督阻挠使团去中

---

① 平托：《远游记》（下册），金国平译，澳门：澳门基金会，1999，第632、643~644页。
② 埃德蒙·帕里斯：《耶稣会士秘史》，张茹萍等译，北京：中国社会科学出版社，1990，第58页。
③ 董少新：《圣方济各·沙勿略年谱简编》，《文化杂志》2006年总第59期，第63页。
④ 平托：《远游记》（下册），金国平译，澳门：澳门基金会，1999，第678页。

305

国传教这笔账总是要算的:"我可以向你们保证,很快他就会受到惩罚,他的名誉、财产及生命都会有麻烦。"① 1552 年 8 月底,沙勿略到达葡人在广东的走私基地上川岛。他们在岛上的山坡搭建茅屋临时居住,几度请求走私商人带领他们进入广州,答应给商人 200 两银子,但没有人敢冒风险。后来总算有一个名叫切波切卡(Chepocheca)的中国商人表示愿意在返回时顺便把他带到广州,但要求他蒙上眼睛,让他不知道是谁带他到那里的,万一被中国官员抓到刑讯,官员也无法取得口供。不过这个中国商人终究觉得风险太大,害怕事情败露受到重罚,没有履行承诺。沙勿略极度失望之余,又不幸染上热病,于 1552 年 12 月 2 日在上川岛去世。②

因此,沙勿略的中国传教活动,在没有正式开始的情况下便失败了。尽管他"出师未捷身先死",但仍然对中国传教有一定影响。沙勿略曾对来华传教做了大量的准备工作,并且根据从多方面收集到的信息,认为对中国人传教,绝不能照搬在印度或亚洲其他地方那样的做法:宣讲教理、显露圣迹、使用其他政治和军事手段等。他在许多书信和报告中,曾经阐述过对中国及其文化的一些认识,并提出要结合中国实际情况,根据中国文化选择传教的策略。但是沙勿略来不及实践,就过早地离开人世。其后范礼安、利玛窦等人的联儒、合儒、学术传教策略,就是秉承沙勿略的中国传教思路,并加以发展,取得了巨大成功。

沙勿略死后被封为圣人。整个耶稣会圣人只有两个,一个是会长罗耀拉,另一个便是沙勿略,可见他在耶稣会的崇高地位。此后天主教会通过大量的著作和绘画,极力赞美和颂扬沙勿略,大肆美化和神化这个圣人,编造出许多圣人显露圣迹的传说。沙勿略一生投身东方传教,并做出了杰出的贡献。但他之所以取得这样优异的成绩,主要是依靠自身狂热的使命感,不知疲倦的辛勤工作,以及葡萄牙殖民者政治上和军事上的支持。他本人从来没有说过自己有什么特异功能。在他活着的时候,教会赞扬他的工作能力和贡献时,也从来没有传说他有什么奇妙的圣迹。正如贝特朗·吕塞尔勋爵在其名著《科学与宗教》一书中所说,沙勿略与他的同伴写了大量长信,至今仍保存完好。"他们在信中汇报自己的工作。但是,他生前丝毫未谈及他掌

---

① 平托:《远游记》(下册),金国平译,澳门:澳门基金会,1999,第 681 页。
② 平托:《远游记》(下册),金国平译,澳门:澳门基金会,1999,第 683 页。

握过什么神奇妙术。耶稣会士约瑟夫·阿克斯塔曾在秘鲁被野兽弄得狼狈不堪,曾十分明确地说,这些传教士们在改宗异教徒的努力中没有得到什么神力相助。可是,在沙勿略死后不久,诸如他会神奇妙术的说法便不胫而走"。① 有人传说,有一次,圣徒在前往塞拉岛传教途中,在海上遇到风暴,沙勿略抛下随身携带的十字架,惊涛骇浪顿时平息。而到达目的地时,更有一只螃蟹将沙勿略抛下大海的十字架送还给他。另有一次,在漫长的航海途中,水手们口渴难忍,沙勿略就将双脚浸入海中,苦涩的海水顿时变为可以饮用的淡水,从而拯救了濒临死亡的水手。还有人说,沙勿略有使人起死回生的妙术,他一生曾使14个人复活,如此等等。

甚至在中国上川岛,也有沙勿略的故事。据说上川岛曾经有老虎出没,伤害百姓。沙勿略来到之后,就勇敢地承担了驱除老虎的责任。当时老虎活动十分猖狂,"一天晚上,这个上帝的仆人外出遇到了老虎群,当牠们走近他的时候,他朝牠们泼出了圣水,命令牠们回去,以后不要再来。命令完全生效,整群老虎迅速撤走了,从那时以后,该岛上再也见不到老虎"。②

人们胡编乱造出这些神话,目的是把沙勿略打造成基督教的神,以便愚弄群众。这种做法,同东方人的造神颇有异曲同工之妙。

---

① 埃德蒙·帕里斯:《耶稣会士秘史》,张茹萍等译,北京:中国社会科学出版社,1990,第60页。
② 《耶稣会士沙勿略生平:印度日本传道记》,《中国丛报》第12卷第5期,1843年5月,第264页。

葡使皮来资的坎坷命运

皮来资于（Thomas Pirez，又译为皮雷斯）1468年出生于里斯本，他是葡萄牙第一个访华使节。但他的出使之路坎坷不平，结局也充满悲怆。

葡萄牙人自从1511年攻占马六甲之后，便着手侵入中国南海地区。1515~1516年，葡商拉菲尔·佩雷斯特罗（Rafael Perestrello）到屯门进行走私贸易，获利20倍，并收集了大量情报。通过这种所谓的"试探性的远征"，[①] 葡人侦察了珠江口外的海防形势和广东沿海的对外贸易情况。

1516年1月，葡萄牙国王命令果阿总督选派一名特使前往中国，要求特使要有聪明机智、办事稳重、年纪偏大（因为葡萄牙国王听说中国人尊重长者）等条件。国王要求特使到中国后，注意搜集中国人写的名著，将其译成葡文；还要他们带一些中国男子和妇女到葡萄牙来。[②]

果阿总督在众多葡人精英中，选中了皮来资充任特使。皮来资家在里斯本开药房，他的父亲是葡萄牙国王若奥二世的药剂师，他本人也曾在1490年任阿丰索王子的药剂师，是个植物学家，知识丰富，又善于逢迎，深受葡萄牙上层人士的宠爱，在知识界也小有名气。他于1511年被国王派往印度负责监管药品，每年给他3万来易斯葡币，以及300公斤药物，并给他派了3名助手。[③] 1512~1514年在马六甲生活，受聘为书记官。然后又到过柯钦，一边做官，一边做生意。他被任命为特使的主要原因，是他对中国的情况比一般人有较多的了解。他早就注意搜集有关中国的资料，1514年在马六甲时，他曾根据阿尔瓦

[①] 马士：《中华帝国对外关系史》（第一卷），张汇文等译，北京：商务印书馆，1963，第45页。
[②] 徐萨斯：《历史上的澳门》，黄鸿钊、李保平译，澳门：澳门基金会，2000，第3页。
[③] 亚马多·高德胜：《欧洲第一个赴华使节》，李飞译，澳门：澳门文化学会，1990，第120页。

葡使皮来资的坎坷命运

利斯所提供的资料,写了一本名叫《东方记——从红海到中国》(Suma Oriental)的书。① 皮来资汇集了一些亚洲商人提供的情况,在书中写道:

> 中国是一个伟大、富饶、豪华、庄严的国家,拥有极多的土地与人民,还有许多城市和塞堡。附近各国每隔若干年便派遣使者,带着最珍贵的东西前去送礼,但均可获得比礼品价值多一倍的还礼。广州是中国最大的商业中心,但是只有带着中国发的证件才能在此贸易,否则只能在离广州30里格的屯门等岛屿停泊和贸易。中国有1000多艘商船。但中国人懦弱非常,易于制服。只要从马六甲派出10艘船舰,就能从海岸攫取全中国。②

当时皮来资已经50岁了,正准备返回葡萄牙,用他贩卖肉桂和丁香赚来的钱安享晚年。接到征召后,他彻底改变了生活的方向。作为国王的使节前往古老的中华帝国,这是极其光荣的崇高使命。他感到十分兴奋。

1516年4月,啡瑙·比利·达·安特拉德(Fernão Pirez de Andrade)率领舰队前往中国。皮来资使团携带葡萄牙国王的国书随行。这个使团由皮来资和其他6人组成,他们是:杜亚尔特·费尔南德斯(Duarte Fenandes)、弗朗西斯科·德·布利奥斯(Francisco de Bulhões)、克里斯托翁·德·阿尔梅达(Cristovão de Almeida)、佩德罗·德·法利亚(Pedro de Faria)、若热·阿尔瓦莱斯(Jorge Álvares),以及克里斯托翁·维拉(Cristovão Vieira)。其中前5人是葡萄牙人,最后一人则是皈依了基督教的印度人。此外,使团还带了5名通事,充当翻译。③ 安特拉德从柯钦出发,先到苏门答腊岛的巴赛,并在当地建立了商馆。6月,到达马六甲。

1517年6月17日,安特拉德舰队从马六甲出发前往中国。舰队共有8艘军舰,每艘载重800吨,全部装载从巴赛购回的胡椒。舰上枪炮配备齐全,并有中国人领航。果阿总督派出的特使皮来资与舰队同行。舰队于8月15日抵达珠江口,在屯门港强行登陆,"盖屋树栅",建立殖民据点。④

---

① 《1514年葡人关于东亚的记载》,朱杰勤译,《南洋学报》第2卷第1辑,台北:成文出版社,1985年,第368~371页。
② 考太苏编译《皮来资的东方记》(第一卷),伦敦,1994,第116~128页。
③ 平托等著《葡萄牙人在华见闻录》,王锁瑛译,澳门:澳门文化司署,1998,第5页。
④ 严从简:《殊域周咨录》(卷九),"佛郎机"词条。

309

镜海微澜：黄鸿钊澳门史研究选集

安特拉德舰队占领屯门后，继续带领 2 艘军舰强行闯入珠江，溯江而上，前往广州。9 月底到达广州港，突然施放大炮，"铳声如雷"，要求进行贸易。广东官员不知葡萄牙是什么国家，称他们为佛郎机（Frank）。这是沿用中古时阿拉伯人对欧洲人的称谓。广东官员接见了他们，并向明朝中央政府报告了他们的通商要求。明朝政府认为，"其国素不列王会"，不同意与其建立贸易关系，"诏给方物之值，遣还"。但葡萄牙使团自恃武力，强行驻扎在广州怀远驿，久留不去；又以屯门为基地，继续在附近海面"剽劫行旅""掠卖良民"，闹得广州地区海面很不安宁。

在广州怀远驿居留期间，安特拉德不断派人侦察广州城防情况，搜集了许多情报。同时，皮来资也展开了一系列阴谋活动，争取获准入京觐见皇帝。他们首先会见广东布政使吴廷举，声称带来重礼要进贡给皇帝。吴廷举向正在广西梧州的两广总督陈金（Chen Hsihsien）报告，答应上奏朝廷，要葡萄牙等待答复。于是皮来资和他的 28 名随员便被当作贵宾接到岸上的宾馆里去住，并被告知他们可以进京朝见皇帝。

葡萄牙人最终获准入京朝见皇帝的根本原因是他们使用了贿赂手段。他们不但贿赂了吴廷举等地方大吏，而且"夤缘镇守中贵"，① 即走了朝廷宠臣的门路。最受武宗皇帝宠信的官员江彬也被买通，终使皮来资等人被允许入京。当时吴廷举任广东布政使兼海道副使，主张解除海禁。有些官员不赞同他的政策，指责他"启佛郎机之衅……为患无穷"。② 后来广东巡抚林富也指出："布政使吴廷举许其朝贡，为之奏闻，此则不考成宪之过也。"③

关于江彬受贿的事，《明史》说得比较含糊，但起草林富奏疏的广东学者黄佐却明确指出："在毅皇帝时，佛郎机夷人假贡献以窥我南海，逆彬受贿使侍上，肆夷语。于是夷酋凭恃宠灵，部见踞骜。"④

1520 年 1 月 23 日，皮来资使团一行 30 人由广东启程，乘船北上。到了粤北山下，离船登陆，有的骑马，有的步行，穿过梅岭，继续北上，于 5 月间到达南京。正好这时武宗朱厚照因为宸濠之乱南巡到了南京，皮来资和火

---

① 转引自张天泽《中葡通商研究》，王顺彬、王志邦译，北京：华文出版社，1999，第 43~44 页。
② 《明武宗实录》（卷一四九），正德十二年五月辛丑条。
③ 顾炎武：《天下郡国利病书》（卷一二〇），《海外诸番入贡互市》引"林富奏疏"。林富奏疏乃出于当时广东学者黄佐之手，见黄佐《泰泉集》（卷二〇）《代巡抚通市舶疏》。
④ 黄佐：《泰泉集》（卷五二），《通奉大夫湖广左布政使雁峰何公墓志》。

310

者亚三（明代闽粤豪门贵族往往阉人以供驱使，被阉者称为火者。这个火者亚三可能是从福建或广东到南洋去的，充当了葡使的翻译）通过江彬，很快便得以在当地觐见明武宗。火者亚三通晓中外语言，能说会道，向皇帝大谈南洋各国的种种奇风异俗，武宗"喜而留之"，"时时学其语以为乐"。① 1521年1月，皮来资使团一行到了北京。

1520年至1521年初，皮来资使团的阴谋活动似乎进行得很顺利。他们依靠江彬的庇护，在北京城内"或驰马于市，或享大官之馔，于刑部或从乘舆，而饫珍膳享于会同馆，或同仆臣卧起，而大臣被诬者，皆以桎梏幽囚，意颇轻侮朝官"。② 但是，就在使团得意忘形的时候，发生了一系列事件，形势急转直下，终于使他们的图谋全部落空。

原来马六甲国王的儿子、宾塘王公的使者穆罕默德这时来到北京，向礼部送交了马六甲控诉葡萄牙"夺国仇杀等情"的政府文书，望中国皇帝对心急如焚、急求援救的马六甲国王及其人民施加恩泽，使其国土得以重光。③

这封信揭穿了葡人冒充马六甲使节的骗局。原先皮来资使团除了通过贿赂打通关系之外，整个使团成员还全部"以白布缠头，如回回打扮"，"假充满剌加（马六甲）遣礼使臣"。④ 他们企图利用中国与马六甲之间久已存在的朝贡关系，谋求建立中葡之间的正式关系。现在他们的真实身份已经暴露。

吴廷举调离广东后，广东地方官员纷纷上奏，痛陈葡人在广东沿海地区的种种海盗行径。明朝政府就如何处置葡萄牙人的问题展开了激烈的辩论。曾任广东顺德县令的御史丘道隆，以及来自顺德的御史何鳌两人强烈反对与葡人通好。丘道隆说："满剌加乃敕封之国，而佛郎机敢并之，且啖我以利，邀求封贡，决不可许。宜却其使臣，明示顺逆，令还满剌加疆土，方许朝贡。倘执迷不悛，必檄告诸番，声罪致讨。"何鳌在奏章中说："佛郎机最凶狡，兵械较诸番独精。……今听其往来贸易，势必争斗杀伤，南方之祸殆无纪极。……乞悉驱在澳番舶及番人潜居者，禁私通，严守备，庶一方获安。"⑤

---

① 何乔远：《名山藏·王享记·东南夷三·满剌加》。
② 严从简：《殊域周咨录》（卷九），"佛郎机"条。
③ 顾炎武：《天下郡国利病书》（卷一一九），《海外诸番》。
④ 胡宗宪：《筹海图编》（卷一三），《经略三》。
⑤ 《明史》（卷三二五），《佛郎机传》。

武宗命令礼部负责处理这个问题。礼部官员讨论之后，赞同丘、何两人的观点，并提出了几条处理意见：①会同马六甲使臣，诘佛郎机番使侵夺邻国、扰害地方之罪，奏请处置；②对失职的广东官员逮捕问罪，以后严加禁约；③凡违反规定的外国商船，一律驱逐；④吴廷举"倡开事端"有罪，由户部革职查办。①

关于向马六甲示援问题，武宗命令兵部进行讨论。兵部提出的处理意见是："请敕责佛郎机，令归满剌加之地，论暹罗诸夷以救患恤邻之义。"同时指出，广东地区巡海和备倭的官员，没有及时报告葡萄牙的侵略罪行，亦应逮捕问罪。②

这时又发生了另一件大事。1521 年，武宗病亡。江彬失去了后台，不久即被处决。皮来资使团失去了政治上的庇护者，日子越来越不好过了。不久火者亚三被捕下狱，他供认：自己本是个中国人，为了贪图好处而充当汉奸。随即被处死。

接着，明政府又于 5 月 22 日将皮来资赶出北京。同年 9 月 22 日，皮来资回广州，又被当作人质关押在监狱里，等待葡萄牙让马六甲复国才予以释放。葡萄牙人当然不可能做到这一点。于是释放便成为遥遥无期之事了。关于这位葡萄牙特使后来的情况，有种种说法。明朝刑部尚书顾应祥说："其人押回广东，驱之出境去讫。"③ 葡人一般认为，1524 年，皮来资病死于广州监狱中。④ 众说纷纭，莫衷一是。但这个问题后来终于得到了澄清。当 16 世纪 40 年代葡萄牙冒险家平托被捕，在中国浪迹多年后，来到一座城市⑤，意外地发现这里有一群天主教信徒，其中还有皮来资的女儿。她告诉平托，其父与 12 名随员被捕入狱后，受到严刑拷打，5 人当场丧生，其余的人被分别流放不同地区，皮来资来到此地，与其母结婚，其母和许多当地人受洗成基督徒。皮来资在此地生活了 27 年，享年 77 岁。⑥

---

① 《明武宗实录》（卷一九四），正德十五年十二月己丑。
② 《明世宗实录》（卷四），正德十六年七月戊寅。
③ 胡宗宪：《筹海图编》（卷一三），《经略三》。
④ 张天泽：《中葡通商研究》，王顺彬、王志邦译，北京：华文出版社，1999，第 61 页。博克塞也说，皮来资"死于酷刑"（参见《十六世纪中国南部行记》）。
⑤ 平托称该处名叫 Sampitay 的城市为邳州，或三北台，或临清，难以确定。
⑥ 徐萨斯：《历史上的澳门》，黄鸿钊、李保平译，澳门：澳门基金会，2000，第 6 页；平托：《远游记》（上册），金国平译，澳门：澳门基金会，1999，第 262～264 页。

葡萄牙诗人贾梅士在澳门[*]

16世纪中期，澳门已经成为一个蜚声海内外的著名港口，它不仅促进了广东贸易市场繁荣，还推动了东西方的文化交流，不少中外文人墨客慕名访游这个神奇的地方。其中葡萄牙的贾梅士（Luís de Camões），于1556～1558年到达该地，留下石洞遗迹，并在此处写了史诗《葡国魂》，即《卢济塔尼亚人之歌》（Os Lusíadas），被奉为欧洲文艺复兴时期的名著之一。

贾梅士（1524～1580），又译卡蒙斯，是葡萄牙近代文学的奠基者，被誉为欧洲文艺复兴时代的天才作家之一。他出身于里斯本一个衰微的贵族家庭，在那里度过了他的童年。小时候由于家境贫寒，他曾在叔父本托（Bento）资助下到科英布拉读书。在所有课程中，他最喜欢读葡萄牙历史。而其叔父本托又是一位牧师和学者，他常常指导贾梅士注意学习方法。

若昂三世时期，贾梅士经常出入王宫，参加上流社会举行的节日盛会和晚会。他的才华博得了一位美丽姑娘的垂青，贾梅士陷入热恋，写了许多爱的诗篇献给这位贵族少女。不幸的是，这个并不门当户对的恋爱遭到国王的干涉。诗人一贫如洗，而姑娘出身于豪富之家。当时贫民是不能与贵族通婚的。国王暴跳如雷，下令将贾梅士流放到远离里斯本的里巴特茹去。在那里，诗人受尽了王宫的清规戒律所带来的痛苦。后来他申请入伍服役获准，被派往北非摩洛哥的海港城市休达。贾梅士在休达驻防，与企图夺回休达的阿拉伯人进行多次战斗，曾经受伤，失去一只眼睛。当兵两年后，贾梅士又回到里斯本，其放荡不羁的个性使之再次闯祸。一天晚上，他与王宫的仆役

---

[*] 原文题为《贾梅士与澳门》，载于《澳门研究》2008年总第44期，第134～142页。本文曾做修订。

因事纠纷，由于不能忍受对方言辞侮辱，拔剑相斗，刺伤了对方。为此被捕入狱，一年后获释。出狱后于1553年参军，被派到印度果阿服役。

贾梅士在旅途中考察了达·伽马所经过的地区，广泛收集题材，为创作长篇史诗《卢济塔尼亚人之歌》准备资料。他穿过大西洋，绕过好望角和跨越印度洋到达果阿。沿着葡萄牙人最先开辟的航线前进，所到之处，诗人深深体验到伟大航海家们坚忍不拔、勇于牺牲的战斗精神。他们克服了无数艰难险阻，终于成功地开辟了通往东方的新航路。

贾梅士在印度得到了一官半职，但生活仍是多灾多难。由于他个性耿直，经常开罪权贵，便遭到他们的报复，受到处罚或监禁。在此期间，贾梅士将自己的全部精力贯注于构思其史诗《卢济塔尼亚人之歌》。三年后他被葡属果阿总督巴尔利托（Francisco Barreto）派往中国，担任死者及失踪者事务专员。对于诗人来说，这意味着被发配到更遥远的东方去，无法参与国内的政治活动。他于1556年到达浪白。次年，葡人居留澳门。贾梅士也随之转到澳门继续担任同一职务。澳门海滨有一个岩洞，贾梅士经常在那里徘徊驻足，眺望茫茫大海，思念自己可爱而遥远的祖国。也就是在这个岩洞里，他面朝东方，背靠大石，把纸铺放在膝盖上，一句句地抒写、颂扬达·伽马和其他航海家的丰功伟绩，完成了《卢济塔尼亚人之歌》的创作。巴罗士著《葡国诗人贾梅士葡国魂释义》一书称，贾梅士在澳门获得了一个名叫让·安东尼奥的仆人。当时居留澳门的葡人往往蓄养奴仆，每个家庭的奴仆多为黑奴或亚裔人。巴罗士书中没有说明让·安东尼奥的来历，只说此人温和敦厚，贾梅士写作的时候，这个忠实的仆人默默地伴随左右，其后随同诗人返回葡萄牙，侍候诗人走完人生的历程。

贾梅士在澳门服役期间，写了一些充满讽刺和挖苦意味的诗文，得罪了果阿的某些头面人物。例如《荒谬的印度》这首讽刺诗，针对一位司法官员，指责其在危难时背叛朋友。于是被贾梅士激怒了的总督下令逮捕他。贾梅士奉调回印度，从澳门至果阿途中，轮船遭遇海难，沉没于柬埔寨海岸的湄公河口，大部分行李、货物和旅客葬身鱼腹。贾梅士丧失了一切行李，甚至随身携带的《卢济塔尼亚人之歌》诗稿也掉落大海中，诗人望见自己珍贵的手稿在浪涛里漂浮，便奋不顾身地跳入大海捞回来。他搏击风浪，耗尽全力，幸而最后爬上一块大岩石，随后被一只小船搭救。贾梅士曾在自己的诗中提及这一令人悲伤的往事。他写道：

> 无情的风浪与暗礁,
>
> 摧毁了饱经忧患的航船,
>
> 而那浸湿的诗篇却幸免于难。

贾梅士1558年回到果阿,立即被他的仇敌诬陷迫害而投入监狱。好在他的朋友科蒂纽·德·布拉瓦萨出任果阿总督,下令立即释放被非法监禁的诗人。贾梅士又在果阿住了几年,并参加了征讨土耳其人和阿拉伯人的战争。他作战十分勇敢,不但是一个才华出众的诗人,而且是善于巧妙打击敌人的战士。正如他自己所说,"一手高举利剑,一手紧握笔杆",去为祖国战斗。

1567年,贾梅士从朋友那里借到一些钱,离开印度到达葡属殖民地莫桑比克,在那里又逗留到1570年,终于回到里斯本。然而当时葡萄牙首都瘟疫蔓延,一片凄凉景象:万户萧条,商店关闭,街上空旷无人。诗人却在如此艰苦的环境中,潜心努力修改和排印诗稿。1572年,长篇史诗《卢济塔尼亚人之歌》印刷完毕,贾梅士将它呈送国王塞巴斯蒂昂(Sebastião),并在王宫里进行朗诵。国王赐赠了他一笔酬金,以示奖励。

1580年,贾梅士在贫困中逝世,终年56岁。

贾梅士政治失意,个人的抱负和才华得不到发挥,因此他的诗中充分流露出一个飘零海外的爱国者的无限伤感。他的诗写于葡人居留澳门初期,当时澳门港正在兴起,但令人奇怪的是贾梅士却视而不见,竟没有提到澳门的贸易活动。可能当时贸易还不十分繁荣,或者因当时贾梅士置身行伍,戍守于山岩石洞之间,又因心情忧郁,毫无商人做生意赚钱那种快乐感受,所以没有反映出来。

于是有人提出疑问:贾梅士是否到过澳门?回答是肯定的。著名澳门史学家文德泉神父于2005年发表文章,肯定诗人来过澳门,并且为此提供佐证。

首先,贾梅士的友人曼奴厄尔·科雷阿(Manuel Correia)曾经应贾梅士邀请,协助诗人注释长诗《卢济塔尼亚人之歌》。1613年科雷阿出版了这部诗集。他在注释诗集第十章第128节时,曾经提及贾梅士在澳门逗留,后来返回印度,总督巴尔利托下令将他囚禁,由于他在中国担任死者及失踪者事务专员的职务,而被某些朋友诽谤。科雷阿是贾梅士的朋友,他说贾梅士到过澳门,自然不会是空穴来风,而应该具有可信性。

其次,17世纪30年代,圣保禄学院在一份房地产交易文献中提到出售了位于贾梅士岩洞附近的教会房地产。

最后,1578年出版的 Cristovão Borges 诗集,其中第一部分有一首韵诗,题为《贾梅士迷失在中国》。①

贾梅士史诗性名著《卢济塔尼亚人之歌》的主要部分就是在澳门写的,诗中生动翔实地叙述了15世纪末,葡萄牙大航海家达·伽马发现东方新航路的故事。正如许多伟大人物一样,贾梅士生前历尽坎坷,但在死后,他流寓澳门所写的这部史诗,却在世界文学史上享有不朽的盛名。与此同时,诗人住过的石洞也声名远扬,成为一个充满浪漫的胜地。其后,有人在该处竖立了一座贾梅士大理石半身塑像。据高美士《昔日澳门传奇》一书说,澳门人之所以称这个地方为白鸽巢,是因为"在很久以前这里生活着一个叫贾梅士的诗人,在那里喂养了许多鸽子作为食物"。

1771年,英国东印度公司在澳门设立分部。其办事机构先是租住南湾的一所房子,后来搬到白鸽巢公园的一栋大厦,即现在的东方基金会。1785年,澳葡当局将白鸽巢公园租给东印度公司。该公司的负责人威廉·费兹休(William Fitzhugh)就住在这座贾梅士石洞公园之内。1793年,英国特使马戛尔尼勋爵(Lord Macartney)出访中国,归程中他的庞大使团曾在澳门英国东印度公司商馆中住了一段时间。使团的副使斯当东在谈到贾梅士山洞时这样写道:"在本市最高的山包上一块块巨石形成了所谓贾梅士山洞。据传说,诗人贾梅士就在这个山洞里写出了著名的诗篇——《葡国魂》。显然,贾梅士在澳门居住过很长时间。"以他的名字命名的这个有趣的山洞位于一个宅院的花园之中,他和他的两个随行人员在本岛逗留期间就住在这个宅院里。② 斯当东的《出使中国纪实》(Journal of an Embassy to China)一书,也提到澳门有个贾梅士雕像,并说"贾梅士雕像制作粗糙,放置在一个如同食物罩的铁栏内"。

许多游客纷纷向贾梅士献上美丽的诗句。最早的颂诗是一个古罗马护民官后裔写的:

---

① 见澳门《文化杂志》2005年总第54期,第7~8页。
② 施白蒂:《澳门编年史》,小雨译,澳门:澳门基金会,1995,第198页。

啊，贾梅士，这涛涛声浪中，
你诗兴勃发，不绝吟唱。
阿波罗火炬耀你天赋，
讴歌卢济塔尼亚英雄。
从特茹河到金色的骨灰盒，远离故土，
从贝娄娜处他膺获不朽荣誉。
不幸流亡者，荷马的同路人，
贫困换来了天才。
他已入魔，苦痛诗句令人陶醉，
爱情烈焰，文艺九女神吟唱。
葡中共怀念，
光阴摧朽，英名万古。①

英国人德庇时，是外交官和汉学家，曾任东印度公司驻华商务监督、香港总督等要职。他也写了一首脍炙人口的贾梅士石洞诗：

这一片小丛林清幽寂静，令人陶醉，
直射的阳光照射着，透过树叶的浓荫。
曾有一位葡萄牙诗人迸发出灵感，
天赋才华写就了优美的古典诗篇。

昔日的半身大理石像点缀着岩缝石隙，
命运多舛的诗人，如此备受热爱和磨难。
据说贾梅士从这个石洞的柔和光线中，
寻得安宁来写下他的不朽史诗。

然而，邪恶的手啊，亵渎了这块圣地，
把石像弄得残旧破碎，摔在地上。

---

① 本诗及以下各首均选自徐萨斯著《历史上的澳门》，黄鸿钊、李保平译，澳门：澳门基金会，2000。

317

深沉无言的哀伤啊，无法从心中排遣，
森林之神的哀伤，笼罩着那几块巨石。

诗人的英名却依然存留，闪耀着光芒，
那广泛流传的诗篇，自有永恒的价值。
无须靠竖立这容易损坏的纪念碑，
来记下诗人命运的辉煌与坎坷。

在天才的魅力逐渐消失之前，
时光的扼死之手将无从举措。
虽然纪念像能被粉碎，化为尘埃，
天才的灵火一旦点燃，便会永放光芒。

后来 1840 年，有一个名叫马葵士（Lourenço Marques）的绅士，他是葡萄牙的皇室贵胄和富翁，在此建造了一所有典型南欧风格的豪华行宫。马葵士也和贾梅士一样嗜爱鸽子，最多时曾有数百对之多，成群的白鸽漫天飞舞，上下翱翔，成为澳门一时的一大景观。

马葵士出于对贾梅士的热爱和崇敬，用一座石膏像取代那座被毁坏的雕像。1866 年，又特意在里斯本为这位诗人铸造了半身铜像，换下了破旧的石像，并在铜像底座上刻着《卢济塔尼亚人之歌》的 6 节诗文。而在塑像周围，竖了多块花岗岩石碑，上面刻有诗文。其中，最靠近洞穴的石碑上刻着阿尔梅达·加雷特（Almeida Garret）《贾梅士》一诗的优美诗句：

啊，贾梅士洞，孤寂怡人，
多少悲伤的温馨时光逝去，
思乡无日不悠悠！温馨的贾梅士洞，
请倾听我的哀叹，
请耳闻我的爱怨，啊，怡人的清新，啊，快慰的桃园。
在此我躲避痛苦悲伤，
爱情、祖国给我灵感
光阴、不公

多少流言蜚语飞来！
你的胸中蕴藏着我的哀叹，
你将向后人传诵
我诉说的爱情隐秘；
你将告诉忘恩负义的葡萄牙人
若我曾是葡萄牙人，若我曾经爱过祖国，
若除了祖国与爱情，为了另一目的
我的心灵曾激荡，我的双臂曾奋斗，
或许我的诗句造就了万代后人。

此后，贾梅士洞成为澳门一个独具特色的亮丽景点。1887年间，澳门总督高若瑟在一篇文章中指出：贾梅士前地，现构成了澳门风景优雅别致的一个场所，已不是一个空荡荡的杂草丛生的地方了。这一块我们伟大诗人停留过的地方不断会有游客前来参观。其后，贾梅士广场由高士德负责美化扩建，使之成为一座美丽的白鸽巢公园。

"白鸽巢高万木苍，沙梨兜拥水云凉。炎天倾尽麻姑酒，选石来谈海种桑。"这是清末名士吟咏白鸽巢的诗句。现在白鸽巢公园所在山冈，清代称凤凰山，占地广阔，小山环叠，山上凤凰木高入云天，葱郁生风。这里无水源之利，却得风之益，无三山五岳之壮美，却有岭南丘陵之清丽。清代丘逢甲、李遐龄，近代学者汪兆镛等名人雅士均曾驻足山中，流连抒怀，赋诗吟诵。

汤显祖的澳门诗*

16世纪中期,澳门已经成为一个蜚声海内外的著名港口,它不仅促进了广东贸易市场繁荣,还推动了东西方的文化交流,不少中外文人墨客慕名访游这个神奇的地方。其中我国戏剧家汤显祖也曾于1591年畅游澳门。汤显祖则以其"临川四梦"("玉茗堂四梦")而闻名,被后人誉为同莎士比亚齐名的伟大戏剧家。日本著名戏剧家青木正儿说过,汤显祖与莎士比亚,这两个"东西曲坛伟人,同出其时,亦奇也"。

汤显祖(1550~1616),字义仍,号海若,江西临川人,明代伟大戏剧家、文学家。一生著作甚多,传世之作有传奇《牡丹亭》《南柯记》《邯郸记》,以及《紫钗记》等,合称"临川四梦"。这些作品对封建礼教和政治黑暗进行了无情的揭露和抨击,尤以《牡丹亭》最负盛名,现已译成英、德、日等多种文字在海外出版。汤显祖于1583年中进士,出任南京太常寺博士和礼部主事。本来他的仕途经历与澳门毫无关系,但一次突发事件改变了他的生活,使他南下宦游,来到这个著名的贸易港口。

1591年3月间,汤显祖上疏指陈时政弊端,敦请皇帝罢斥奸臣,提拔贤士。这篇著名的《论辅臣科臣疏》惊世骇俗,震动天下,但其锋芒毕露,难免树敌。万历帝有意袒护权臣,反以"假借国事攻击元辅"的罪名,将汤显祖远谪广东徐闻,降职为典史。所谓典史,是当时在知县以下,掌管缉捕和监狱的小官。徐闻位于雷州半岛南端,与海南岛隔海相望,向来被视为瘴疠之地,"白日不朗,红雾四障",令人感到神秘与恐怖。贬谪到此,与

---

* 原文题为《汤显祖诗证澳门史》,载于《澳门研究》2007年总第39期,第129~132页;后以《汤显祖笔下的澳门历史》为题,载于《澳门杂志》2012年总第86期,第70~73页。

汤显祖的澳门诗

其说做官,不如说流放更为恰当。但汤显祖面对这种仕途挫折,却表现得十分坦然。他对友人帅机说:"弟去岭海,如在金陵。清虚可以杀人,瘴疠可以活人。此中杀活之机,与界局何与邪!"① 他在逆境面前的这种达观和勇气使人十分敬佩。

这年9月,汤显祖从临川启程前往徐闻,沿途畅游山水,吟诗抒怀;10月,翻越大庾岭,进入广东南雄,在奔赴广州途中,先后游览灵池、白云山、罗浮山等名胜;11月初从罗浮山下来,经广州、南海、番禺,沿江而下,通过虎门,直抵香山澳门,时间是在11月中旬。当时澳门已成为葡萄牙人居留地,在这里,他看到了澳门港充满异国风情的奇特图景,十分兴奋而又惊讶。于是他把自己的见闻和感想用几首诗反映出来。

听香山译者(二首)

(一)
占城十日过交栏,十二帆飞看溜还;
握粟定留三佛国,采香长傍九州山。

(二)
花面蛮姬十五强,蔷薇露水拂朝妆;
尽头西海新生月,口出东林倒挂香。②

澳门最早的名称是香山澳,汤显祖的诗中有时称之为香澳或香山,有时又写作香山墺、香山岙等等,都指的是澳门。香山译者,即澳门葡萄牙商人的翻译,又称"通事",一般由广东或福建的商人担任。汤显祖不会葡语,无法直接与葡人沟通,只好通过翻译了解情况。本诗记述翻译介绍香货贸易的来源地情况。当时澳门海外贸易的区域有:越南的占城,马来半岛西岸的九州山,印尼的格兰岛(交栏),苏门答腊岛的三佛齐、花面,印度洋上的溜还岛,直至西海一带。西海即西洋,指今孟加拉湾、印度洋、阿拉伯海、波斯湾和红海等处。采香描写是诗的主要内容之一。香是当时皇宫享用的珍

---

① 《寄帅惟审膳部》,《汤显祖集》(二),上海:上海人民出版社,1973,第1245页。此信写于1591年贬官后,帅机曾任南京礼部精膳司郎中,时任河南彰德府同知。
② 《汤显祖集》(一),上海:上海人民出版社,1973,第427页。

321

稀贡品,每年地方官员均要倾力采办。香货品类甚多,有檀香、龙涎香、降香等等。中国皇宫御用的极品香货,就是从西洋地方艰难贩运来的。此外翻译还向汤显祖介绍了一些异国风情,特别提到花面国的姑娘。花面国又名那孤儿国,其地在今印尼的苏门答腊岛北部的巴达克。他们的姑娘打扮得花枝招展、满身香水味道。

香山验香所采香口号
不绝如丝戏海龙,大鱼春涨吐芙蓉;
千金一片浑闲事,愿得为云护九重。①

这是另一首关于采香的诗。但对于汤显祖这首诗,目前存在较大争议。徐朔方教授称:

> 此诗反映明朝皇帝在澳门采购鸦片(阿芙蓉)的事实。当时航路受季风限制,由印度和麻六甲东来的船舶都在春夏两季到达,所以说"春涨"。《口号》的结束二句显然是诗人对皇帝的极为委婉的讽喻。②

汤开建教授的看法稍为不同,他认为该诗主要是写采香,但他又说"芙蓉"一句则是指鸦片的输入。③

我认为,该诗主要是写明朝政府采购龙涎香的事,似与鸦片输入并无关系。首先诗的题目便明确了采香主题。汤显祖是明朝政府官员,自然知道朝廷对于香货的需求,因此对此表示极大的关心和浓厚的兴趣。

岭南是盛产香料之地。著名广东学者屈大均说:"峤南火地,太阳之精液所发,其草木多香。有力者皆降皆结而香。木得太阳烈气之全,枝干根株皆能自为一香。故语曰:海南多阳,一木五香。"④但明廷最需要的不是这些植物香料,而是动物香料,尤其是珍稀的极品龙涎香。龙涎香确切地说是

---

① 汤显祖:《汤显祖集》(一),上海:上海人民出版社,1973,第427页。
② 徐朔方:《汤显祖评传》,南京:南京大学出版社,1993,第85页。
③ 汤开建:《明清士大夫与澳门》,澳门:澳门基金会,1998,第74~76页。
④ 屈大均:《广东新语》(卷二十六),《香语》,北京:中华书局,1985。

鲸涎香，它是抹香鲸肠胃的病态分泌物，类似结石。从鲸鱼体中排出后，呈黄、灰或黑色的蜡状形态，漂浮于海面，或冲上海岸而被人采得。龙涎香在温度60摄氏度时开始软化，继续加热则逐渐变为液体。主要成分为龙涎香素，具有持久的香气。龙涎香在印度洋和澳大利亚的海岸时有发现。印尼苏门答腊岛西北有一个小岛因产龙涎香，被中国人称为龙涎屿。可能因为鲸鱼体形巨大，中国人视之为龙的同类。（《岛夷志略》《星槎胜览》等书均有记载。）

屈大均也把鲸鱼称为龙。他说："……新安有龙穴洲，每风雨即有龙起，去地不数丈，朱鬣金鳞，两目烨烨如电。人与龙相视久之弗畏也。其精华在浮沫，时喷薄如瀑泉如雨，争承取之。稍缓则入地中矣。是为龙涎。或谓龙涎者，多积于海上枯木，如鸟遗状，其色青黎，其芳腥。杂百和焚之，翠烟千结，蜿蜒蟠空，经时不散，可以剪分香缕。然多不真。从番舶来者，出大秦、波斯，于雨中焚之，焰爆有声则真。盖龙本纯阳之精，故其气绝香。又龙属木，木之气得太阳多者必香。故诸香以龙涎为最。得盂水径扑其中，不落空外，龙以水为用，见水则精入焉。盖龙用精则为雨，用气则为云。"[1] 显然，屈大均的说法是牵强附会的，但如果把文中的龙字改为鲸鱼二字就对了。

关于明朝采购香货的事，当时的官方文书均有翔实记载。《明史·食货志》称，嘉靖年间，朝廷急需香货，命令户部派出官员"分道购龙涎香，十余年未获，使者因请海舶入澳，久乃得之"。[2] 在这里，值得注意的是，采购龙涎香实在太难了。当时被派出采购香货的官员，十多年均无法购买到龙涎香，觉得必须求助于海舶，便请求允许海舶入澳贸易，后来终于采购到龙涎香。

《明实录》关于此事记载更为详细：嘉靖三十五年八月壬子，即公元1556年，"上谕户部，龙涎香十余年不进，臣下欺怠甚矣。其备查所产之处，具奏取用。户部覆请差官驰至福建、广东，会同原委官于沿海番舶可通之地，多方寻访，勿惜高价，委官并三司掌印官各住俸待罪，俟获真香方许

---

[1] 屈大均：《广东新语》（卷二十二），《鳞语·龙》，北京：中华书局，1985。
[2] 《明史》（卷八二），《食货志六》。

开支"。①

《明实录》另有一条关于采购龙涎香的事,发生于嘉靖四十四年,即1565年。皇帝点名批评户部尚书高耀,对只买到龙涎香三四斤表示强烈不满。谕旨称:"此常有之物,只不用心耳!"高耀惶恐惧罪,请派遣官员至广东、福建,要求当地抚按等高级官员亲自负责,"百方购之"。②

由此看来,1556年葡人海舶被允许进入澳门居留贸易,除了汪柏受贿,私相授受之外,似乎还有那些"住俸待罪"的官员求助葡人采购龙涎香的因素。这一点很值得探讨。

香山当时是香货入贡之处,起卸香货的港口就是澳门,政府在澳门岸边设有验香所。汤显祖探访至此,见到壮丽的海景和采购香货现场的繁忙,便写了这首采香口号。"不绝如丝戏海龙,大鱼春涨吐芙蓉",海龙、大鱼均是指鲸鱼,芙蓉者,鲸鱼的分泌物也。"千金一片浑闲事,愿得为云护九重。"诗人见到官员们为了保证九重宫禁内享用香货,采香时一掷千金,视同等闲,不免流露感叹。毫无疑问,整首诗都是写采购龙涎香的。

香岙逢贾胡

不住田园不树桑,珱珂衣锦下云樯;
明珠海上传星气,白玉河边看月光。③

该诗描写澳门商人情况。澳门这座海港小城,住着数以千计的外国商人,他们身穿锦衣,佩带美玉,不住田园务农桑,随同海舶四处漂泊,从事贸易,出手阔绰,过得十分潇洒。

汤显祖除了访问澳门之外,还在次年,即1592年春,从徐闻启程北上,路过端州(肇庆),访问了正在那里建造仙花寺教堂的两位神甫,他们可能就是利玛窦和彼得利斯(Francesco de Petris,又名石方西),汤显祖与他们进行交流,听了他们高谈"破佛主义",甚为激动,于是又挥笔写了两首诗:

---

① 《明实录·世宗实录》(卷四三八)。
② 《明实录·世宗实录》(卷五四三)。
③ 《汤显祖集》(一),上海:上海人民出版社,1973,第428页。

一

画屏天主绛纱笼，碧眼愁胡译字通。
正似端龙看甲错，香膏原在木心中。

二

二子西来迹已奇，黄金作使更何疑？
自言天竺原无佛，说与莲花教主知。①

诗中表露汤显祖对天主教义怀有好奇之心。他另在《寄虞德园》的信中也谈到这个问题，他说："读仁兄所为天主之徒文字序，甚深微妙。东方人护佛，西方人乃破佛耶！……过湖头当谒兄长生之术与无生之旨，何如？"②汤显祖南下宦游，在澳门短暂停留期间，所见所闻印象深刻，对他日后的文学创作也产生了一定的影响。1598年问世的名著《牡丹亭》，其第6出《怅眺》、第21出《谒遇》、第22出《旅寄》等场次，均提到澳门（香山墺或香山岙）。尤其是《谒遇》一出，更是以澳门作为背景演绎故事情节。剧中主角柳梦梅立志赴京应考，但缺乏盘缠，友人韩文才劝他到澳门向苗钦差求助："老兄，可知有个钦差识宝中郎苗老先生，倒是个知趣人。今秋任满，例于香山岙多宝寺中赛宝，那时一往何如？"柳梦梅果然到了澳门，向钦差苗舜宾说明来意，获得苗钦差的同情和资助，这以后便是离澳门北上，接连发生一系列的艳遇。

柳梦梅来到澳门时，那里正在举行三年一次的"赛宝"或"祭宝"活动，主要由钦差苗舜宾展览其在澳门采购的各种奇珍异宝。这种活动历史上无记载，但汤显祖曾亲历其境，熟识情况，写来得心应手。他让中国官员、葡萄牙人、阿拉伯人（"番鬼""番回"）、翻译同台演出，着力展示了葡萄牙人和外国商人向官员献宝和赛宝的热烈场面。剧中写道：

（光光乍）（老僧上）一领破袈裟，香山岙里巴。多生多宝多菩萨，多多照证光光乍。小僧广州府香山岙多宝寺一个住持。这寺原是番鬼们建造，以便迎接收宝官员。兹有钦差苗爷任满，祭宝于

---

① 《汤显祖集》（一），《端州逢西域两生破佛立义，偶成两首》，上海：上海人民出版社，1973，第440页。
② 《汤显祖集》（二），《寄虞德园》，上海：上海人民出版社，1973，第1427页。

多宝菩萨位前,不免迎接。

(净苗舜宾、末通事、丑番鬼上)……(净)自家钦差识宝使臣苗舜宾便是。三年任满,例当祭赛多宝菩萨。通事那里?(末见介)(丑见介)伽琍喇。叫通事,吩咐番回献宝。(末)俱已陈设。(净起看宝介)奇哉宝也!真乃磊落山川,精荧日月,多宝寺不虚名矣。看香。(内鸣钟)(净拜)……

(净)和尚,替番回海商祝贺一番。

(亭前柳)(老僧)大海宝藏多,船舫遇风波。商人持重宝,险路怕经过。刹那,念彼观音脱。(合前)……

(净引生看宝)(生)明珠美玉,小生见而知之。其间数种,未委何名,烦老大人一一指教。

(驻云飞)(净)这是星汉神沙;这是煮海金丹和铁树花。什么猫眼精光射,母碌通明差。茶,这是末曷柳金芽;这是温凉玉斝①;这是吸月的蟾蜍,和阳燧冰盘化。(生)小生不游大方之门,何因睹此!天地精华,偏出在番回到帝子家。禀问老大人:这宝来路多远?(净)有远三万里的,至少也有一万多程。(生)这般远可是飞来走来?(净)那有飞走而至之理?

只因朝廷重价购求,自来贡献。(生叹)老大人,这宝物蠢尔无知,三万里之外,尚然无足而至。②

《牡丹亭》一剧第一次把西方人物和商品搬上中国戏剧舞台,通过剧中人物的活动和对白,反映了当时澳门港的繁荣兴旺,以及西方文化传入的情况,成为最早吸纳西方文化的文学作品。汤显祖被贬官南下,得以实地考察澳门港,与西方传教士学者晤谈,从西方文化中获得启发,使他在创作中视野更宽阔,文学成就更为辉煌。因此,汤显祖遭贬可谓因祸得福,使这个文学巨匠从事了一次富有意义的中西文化交流的实践。

文学是现实生活的直接反映,诗文可以证史。汤显祖生活在16世纪,毫无疑问,他写的诗和戏剧本身就具有史料价值。首先,他证实澳门是龙涎

---

① 斝(jiǎ),古代盛酒器具,圆口,三足。
② 《汤显祖集》(三),上海:上海人民出版社,1973,第1897~1900页。

香的重要采购点，明朝政府在这里设立了香山验香所，负责采购和检验龙涎香。其次，汤显祖的作品也反映了澳门贸易的繁荣，外国商人生活的富裕和潇洒，以及明朝政府官员采购海外珍宝，等等。同时也有某些迹象表明，由于龙涎香是朝廷急需的珍稀香料，中国官员可能为了便于采购龙涎香，而允许或默许葡萄牙人居留澳门贸易。

出洋留学第一人郑玛诺*

500年前,中国人郑玛诺第一个从澳门出洋留学。

早期中国人出洋留学是外国传教士策划的行为,是出于培训本土传教士的需要。天主教最初主要依靠西洋教士来华传教,这些教士为了传教而学习中文、讲华语,竭力适应中国的风俗习惯,甚至使自己变成中国僧人或儒生。他们努力使自己成为汉学家,积极向西方介绍中国文化。1594年葡萄牙人建立的圣保禄学院,是天主教教士培训的基地,俗称三巴静院。圣保禄学院主要培养教会的神职人员。它提供了良好的条件,把许多西方人培养为中国通乃至汉学家,因此可以说它是远东汉学家的摇篮。但圣保禄学院还招收了不少中国教徒培训,目的是使他们精通拉丁文和天主教义,以便参加传教工作,之后尚可晋升司铎,成传教士。于是无形中,他们又把许多中国人培养为通晓西学的人才。尽管学院是为了推广天主教而创办的,但它实际上是中西文化培训中心。大体上说,洋人进修两年是接受汉文化的过程,而华人进修两年则是接受西方文化的过程。在这个意义上,它可以说是远东西学人才的摇篮。[①]

不久,天主教会又决定从圣保禄学院挑选一些优秀生出洋留学,以强化对华人传教士的培养。于是从17世纪中期起,便陆续有中国人出洋留学。而郑玛诺很幸运地成为出洋留学第一人。

郑玛诺原名郑惟信,玛诺是个洋名字,葡文原文是 Manuel de Sequeira。

---

* 原文题为《郑玛诺与近代出洋留学的起源》,载于《澳门研究》2009年总第55期,第90~95页。本文曾做修订。

① 方豪:《中国天主教史人物传》(下册),北京:中华书局,1988,第158页。

玛诺是葡文名音译，原意是兄弟。当时耶稣会士多以玛诺为名，成为一时之风尚，如李玛诺、张玛诺等。但也有耶稣会士虽取圣名玛诺，却不以玛诺为俗名。如游文辉，他圣名是玛诺，但俗名仍叫游文辉。

郑玛诺祖籍广东香山县，1633 年生于澳门，1645 年 12 岁时，被澳门教区选中，随同陆德神父赴罗马深造。玛诺父亲也是一个虔诚教友，与陆德神父往来密切。玛诺即由陆德神父主持洗礼入教。陆德是法国传教士，1623 年到澳门，曾到过广东一些城市传教。但他主要负责越南地区的传教，有"越南使徒"之称。他是一个富有远见的传教士，极力主张培养本地人为司铎，放手让本地教徒参与传教事务。1645 年，陆德提议率领 3 名少年赴罗马深造，其中中国人 1 名，越南北部和南部地区少年各 1 名。但耶稣会会长鉴于经费不足，难以负担 3 名学生的开销，只批准 1 个名额。于是陆德便决定把难得的留学机会给予这个聪明伶俐的中国孩子。1645 年 12 月 20 日，陆德和郑玛诺启程，开始其漫长而艰难的欧洲留学之旅。

他们从澳门乘船出发，经马六甲、爪哇、果阿、波斯、亚美尼亚和土耳其等地前往欧洲，费时 5 年才抵达罗马。这一条旅行路线，并非由陆德和郑玛诺主观决定的，而是由于两人途中遍历艰难险阻，屡遭拘禁，结果形成了这样一条曲折离奇的旅行路线。他们于 1646 年 1 月 14 日抵达马六甲，由马六甲出海不远，就遭到荷兰人的袭击，被俘后押送爪哇岛的巴达维亚（今雅加达）拘禁。3 个月后获释，返回马六甲，再经印度洋而至果阿。然后由印度入波斯，而至亚美尼亚。由亚美尼亚进入土耳其时，郑玛诺又因为其相貌类似蒙古人而遭拘禁，幸运的是，郑玛诺十分聪明伶俐，具有语言天赋，在亚美尼亚停留时，曾入住一所修道院，约 6 个月，即学会当地语言，陆德说他与当地人的谈吐无异。由于他向土耳其人展示了十分流利的亚美尼亚语，才最终解除误会，获得释放。就这样历经途中艰辛、跌跌碰碰地行进，郑玛诺离澳门时，年仅 12 岁半，抵罗马时已 17 岁半了。

陆德神父抵达罗马后，为加快推进远东传教事务，多方奔走，人力宣传和鼓吹培植本地圣职人员，增设教区；并为他喜爱的中国小孩郑玛诺悉心安排培训，做正式入学准备。郑玛诺在罗马经过一年零十个月的进修，努力完成了欧洲学生 4 年的学习课程，达到了"文学生"的程度。

1651 年 10 月 17 日，郑玛诺进入罗马耶稣会举办的圣安德勒初学院学习。该学院保存至今的登记册对郑玛诺是这样叙述的："郑玛诺，澳门人，

18 岁。10 月 17 日到达圣安德勒院。随身携带帽 1、长袍 1、短大衣 1、红布长裤 1、粗毛袜 1 双、手巾 1、皮鞋 1 双。上述各件，大部分已陈旧。"① 由此可见，郑玛诺随身携带的物品极其简单，说明这个学生具有清贫刻苦的精神。而当时他的同班同学共有 22 人，来自不同国家，许多同学都是家庭富有，更有的是亲王，有的是侯爵出身，很少像他那样清贫。

1653 年 4 月 30 日，郑玛诺在学校正式加入耶稣会。同年秋天，又转入罗马公学深造，攻读修辞学、逻辑学、物理、化学、音乐和外语等多门课程。其中主修课程之修读进程如下：1653～1654 年，修修辞学 1 年，1654～1657 年，修哲学 3 年，1654～1655 年，修理则学 1 年，1655～1656 年，修物理学（当时又称自然神学）1 年，1656～1657 年，修形上学 1 年。

当时修辞学一般都需要修读 2～3 年，而郑玛诺仅以 1 年时间就完成了，实属罕见。由此可以看出，郑玛诺真是一个聪明而又勤奋的优秀学生。

不仅如此，郑玛诺课程修读完毕后，还留校担任了 3 年实习教师，主要讲授拉丁—希腊文法和拉丁—希腊文学。作为一个来自远东国家的人，在侨居国里讲授这门课程，就好比外国人在中国执教中文一样，成为轰动一时的新闻。难怪袁国慰神父说："一个中国人在欧洲文艺复兴的中心——罗马，著名的学校中教授拉丁、希腊文学，在历史上，尚无先例。"

1660 年，郑玛诺完成了为时 3 年的教学实习，重返校园，续修神学。1661 年 10 月，郑玛诺的神学课程修读完毕，离开罗马前往葡萄牙的里斯本，候船回国。由于商船从里斯本到远东路途遥远，往返也无定期，因此，他在那里一等就是 4 年，直至 1666 年 4 月 13 日，才乘商船东返。在这 4 年当中，郑玛诺并没有闲着。而是抓紧时间学习，就读于科英布拉大学，修读以"名理探""寰有诠"诸书为教材的神学课程。该校 1665 年登记名册中称郑玛诺为神父，可能郑玛诺在该校学习时已晋铎。名册中又对他有"天资颖悟""有进步"等赞语。郑玛诺等 14 名传教士一起被葡萄牙派往东方传教，因此启程之前，他们受到葡萄牙国王的召见和训示，然后扬帆东渡。

这是一次长达半年的艰苦航行。其间，由于必须穿越炎热的赤道，风向不利，船只航行十分艰难；由于药物不足，船队 4 艘大船共运载 400 人，计

---

① 方豪：《中国天主教史人物传》（中册），北京：中华书局，1988，第 191 页。

有 70 多人染病不治身亡，其中包括 2 名传教士和 2 名医生。10 月 13 日郑玛诺随船抵达果阿，受到热烈欢迎。不过在这以后，果阿的耶稣会当局却强行留下郑玛诺在果阿传教，不许他返回中国。这样，郑玛诺又留在果阿住了 2 年。他努力学习当地语言，同时被派往孟买郊区附近一个港口任财务主任，兼在教堂讲道。最后，郑玛诺实在忍受不下去了，便向总会上书表示不满。他质问道："不知理由何在我不得不学习卧亚方言，以便在此会省为教友服务。"① 他对耶稣会不让自己回国传教感到难以理解。

郑玛诺原是被耶稣会指派到中国传教，他之所以羁留果阿，其原因可能是：当时清政府在沿海实行迁海政策，葡萄牙人在澳门的地位岌岌可危，再加上杨光先发动仇教，汤若望等教士被拘、被逐，传教形势十分不妙。所以，耶稣会让郑玛诺留在果阿，静观形势的变化。

清军入关建立全国政权之后，为了彻底切断沿海人民与海上抗清力量的联系，从 1655 年开始，先后 5 次颁布禁海令，三令五申，"沿海省份，无许片帆入海"。② 其后，清廷又于 1660 年、1662 年相继下达迁海令，规定沿海居民内迁 30 里至 40 里，筑边墙为界，不许逾越一步。海外贸易一概停止。迁海令中明确要求："将山东、浙江、闽广海滨居民，尽迁于内地，设界防守，片板不许下水，粒货不许越疆。"③ 按照迁海令，澳门也在迁移之列。迁海令下达后，清政府立即封锁了海上交通，居住澳门的华人全部迁入内地。1662 年，清政府又命令澳门葡人停止商业活动，夷平澳门所有炮台，以免被郑成功夺占。④ 这样一来，无疑会使澳门变成一个死港。1664 年，有 15 艘葡萄牙货船和 4 艘暹罗商船被迫停泊十字门外，不许进入澳门。广东地方政府还将违令的 10 艘葡船焚毁，没收了 7 艘葡船的货物。澳门葡人处境危急，群情惶惑，当局连忙派法籍耶稣会士刘迪我（Jacques Le Faure）进京，联络钦天监正和光禄大夫汤若望，在朝廷内部展开活动，向清廷说明澳门葡人有功于国，葡人有能力抵御海盗的侵扰，结果一度使清廷收回成命，并且把香山县迁海界线划在前山寨、北山和关闸一线，澳门不在迁海之列。

---

① 方豪：《中国天主教史人物传》（中册），北京：中华书局，1988，第 195 页。
② 蒋良骐：《东华录》（卷七）。
③ 夏琳：《闽海纪要》（卷二）。
④ 徐萨斯：《历史上的澳门》，黄鸿钊、李保平译，澳门：澳门基金会，2000，第 78 页。

镜海微澜：黄鸿钊澳门史研究选集

在此期间，清廷内部杨光先等反天主教官员于1664年诬陷汤若望"谋叛"，将他审讯判刑。此案又牵连澳门迁海问题，兵部和刑部官员甚至奏请驱赶葡人回国。于是清政府撤回对澳门葡人的允诺，命令澳门葡人全部迁入内地。1666年，广东地方政府调动军队包围澳门，封闭关闸，强令内迁。此时，葡人只好采取贿赂广东官员的办法。当时广东官员索贿很重，澳葡议事会为此进行了多次讨论，并同广东官员讨价还价。最后，葡人终于交付白银128400两，买通官员，上奏皇帝，使澳门葡人于1668年获旨免迁入内地。关于这件事，当时的史书记载说：

> 香山外原有澳彝，以其言语难晓，不可耕种，内地既无聚扎之地，况驻香山数百年，迁之更难，昨已奉命免迁矣。[1]

1668年初，澳门的形势好转以后，耶稣会遂命郑玛诺立即回国。这一年的5月14日，郑玛诺与其他6名外国教士启程前往中国。7月抵马六甲，在那里停留9日。其时马六甲已经被基督教新教徒荷兰人占领，天主教遭受歧视，当地的教友很久未领圣事，听闻有一批神父到来，兴奋不已，纷纷馈赠礼物，请求领圣事。于是郑玛诺等人潜行登陆，逗留了一些时间。8月19日，他们乘坐的商船抵达澳门。

郑玛诺1645年出洋留学，在外国飘荡23年之后重返故地，当他一切安排妥当之后，便立即上书耶稣会会长，对开展中国教务表示甚为关切，极力主张使用中国本地神父传教，同时他本人也在积极准备潜入中国内地，开展传教工作。他所谓的准备首先是补习中文。因为郑玛诺虽然是中国人，可是12岁出洋时，中文水平不高，荒疏了这些年头，早已忘记得差不多了。当时澳门圣保禄学院有两种语文课程，一为中文，一为安南文，其中进修中文的有郑玛诺等6人，另有8人学安南文。此后两年间（1669~1671年），郑玛诺频繁进入内地，以广州为中心，四处探访广东、广西各处教友，进行宗教活动。1671年，反天主教的杨光先遭遇重大挫折，由于他反对西洋历法，主张采用回历，结果测试日食和月食失准而被流放，耶稣会士汤若望获得平反，重用南怀仁修历。许多在澳门避难的耶稣会士奉旨北上为朝廷效

---

[1] 江日昇：《台湾外记》（卷六），福州：福建人民出版社，1983，第202页。

力。1671年9月8日，郑玛诺同许多耶稣会士启程北上，次年2月抵京。但他不幸身患严重肺病，在病中挣扎一年之后，于1673年5月26日在北京去世。终年40岁。

郑玛诺游学欧洲26年，经历丰富，知识渊博，是个西学素养较高的学者，回国时正值康熙皇帝广纳贤才之际，可惜他英年早逝，未能施展所学，为中西文化交流做出应有贡献。

郑玛诺的墓在北京阜成门外滕公栅栏。其墓碑正中题："耶稣会士郑公之墓"。右为中文，字共分为三行："郑先生氏玛诺，号惟信，广东香山人也。自幼入会真修。康熙十二年癸丑四月十一日卒于京师，寿三十有八。"左为拉丁文，译成中文如下："郑玛诺神父中国人，祖籍澳门，幼年赴罗马，在该地入耶稣会，为耶稣会华籍会士首先荣登铎品者，以优异成绩修毕神哲学后，返国传教，卒于北京，时为西元1673年5月16日。享寿三十有八。"①

在郑玛诺之后，17～19世纪中均有教徒派遣其子女出洋留学。② 到了18世纪，被选派留学的中国人越来越多。1732年传教士马国贤回意大利后，在其家乡那不勒斯创办了一所直属罗马教廷的中国学院。该学院的主要目的是培养远东传教人才。学院不仅接纳中国留学生，凡有志来远东传教的西人或土耳其人，均可入学修读，学院至1868年停办。当时留学人员多数在中国学院就读，但也有在法国和葡萄牙等国。由于年代久远，人员分散多国，因此人数难以准确统计，但据方豪先生指出，仅意大利的中国学院一处，在其办学136年间，先后就读的中国留学生便达106名，意大利学生有191人，土耳其学生有67人。以当时的形势而论，这个数字已相当可观了。

早期中国人出洋留学有两个显著特点：第一，留学均由教会组织，学员由传教士在教徒中选拔，派送国外留学的目的是培养华人传教士；第二，被选拔出国的留学的人员很多是十多岁的教童，即由虔诚的教徒自愿把资质聪颖的子弟交付教士送到国外培养，以便为天主教的传教效劳。尽管出洋留学是为了天主教的传教事业，但客观上不可避免地由此产生一批西学人才。当

---

① 方豪：《中国天主教史人物传》（中册），北京：中华书局，1988，第186～188页。这个墓碑所记郑玛诺的年龄有误，玛诺1633年生，1673年卒，应为整40岁。
② 方豪：《同治前欧洲留学史略》，《中外文化交通史论丛》（第一辑），重庆：独立出版社，1944，第120～130页。

时出洋留学只是出于宗教需要而不是社会现实的需要，因此在中国社会并没有引起很大反响，中国史籍甚少记载，天主教会也没有大肆宣传，故鲜为人知。与鸦片战争后所掀起的留学热潮不可同日而语。这些留学生虽然是为满足天主教会的需要培养的，但偶尔也参与外交活动。如1792年，英国特使马戛尔尼访华时，因找不到合格的翻译官，焦急万分，便派人到欧洲各国求助。几经周折，终于查访到意大利那不勒斯有一所中国学院，里面有不少中国留学生，便从中选出卓保罗与李雅谷（又名柏仑白）二人，担任使团翻译，[1] 解决了使团的迫切需要。

---

[1] 斯当东：《英使谒见乾隆纪实》，叶笃义译，北京：商务印书馆，1963，第35~37页；又见爱尼斯·安德逊《英使访华录》，费振东译，北京：商务印书馆，1963，第8页。

海盗张保仔与澳门

18世纪末19世纪初，活动于珠江口外、以张保仔为首领的海盗集团声势浩大，不时骚扰澳门海面，对澳门葡人贸易造成巨大危害。澳门同知处在海防前线，除了组织沿海军民，全力投入剿灭海盗的战斗之外，还利用了澳门葡人剿匪的积极性及其优良军事装备，向他们购买大炮和弹药，借用兵舰和征调葡兵作战。最后，澳门同知还利用澳葡官员充当同海盗谈判的中间人，终于顺利招安了张保仔海盗集团，保卫了澳门安全。

一 海盗活动对澳门贸易的危害

珠江口海盗大致兴起于18世纪上半叶，即雍正末期。1805年，郑一联络附近的海盗，建立海盗联盟。郑一是这个联盟的首领，并兼任红旗帮的帮主。另外，郭婆带是黑旗帮帮主；邬石二是蓝旗帮帮主。此外，还有白旗帮、绿旗帮、黄旗帮。这6个帮是6支海盗舰队，每支舰队规模大小不等，分别拥有70～300艘不等的船只。海盗总数达5～7万人，共有1800多条船。他们在海上劫掠来往商旅，胁迫沿岸居民缴纳保护费。海盗船还经常闯入内河烧杀掳掠、洗劫村镇，严重威胁着人民生命财产安全。特别是香山、东莞、新安、番禺等县深受其害。香山县属澳门，是当时世界著名港口，富商巨贾云集其中，各国商船穿梭往来。因此，它自然成为海盗劫掠的主要目标。

1807年郑一出征越南，中途遭遇台风，船被掀翻而葬身鱼腹。红旗帮由其妻郑一嫂（她本名石香姑，广东花艇妓女出身，1801年成为郑一的压寨夫人）继承统率，另由一个得力干将张保仔充当副手。

镜海微澜：黄鸿钊澳门史研究选集

张保仔本是新会江门渔民，15岁时，随父出海捕鱼，被郑一所掳，收养为义子，从此过着海盗生活。张保仔聪明机警、勇敢善战，深得郑一夫妇赏识。郑一死后，其妻石香姑改嫁给这个干儿子，共同支撑海盗联盟大旗，势力日增，声威日大。到1809年时，他们统领海盗已达7万人，至少有1800条船。其武装力量相当于1588年英国舰队与西班牙"无敌舰队"进行大海战时，两国船舰相加之和的两倍。①

这些海盗不仅人多势众，而且装备精良。他们的海盗船船体坚固，经受得起长期海上航行以及狂风巨浪的折腾。大船船体两旁配备大炮，还有抬枪、短刀、标枪和长矛等，有很强的战斗力。同时每艘大船均配备若干较小的快艇，每艇均有6～8门旋转炮，与大船配合洗劫行旅客船，以及抗击官军。②

事实上，早在18世纪末，便有海盗在珠江口频繁活动，对中外贸易商船的航行也构成极大威胁。海盗势力横行海上，对抗官军。当局屡次调兵遣将前往围剿，均告失败。广东水师提督孙全谋、总兵林发等都是他们的手下败将，对他们的纵横海上、肆意劫掠无可奈何。

海盗劫掠澳门船的最早记载是1793年。这一年夏天，南风正盛，海盗船劫掠葡萄牙斐哩嘶洋船，杀毙水手。香山县舟师出洋围攻堵截，拿获海匪陈劝复等14人，斩首之后，将犯人首级传澳门示众。并令澳门葡人一体观看。③

1796年6月，又有来澳门贸易的琉球商船在澳门外洋遭遇海盗，商人西表被俘虏。经香山县丞转报省府，派出巡洋舟师协力围拿海盗。

1797年5月9日，澳葡理事官向县丞报告称：有葡船往哥斯达贸易归来，至老万山附近遭遇两艘海盗大船、数百盗匪的围攻，葡船亦有枪炮，与盗匪交火，打伤数人之后，利用船小灵活之便，逃回澳门。④

进入19世纪初，海盗活动对澳葡商船的威胁更大了。1803年3月，又据报，海盗侵入娘妈角等处，截劫渡船米粮、银两、货物，往来客船、快艇

---

① 穆黛安：《华南海盗》，北京：中国社会科学出版社，1997，第78页。
② 胡洁榆：《西营盘与张保仔祸乱之平定》，罗香林：《1842年以前之香港及其对外交通》，香港：中国学社，1959。
③ 刘芳辑《清代澳门中文档案汇编》（上册），章文钦校，澳门：澳门基金会，1999，第446页。
④ 刘芳辑《清代澳门中文档案汇编》（上册），章文钦校，澳门：澳门基金会，1999，第447页。

海盗张保仔与澳门

被劫者不可胜计。① 香山县知县收到消息后立即配备兵船亲自巡缉，直抵澳门，但盗船早已潜踪匿迹。

1805 年，"查有夷人嘔噠，由越南新置有椰华小夷船一只，装载槟榔、红木、洋鱼、树皮、米物来澳。于五月初十日（6 月 7 日）到老万山外洋，被盗船围劫掳去，船上夷人九名，民人四名。随后，放回民人二名，持盗匪字单，回澳说知船主索赎"。

海盗的字单是这样写的：嘔噠：知尔有小船一只，装载槟榔、木、米等货。要银 1500 元、绉纱 1 匹、匹头 4 匹，限 15 日到广州湾赎水，至期不到，连人货一去。——郑一哥快艇公先生单②

1805 年澳门葡人从安南买回小船 1 只，途中被海盗连人带船掳去。10 月 13 日，船主方济各乘贼不备逃回澳门。③

1807 年 5 月 6 日，海盗船袭击澳门，与澳葡舰队发生一场惨烈的激战。虽然葡人把海盗赶跑了，但伤亡很大。

1809 年 9 月 5 日，海盗兵临澳门，海盗在此扣留了暹罗朝贡使团的 3 艘大帆船，并将 5 艘美国船驱赶到澳葡当局大炮射程之外的安全地点。他们还劫持了帝汶总督的一艘双桅帆船。海盗杀死了大部分船员，逼迫未被杀的船员训练海盗使用欧式枪炮。海盗船还拖着这条船在澳门海面来回游弋炫耀，激怒澳葡当局派舰队迎战，但当局舰队又被海盗杀败逃回澳门。后来，由于海面突然刮起了强台风，被掳的葡船趁海盗们忙乱之时，砍断拖船缆绳，逃回氹仔。

海盗危及澳门葡人贸易安全，澳门葡人为自身利益计，迫切要求广东地方政府剿灭海盗。早在 1797 年，澳葡理事官即在一封致香山县丞的公函中报告称，澳门第 13 号贸易商船，赴哥斯达贸易返航，至老万山遭遇海盗两只大船截击，拼力抵抗之后，幸运逃脱，回到澳门。报告指出："似此强寇，每于夏秋洋船回帆之时，商船来往之际，蜂屯蚁聚，拦截劫掠，实为心

---

① 刘芳辑《清代澳门中文档案汇编》（上册），章文钦校，澳门：澳门基金会，1999，第 447 页。
② 刘芳辑《清代澳门中文档案汇编》（上册），章文钦校，澳门：澳门基金会，1999，第 452 页。
③ 刘芳辑《清代澳门中文档案汇编》（上册），章文钦校，澳门：澳门基金会，1999，第 455~456 页。

腹大患。且夷等栖居澳土，无田可耕，唯赴洋贸易以资生活。此等海寇不除，商船遭殃，将见坐困待毙。为此通知老爷，转详大宪饬兵擒拿，俾得商船便于来往贸易沾恩。"①

二 调动澳门葡人兵力助剿海盗

澳门葡人因屡受海盗侵扰之苦，自身亦有强烈的剿匪愿望。早在1793年，澳门葡人即向澳门海关总口王委员请求准许"置备洋船三只，出洋拿盗"。王委员请示上级，这些官员认为，任由葡人舰队在中国领海游弋，有损中国主权，万不能行。因此答复葡人："夷人出洋拿盗之处，须俟派有官兵，方可一同出洋。此刻断不可私自出洋拿贼，大干未便。"②

但是后来，因为海盗势力愈来愈大，广东舰队实力不足，在实施剿匪行动时，便常有借调澳门葡人船只和军械，以充实作战力量的情况。这样，澳门葡人终于有了机会助剿海盗。

1804年3月30日，澳门葡人鉴于海盗猖獗，商民受害，再次表示"情愿预备船只炮械，自备资斧出洋帮捕"。澳门同知叶慧业即时回函指出，"该夷目如果出自诚心，不似从前妄为要求，应将船二只，船身长短高大若干？能配炮械军火多少？每只驾驶约若干？逐一详晰星飞禀覆本府，并禀香山县，以凭据情会同转禀大宪核办"。③ 后来经过一番准备，澳葡当局于10月间派出3条船会同中国舰队出海剿匪。

与此同时，澳葡理事官又向澳门同知报告称，由于海盗充斥，欲图抢劫，澳门和香山一带，原本货运频繁，如今客旅不敢驾驶贸易，货物不能疏通，粮食供应也受影响；因此澳门议事会共同商定，情愿再备三板数只，协同缉捕。据此，署澳门同知于1804年12月3日谕知理事官："预备三板八只，兵船一只，配足军火、炮械，听候香山县同武员舟师一到，会同本署分

---

① 刘芳辑《清代澳门中文档案汇编》（上册），章文钦校，澳门：澳门基金会，1999，第447页。
② 刘芳辑《清代澳门中文档案汇编》（上册），章文钦校，澳门：澳门基金会，1999，第475页。
③ 刘芳辑《清代澳门中文档案汇编》（上册），章文钦校，澳门：澳门基金会，1999，第477页。

海盗张保仔与澳门

府,派定师船,即便起程前往各处洋面,严密侦缉,有犯皆获,均毋迟违。"①

1805年8月间,因发现海盗在莲花石地方往来游弋窥伺,又在横门二洲等处海面肆行劫掠,香山县知县彭昭麟遂向澳葡当局去函,借调洋师船2只、三板2只,随同本县民船3只、巡船1只,前往缉捕。又向葡人借小铜炮12门、鸟枪10支、火药200斤、子弹300发、钩枪20支应用,并且郑重声明:在剿匪中使用火药、子弹,以及枪炮如有破损,一律照价折钱。②

1806年8月23日,香山县丞吴兆晋因发现海盗游弋于附近村庄,而组织船队加强海面巡防,特向澳门理事官商借大炮4门。③

1808年2月13日,香山县因雇募缯船出海缉捕海盗,向澳葡借拨6斤重封口炮4门,4斤封口炮2门,大小封口子每门30个共180个,以及火药200斤。④ 香山县官府向澳葡当局借枪炮、船只的事还有多次。在当时,所有借用都是有偿的,枪炮弹药用过要按价偿付,船只用后也要支付修理费用。1810年9月26日,香山知县彭昭麟致函澳葡当局称:去年4月借澳门10门大炮,配船剿匪,在战斗中损失8门,现折价白银1000两赔偿,其余2门炮继续使用,待剿匪结束后归还。⑤

到了1809年海盗势力发展的鼎盛时期,由于官府多次剿匪失败,这时已经不是官府出海剿匪,而是海盗更为主动地进攻沿海城镇,甚至广州城也人心惶惶。原两广总督吴熊光由于剿匪无功,加上在处理英国舰队侵占澳门事件上软弱无力,已被革职查办;继任总督永保死于赴任途中;百龄被临时改调为两广总督。百龄曾在广东番禺、南海等县惩治枉法官员,颇有政绩,人称"百青天"。抵任二日,即驰赴澳门调查英国侵入澳门的实情奏报,并

---

① 刘芳辑《清代澳门中文档案汇编》(上册),章文钦校,澳门:澳门基金会,1999,第491页。
② 刘芳辑《清代澳门中文档案汇编》(上册),章文钦校,澳门:澳门基金会,1999,第467页。
③ 刘芳辑《清代澳门中文档案汇编》(上册),章文钦校,澳门:澳门基金会,1999,第469页。
④ 刘芳辑《清代澳门中文档案汇编》(上册),章文钦校,澳门:澳门基金会,1999,第473页。
⑤ 刘芳辑《清代澳门中文档案汇编》(上册),章文钦校,澳门:澳门基金会,1999,第474页。

针对管治方面的漏洞，提出有关澳门的《民夷交易章程》，责成澳门同知办理，① 使经过英国骚扰后的澳门，又重新建立更为严格有序的管治。

百龄的到任，也为广东地方政府同海盗斗争带来新气象。他总结了历次剿匪作战失败的经验教训，采取一系列有力措施，其中包括整顿部队，提高战斗力。为了防止沿海各县遭受海盗袭击蹂躏，下令近海所有村镇，必须各自练勇铸炮，实行武装自卫，粉碎海盗袭击。对海盗实行封锁政策，严禁沿海居民接济海盗，断绝了海盗的粮食与物品供应。同时争取外援，壮大打击海盗的力量。

1809年10月间，署澳门同知给银3000两，调用澳葡兵船2只。11月又饬令添发兵船4艘，星夜赴新安剿捕海盗，并给银1万两作为澳葡兵船费用开支。②

11月23日，广东官府又与澳葡当局达成合作协议，规定澳葡当局派出6艘军舰协同广东水师，在虎门与澳门之间巡逻作战，合作期限为6个月。联合行动中的赏金数额双方共摊，广东地方政府向澳葡当局提供8万两白银，作为舰队使用费。之后，澳葡当局很快装备了一支由6艘军舰、730名船员，以及118门大炮组成的舰队，加入广东剿匪行列。

其实，在双方达成协议之前，澳葡当局与香山县久已存在合作对付海盗的事实，因此百龄选择同澳葡当局谈判以扩大合作关系。例如11月4日，澳葡当局协同广东水师联合攻击大屿山海盗张保仔夫妇的船队。这一役，一直持续到11月28日，几乎一个月的时间。澳葡当局有3艘军舰和1艘双桅船参与作战，此外，孙全谋率领广东水师60艘帆船、1200门火炮和1.8万士兵，香山知县彭昭麟率领35艘渔船参战。联军虽然取得了一些胜利，但张保仔夫妇安全撤退，主力未受多大损失。有人认为，这是海盗的胜利，而不是广东官府的胜利。③ 此战结束不久，广东水师提督孙全谋即被革职。但无论如何，在这次大战中，即使双方打成平手，也已使广东官兵恢复了同海盗作战的信心。

澳葡当局派军舰助剿海盗，虽然军舰数量不多，对战争大局不起决定作用，但在某些战役中也发挥了一定作用。1805年8月7日，香山知县彭昭

---

① 王之春：《清朝柔远记》，清光绪十七年广雅书局刊本，第160～161页。
② 刘芳辑《清代澳门中文档案汇编》（上册），章文钦校，澳门：澳门基金会，1999，第509页。
③ 黛穆安：《华南海盗（1790～1810）》，刘平译，北京：中国社会科学出版社，1997，第141～143页。

麟称,因澳葡军舰出海作战勇敢,擒获海盗29名,特予嘉奖,并令澳葡官员领取犒赏物品分发官兵。①

1809年9月15日,两艘葡舰在黄埔遭遇张保仔的红旗和黑旗分舰队,双方激战。葡舰虽然击退海盗,但两船也遍体鳞伤。②

此外,澳葡军舰出海缉盗,往往分不清良民与海盗,乱抓乱捕,也严重威胁老百姓的生命财产的安全。例如,1805年11月间,澳葡当局将11名"海盗"移交香山县,请求奖赏。经县府审查,这11人全是盐船船户和水手。又1807年7月间,澳葡当局又将渔民5名押解赴县,没收了他们的银两和衣物,报功请赏。③ 知县审定为错案,勒令澳葡当局退还船只和衣服银两等物,但葡人却将这些物品作为战利品私自瓜分掉。被错抓的渔民虽然重获自由,但财产货物已被葡人侵吞,有苦难言,徒呼奈何。及至后来,由于此类乱抓乱捕事件愈来愈多,县府不胜其烦,便下令葡舰立即回航转而从事运货贸易,不得出海滋扰老百姓。

三 海盗的平定与澳葡当局的关系

百龄是一个比较有政治头脑的官员,他认为单纯依靠军事手段还不足以消灭海盗,因此,他采取剿抚结合的方针,多次在广州和其他港口城镇张贴告示,宣布对放下武器、弃恶从善的海盗既往不咎,实行大赦,让他们从此成为良民。各个城镇乡村,到处都有海盗耳目,因此这个消息很快就在海盗中传开了。百龄还通过澳葡当局把招抚的意向传递给海盗头目,并向他们游说。这种政治攻势还真起作用。不久,海盗当中果然发生了分化。

1809年,郭婆带派其部下冯用发前往新安、张日高和郭就善前往阳江,与官府接洽投降事宜。最后,又由澳门法官阿里亚加④出面,作为投降谈判

---

① 刘芳辑《清代澳门中文档案汇编》(上册),章文钦校,澳门:澳门基金会,1999,第502页。
② 徐萨斯:《历史上的澳门》,黄鸿钊、李保平译,澳门:澳门基金会,2000,第155页;穆黛安:《华南海盗(1790~1810)》,刘平译,北京:中国社会科学出版社,1997,第138页。
③ 刘芳辑《清代澳门中文档案汇编》(上册),章文钦校,澳门:澳门基金会,1999,第507~508页。
④ 即眉额带历,Miguel de Arriaga,1776~1824,葡属亚速尔人。1823年出任澳葡理事官,连任达20年之久。1824年12月13日病逝于澳门。

的中间人。在阿里亚加的居间调停下，谈判进展顺利。1810年1月13日，黑旗帮郭婆带和黄旗帮冯超群在归善县向百龄当面投降。两位海盗首领共计交出5578名海盗、800名妇女儿童、113艘帆船和500门大炮。郭婆带改名郭学显，被授予把总官衔。①

郭婆带的投降动摇了海盗。在他投降后的3个星期内，便陆续有9000名海盗放下武器，向官府投诚。

张保仔和郑一嫂此刻见大势已去，也开始产生向官府投诚的想法。其实，早在1809年7月间，当百龄就任两广总督之时，张保仔就在广州、澳门等地发布文告，向"百青天"表明心迹，声称："我等流为海匪，非为他故，概由官吏人等均怀暴虐之心，只知榨取民财所致。"文告说，如果"百青天"能惩治这些官吏，则"我辈当不再为匪为贼，且将驾乘船艇，远走他乡，决不冒犯'百青天'辖下之地界"。文告最后为："我等靠海为生者伏泣体察。"②

这个文告把百龄称为"百青天"，承认其是个好官，似乎可以说是为此后投诚做了铺垫。此刻，郭婆带投降后得到妥善安置，证明官府信守诺言。因此，当百龄派朱尔赓额、温承志前来劝降时，张保仔和郑一嫂便表示愿意投降。随后，官府选择了澳门一位巫医周飞鸿作为联络人，周与海盗素有交往，可以赢得张保仔的信任。同时张保仔要求澳门法官阿里亚加参加谈判。于是澳葡判事官阿里亚加便成为谈判的主要中介人。他曾面见总督百龄，后者曾亲自写了8个锦囊，命澳门商人王某交给阿里亚加。锦囊中有什么妙计不得而知，但阿里亚加确实为招安海盗倾注了心血。他频繁与张保仔通信联系，宣传清政府的招安政策，解除海盗的思想疑虑。其中一封信这样写道："窃为英雄处世，义气为先，豪杰相交，忠信为本。前闻足下投诚有意，本使深愿代为图全。足下信爱相托，且奉督宪面谕真情。故尔屡觅线人，传旨劝处。此皆本使诚心一片，实可以对天人。屡接来书，知足下所拟章程已定。兹有李汉华兄，与澳商朱梅官、蔡保官相处甚厚。今其由省来澳，忠厚诚实，素有善名，故特托其持书拜候。请问足下底细情形。尊眷有无送省？

---

① 穆黛安：《华南海盗（1790~1810）》，刘平译，北京：中国社会科学出版社，1997，第145~146页。
② 穆黛安：《华南海盗（1790~1810）》，刘平译，北京：中国社会科学出版社，1997，第173~174页。

海盗张保仔与澳门

所禀督宪章程如何？望祈一一示之，交李汉华兄带回。本使亦可代足下亲赴台前，力承担保。"①

张保仔接到此信后，即给阿里亚加写了复信。其中说："至屡蒙经指点迷津，今又蒙着李汉华兄持大札，捧诵顿茅。于是即将遣贱眷赴省成信。倘大人如前召问旧因，从中得蒙俾以成就此番美举，素心千古，亦无负大人万家生佛一盂，感德无涯，余不赘。"②

1810年4月14日，百龄、张保仔、阿里亚加等在澳门郊区的望厦塔谈判。4月20日，张保仔正式投降，投降地点就在香山县石岐。百龄于受降前抵达香山，驻节丰山书院，派官员至大涌村接引张保仔。张保仔率领舰队进入大涌村的芙蓉沙（该地是磨刀门水道一小岛），然后与郑一嫂乘船竖招安旗至石岐向百龄投降。③

当时有17318名海盗、226艘帆船、1315门大炮、2798件其他武器投归官府。官府授予张保仔千总职衔，允许他保留一支30艘帆船的船队；给他一大笔钱，让他为部下在岸上买地建房定居；郑一嫂则被允准正式嫁给张保仔。

无可否认，澳葡当局曾积极助剿海盗，最后在参与海盗投降谈判中也起过一定作用。张保仔投降后，曾于5月24日，以朝廷官员身份访问澳门，看望在投诚谈判中给予其帮助的澳葡官员和朋友，这说明澳葡当局在平定海盗方面的确起过作用。但这主要是表现在沟通海盗与官府关系上面，而绝不是如徐萨斯所说，是澳门的舰队把海盗打败，迫使海盗投降。徐萨斯书中对澳葡当局作战往往夸大事实，并不可信。澳葡当局参战的军舰先后共有6艘，战绩平平，根本不可能震撼声势浩大的海盗舰队。

---

① 《判事官眉额带历为招安事致张保仔信札》，刘芳辑《清代澳门中文档案汇编》（上册），章文钦校，澳门：澳门基金会，1999，第513页。
② 刘芳辑《清代澳门中文档案汇编》（上册），章文钦校，澳门：澳门基金会，1999，第513页。
③ 《香山县乡土志》（卷三）；又参见龙思泰《早期澳门史》，吴义雄译，北京：东方出版社，1997，第136页。

澳门人谢清高述著《海录》

一 落户澳门的海客

谢清高原籍广东嘉应州金盘堡，少时出洋航海，漂泊多年后落户澳门。当时他年仅22岁，租用葡人店铺做生意，兼做通译谋生。他在澳门生活35年，直至老病辞世。

谢清高究竟何时落户澳门？杨炳南在《海录》序中曾简单地介绍道："余乡有谢清高者，少敏异。从贾人走海南，遇风覆其舟，拯于番舶，遂随贩焉。每岁遍历海中诸国，所至辄习其言语，记其岛屿、陁塞、风俗、物产，十四年而后返粤，自古浮海者所未有也。后盲于目，不能复治生产，流寓澳门，为通译以自给。"[1]

李兆洛说：游广州，识吴广文石华，言其乡有谢清高者，幼而随洋商船周历海国，无所不到。所到必留意搜访，目验心稽，出入十余年。今以两目丧明，不复能操舟，业贾自活，常自言恨不得一人纪其所见，传之于后。石华悯焉，因受其所言，为《海录》一卷。……清高嘉应州之金盘堡人。十八岁随番舶出洋，朝夕舶上者十有四年，三十一岁而瞽。生乾隆乙酉（1765年），死时年五十七。[2]

杨炳南与李兆洛都说谢清高航海14年，杨曾在澳门与谢清高结识，并多次交谈，因此这一点是毋庸置疑的。但谢清高何时开始航海，又何时居留澳门，两人的说法就有区别了。杨柄南只是说他"少敏异。从贾人走海南，

---

[1] 安京：《海录校释》，北京：商务印书馆，2002，第329页。
[2] 李兆洛：《养一斋文集》（卷二），《海国纪闻序》。

澳门人谢清高述著《海录》

遇风覆其舟,拯于番舶,遂随贩焉",指出谢清高很小就随商人航海了,但没有指明是哪一年。而李兆洛则说他 18 岁开始航海,31 岁双目失明,不能操舟,只得流落澳门,业贾谋生。也就是说,他是在 1796 年定居澳门。李兆洛并未见过谢清高,仅在广州听别人的介绍而随意着笔,此说并不符合事实。

谢清高经过 14 年航海生活之后,于 1787 年他 22 岁时落户澳门,租铺做生意。其事见于 1807 年谢清高打官司的讼词:"现据瞽目民人谢清高禀前事称:切蚁与澳夷晏哆呢哥吵租赁土名桔仔围铺一间居住,摆卖杂货为生,每年纳夷租银七元零,二十载无异。"① 从 1807 年前推 20 载,就是 1787 年。谢清高说的自然符合事实,那么李兆洛的话就不对了。

还有,杨炳南和李兆洛都说谢清高是在瞽目之后,才放弃航海,开始在澳门做生意,这也与事实不符。因为双目失明的人怎能做生意呢?事实上他 22 岁时,年轻体健才能在澳门租铺做生意兼做通译谋生。双目失明是在多年之后发生的事。据东波塔的一份谢清高诉状披露,1793 年,葡人晏哆呢吩锡架向谢清高借银 150 元,其后谢清高因眼病加剧,双目失明,无法再做生意,便向吩锡架追讨欠款,但葡人无钱归还。1801 年,葡人将红窗门铺一间交给谢清高收租抵息。② 这说明谢清高双目失明是发生在 1793 年之后。具体是哪一年呢?据说他"三十一岁而瞽",即发生于 1796 年,这是比较可信的。从此他被人称为"盲清"。此时谢清高不能做生意了,但通译仍可照做下去。故杨炳南说他"后盲于目,不能复治生产,流寓澳门,为通译以自给"也是可信的。

居澳之初,18 世纪 80~90 年代,谢清高做生意很顺利,但双目失明之后,情况便急转直下,生意无法做,依靠讨债为生。此后工作和生活诸多不顺,尤其是遭到葡人的欺诈。他与哥吵、吩锡架叔侄之间的债务诉讼,更折射出其在澳门生活的困境。

1798 年,谢清高与葡人哥吵之侄吩锡架做布匹等项生意,后者早已欠谢清高银 150 元,一直拖欠未还。后来此人写了借据,愿每年纳利二分,当

---

① 刘芳辑《清代澳门中文档案汇编》(上册),章文钦校,澳门:澳门基金会,1999,第 273 页。
② 刘芳辑《清代澳门中文档案汇编》(上册),章文钦校,澳门:澳门基金会,1999,第 277 页。

年利息付清。但 1799 年以后，无息交纳。1801 年，此人表示愿将红窗门铺一间押给谢清高收租以抵利息，每年租价 24 元。双方立据番纸二张，内有夷目花押为证据。

可是，谢清高由于不幸双目失明，而遭到葡人欺负。哥哆对其侄子与谢清高的契约置之不理，将铺把持，不让谢清高收租。于是谢清高即会同通事、地保刘关绍同哥哆理论，哥哆默无一言。后来谢清高又向葡人官员投诉，理事官委黎哆等吩咐谢清高向总夷官处禀告。据此，澳门同知当即转饬香山县丞追查此事。查明谢清高确实少欠夷人晏哆呢呀锡架屋租银。于是，澳门同知王衷照会澳葡理事官委黎哆，一方面要求立即转饬葡人偿还所欠谢清高白银，另一方面也要求谢清高照旧交清欠租。由于债务问题长期不能解决，自身谋生手段又受到局限，谢清高只能依靠家庭的关照，晚年在澳门的生活比较清苦。

二　《海录》的问世

谢清高在澳门完成《海录》的著述。这是他一生的巨大成就和对国家的重大贡献。谢清高读过书，具有一点文化基础，在环游世界时，每到一处，十分留心观察山川形势，风俗习惯，以及地方特产等，随时进行记录。积累资料，长年累月，他完成了不朽名著《海录》的底稿。

谢清高的同乡、《海录》一书的合作者杨炳南承认，谢清高写《海录》是做了大量资料准备的。"每岁遍历海中诸国，所至辄习其言语，记其岛屿、陼塞、风俗、物产，十四年而后返粤，自古浮海者所未有也。"[1] 谢的族人谢云龙 1881 年重刻《海录·序》也说："吾粤滨海之南，操奇赢者，每贸易海外诸国。族兄清高，奇男子也。读书不成，弃而浮海。凡番舶所至，以及荒陬僻岛，靡不周历。其风俗之异同，道里之远近，与夫物产所出，一一熟识于心。"[2]

显然，谢清高历年航海记录下来的翔实资料，为日后创作《海录》一书提供了保证。如果没有长期积累的资料基础，谢清高不可能仅凭脑子就记

---

[1]　安京：《海录校释》，北京：商务印书馆，2002，第 329 页。
[2]　安京：《海录校释》，北京：商务印书馆，2002，第 332 页。

澳门人谢清高述著《海录》

住近百个国名、地名,以及这些地方之方位、航程、风俗、物产,甚至外国译名等。

谢清高本来可以自己写书,可是他不幸患眼病致盲,无法着笔,后来巧遇同乡杨炳南,两人合作成书。

杨炳南字秋衡,道光十九年(1839年)与其弟时南(号舜琴)在科举考试中同时中举。其人性格温厚平和,一见知为长者。适值农民起义,局势扰乱,他挺身而出保卫家乡,总理保安局事务,纠合三十六堡乡民团练守御,充分展示他的指挥才能,乡邦赖以保全。后被选任陕西安定、白水、城固等地知县。据说他为官"清操自矢,殁后宦囊萧然"。①

1820年,即在杨炳南中举之前19年,他还是个风华正茂的少年,与友人李秋田同游澳门,巧遇同乡谢清高。炳南同这个穷困潦倒,仅靠通译以自给的老人一见如故,交谈得十分投机,炳南仰慕谢清高的传奇经历,同情他的境遇,赞许他的人品,又得到了谢清高的《海录》笔记底本,遂应谢清高的请求,将其毕生航海见闻记录下来,整理问世。经过杨炳南加工,特别是参考其他书籍进行补充后,最终成书,定名《海录》。因而此书是谢清高与杨炳南合作完成的。

大约在杨炳南笔录整理《海录》一书的同时,谢清高的另一个同乡吴兰修也做了同样工作。他得到了《海录》的另一个笔记底本,并记录了谢清高的口述资料。吴兰修,字石华,也是一名举人。他整理的记录稿也定名为《海录》。此稿经李兆洛审定成书,并定名为《海国纪闻》。李兆洛还为此专门写了一篇序,收入李兆洛自己的文集里。李兆洛说:"游广州,识吴广文石华,言其乡有谢清高者……石华悯焉,因受其所言,为《海录》一卷。予取而阅之,所言具有条理,于洪涛巨浸,茫忽数万里中,指数如视堂奥。又于红毛荷兰诸国,吞并海滨小邦,要隘处辄留兵戍守,皆一一能详,尤深得要领者也。然以草草受简,未尽精审,或失检会,前后差殊。因属石华招之来,将补缀而核正焉。而石华书去,而清高遽死。欲求如清高者而问之,则不复可得也。惜哉惜哉!就其所录各国,大致幸已粗备,船窗有暇,为整比次第,略加条定,疑者缺之,复约其所言,列图于首,题曰《海国

---

① 光绪:《嘉应州志》(卷二十三),《人物志·杨炳南》。

347

纪闻》云耳。"① 由于谢清高死于 1821 年，此书的写作也当在这个时间。后来没有发现此书出版消息，但足以证明，当时不止一人见过谢清高《海录》笔记底本，参与过写作《海录》。

总之，《海录》的成书是三个部分的结合，一是谢清高历年航海的笔记资料；二是谢清高晚年的口头补充叙述；三是笔录者参照其他有关著作补充的资料。

三　《海录》的主要内容和意义

《海录》是根据作者亲身的航海经历写成的世界地理书，作者用朴素的叙述，先后介绍了 90 多个国家和城市的情况，包括地理位置、物产、建筑、服饰、礼仪、宗教、语言、风俗习惯等。这些国家和城市遍及地球各大洲，其中亚洲有 69 个，欧洲有 13 个，北美有 1 个（美国），南美有 1 个（巴西），非洲有 2 个（毛里求斯、西部非洲），大洋洲有 8 个。

亚洲 69 个国家和城市中，大多数是诸侯小国，部分只是港口城市而已。它们分属于 12 个国家和地区。号称千岛之国的印尼有 28 个，印度有 18 个，马来西亚有 10 个，泰国有 3 个，孟加拉国有 2 个，菲律宾有 2 个，柬埔寨、缅甸、斯里兰卡、帝汶岛、文莱，以及中国（老万山）各有 1 个。

欧洲 13 国，分别为葡萄牙、比利时、土耳其、瑞典、普鲁士、丹麦、法国、匈牙利、奥地利、俄国、荷兰、奥匈帝国和英国。

大洋洲 8 处为：巴布亚新几内亚、澳大利亚、斐济、恩德尼岛、肯尼迪岛、马克萨斯群岛、新赫布里底群岛、夏威夷。

该书史料翔实，弥足珍贵。中国古代航海家写的海外游记甚多，但都局限于亚洲和东方的国家和地区。《海录》则不同，他是在东方新航路开辟以后，西方工业国与东方国家贸易发展的新背景下写成的。谢清高不愧是鸦片战争之前放眼看世界的代表人物。他到过许多西方的先进工业国家，因此他提供了此前没有的许多新情况和新资料，这是本书最可贵之处。

自东西方海外贸易沟通以来，贸易的主要内容是西方的工业产品与东方的香料、丝绸、茶叶、陶瓷的交换。到了谢清高生活的时代，即 18 世纪末、

---

① 李兆洛：《养一斋文集》（卷二），《海国纪闻序》。

澳门人谢清高述著《海录》

19世纪初,西方主要工业国家已经完成了第一次工业革命,其工业产品的输出更多。但海外贸易并不仅限于东西方的商品交换,还包括各国商船穿梭于亚非地区之间,进行转运贸易。

虽然谢清高没有说他所投靠的商船是哪个国家的,但从种种迹象来看,很可能是葡萄牙的大帆船。居留澳门的葡萄牙人依靠他们所占领的一系列殖民据点,垄断了东西方贸易。他们开辟了一条东西方贸易的航线,澳门是其中的重要基地之一。葡萄牙人的大帆船队每年从里斯本起航,先到果阿;再从果阿出发,经柯钦到马六甲、小巽他群岛(帝汶),而到澳门;再从澳门至长崎、菲律宾等地;最后船队在澳门集中,启程回国。

葡萄牙当时是一个小国,生产力发展水平不高。除葡萄酒之外,没有别的可供出口的商品。但欧洲和远东的贸易一度为葡萄牙王室垄断。一支皇家船队每年从里斯本起航,通常满载羊毛织品、大红的布料、水晶和玻璃制品、英国造的时钟、弗兰德尔造的产品,还有葡萄牙制的葡萄酒等。船队用这些货物在各个停靠港口换取其他产品。由果阿去柯钦,以便购买香料和宝石;从那里驶向马六甲,购买各种香料;再从巽他群岛购买檀香木;然后到了澳门将货物卖掉,买进丝绸;再将这些货物连同其他剩余的货物,一起运到日本卖掉,换取黄金白银,可大获其利。船队在澳门停留数月后,从澳门带着黄金、丝绸、麝香、珍珠、象牙、木雕艺术品、漆器和瓷器等运回欧洲。

16世纪90年代以后,葡人由于海上航运失去安全保障,其经营的转运贸易便不再以欧洲作为主要区域,而是在亚非地区之间往来进行转运贸易。澳葡商人购买波斯和阿拉伯各国的马匹和饲料,运到古吉拉特和科罗曼多等国去换取印度的棉纺织品;再用印度的棉纺织品到香料群岛去换取香料,或者到东非去换取黄金、象牙,再把这些商品分销到亚非各国去。他们也用欧洲运到果阿的白银和其他物产到澳门去换取生丝、绸缎和瓷器,运往长崎去换取白银,再用换来的白银购买中国的特产转贩亚洲其他地区。

澳门是葡萄牙海外贸易的基地之一,同中国内地有着非常密切的关系。澳门葡人输往广州的货物,"有欧洲之毛织物,印度之琥珀、珊瑚、象牙、白檀、银块、银货等物品,其中尤以胡椒一项,为数最巨"。[①] 从广州购买的货物有金子、麝香、丝绵、锦缎、朱砂、铜、水银、白铝、棉花、粉砂、

---

① 周景濂:《中葡外交史》,北京:商务印书馆,1991,第102页。

349

塔夫绸、小麦、面粉、稻子、猪肉、禽类、咸鱼、白糖、樟脑、橘皮、大黄、甘草、木料等。谢清高查问贸易时说："这里是中华帝国最繁荣的港口。仅葡萄牙人每年就从这里运走五万三千箱丝织品，各重十二盎司的金条三千二百个，七担麝香、珍珠、砂糖、陶器"。葡萄牙大帆船从澳门运往果阿的中国货物有：粗白丝、黑金、铜、麝香、水银、朱砂、白糖、木材、手镯等。

《海录》记录了总共90多个国家和港口城市，谢清高称这些都是"国家"，其实绝大多数不是国家，这些港口城市分属于37个国家和地区。其中亚洲有12个国家和地区，欧洲有13国，北美有1国（美国），拉丁美洲有1国（巴西），非洲有2个国家和地区，大洋洲有8处。总之包括了六大洲。《海录》详细列出各地的出口产品，为研究转运贸易的内容提供了丰富的资料。据统计，各地出口商品大体如下：

（1）欧洲：金、银、铜、铁、珊瑚、硇砂、鼻烟、柴、鱼、蒲桃酒、番碱、哆啰绒、羽纱、哔叽、钟表、琉璃、羽毛、纱、纱呢、绒毯、地毯、夏布、棉布、糖、葡萄酒、盐、蚕、锡、铅、白矾、煤、火石、水晶、玻璃、陶器、铅、藤、呀兰米酒等。

（2）美国：金、银、铜、铁、铅、锡、玻璃、沙藤、洋参、鼻烟、呀兰米酒、哆啰绒、羽纱、哔叽等。

（3）巴西：五谷、钻石、金、铜、蔗、白糖。

（4）库页岛：海豹、海象、海狮、灰鼠、狐狸等皮草。

（5）西非、毛里求斯：梨、牛黄、五谷、象牙、犀角、海鸟牙、橙、西瓜。

（6）大洋洲东海（太平洋岛屿）：珍珠、海参、檀香、薯芋。

（7）印尼群岛：鱼脯、冰片、椰子、胡椒、金、沙藤、香木、海菜、海参、龙涎香、丁香、豆蔻、槟榔、锡、速香、降香、水鹿、燕窝、鸡骨香、落花生、白糖、咖哒子、蔗、带子、麝香、珍珠、藤席、钻石、佳纹席、猩猩、沉香、蜜蜡、烟草、鱼翅、檀香、蜡、蜂蜜。

（8）孟加拉国、斯里兰卡：鸦片（鸦片有两种：一为公班，皮色黑，最上；一名叭第咕喇，皮色赤，稍次）、硝、牛黄、白糖、棉花、海参、玳瑁、诃子、檀香、珊瑚、珍珠、钻石、银、铜、乳香、没药、鱼翅、梭豸（梭豸形如小洋狗）、金边洋布、龙涎香、安金戈、燕窝、椰子、苏合油、血竭、砂仁、大枫子、胡椒、淡菜、犀角、象牙、鲍鱼、洋葱、玛瑙、大葱、阿魏、鱼膏、番碱。

（9）柬埔寨：铅、锡、象牙、孔雀、翡翠、箭翎、班鱼脯。

（10）泰国：黄金、银、铁、锡、鱼翅、海参、鳇鱼、玳瑁、白糖、落花生、槟榔、胡椒、油蔻、砂仁、木兰、椰子、速香、沉香、降香、伽南香、象牙、犀角、孔雀、翡翠、象、熊、鹿。

（11）马来西亚：胡椒、黄金、槟榔、椰子、沙藤、冰片、燕窝、鱼翅、海参、油鱼、鲍鱼、螺、带子、紫菜、孔雀、翡翠、速香、降香、伽南香、沙谷米、锡、犀角、水鹿、玳瑁、蜜蜡、沉香、山马、鹿脯、虎皮、琉连子（形似波罗蜜而多刺）、栏栗（形如柿而有壳）。

（12）缅甸：玉、宝石（蓝者为贵）、银、燕窝、鱼翅、犀角、泥油、紫景、儿茶。

（13）菲律宾：燕窝、冰片、沙藤、胡椒、金、米谷、乌木、苏木、海参。

从以上各地的产品可以看出，欧美国家在贸易中提供的商品主要为钟表、纱、纱呢、绒毯、地毯、棉纺织品等工业产品，而亚洲、非洲、拉美地区则是当地的海货、香货、珠宝等特产，还有其后对中国造成极大危害的印度鸦片。至于中国的丝绸、陶瓷和茶叶等特产则没有列入其中。

谢清高是清代最早放眼看世界的人之一。澳门开埠以后，不少华人前来做生意，与葡人往来密切，亦有人做买办或通事，与谢清高一样有着传奇经历，但他们没有留下任何著作。而谢清高却是一个有心人，在环游世界时，每到一处，十分留心观察山川形势、风俗习惯，以及地方特产等，随时进行记录，积累资料，晚年在澳门创作了《海录》一书。

在谢清高之前，中国航海家所到之处仅限于东方。谢清高则是第一个环游六大洲，到过欧美地区而留有著作的中国人，是第一个放眼看世界的中国人。这是他超越前人之处。正如吕调阳在《海录》序中所说："中国人著书谈海事，远及大西洋、外大西洋，自谢清高始。"但谢清高与林则徐、魏源等人不同，他没有祖国被列强欺侮的经历，他是用一个旅游者的眼光看世界的人。与许多好奇的旅游者一样，他关注的是所到之地的方位、物产、建筑、服饰、礼仪、宗教、语言、风俗、习惯等。可是他毕竟接触到了一种即将改变世界的文明——发源于欧洲的工业文明，并将这种文明的信息传播回东方。

工业文明给谢清高留下深刻的印象，除了信奉天主的西方基督教文明之外,还有伦敦的自来水供应系统、高大精美的建筑、当地人民奢侈的生活、火炮集群、火轮船等。当然,谢清高并没有意识到这意味着什么。不过其后中国人开始明白,正是欧洲的坚船利炮打断了中国延续了两千余年的封建文明进程。鸦片战争失败,迫使中国走向被奴役、被瓜分的危险境地。摆在中华民族面前的只有两条路,或是任人宰割,中断自身发展的历程,淹没在欧洲文明中;或是发奋图强,学习他人,改革自身,走出一条民族复兴的道路。林则徐、魏源等人选择了后者,可以说他们是第一批觉醒的中国人。而《海录》一书对林则徐、魏源都产生过重要影响。林则徐亲身经历了鸦片战争的失败,他深刻地感悟到,中国人对世界知之甚少,对欧洲先进的科技知之甚少,是鸦片战争失败的重要原因。为了了解世界,林则徐曾向道光皇帝推荐《海录》。他说:"《海录》一书,系嘉庆二十五年(1820年)在粤刊刻,所载外国事颇精审。"战后魏源编著《海国图志》,提出"师夷长技以制夷"的崭新思想,而《海录》则是主要参考书之一,提供了许多有价值的资料。

《海录》记载18~19世纪之交各国商品一览

名 称	别 名	今 名	今所属国家或地区	物产及其他
万山	鲁万山、老万山	万山群岛	中国	
本底国	扶南、真腊、占腊、甘孛智、甘不者、甘破蔗、甘菩者	柬埔寨	柬埔寨	铅、锡、象牙、孔雀、翡翠、箭翎、班鱼脯
暹罗国	暹啰、暹逻	泰国	泰国	金、银、铁、锡、鱼翅、海参、鳆鱼、玳瑁、白糖、落花生、槟榔、胡椒、油蔻、砂仁、木兰、椰子、速香、沉香、降香、伽南香、象牙、犀角、孔雀、翡翠、象、熊、鹿、水鹿
宋卡国	崧古罗、冲古剌、孙姑那、宋居劳、宋居唠、宋龟胜、宋脚、宋膔胜、新格拉	宋卡(Songkhla)	泰国	孔雀、翡翠、玳瑁、象牙、胡椒、槟榔、椰子、银、铁、沉香、降香、速香、伽南香、海参、鱼翅
太呢国	打泥、大泥、佛大坭、大年、孛大泥、大哖等	北大年(Patani)	泰国	黄金

352

续表

名　称	别　名	今　名	今所属国家或地区	物产及其他
咭兰丹国	鸡笼岛、葛辣都、吉浪洲、第辣达、古(吉)兰丹、急兰亦带、急兰亦鯣、急兰丹、吉连丹等	吉兰丹(Kalantan)	马来西亚	槟榔、胡椒、黄金
丁咖啰国	釜牙侬、丁家庐、丁伽卢、丁呵儿、丁加下路、丁咖哎、丁葛奴、丁叽哎	丁加奴(Trengganu)	马来西亚	胡椒、槟榔、椰子、沙藤、冰片、燕窝、鱼翅、海参、油鱼、鲍鱼、螺、带子、紫菜、孔雀、翡翠、速香、降香、伽南香
邦项	蓬丰、朋丰、彭坑、朋亨、彭杭、溢亨、彭坊、彭况	彭亨(Pahang)	马来西亚	黄金、胡椒、冰片、沙谷米
旧柔佛	石堡(Cottaboto)	柔佛州	马来西亚	胡椒、槟榔膏、沙藤、紫菜
麻六呷	荷剌迦、满喇咖、瞒喇咖、么六甲、磨六甲	马六甲	马来西亚	锡、金、冰片、沙藤、胡椒、沙谷米、槟榔、燕窝、犀角、水鹿、玳瑁、翡翠、降香、速香、伽南香
沙喇我国	雪兰莪(Selangor)	雪兰莪	马来西亚	蜜蜡、沙藤、沉香、速香、降香、犀角、山马、鹿脯、虎皮
新埠	槟榔屿、布路槟榔、槟榔士	槟榔屿	马来西亚	胡椒、琉连子(形似波罗蜜而多刺)、芒栗(形如柿而有壳)
吉德国	吉啰、吉达、吉佗、吉蘸、吉陀、吉礁、开泰、计哒	吉打(Kedah)	马来西亚	锡、胡椒、椰子
乌土国	花肚、乌图、乌肚	缅甸	缅甸	玉、宝石、银、燕窝、鱼翅、犀角、泥油、紫景、儿茶。宝石蓝者为贵
彻第缸	察地港、浙地港	吉大港	孟加拉国	
明呀喇	磐起、朋加利、奔奚里、榜葛剌、彭加剌、网礁腊、民呀	孟加拉(Bengal)	孟加拉国	鸦片烟、硝、牛黄、白糖、棉花、海参、玳瑁、诃子、檀香。鸦片有两种：一为公班，皮色黑，最上；一名叭第咕喇，皮色赤，稍次
曼哒喇萨		马德拉斯	印度	珊瑚、珍珠、钻石、银、铜、棉花、诃子、乳香、没药、鸦片、鱼翅、梭豸。梭豸形如小洋狗。又有金边洋布，价极贵

353

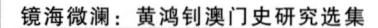

续表

名　称	别　名	今　名	今所属国家或地区	物产及其他
笨支里		本地治里（Pondicherry）	印度	海参、鱼翅、诃子、棉花、梭豸
呢咕叭当国		纳加帕蒂讷姆（Nagapatam）	印度	
西岭	锡兰	斯里兰卡	斯里兰卡	海参、鱼翅、棉花、苏合油
打冷莽柯国	珈补、特拉范科尔（Travancore）	科摩林角（Cape Gomorin）	印度	海参、鱼翅、龙涎香、诃子
亚英咖	亚英加	安金戈	印度	棉花、燕窝、椰子、诃子
固贞	柯枝（Cochin）	柯钦	印度	乳香、没药、鱼翅、棉花、椰子、苏合油、血竭、砂仁、诃子、大枫子
隔沥骨底国	古里佛、古里、西洋古里（Calicut）	卡利卡特	印度	胡椒、棉花、椰子
马英	马埃	马埃	印度	同上
打拉者	代里杰里（Talatcheri,Tellicherry）	代里杰里	印度	胡椒、海参、鱼翅、淡菜
吗喇他国		吗喇他	印度	棉花、胡椒、鱼翅、鸦片
小西洋	缠打兀儿（Sindābūr）	果阿（Goa）	印度	檀香、鱼翅、珊瑚、犀角、象牙、鲍鱼
孟婆啰国		古尔拉（Vengurla）	印度	檀香、犀角
麻伦呢国		马尔文（Malwan）	印度	海参、鱼翅、鲍鱼
盎叽哩国（Jangira）		任吉拉	印度	洋葱、玛瑙、棉花、鸦片
孟买	放拜、网买	孟买	印度	玛瑙、大葱、棉花、阿魏、乳香、没药、鱼膏、鱼翅、鸦片、番碱
苏辣	苏喇、苏剌侘	苏拉特（Surat）	印度	同上
淡项	舌城	布罗奇（Broach）	印度	同上
喞肚国		卡提阿瓦半岛（Kathiawar）	印度	鸦片、海参、鱼翅
柔佛国	胡戎国	新山（柔佛巴鲁）	马来西亚	槟榔膏、沙藤、椰子、冰片
溜哩国		廖内群岛	马来西亚	同上
锡哩国	锡里国	望加丽岛（Bngkalis）	印尼	鱼脯、冰片、椰子、胡椒
大亚齐国	哑齐、亚崎	亚齐（Achin）	印尼	金、冰片、沙藤、椰子、香木、海菜

澳门人谢清高述著《海录》

续表

名　称	别　名	今　名	今所属国家或地区	物产及其他
呢咕吧拉	裸人国、罗婆斯、婆罗斯	尼科巴（Nicobar）	印尼	海参、龙涎香
小亚齐国	孙支、兰无里、喃哑哩、南浮里	哥打拉夜（Kotaraja）	印尼	金、沙藤、胡椒、椰子、冰片
苏苏国	沙沙谷（Sasako）	实武牙（Sibolga）	印尼	同上
叭当国（Padang）		巴东	印尼	同上
呢是国（Nias）		尼亚斯（岛）	印尼	
茫咕噜	万古屡（Bengkulu）	明古鲁	印尼	海参、丁香、豆蔻、胡椒、椰子、槟榔
旧港国	浡淋邦（Palembang）	巨港	印尼	金、锡、沙藤、速香、降香、胡椒、椰子、槟榔、冰片、水鹿
龙牙国	龙牙山、龙牙门、龙雅山	林加岛（Linga）	印尼	燕窝、速香、降香、鸡骨香、槟榔、椰子、海菜
噶喇叭	葛喇吧、咖嚼吧、咬嚼吧、葛罗巴等，省称为吧城、吧国、吧地，又称巴达维亚	雅加达（Jakarta）	印尼	落花生、白糖、丁香、咖哒子、蔗、燕窝、带子、冰片、麝香、沉香
万丹国	宾丹、下港	万丹	印尼	珍珠
尖笔兰山	淡美兰（Tambelan）	淡美兰群岛	印尼	槟榔、椰子、冰片
咕哒国	勒木库坦（Lemukutan）	勒木库坦	印尼	金
吧萨国	王琶华、南吧哇	曼帕瓦（Mampawah）	印尼	沙藤
昆甸国		坤甸	印尼	金
万喇国	默拉威（Melawi）	默拉威	印尼	钻石
戴燕国		塔延	印尼	
卸敖国	塞卡道（Sekadau）	塞卡道	印尼	
新当国（Sintang）		新当	印尼	冰片、燕窝、沙藤、香木、胡椒、椰子、藤席
马神	文郎马神、马军、马辰（Bandjamasin）	马辰，又称班贾尔马辛	印尼	钻石、金、藤席、香木、豆蔻、冰片、海参、佳纹席、猩猩
蒋哩闷	遮里问、井里汶	井里汶（Cheribon）	印尼	同上
三巴郎国（Samanang）		三宝垄	印尼	沉香、海参、沙藤、燕窝、蜜蜡、冰片、烟（烟草）

355

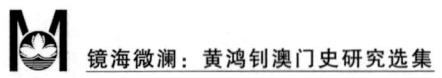

续表

名　称	别　名	今　名	今所属国家或地区	物产及其他
麻黎国	麻黎、婆利	巴厘岛（Bali）	印尼	珍珠、海参、燕窝、鱼翅、沙藤、胡椒、沉香、冰片
唵闷国	唵门	安汶（Ambon）	印尼	丁香、豆蔻
地问	地门、地闷、地满	帝汶（Timor）	帝汶	檀香、蜡、蜂蜜
茫咖萨	孟嘉尖（失）、茫加萨（Makasar）	望加锡（Macassar）	印尼	珍珠、海参、燕窝、鱼翅、沙藤、胡椒、沉香、冰片
细利淮（Celebes，或为 Selebes）		细利淮	印尼	
文来国	遍奴忻、万年港、万年屿、文莱、渤黎（Brunei）	文来	文莱	燕窝、冰片、沙藤、胡椒
苏禄国	苏录、苏鲁、苏罗、苏洛，即今苏禄群岛	霍洛岛	菲律宾	燕窝、冰片、沙藤、胡椒
小吕宋	麻里噜、麻里芦、麻里吕、哏唎喇、麻里剌	马尼拉（Manila）	菲律宾	金、米谷、乌木、苏木、海参
妙哩士（Mauritius）		毛里求斯	毛里求斯	梨、牛黄
大西洋国	布路叽士、佛郎机、布路亚、波尔杜瓦尔、博尔都噶亚、蒲都丽家、波尔都尔、波尔多嘞尔、葡萄亚	葡萄牙（Portugal）	葡萄牙	金、银、铜、铁、白铁、珊瑚、硇砂、鼻烟、柴、鱼、蒲桃酒、番碱、哆啰绒、羽纱、哔叽、钟表。民多种麦，无稻，耕犁俱用马
大吕宋国	童细班惹尼（呢）、意细班惹嗢、以西把尼亚、是班牙（呀）、西班亚	西班牙	西班牙	金、银、铜、铁、哆啰绒、羽纱、哔叽、蒲桃酒、琉璃、番碱、钟表
佛郎机国	佛郎察	法国（France）	法国	羽毛、纱、钟表、纱呢、绒毯、地毯、夏布、棉布、糖、棉花、葡萄酒、盐、蚕、铁、锡、银、铅、铜、白矾、煤、火石、水晶、玻璃、陶器
荷兰国	尼德兰	荷兰	荷兰	金、银、铜、铁、琉璃、哆啰绒、羽纱、哔叽、番碱、酒、钟表。羽纱、琉璃甲于诸国
伊宣国	弥尔尼壬国、北义（Belgium）	比利时	比利时	同葡萄牙
盈兰尼是国	绥沙兰（Switzerland）	瑞士	瑞士	同上
亚哩披华国	寒牙里（Hungary）	匈牙利	匈牙利	

356

澳门人谢清高述著《海录》

续表

名　称	别　名	今　名	今所属国家或地区	物产及其他
淫跛莘国		奥匈帝国	奥匈帝国	
祋古国	突厥（Turquia, Turcoo）（葡语）	土耳其	土耳其	
单鹰国	带辇	普鲁士（Prussia）	普鲁士	
双鹰国	一打辇	奥地利（Austria）	奥地利	
埔鲁写国	吗西噶比	普鲁士（Prussia）	普鲁士	
英吉利国	红毛番	英吉利	英国	金、银、铜、锡、铅、铁、白铁、藤、哆啰绒、哔叽、羽纱、钟表、玻璃、呀兰米酒
绥亦咕国	瑞国、瑞丁国、绥林、苏以天、雪尔际亚	瑞典	瑞典	同上
盈黎吗禄咖国（Dinamarca）		丹麦	丹麦	同上
咩哩干国	弥利坚、亚墨利加	美国	美国	金、银、铜、铁、铅、锡、白铁、玻璃、沙藤、洋参、鼻烟、呀兰米酒、哆啰绒、羽纱、哔叽
亚咩哩隔国	圣十字地（Terra de Santa Cruz）	巴西（Brazil）	巴西	五谷、钻石、金、铜、蔗、白糖。又有一木可为粉，土番多食之
鬈毛乌鬼国	西利未加	非洲	非洲	五谷、象牙、犀角、海乌牙、橙、西瓜
东洋八岛	哇夫岛、哇希岛、匪支岛、唵你岛、千你岛、蓦格是、那韦地、亚哆歪	巴布亚新几内亚、澳大利亚、斐济、恩德尼岛、肯尼迪岛、马克萨斯群岛、新赫布里底群岛、夏威夷	太平洋岛屿	珍珠、海参、檀香、薯芋
开於	苦夷、库页岛（Kuye）	萨哈林岛	俄国	海豹、海象、海狮、灰鼠、狐狸等皮草

资料来源：本表据《海录》一书编制而成。

357

沈志亮智袭澳门总督[*]

沈志亮是澳门近代历史上的杰出人物,他在家国危难时刻,勇敢地站出来反抗澳葡当局的殖民暴行,他的英雄事迹在人民中产生过巨大的影响。

鸦片战争后,英国强迫中国签订了《南京条约》。形势的变化更刺激了葡萄牙的侵略野心。由于英葡两国有联盟关系,葡萄牙殖民者认为:"(英国)可以向澳门提供难以估量的帮助。"[①] 正是在这种情况下,葡人开始向中国澳门的主权发起新的挑战。

1845年11月20日,葡萄牙女王唐娜·玛利亚二世公然宣布澳门为"自由港",任命海军上校亚马勒(Amaral)为澳门总督。葡萄牙殖民大臣法尔康特别指示亚马勒要维护澳门的绝对主权,[②] 也就是要亚马勒用武力破坏中国澳门主权,建立殖民统治。亚马勒是一个狂热的殖民主义分子。1846年4月21日,他到达澳门出任总督后,就不断制造事端。

首先是颁布澳门征税法,向在澳门居住的中国商人征收土地税和商税,并向停泊澳门的中国商船征收货税。其次是采取一系列殖民扩张措施挑衅中国。亚马勒下令在三巴门围墙以外开辟马路,掘毁关闸一带村民的坟墓,以扩展殖民统治区域。1847年,又悍然拘捕澳门海关南环关口的中国官员,将他们驱逐出澳门,并宣布没收南环关口房产,公开拍卖。随后,亚马勒颁布公告,狂妄宣称:"不能允许一个外国海关机构在这里继续其存在,也不

---

[*] 原文题为《沈志亮抗葡事件评述》,载于《"一国两制"研究》2011年总第10期,第171~176页;后以《澳门近代历史上的英雄沈志亮》为题,载于《澳门月刊》2012年总第189期,第41~43页。本文曾做修订。

[①] 徐萨斯:《历史上的澳门》,黄鸿钊、李保平译,澳门:澳门基金会,2000,第200页。
[②] 徐萨斯:《历史上的澳门》,黄鸿钊、李保平译,澳门:澳门基金会,2000,第205页。

沈志亮智袭澳门总督

允许再对货物征收关税……"①

葡萄牙公然封闭澳门海关，驱逐中国官员，是一起非常严重的政治挑衅事件。他在澳门附近开辟通往关闸的马路，强迫中国人搬迁祖坟，这种狂妄的挑衅行为，早已引起中国人民的愤怒。但奇怪的是，两广总督徐广缙对此束手无策。他害怕一旦同葡人发生冲突，英国人便会在广州"乘虚而入"，而在澳门有商务利益的美国、法国和西班牙等国也"必将群起与我为敌"。②由于疑虑重重，徐广缙便采取了不抵抗主义，其表现实在是窝囊之极。政府的不作为激起中国人民的更大愤怒，终于导致了沈志亮的义举。

沈志亮，又名沈米，原籍福建，祖辈经商于福建、广东之间，后定居于香山县下恭都龙田村（即今澳门半岛三盏灯至观音堂一带）。至沈志亮时，家境贫寒，母子相依为命，以捕鱼种菜维持生活。当时，亚马勒为了开辟马路，强迫龙田村人民搬迁祖坟，同意的可以得到白银二两四钱的补偿，反对的则一文不给，葡人强行挖墓，将骸骨抛入大海。沈志亮家的祖坟就是这样被葡人铲平的。沈志亮目睹葡人种种暴行，满怀愤懑；于是挺身而出，组织青年农民郭金堂、李保、张新、郭洪、周一玉、陈发等人同殖民者斗争。这些人都是来自福建漳州的移民。他们认为打蛇先打头，擒贼先擒王，必须集中力量打击罪魁祸首，刺杀他们所最痛恨的亚马勒，以伸张正义。

沈志亮等人起来抗暴，虽然是当地人民的自发性行动，但也是得到当局认可之后方才实施的。《香山县志·沈志亮传》写道："道光十六年，英（葡）夷辟驰道，毁居民塚墓，灭骸骨。和议成，复大辟之，酷甚于前。民畏夷，莫敢争。诉官，置不问。志亮先墓亦受害。思所以报之，谋之其乡荐绅鲍俊、赵勋、梁玉祺。鲍俊谋之总督徐广缙。徐曰，此诚可恶。鲍还以告。志亮乃与同志郭金堂、吴某数人怀刃伺之。"③细读这段文字，可以看出，沈志亮起来抗暴之前，先向官府投诉，又同乡绅鲍俊、赵勋、梁玉祺等人商议，再由鲍俊向两广总督报告，总督徐广缙表示认同，鲍俊回来向沈志亮传达了徐广缙的意见之后，才组织郭金堂等人袭击亚马勒。徐广缙

---

① 《中国丛报》（*Chinese Repository*）1849 年 10 月号，黄鸿钊编《中葡澳门交涉史料》（第一辑），澳门：澳门基金会，1998，第 66 页。
② 《道光朝筹办夷务始末》（卷八），《徐广缙等奏葡人钉闭澳门关门栈商禀称另立马头现在黄埔开市折》。
③ 陈澧：《香山县志》（卷一五），《沈志亮传》。

对亚马勒的种种恶行非常恼怒,而又苦无应对善策,于是便利用沈志亮等民间势力打击澳葡当局。根据当时人揭露,徐广缙"听了鲍俊的建议",才决定这样做。鲍俊则"秘密地说动一些爱国的忠诚志士,向着天庭洒血立誓,坚守不渝。并且他保证他们整个的安全"。① 因此抗暴斗争并非沈志亮等人的鲁莽行为,而是总督徐广缙、乡绅鲍俊等多人共同参与策划,反复磋商之后产生的政治行动。

亚马勒有打猎的习惯,常常骑马挎枪,闯入望厦、龙田等乡村打鸟取乐。1849年8月22日,亚马勒又到关闸附近打鸟。沈志亮和他的朋友们装扮成卖花果的商贩,预先埋伏在关闸附近地区,并在马路中间放上一束香花。黄昏时分,亚马勒和副官赖特(Sr. Leite)双双策马走来。到了离关闸约300米的时候,亚马勒的坐骑忽然嗅到花香,止步不前。这时,沈志亮立即迎上前去,他"夹着雨伞,假装向夷人告状模样,声喊申冤。亚马勒伸手接呈词",含在嘴里撕开。刹那间,忽有一根竹竿横在马前,马受惊腾跃,只见6个青年各持短刀,冲上前来,亚马勒连忙用嘴衔缰绳,想拔枪还击。这时沈志亮一个箭步上前,遂拔刀砍断他臂膊,他滚下马来,即砍取首级并臂膊。② 这场伏击打得十分干净利落。亚马勒的副官赖特也被郭金堂击落马下,负伤逃走。

当月在澳门出版的《中国丛报》,立即以《时事日志:澳门总督亚马勒被杀案》为题,做了详细报道。其主要情节,也大体与中国记载相近。

沈志亮等人为国除敌、为民除害的义举,引起极大的震动。澳门和下恭常都(今前山地区)人民奔走相告,欢呼雀跃。亚马勒的下场也惊慑了外国侵略者,"诸夷惴惴不敢出驰马,十三行皆震慑"。③ 总督徐广缙和乡绅鲍俊等人,也为义士狠狠地打击了澳葡殖民者而欢呼。

亚马勒死后,澳葡当局群龙无首,当即暂由澳门当局各个部门的头目组成政务委员会代理总督职权。葡萄牙人对亚马勒被杀又惊又怒,于次日(8月23日)致函两广总督徐广缙,声称这是一次有组织、有计划的谋杀行动;并且认为这次行动是由中国政府策划的,或者是支持和批准的,要求徐

---

① 《关于沈志亮被处决的告白》,《中国丛报》1849年10月号,黄鸿钊编《中葡澳门交涉史料》(第一辑),澳门:澳门基金会,1998,第69页。
② 《道光朝筹办夷务始末》(卷八),《徐广缙等奏葡兵头亚马勒被杀缉凶手正法折》。
③ 陈澧:《香山县志》(卷一五),《沈志亮传》。

沈志亮智袭澳门总督

广缙立即采取行动逮捕义士。事件发生后,澳葡当局向驻澳各国领事发出求援照会,又把"多尔芬"号和"普利茅斯"号两艘军舰调来部署在澳门附近的河道上。8月24日,香港总督文翰致函澳葡当局,宣布当日立即派"亚马森"号和"米迪亚"号两艘军舰前往声援。①

在英国的支持下,澳葡当局于8月25日出动葡兵120名进攻关闸。清政府害怕冲突扩大,居然下令关闸驻军主动后撤,导致关闸失守。葡兵扣押了3名中国汛兵,并将他们带回澳门作为人质,接着进攻北山岭拉塔石炮台,打死打伤中国官兵多人,并炸毁了炮台的20门大炮和弹药库。同时,为了炫耀战功,他们"将一个守卫要塞而被杀的中国军人的头颅和手臂,挑在一根竹竿上运回来,并游街示众"。澳葡当局的这次军事行动有英国人直接参与,由英国军官特鲁布里奇上尉率领的海军陆战队与葡萄牙军官梅斯奎塔配合作战。② 在军事挑衅的同时,澳葡当局向广东地方政府发出照会,要求惩办"凶手",交还亚马勒的人头与右臂。英国、西班牙、法国和美国的领事也纷纷发表声明,支持葡萄牙,逼迫广东地方政府就范。在列强的压力下,清政府屈膝妥协。徐广缙牺牲沈志亮以保住自己的乌纱帽。他命令当地乡绅鲍俊迫使沈志亮"自首"。鲍俊召集村民宣布了总督的命令,遭到村民一致反对。他们准备护送沈志亮远走他乡。但鲍俊勾结官府,诱骗郭金堂到县城予以逮捕,然后写信告知沈志亮。沈志亮不愿连累他人,宁愿牺牲自己。他说:"大丈夫一人做事一人当!"毅然向顺德官府"自首"。在狱中,沈、郭二人争相承认自己是杀死亚马勒的"正凶"。徐广缙亲自审问此案,判处沈志亮死刑,郭金堂遭戍边塞,郭金堂后死于狱中。

徐广缙使用卑劣手段将义士处死。他做贼心虚,深知这种判决不得人心,害怕村民得到消息后闹事,便连夜将沈志亮杀害于前山麓仔山下(今前山中学附近)。事后徐广缙为了平息民愤,又假惺惺他说什么:"我是挥泪斩英雄。"香山人民十分不满官府这种杀害英雄、讨好澳葡当局的可耻行径,他们广为散发"告白"传单,揭露事件真相。"谁能料到鲍俊和官家子弟赵某,却是人面兽心。他们背信弃义,以赏给衔职为诱饵把郭(金堂)

---

① 《中国丛报》1849年10月号,黄鸿钊编《中葡澳门交涉史料》(第一辑),澳门:澳门基金会,1998,第49~51页。
② 徐萨斯:《历史上的澳门》,黄鸿钊、李保平译,澳门:澳门基金会,2000,第222页。

361

骗到城里,又给沈(志亮)写了一封信,迫使他向顺德地方官自首",最后将他杀害。这份"告白"传单明确指出:"沈(志亮)是一个一辈子没做过坏事的人。当他被推选为锄奸勇士时,他的热忱犹如彩虹。他不愧为一个爱国者。唉!惜其未遇明主,时运不济,竟然被出卖遭杀戮!实堪悲矣!"同时"告白"又揭露徐广缙:"人都说两广总督以他政见的英明而使人敬畏;但事实是,他对夷人畏之如虎,而对我们百姓却视若鱼肉,他可任意宰割分享。"①

徐广缙之外,另一个出卖沈志亮的人是乡绅鲍俊。鲍俊是香山名士,进士出身,官至刑部主事,后因犯事落职归里,教书度日。在沈志亮事件中,他开始时积极支持义士的抗暴行动,其后则出于个人动机勾结徐广缙,诱捕沈志亮加以杀害。由于干了这件坏事,帮助徐广缙渡过政治难关,事后他得以复官。但他遭到香山人民的强烈谴责。刘燨芬在撰写沈志亮传时,虽然未曾公开批评他,但已经一一列举出他诱捕沈志亮的事实。而后来潘飞声则在《澳门杂诗》注中直接指出,"澳督某横暴。有沈米者,以镰刀杀之马下。后为某劣绅诱陷就杀"。对比前文,自然就是指鲍俊了。其后鲍俊在1851年赴京补缺途中得暴病,返回家乡死去。据说他得病也与出卖义士的卑劣行径有关。黄遵宪之父黄鸿藻写过一部名叫《逸农三笔》的书稿,书中谈到沈志亮事件时,就提及香山鲍俊落职后,因诱捕沈志亮有功,事后得以复官。他赴京补缺,船行至北江途中,忽得狂疾,自数其罪,后暴死家中。② 由于杀害沈志亮在当地人民中引起非常强烈的反应,鲍俊已经成为千夫所指的卑鄙小人。鲍俊本人理亏心虚,惶惶不安,在巨大压力下,最后暴病而死也是必然结果。

11月13日,澳葡当局先交还所扣押的3名中国汛兵,然后徐广缙把亚马勒的头手归还澳葡当局,澳门事件就此了结。最后,道光皇帝根据徐广缙奏报朱批:"所办万分允当,可嘉之至!朕幸得贤能柱石之臣也。"③ 徐广缙用义士的鲜血终于保住了自己的乌纱帽。

沈志亮虽然惨遭杀害,但是其英雄形象永远铭刻在人民心中。澳门附近村民在前山西城沈志亮墓前立了一块石碑,上刻"义士沈志亮之墓",又建庙堂一座,以表示悼念。"凡坟墓之受害者,其子孙墓祭日,必先望空拜志

---

① 《中国丛报》1849年10月号,黄鸿钊编《中葡澳门交涉史料》(第一辑),澳门:澳门基金会,1998,第69~71页。
② 章文钦:《澳门诗词笺注》(晚清卷),珠海:珠海出版社,2003,第184页。
③ 《道光朝筹办夷务始末》(卷八),《徐广缙等奏葡兵头亚马勒被杀缉获凶手正法折》。

亮。后遂立庙祀之。以金堂诸人配享。"沈志亮的爱国精神长期鼓舞着当地人民反抗葡萄牙侵略者的斗争。在香山县人民中间，广泛流传着许多有关沈志亮的故事和传说。

之后，香山修县志，香山诗人刘燿芬汇集沈志亮资料，撰写了沈志亮传，为义士竖起一座丰碑。他意犹未尽，又撰写了长诗《沈义士歌》：……万口说义士，义士今犹生。义士幸不生，群胡正骄狞。我尝至其地，慨想忠魂馨。养痈者谁人？念之为涕零。

刘燿芬为沈志亮作传赋诗，翔实地叙述了义士抗暴斗争的经过，高度评价了沈志亮挺身而出、勇敢抗暴、"大义动天地，白日开新晴"的崇高爱国精神。由于当时距离事件发生只有20年左右，当地许多父老乡亲依然健在，对当年事件记忆犹新。因此刘燿芬搜集资料写出的传记和诗歌，都可视为信史，较诸其后的作品尤为珍贵。

自此以后，爱国者听闻沈志亮的事迹，无不引起强烈的思想共鸣，因而赋诗赞颂其爱国精神，感慨其不幸遭际。郑观应的《澳门感事》长诗中写道：昔有葡督极暴虐，竟为义士诛其凶。（义士沈亚米恶其虐，暗杀之。）自谓文明实昏聩，不识公法受愚蠢。请问深知西律者，试思此事可曲从？

潘飞声《澳门杂诗》第五首：田横岛上汉家儿，只手挥戈事最悲。片碣谁题沈义士？不闻穿冢傍要离。（澳督某横暴。有沈米者，以镰刀杀之马下。后为某劣绅诱陷就杀。然沈墓前有人题曰："沈义士之墓"。）[①] 潘飞声于其诗注中特地指出沈志亮"后为某劣绅诱陷就杀"，矛头直指鲍俊，充分表明诗人深切同情沈志亮，而对鲍俊则十分憎恶。

1909年至1911年间，珠海北山乡绅杨应麟领导乡民反对澳葡跨界侵略，也撰写了一首讴歌沈志亮的诗，歌颂义士的斗争精神，以此激励斗志。诗曰：

> 夷酋苛暴吏潜遁，谁谓三军胜匹夫；苦忆当年沈义士，万人争看好头颅。（道光季年，葡酋肆虐，民不聊生，左署迁避，大吏钳口，时有沈公阿米，刃杀葡酋，赴官自首，从容就戮，都人义之，至今岁时奉祀。）[②]

---

① 章文钦：《澳门诗词笺注》（晚清卷），珠海：珠海出版社，2003，第140、184页。
② 杨应麟（瑞初）：《镜湖感事十咏》，《香山旬报》庚戌五月初一日。

辛亥革命前夕，香山同盟会机关报《香山旬报》多次发表颂扬沈志亮的诗文。当时《香山旬报》记者贵刚为志士立传，叙述沈志亮一生的英雄事迹。传记是刘熽芬在《香山县志》中的义士传的翻版，其精彩而富有新意之处则在于传末的评论：

> 记者曰，志亮一匹夫耳，而以先墓被毁之故，刺刃于英（葡）酋之腹，事发后，慷慨就义，此义侠之君子也。金堂代抱不平，起而助之，大有荆轲聂政之余烈，尤为可取，而风声所播，诸夷震慑不敢出，谓非民气有以折之，其可得乎。抚今追昔，犹令我唏嘘欲绝矣。①

当时关于沈志亮的诗歌还有许多。门邻写的《沈义士歌》，一方面颂歌沈志亮抗暴除恶的大无畏精神，另一方面猛烈抨击徐广缙玩弄阴谋诡计，"翻将罗网赚英雄"而捕杀沈志亮的卑劣行径。最后他号召人们学习义士的爱国精神，抗暴除恶，保卫家乡："安得如公数十辈，大掳义愤保吾疆，尽歼戎狄无猖狂，尽歼戎狄无猖狂。"②

台湾革命志士丘逢甲（1864～1912）游览澳门，亦曾赋《哭沈烈士》一诗。诗中写道：

> 谁报凶酋发冢冤，宝刀饮血月黄昏。要携十斛葡萄酒，来酹秋原壮士魂。③

义士沈志亮生活和斗争的时代，中国惨遭欧美列强侵略，国势每况愈下，开始陷入半殖民地的深渊。沈志亮的抗暴不是个人行为，而是代表着英勇不屈的中国人民与殖民者进行的殊死的斗争。义士虽然惨遭杀害，但他激发出无比巨大的精神力量，鼓励着后人继往开来，坚持不懈地同殖民主义斗争到底。

沈志亮永远活在人民心中。

---

① 《沈志亮》，《香山旬报》辛亥七月十三日。
② 《和吴铁嵋君沈义士歌》，《香山旬报》辛亥九月十七日。
③ 张耀中主编《珠海历代诗词选》（上卷），珠海：珠海出版社，2007，第183页。

张之洞的澳门情结

一 澳门城隍庙供奉"张王爷"

1908年，澳门人在望厦美副将大马路一处不显眼的地方建造了一座城隍庙。该庙坐东朝西，庙貌简朴。庙中奉祀着城隍、洪圣大王和"张王爷"三位大神。前两个均为民间传说中的神，最后一个则是晚清名臣张之洞。当时张之洞依然活着，他是在城隍庙立庙的翌年，即1909年才因病辞世的。晚清官员奉祀于庙的现象甚少，尤其是人尚未死就被供奉于庙中，更是非常罕见。

庙中还有澳门望厦乡绅沈雄文撰写的《倡建城隍庙碑记》，说明建庙的缘起：

> 前督粤使者张之洞入奏，盛称我旺厦乡民知守义团体独固，深堪嘉尚。不谓时局变迁于戊戌之秋，竟至华洋杂处。余触目时艰，狂澜莫挽，不禁感慨系之。夫既乏贤明大吏以为之护持。盖威灵显赫，报应昭彰，自足以慑人心而正风俗。乃知圣人以神道设教，莫不有深意寓乎其间。于是联集二三同志，倡建城隍庙于观音古庙之右，其两旁则恭立洪圣王、张王爷圣像焉。并于是岁重修观音正殿，经理东偏客厅，历四阅月而工始竣。从此神庥敬迓，绥幸福以无疆，琼宇告成，奠金瓯于永固矣。

从这篇碑记中可以看出，当时澳葡当局肆意扩张界址，强占澳门附近土地，勒收租税，压迫当地民众。于是人民通过建造城隍神庙，依靠神灵"慑人心而正风俗"，使人民团结起来斗争，抵抗澳葡当局的扩张行动，"奠金瓯于永固"。正所谓：庙小神灵大，碑记寓意深。

澳门人建造城隍庙，为何将张之洞作为菩萨供奉其中？

张之洞（1837～1909）是洋务派代表人物之一，与曾国藩、李鸿章、左宗棠并称晚清"四大名臣"，曾提出"中学为体，西学为用"的著名口号，积极发展中国近代工业，一手创办了规模宏大的汉阳钢铁厂、湖北织布局等近代企业。因此有人说："提起中国民族工业，不能忘记张之洞。"此外，张之洞也是近代教育革命的倡导者，先后创办了自强学堂（即武汉大学前身）、三江师范学堂（南京大学前身）等著名学堂，为推广新学做出了杰出的贡献。

然而鲜为人知的是，这名清朝的封疆大吏，还与澳门有着深厚渊源，生前就被澳门人当作活菩萨供奉于望厦城隍庙中。

考诸历史，张之洞在政治生涯中，确实多次同澳葡当局进行过激烈的政治较量。他在1884～1889年任两广总督期间，曾参与过的澳门交涉事件主要有：反对澳葡当局向关闸外占地勒租；反对撤去澳门附近厘卡；反对缔约将澳门租借地改为葡萄牙永居地；等等。

二 反对澳葡当局向关闸外占地勒租

首先，张之洞反对澳葡当局向关闸外占地勒租。1849年亚马勒率领葡兵袭击澳门海关，"钉闭关门，驱逐丁役"，① 并命令士兵当众砍倒了海关大楼前面的中国旗杆。不久，又采取武力迫使县丞衙门迁离澳门，使澳门从此处于葡萄牙的殖民统治之下。之后亚马勒又在澳门附近开辟通往关闸的马路，强迫乡民搬迁祖坟、缴纳捐税，澳葡当局的疯狂扩张行径引起中国人民的愤怒和不断抗争。进入19世纪80年代，澳葡当局的扩张活动愈益加剧，乡民的反抗斗争也日趋激烈。附近望厦、龙田、沙岗、新桥、沙梨头、龙环、塔石各村，以望厦乡民团结性、组织性最强，"村多旧族豪侠，尚节

---

① 《道光朝筹办夷务始末》（卷八），《徐广缙等奏葡人钉闭澳门关门栈商禀称另立马头现在黄埔开市折》。

张之洞的澳门情结

义"。"旺厦户密丁多,首冠诸村,众志成城,屡与葡抗。"① 他们站在斗争的最前列。

张之洞时任两广总督,他也积极地投入对澳葡当局的斗争中。

澳葡官员频频入村勒收租钞,望厦村民不堪其扰。1885 年间,望厦乡绅张耀昌即为澳葡当局占地索租事禀告地方官要求禁止。而张之洞也向澳葡当局发去照会,要求"务即迅将此事查明禁止。所有澳门事宜,一律遵照旧章办理,毋辄向民间勒收租钞,免致徒生枝节,有碍睦谊"。②

光绪十三年(1887 年)正月二十七日,张耀昌再次向地方官员呈送禀帖,陈述澳葡当局占税田、开马路、霸民房为别墅、毁坟灭骸,多次挑衅事件,以及乡民人号鬼哭,暗无天日,反复斗争的经过,表示对澳葡当局勒收租钞的行为坚决抵抗,并将澳葡当局强行派发的收租钞 38 张呈交地方官员。③ 张之洞接到香山地方官员报告之后,对澳门附近地区事件频发深感震撼,高度重视,他立即行文澳葡当局进行交涉,令其查明情况,禁止此类事件再次发生。

但是澳葡当局的回应含糊其辞,诸多狡辩。澳督致张之洞的照会中公然声称:望厦村张耀昌等禀帖语多虚浮,殊无凭信,谅必该生员昏昧不识事体,致有此等语。同时声称关闸以外一带地方并望厦等处之村乡久已归西洋管辖,历有年所,在贵国亦经明认。④

张之洞觉得无论如何不得对澳葡当局忍让迁就,于是报告总理衙门,指出事态严重,隐患甚深,关系甚大,非严诘坚持,断难杜遏后患。⑤ 又明确

---

① 《两广总督张之洞为驻澳葡人界外侵占应思预防并缓办议约事致香山县衙门札文》,光绪十三年七月二十二日(1887 年 9 月 9 日),中国第一历史档案馆等编《明清时期澳门问题档案文献汇编》(三),北京:人民出版社,1999,第 307 页。
② 《两广总督张之洞为澳门事宜一律遵照旧章办理事致葡国驻澳大臣照会》,光绪十二年四月(1886 年 5 月),中国第一历史档案馆等编《明清时期澳门问题档案文献汇编》(三),北京:人民出版社,1999,第 196~197 页。
③ 《两广总督张之洞为葡人占地勒租事致总理衙门咨呈》,光绪十三年四月十三日(1887 年 5 月 5 日),中国第一历史档案馆等编《明清时期澳门问题档案文献汇编》(三),北京:人民出版社,1999,第 238~239 页。
④ 《澳门总督为辩明原有围墙并非地界及并无勒索公钞事复两广总督张之洞照会》,光绪十二年四月初七日(1886 年 5 月 10 日),中国第一历史档案馆等编《明清时期澳门问题档案文献汇编》(三),北京:人民出版社,1999,第 244~245 页。
⑤ 《两广总督张之洞为葡人占地勒租事致总理衙门咨呈》,光绪十三年四月十三日(1887 年 5 月 5 日),中国第一历史档案馆等编《明清时期澳门问题档案文献汇编》(三),北京:人民出版社,1999,第 239~240 页。

367

镜海微澜：黄鸿钊澳门史研究选集

指出，向来所谓澳门者，是就葡人所居租借地而言，东北枕山，西南滨海，高建围墙，界限划清。界以外税田、民村都是香山县属，历年完纳赋税，有案可稽。因此，所有葡人开辟的马路、兵房皆属界外侵占，希望总理衙门查照实情，通过交涉，遏制澳葡当局的侵略扩张活动。

在张之洞的坚决要求下，总理衙门也向葡方进行了交涉，阻止其进行侵略扩张活动。

三 反对撤去澳门附近厘卡

张之洞又反对撤去澳门附近厘卡。1885 年 7 月 18 日，中英签订《烟台条约续增专条》，将进口鸦片征税方式改为税厘并征，规定：鸦片每箱（100 斤）向海关缴纳税厘 110 两（其中关税 30 两、厘金 80 两）之后，即可在内地通行无阻，无须再缴纳任何厘金。① 鸦片税厘并征专条可使清政府增加国库收入。然而，要有效地实行鸦片税厘并征专条，必须厉行缉私，防止鸦片从香港私运大陆，偷漏税厘。但要在香港缉私，必须得到港英当局的协助。而港英当局却串通澳葡当局，故意提出如果澳门不实行缉私，香港也不实行缉私。从 6 月 19 日至 9 月 16 日，清政府和港英、澳葡当局进行了谈判。而谈判中，葡方提出了撤卡的要求，并向总理衙门施压。由于牵涉广东地方行政问题，总理衙门去电征求张之洞的意见。张之洞站在维护地方税收利益立场上，反对向葡人的无理要求屈服。他指出：

> 澳外之卡，正为缉私。卡不止一处，所缉不独药私一端，所抽亦不仅赴澳之货，关系各口税厘大局，断难裁撤。药私，澳门最甚，税加则私愈多。彼既代我筹加税，何以又阻设卡？诡谋难测，望驳之。②

张之洞坚持认为，厘卡每年可得厘金十多万两，可以补地方财政之用。况且各卡均处内地而非洋界，也同鸦片征税之事无碍，因此对于港英、澳葡

---

① 王铁崖：《中外旧约章汇编》（第一册），北京：三联书店，1957，第 471 页。
② 《两广总督张之洞为澳外厘卡断难裁撤并望驳之事致总理衙门电文》，光绪十二年八月初九日（1886 年 9 月 6 日），中国第一历史档案馆等编《明清时期澳门问题档案文献汇编》（三），北京：人民出版社，1999，第 219 页。

368

当局方面的干预，应据理批驳。

可是总理衙门很重视税厘并征带来的财务收益，认为"税厘并征，已遵旨通行开办。此事筹议数月，赫（德）一力承担，果能杜绝私漏，岁至增至七八百万，海军衙门专待增款应用"。但是目前缉私一节，必须得到香港和澳门当局的配合。而澳葡当局则坚持以撤卡为交换条件。总之，中国不允撤卡，葡即不允缉私，漏卮既不能除，巨款终成画饼。因此，总理衙门不顾张之洞的反对，决定由赫德接管厘卡征税事宜。这无疑给张之洞当头一棒。①

张之洞立即去电予以反驳，指出此举并非撤卡，而是撤销中国地方官员收税权，由英国人税务司取而代之，将使广东地方财政收入大受损害。接着广东巡抚、粤海关监督纷纷去电反对，可是总理衙门一概置之不理。抗议无效之下，张之洞无奈将6个厘卡移交税务司接管，同时一再指出其中弊端，提请总理衙门注意。

四 反对签订丧权辱国的中葡条约

张之洞坚决反对签订损害澳门主权的中葡条约。总理衙门屈服于当时的外交压力，处理了厘卡问题之后，又指派赫德负责与葡人交涉，准备接受"将澳门永远租与葡萄牙而不收租银"条款。② 这就是说，允许葡人永远占领澳门。

1887年3月17日，清政府同葡萄牙政府谈判签订草约。主要有以下四条：

（1）定准在中国北京即议互换修好通商条约，此约内亦有一体均沾之一条。

（2）定准由中国坚准，葡萄牙永驻、管理澳门以及属澳之地。

（3）定准由葡萄牙坚允，若未经中国首肯，则葡萄牙永不得将澳地让与他国。

（4）定准由葡萄牙坚允，洋药税征事宜应如何会同各节，凡英国在香

---

① 《总理衙门为议定香澳各厂巡缉抽收统交税司代办事致两广总督张之洞电文》，光绪十三年二月初九日（1887年3月3日），中国第一历史档案馆等编《明清时期澳门问题档案文献汇编》（三），北京：人民出版社，1999，第224页。

② 《清季外交史料》（卷六七），《直督李鸿章致总署据赫德报拟订洋药税办法电》。

港施办之件，则葡萄牙在澳类推办理。①

3月26日，金登干和巴罗果美在里斯本草签了《中葡会议草约》，接着又准备签订《中葡和好通商条约》。

张之洞接到总理衙门来文，知缔约之局已定，"焦灼彷徨，不可言喻"。他力排众议，多次上奏指出，允许葡人占领澳门是外交上的重大失策。"挈权量力，我之可以逼葡，葡之不足病我，事理甚明。今若因一事之要求，曲徇其请，迁就立约，在葡人固始愿不及，即他国亦相顾惊疑。"张之洞反对与葡萄牙缔约，列举了六点反对理由：

其一，葡萄牙是个贫弱小国，"今若因一事之要求，曲徇其请，迁就立约"，在国际上将造成非常恶劣的影响。

其二，鸦片战争后，葡人在澳已越界向外扩张，条约的签订必将大大助长其扩张的趋势。

其三，澳门的情况原与租界相似，如今让其"永驻管理"，占有主权，将会引起其他国家"接踵效尤"，"拒之则有厚薄之嫌，应之则成滋蔓之势"，局面难以收拾。

其四，条约签订后，中国政府将丧失管理澳门居民的权利。倘若他们到内地犯法后逃匿澳门，中国官员无法缉捕归案。这将成为广东地方治安的一大祸根。

其五，葡萄牙本来没有治外法权，因此葡人不敢到澳门之外游历和传教。签订条约后，它将有恃无恐地四处流窜，必将导致教案的增加。

其六，葡萄牙在订约后，可能会因贫弱不堪而向其他国家转让澳门，我国则因主权丧失，无从制止。②

这些反对理由，有理有据，反映了民族的利益。同时，张之洞还向清政府提出了几点补救措施：

一是细订详约，申明主权。"其永驻澳门一条"，"可见澳门系中国让与葡国居住，仍系中国疆土。应声明澳门让与葡永远居住，免其租银，不准租为葡国属地。其不让与他国一条，应声明澳门仍系中国疆土，葡国不能转让与他国"。

---

① 《清季外交史料》（卷七一），《粤督张之洞奏葡国永租广东澳门请审慎立约折》。
② 《清季外交史料》（卷七一），《粤督张之洞奏葡国永租广东澳门请审慎立约折》。

张之洞的澳门情结

二是划清澳界。陆界坚持以原围墙为界，水界仍是中国所有，防止逾越。

三是核对洋文。条约的中文本与葡文本用词不同，意思出入很大，应"详细校对，以防狡混而免侵越"。

四是暂缓批准。先观察一段时间，如果澳葡当局协助缉私对税厘并征确有明效大验，而无其他害处，再行批准条约。①

张之洞还认为，葡萄牙只不过依恃其他大国的力量对中国进行讹诈，其实它国力贫弱，并没有什么力量。"澳无田地，其米粮皆系由香山县石岐等处接济，并违禁私运出洋，澳贩恃为大利，若米船数日不到，立形困窘。葡无商利，专恃勒抽华民以资用度，入不敷出，每年仅解缴该国银二万余两，已形竭蹶。葡无驻澳兵船，仅有租来他国兵船一号，泊于海中，余有小巡轮数只而已。其陆路炮旧兵单，迥非他国洋兵之比。"② 因此，葡人不可能对我国造成重大威胁。

张之洞和广东官民激烈反对签订《中葡和好通商条约》，使得"总理衙门有些泄气"。7月2日，赫德在总理衙门看到张之洞的奏章，也感到事情棘手。但是他不甘心自己一手导演的外交骗局功亏一篑，便利用总理衙门害怕税厘并征办法失败的心理，进行恫吓。他对总理衙门官员说，在谈判中，"张之洞的意思千万不可提"，否则"罗沙（葡国谈判代表）一听见就会转身回去的"。③ 总理衙门果然拒绝接受张之洞等广东官员的意见，声称实行鸦片税厘并征事关大局，"海军初设，筹饷万难，有此办法，冀可岁征巨款"，指责张之洞等人"于朝廷全局通筹之意毫无体察，辄拘持偏见，故作危词"。④ 张之洞等人的正确意见被否定，《中葡和好通商条约》遂得以签订。

张之洞还指出，澳门人民坚决反对葡萄牙殖民侵略和压迫。葡萄牙在澳门附近地区强设路灯，逼迫当地村民交路灯费，强编门牌，勒收地租。望厦、龙环、塔石等村都抗拒交纳，"屡次绅民呈词，深以入洋籍、输洋赋为耻，情词愤激"。9月3日，广东官员前往澳门进行巡视。当时澳门"男妇老幼万余人相率环观"，人人"欢呼感泣"，表现了不甘屈服于葡萄牙统治

---

① 《清季外交史料》（卷七一），《粤督张之洞奏葡国永租广东澳门请审慎立约折》。
② 《清季外交史料》（卷七三），《粤督张之洞奏澳界辖辘太多澳约宜缓定折》。
③ 《帝国主义与中国海关》（第六编），北京：科学出版社，1959，第90页。
④ 《光绪朝东华录》（第二册），北京：中华书局，1958，第2241页。

的强烈的民族情绪。"察此情形，若明归葡属，各村各岛断不甘心。"①

但是张之洞等人这些明智的意见，没有为总理衙门所采纳，就在总理衙门的一再忍让之下，葡萄牙人轻易地获得了澳门的永居权。

鉴于澳门局势严峻，为了避免遭受更大损失，张之洞指示前山同知加强对澳门葡人的防范："修明职守，抚绥巡查并会同香山县前山都司，将保甲、团练、水陆捕盗缉私，及一切应办事宜认真整顿，务期镇静周密，以系民情，而杜隐患。"②

19世纪80年代以后，前山地区频频遭受澳葡当局扩张威胁，局势十分危险。张之洞多次与澳门总督直接进行交涉，反对澳葡当局干涉前山地区事务，捍卫我国权益。

1. 舵尾山附近中国驻军问题

19世纪80年代，澳门葡人侵略气势日盛，公然对我国前山地区事务横加干涉。1888年4月间，澳门署理总督致电张之洞，对前山官员在舵尾山海边疯人院附近驻扎军队提出质疑，并声称："本署大臣闻之，殊堪诧异，心甚不安。因查此处所居疯人，向系澳给食济养，历有年所，即该处非疯人，亦有恳求愿来归向者，似此情形，显有明征，尚不足为本国管治之证据乎？"

同时澳葡官员郑重声明："本署大臣不得不预为告知，纵今置此厂于不理，日后无论何时查勘，不得谓本国不理，遂执此语，以为本国经认该处为贵国管治之实据，并勿谓本署大臣将来无得置办。"

同年8月间，新任澳门总督再次照会张之洞，重申其不满，要求张之洞给予答复，并威胁称："如迁延不复，或全置不答，在贵部堂亦属无益。因前时经有预告不服之言，则于本国所有之权利毫无所损，届时亦可援为理明也。"③ 其

---

① 《清季外交史料》（卷七三），《粤督张之洞奏澳界辩辖太多澳约宜缓定折》。
② 《两广总督张之洞等为饬修明职守抚绥巡查事致前山同知萧丙堃札文》，光绪十三年八月二十二日（1887年10月8日），中国第一历史档案馆等编《明清时期澳门问题档案文献汇编》（三），北京：人民出版社，1999，第330页。
③ 《护理澳门总督篆务为前山官员在舵尾山附近搭厂请查办事致两广总督张之洞照会》，光绪十四年三月十六日（1888年4月26日）；《澳门总督为希答复中国在舵尾山附近搭厂原因事致两广总督张之洞照会》，光绪十四年六月二十五日（1888年8月2日），中国第一历史档案馆等编《明清时期澳门问题档案文献汇编》（三），北京：人民出版社，1999，第385~386、392~394页。

意思很明白：反正我把话说在前头，将来这些地方仍是属于澳门的。

澳葡当局咄咄逼人的嚣张气焰，使张之洞无比愤慨。8月17日，张之洞照会澳督，严正指出：查舵尾山在小横琴岛之上，为香山县属地，何得谓中国未有在此处施管治之权？①

在这里，张之洞据理力争，坚决把澳葡当局的胡搅蛮缠顶回去。

2. 在关闸至北山岭间设兵卡问题

1889年2月间，澳门总督突然致电张之洞，无理指责中国政府官员在关闸外设卡违约。照会说：本澳关闸至北山岭中间一带地方，向为局外之区，现闻在该处建有砖屋一间，以为巡捕兵丁栖止之所，如此办理，显有违中葡条约。必须两国会商妥协，方可建造，断非一国或一国之官员可能擅主。②

张之洞接到照会后，十分恼怒。立即复照给予驳斥，指出所谓在北山岭设卡"断非一国或一国之官员可能擅主"的说法，"本部堂接阅之余，殊深诧异"。"今接贵大臣来文，竟称关闸至北山岭中间一带地方，向为局外之区等情，实属闻所未闻……关闸以外应设厂卡，绝不与约内之界务相涉，仍必次第举办，无烦过问"。

随后，张之洞将澳督来电交涉事报告总理衙门，指出葡人"意在朦占我界"，希望引起总理衙门注意，并立即向葡方辩驳清楚。总理衙门官员对张之洞的做法给予了充分肯定，并立即对澳葡当局展开交涉，明确关闸外地区非澳门属地，澳门无权干涉中国政府在前山地区的各种活动。

五 离任后依然关注澳门

1889年，张之洞调离广东，先后出任湖广总督、两江总督、军机大

---

① 《两广总督张之洞为辩明中国官员在舵尾山附近搭厂驻兵事复澳门总督照会》，光绪十四年六月二十八日（1888年8月17日），中国第一历史档案馆等编《明清时期澳门问题档案文献汇编》（三），北京：人民出版社，1999，第392~393页。

② 《两广总督张之洞为关闸以外厂卡仍必次第举办事复澳门总督照会》，光绪十五年二月十七日（1889年3月18日），中国第一历史档案馆等编《明清时期澳门问题档案文献汇编》（三），北京：人民出版社，1999，第395~396页。

臣、体仁阁大学士等职。他虽然远离了广东，却仍然深切关注着澳门。

1901年，八国联军侵略中国战争结束，签订《辛丑和约》之后，帝国主义列强为了让清政府提高偿付赔款能力，履行所谓条约义务，决定修改税则，提高关税，而取消厘金，并趁机扩大各种权益。英、美、德、日等国在上海签订新商约。其后1902年初，葡萄牙派上院议员白朗谷（José de Azevedo Castelo Branco）为公使前来北京议约。1902年10月，中葡签订增补条款和广澳铁路合同。①

中葡谈判期间，白朗谷又提出每年向澳门免税供应600万石大米的无理要求："因大西洋国既按照以上条款有益于大清国……今大清国因澳门居住如许华民，认许每年由中国运米六百万石入澳门，不收其税，如或不敷，并可加增。"②

600万石是什么概念？按当时每100斤1石，600万石即6亿斤。当张之洞从外务部来电中获知葡方无理索求之后，十分愤怒。因为当时澳门华人不过10万人左右，按每人每年食用300斤计算，每年实际需要的大米不过3000万斤左右，也就是相当于30万石而已。而葡人竟狮子大开口，索要6亿斤之多！于是，张之洞立即回电外务部，要求外务部予以拒驳。他指出："澳门华民不过十万人，何至岁需六百万石之米，明系借端出洋牟利……万不可许。犹记洞在粤时，粤商请省运油粘米接济澳门，情愿认捐，米数无多，大约数十万石而已。粤省人稠米少，年年仰给洋米，若本境之米多漏出洋，而反以重价买外洋进口之米，情理颠倒，民食益艰，民生益蹙，粤民必哗，变乱必起……葡乃小国，乘间搅扰，尽可直言驳斥，甚则不理，不宜多立条款，无意中为诸大国开方便之门也。请察酌。"③

其后张之洞又告知外务部，澳门华人实际需求的大米数量为30万石左右，千万不可增加数量。能照粤督所查，运24万石最妥，万不得已，亦只

---

① 莱特：《中国关税沿革史》，姚曾廙译，北京：商务印书馆，1963，第381页。
② 《商约大臣吕海寰等为葡使送达条约六款事致外务部电文》，光绪三十年三月初八日（1904年4月23日），中国第一历史档案馆等编《明清时期澳门问题档案文献汇编》（三），北京：人民出版社，1999，第631~632页。
③ 《湖广总督张之洞为葡约岁运粮米六百万石之条款万不可许事致外务部电文》，光绪三十年三月二十三日（1904年5月8日），中国第一历史档案馆等编《明清时期澳门问题档案文献汇编》（三），北京：人民出版社，1999，第634~635页。

张之洞的澳门情结

可以 30 万石为限,此系至多之数,万万不可再加。① 张之洞的据理力争,使澳葡当局套购大米牟利的阴谋未能得逞。

综上所述,张之洞是清末朝廷中敢于同澳葡当局抗争的极少数大臣之一。他在 1884~1889 年出任两广总督期间,积极参与澳门问题交涉,多次致电总理衙门,力排众议,提出自己的独特见解,并直接与澳葡当局反复进行政治较量,坚决拒驳葡人的各种歪理谬论。同时他还督促前山官员加强防范澳门葡人。他坚决反对澳葡当局侵略扩张,捍卫澳门主权,保护民众利益,立场坚定,大义凛然。可是,由于当时以奕劻为首的总理衙门官员贪图税厘并征的利益,顽固地坚持对葡人妥协退让,签订了伤害澳门主权的中葡条约,张之洞的正确主张没有得到重视和贯彻实施,最终未能阻遏澳葡的扩张活动。但张之洞的抗争事迹和爱国护澳精神已在澳门深入人心,从而得到澳门人民的敬重。他们怀着感恩的心情,将当时还活着的张之洞当作活菩萨,作为澳门保护神奉祀于城隍庙中。

---

① 《湖广总督张之洞为筹商运销澳门洋药及米石出洋办法事致外务部电文》,光绪三十年七月二十日(1904 年 8 月 30 日),中国第一历史档案馆等编《明清时期澳门问题档案文献汇编》(三),北京:人民出版社,1999,第 662 页。

孙中山与同盟会在澳门[*]

一 孙中山早期在澳门的革命活动

香山人孙中山年轻时穿梭往来澳门，深受新思潮影响，立下革命志向。

孙中山的父亲孙达成，早年在澳门当过鞋匠，少年时代的孙中山常随父母往来澳门与家乡之间。1878 年，孙中山随母亲到美国檀香山跟哥哥孙眉生活，就是先到澳门坐轮船到香港再转到檀香山的。在澳门，"孙中山始见轮舟之奇，沧海之阔，自是有慕西学之心，穷天地之想"。1884 年夏，孙中山回国，在村中因反对迷信，与好友陆皓东一起损毁了村中北帝庙的神像，为乡绅所不容，便经澳门到香港读书。从 1885 至 1890 的五年间，孙中山常于课余假日到澳门、广州等地，发表反清言论，与同村邻居杨鹤龄、同学陈少白、朋友尤列等相交最密。他们曾在澳门水坑尾巷 14 号杨鹤龄的家中，一起抨击清朝政府的腐败，鼓吹革命救国，公开提出"勿敬朝廷"的口号。孙中山回忆当时的情况说："数年之间，每于学课余暇，皆致力于革命的鼓吹，常来往于香港、澳门之间，大放厥词，无所忌讳，时闻而附和者，在香港只陈少白、尤少纨、杨鹤龄三人，而上海归客，则陆皓东而已，若其他之交游，闻言吾言者，不以为大逆不道而避之，则以为中风病狂相视也。予与陈、尤、杨三人常往香港，昕夕往还，所谈者莫不为革命之言论，所怀者莫不为革命之思想，所研究者莫不为革命之问题，四人相依甚密，非谈革命则无以为欢，数

---

[*] 原文题为《澳门与近代中国革命》，载于《澳门研究》2008 年总第 49 期，第 139~145 页。本文曾做修订。

孙中山与同盟会在澳门

年如一日。故港澳之间戚友交游，皆呼'四大寇'，此为予革命言论之时代也。"① 他们在澳门经常聚会的水坑尾巷 14 号由此被称为"杨四寇堂"。孙中山在香港西医书院求学时，每逢假期由香港回家，必经澳门与郑观应交流对时局的看法及学习西方之主张。两人来往密切，志趣相投。通过广泛的交流，孙中山受到维新思想的启发和得到一些反清好友的鼓励，坚定了改造旧中国的决心。1890 年，孙中山曾致函同乡洋务派官吏郑藻如，建议在本县振兴农桑、戒绝鸦片、遍设学校，再向各地推行。《致郑藻如书》是孙中山早期改良主义作品之一。1891 年前后，孙中山撰写了《农功》一文，阐述了他对改良农业的看法，文章中建议清廷"派户部侍郎一员综理农事，参仿西法"和派员出洋考察，学习西方"讲求树艺农桑、养蚕、牧畜、机器耕种、化瘠为腴一切善法"，回国加以推广，并强调"以农为经，以商为纬，本末备具，巨细毕赅，是即强兵富国之先声，治国平天下之枢纽"。《农功》一文被郑观应收入《盛世危言》。郑观应在编著《中外卫生要旨》时，曾得到过孙中山的帮助，其在该书的《序言》中提出要"中西医相结合"的见解。孙中山在《上李鸿章书》中也曾引用郑氏"人能尽其才，地能尽其利，物能尽其用"的观点。1894 年，孙中山上书李鸿章时，被郑观应引荐给另一个著名维新思想家王韬，王韬当时任上海格致书院院长，他与孙中山一见如故，帮助孙中山润饰《上李鸿章书》，又函李鸿章文案罗丰禄，引荐孙中山。同年 6 月，孙中山与陆皓东由澳门到天津佛照楼客栈会见罗丰禄，罗委托同事徐秋畦向李鸿章呈送这万言上书，可是李鸿章没有采纳孙中山的救国大计，使孙中山放弃了改良主义的幻想，决然开拓民主革命道路，用革命手段来推翻清廷的腐败统治，以实现振兴中华的目标。

1892 年秋，孙中山以优异成绩毕业于香港西医书院，随即在澳门康公庙前创设中西医局，悬壶济世。由于孙中山医术高明，病人药到回春，孙中山很快成为当地远近知名的医师。他托迹行医，开展革命活动，在其中西医局中赠医施药，义务行诊，不收诊金，所需费用由澳门巨绅吴节薇署名担保，向镜湖医院借钱 2000 元，5 年归还。孙中山在澳门行医期间，结识了许多富商和绅士，其中具有较高声望的为何穗田、卢九、萧瀛洲、吴节薇、

---

① 《孙总理修正〈伦敦被难记〉第一章恭注》，冯自由：《革命逸史》（第三集），北京：商务印书馆，1947，第 125 页。

377

镜海微澜：黄鸿钊澳门史研究选集

陈席儒、陈赓虞等人。但卢萧二人为烟赌巨商，向以交结中外官宦为光耀，对革命不反对也不支持；二陈是香山人，檀香山华侨巨商陈芳之子，思想开明，同情革命，曾参加反抗澳葡当局扩澳门界址的斗争；何吴二人亦思想开放，热心、爱国，吴更是杨鹤龄的妹夫，但二人倾向于较温和的改革，而不赞成激烈的革命。他们虽与孙中山交情较深，但都不算政治上的志同道合。① 当时只有孙中山少年时代的同村好友陆皓东、杨鹤龄、杨心如等常往来澳门，与孙中山畅谈时政。这个小群体的成员后来成为中国最早的一批资产阶级革命家，不但宣传革命，而且商讨组织革命团体，策划武装起义的秘密机关，名义上是以"医学问世"，实是集结同志，筹谋组党，准备"造反"。他们的进步活动，在近代中国产生了深远的影响。

支持孙中山革命的还有居住在澳门的葡萄牙人。土生葡人飞南第于1863年出生于澳门，比孙中山年长三岁。其父为葡人，母是华人，是个典型的混血儿。飞南第祖辈数代居于澳门，他在香港法院任翻译时，认识了当时在香港读书的孙中山。孙中山在澳门行医时，为取得合法执照，曾委托飞南第代为申请，继而成为一对异国好友。飞南第30岁时创办葡文周刊《澳门回声》及《镜海丛报》，孙中山亦经常为之撰写文章。1895年10月26日，中山先生因广州起义失败而逃往澳门，飞南第不顾一切，对孙中山极力掩护，帮助孙中山从澳门渡海过香港去寻恩师康德黎和律师丹尼斯。为提防可能被引渡回内地，飞南第还特意从香港汇丰银行提取美金300元交予中山先生离开香港。飞南第除挺身掩护孙中山出走外，还于11月6日在《镜海丛报》刊登起义之电讯及全文"特录"，还有经修订过的孙中山《农学会序》。事隔三天，他又在《澳门回声》上刊登孙中山在澳门行医的文章。辛亥革命成功，中华民国成立之时，时任澳门议事会（参议院）议员的飞南第建议庆祝，获接纳。澳葡当局在市政厅升旗举行大会，隆重庆祝中华民国诞生和孙中山就任临时大总统。元月11日，飞南第致函祝贺孙中山出任临时大总统，高度评价了孙中山的丰功伟绩，并对中国的革命事业寄予期望，希望孙中山继续完成"伟大的任务"。信中还提到"素为友好的中葡两国，在一年内均成为共和国，真是太棒了"。信中字里行间洋溢着真挚的中葡友

---

① 《澳门华侨与革命运动》，冯自由：《革命逸史》（第四集），北京：商务印书馆，1947，第73~74页。

孙中山与同盟会在澳门

谊，表达了中外人士对孙中山的崇高敬意。①

后来，孙中山为了更好地推动革命运动，决定离开澳门这个小地方，前往省城广州开设东西药局，开展革命活动。就在孙中山离去数年之后，维新派大举进入澳门。1896~1897 年，康有为高谈变法维新，改良思潮风行一时。梁启超、汪康年于上海创办《时务报》，广东的康氏门徒也利用澳门的特殊地位，在此创办《知新报》以相呼应。一大批康氏的追随者涌入澳门，其中包括康有为的弟弟康广仁，弟子徐勤、麦孟华、刘桢麟、吴天民、陈继俨、韩文举、欧榘甲、何章、梁铁君等人。他们在澳门掀起一股变法维新的宣传气势。澳门爱国者何穗田倾向温和改革，变法维新，以争取国家走向富强，故对维新派的主张甚为支持。康的弟子陈子褒、康圉子、张寿波倡导在澳门兴办学校，以加强维新派的影响力，何穗田亦鼎力相助。戊戌政变后，康有为又在澳门设立保皇会分会，即推何穗田为分会长兼总会财政部长。同时，维新派又在澳门筹备东文学校，聘请日本人田野橘次任校长。田野是 1900 年在上海发行的《同文沪报》的社长，该报是汉口自立军首领唐才常的舆论机构。何穗田久已在澳门加入葡籍，与葡人关系密切，康有为和维新派人士引以为护身符。在何穗田全力支持之下，维新派的事业在澳门盛极一时。但 1900 年 8 月间，唐才常自立军在湘鄂起事失败，其部下秦力山等人炮轰康有为和梁启超，揭露他们贪污华侨捐款，中饱私囊，招致其军事行动的失败。康、梁等人透过于何穗田。秦力山等人先后到澳门查阅收支账册，方知何穗田只不过是挂名的总会财政部长，事实上对总会财务丝毫不能过问，因此他仅是康、梁的一个工具而已。此案真相大白之后，何穗田对维新派人士大为不满，从此同他们渐渐疏远。同年还有保皇会成员、上海电报局局长经元善，因领衔 1000 多名绅商致电清政府，为废光绪帝问题进行抗争，被当局通缉，亦逃到澳门。澳葡当局应清政府之请求，拘捕经元善，将其囚禁于大炮台。保皇会人士四处奔走活动，进行营救。当时革命党人仍对维新派采取团结的方针，因而施以援手，由谢缵泰请求香港总督卜力出面，向澳督说情，终使经元善获释。②

---

① 该英文信原件现存翠亨村孙中山故居纪念馆。
② 《澳门华侨与革命运动》，冯自由：《革命逸史》（第四集），北京：商务印书馆，1947，第 73~74 页。

379

二 香山革命者活动的基地

辛亥革命前夕，随着组织的建立和纲领的制定，民主革命派对开展革命活动基地的需求愈来愈迫切。当时，无论是清朝统治下的内地，还是远处海外的檀香山、东京，都不可能成为国内革命活动的基地。最后，革命党人选择了香港和澳门。

澳门虽连接内地，但因其处在葡萄牙人的管治之下，政治、经济、文化都与内地大不相同。清朝的苛政，在这里也起不到作用。基于这些特殊条件，澳门成为革命派活动的秘密通道。孙中山迁居广州后，他在澳门建立的中西医局成了革命党人的活动据点。1895年1月，孙中山到香港与陆皓东、杨鹤龄、杨衢云等筹备成立香港兴中会，对香港和澳门的民众进行革命宣传。同年重阳节，孙中山领导广州第一次起义，因事机不密，叛徒告发，不及起事，10月27日，陆皓东等50余人在广州被捕，惨遭杀害。事发当晚，孙中山越城逃出广州，乘煤汽艇经顺德、香山抵达澳门下环正街，找到葡人朋友飞南第。此时，飞南第已从澳葡当局获悉清廷悬赏缉拿孙中山等人，立即设法安排孙尽快离开澳门。为求安全，飞南第陪同乔装打扮的孙中山一起乘船转移香港，避过了清廷的耳目。30日，孙中山偕郑士良、陈少白离开香港赴日本，从此，开始了他的流亡生涯。

孙中山很重视香港和澳门作为革命基地的作用，当1905年同盟会在东京成立时，他即签发委任状，指派冯自由、李自重至香港联络陈少白、郑贯公等建立香港、广州、澳门等处同盟分会。委任状全文如下：中国革命同盟会总理孙文特委托本会会员冯君自由、李君自重二人在香港、粤城、澳门等地联络同志。二君热心爱国，诚实待人，足堪本会委托之任。凡有志入盟者，可由二君主盟收接。特此通知，仰祈查照是荷。中国革命同盟会总理孙文押（印）。天运乙巳年八月十日发。① 1907年香港同盟会分会会长冯自由派遣刘樾航、刘思复主持澳门和香山两地同盟会事务，联络点分别设在澳门

---

① 《同盟会四大纲领及三民主义溯源》，冯自由：《革命逸史》（第三集），北京：商务印书馆，1947，第203、220页。孙中山提出建立中国革命同盟会，经讨论去掉"革命"二字，以利活动。但委任状仍保留"革命"二字。天运为洪门会年号，可说明二者之间的关系。

荷兰园和隆街21号乐群书室、香山石岐西门外武峰里书报社。

早在1905年间,具有民族革命意识的刘思复、林君复、郑彼岸等人已在东京参加同盟会,奉孙中山命,负责策划香山起义。1906年回国后,郑彼岸在香山石岐创办《香山旬报》,进行革命的宣传工作。林君复则在澳门创立"仁声"剧社(又称"醒同仁"剧社),暗中进行武装起义的准备。林君复与林寿恺、张若屏等为了创办剧社,变卖产业筹得2万元作经费,聚集在澳门南湾41号开展活动,排演剧目,揭露清廷腐败、祸国殃民的罪行,以激起同胞的爱国热忱。

1910年,刘思复、林君复、郑彼岸几位与从南洋回来的谢英伯、林了浓等会合,在澳门建立同盟会支部,刘思复献出自己在澳门的房子作为支部的会址,其任务主要是组织民军,进行武装起义。

自从以孙中山为首的革命党人举旗反清之日起,澳门同胞就给予大力支持。兴中会组织初期,很多主要人物如陆皓东、杨鹤龄、杨心如等均是孙中山的香山同乡,常往返于香山与港澳之间,他们在澳门也有很广的社会关系。因此,一批批澳门的爱国志士追随孙中山参加兴中会(后为同盟会),成为革命党的一员。参加者来自社会各阶层,有学生、商人、职员、教师、工人等。孙中山早年在澳门行医时,就得到澳门绅商吴节薇担保,向镜湖医院借钱开办医药局赠医送药。1897年,孙中山借款的揭单到期,但此时他早因革命流亡海外,不在澳门,吴节薇就替孙中山还清借款及利息。吴节薇是澳门社会名流之一,他同情反清运动,热心支持革命。

由于同盟会会员出色的通俗宣传和深入工作,革命主张一天天地在澳门深入人心,有不少学生还走出课堂,加入革命队伍,如冯秋雪、古桂芬、区韶风等。与此同时,林君复等人又成立濠镜阅书报社,以此作为联络群众及活动的据点,并发动社会各界捐书,供群众借阅,公开吸收社员。在濠镜阅书报社举行成立大会的当天,澳门女同盟会会员赵连城向二三百名与会者做反清革命、提倡女权之演说,创澳门女子演说鼓吹反清之先河。当时,康有为弟子陈子褒开办的子褒学塾中,亦有许剑魂、梁国体、陈秉卿、尹淑姬等多名女生加入了同盟会。

值得一提的是1911年8月(辛亥年闰六月),培基学堂女学生梁雪君的养母贪图金钱,与媒人串通,拟骗梁远嫁新加坡为人妾。时为培基学堂校董兼义务英文教员的吴节薇获悉此事,便和学校的同盟会师生商量,向其宣

381

镜海微澜：黄鸿钊澳门史研究选集

传妇女解放的道理，鼓励她要坚强地站起来，反对封建家庭压迫，与封建的买卖婚姻做斗争，争取婚姻自由。梁雪君在大家的帮助下，决心离开家庭参加同盟会闹革命，成为同盟会在澳门发展的第二位女同志。同盟会澳门分会成立后，以海为家的澳门水上居民梁镜清慨然曰："吾等水上人家，受尽屈气，非革命不可！"毅然加入同盟会。起初，他常用自己的渔船秘密为党人送枪械弹药以接济内地民军，后闻孙中山为筹集经费奔走内外，梁有感于此，先后将自己的3艘渔船变卖，支持孙中山的革命事业。3艘渔船变卖后，梁一家生活日趋贫困，但他毫无怨言。此外，他还晓以大义，力劝朋友——香山绿林头目梁义改邪归正，为革命效力。梁义悦服，遂参加同盟会，率部配合"香军"活动，还把自己在澳门白鸽巢由义巷11号的寓所作为澳门同盟会人士开会和通讯的地点。

三　澳门与香山辛亥起义

澳门同盟会成立后，就全力以赴准备策动香山军队起义，新任主盟人林君复与莫纪彭、何振、郑仲超等负责策动驻在前山的新军，郑彼岸等负责策动驻在香山县城的防营、团练。

宣统二年（1910年）正月，同盟会在广州发动的"庚戌新军起义"失败后，清廷为了省垣的安定，将一个标（团）的新军调防到毗邻澳门的前山城驻防。驻守前山的新军有2000余人，他们经过广州起义的洗礼，军官中很多人有革命思想，这支由"广东督练公所"以西式武器装备、训练的劲旅，标统（团长）以下各级军官，均系陆军学堂毕业的进步青年。其中营长任鹤年（湖南人）是同盟会中坚分子，很快就与澳门同盟会支部取得联系。①

1911年3月，在澳门支部做秘密工作的杨殷，被组织委派到广州从事地下联络工作，负责运送武器装备到一些革命据点，支持即将举行的广州黄花岗起义。起义失败后，他来往于澳门、香港、广州、香山等地，负责与各个地下机关进行联络，传送情报和收集情况回澳门向总支部汇报。稍后，黄兴、赵声、谢伯英、刘思复、林君复、郑彼岸等聚集澳门议定方案，并分赴

---

① 《澳门华侨与革命运动》，冯自由：《革命逸史》（第四集），北京：商务印书馆，1947，第75页。

孙中山与同盟会在澳门

海外筹款，再图起义。同年8月，林君复、郑彼岸、莫纪彭、林警魂等在南湾41号机关内召开秘密会议，商定策动香山军队起义行动计划。香山籍同盟会会员苏默斋（苏曼殊兄长）、刘希明、陈自觉等也从日本返回家乡前山，暗中做地下工作。同盟会会员、澳门富商陈芳之孙陈永安，更是既出钱又出力。莫纪彭等通过同窗关系进行策反，很快便控制了驻前山的广东督练公所新军。经郑彼岸等人活动，香山县团练主持郑雨初、游击队长黄龙彰、县衙亲兵头目王作标均加入了同盟会，同盟会从而控制了县团练和县衙亲兵。他们又派人分头联络各村志士和团勇，约期起事。同情革命的安香兵轮管带还出动兵轮协助把军火从澳门运回香山，巧妙地避过了海关的检查。香山起义还得到不少香山籍海外华人、港澳商人的积极捐款支持。起义的筹饷工作由同盟会澳门支部机关负责人林警魂担任，他从港澳商人、海外侨胞中募集了部分活动费用，其中澳门富家子弟、同盟会会员提供了相当的经费。

1911年10月10日的武昌首义成功，促使香山起义加快了步伐，经过周密准备，同年11月2日（农历九月十二日），香山起义先在小榄发动。小榄起义成功消息传到澳门，以前山镇恭都小学堂（后改称凤山小学）为活动基地的革命党人苏默斋、刘希明、陈自觉、陈永安齐集在陈芳祖居石室内策划起义。在与驻军营长任鹤年取得联系之后，1911年11月5日傍晚，在一声暗号之下，前山城遍竖白旗，标统何某仓忙从城墙缒下，向澳门逃去，前山城就在兵不血刃的情形下起义成功。次日众人推举任鹤年为起义军司令，何振为副司令，军队立刻向石岐开拔，配合小榄义军进攻石岐城。

革命军接管政权后，协镇衙门（旅司令部）18日在水关门公推黄龙彰、郑雨初主军政，在高氏大宗祠设立民政部，公推郑彼岸、高拱元和一些士坤主持民政事宜。当时广州仍未光复，总督张鸣岐、水师提督李准企图顽抗，派兵船"江大号"运兵前来镇压。当江大舰到达石岐港口外海时，发现沿岸军民严阵以待，便匆忙撤退。当晚前山起义大军全部到达，人心大定。19日，以前山起义军为骨干，编成"香军"，仍由任鹤年为司令，何振为副司令，莫纪彭为参谋长，即日由郑彼岸、林君复统领向广州进发，驻扎在西关一带，成为最早进入广州的一支义军。由于义军军纪严明，深得市民欢迎。不久，义军被改编为北伐军，随后北上。当时不少澳门女同盟会会员，如许剑魂、陈秉卿、梁国体、尹淑姬、梁荃芳、梁雪君等，也参加广东女子北伐队，经南京一直进抵徐州前线。"南北和会"结束后，始告解散。

辛亥革命成功后，在广东独立和新政权成立的进程中，澳门同胞又做出新的贡献。武昌起义成功的消息传来，澳门同胞大受鼓舞，澳门一度出现热烈的革命气氛。同盟会发起提倡穿华服剪辫子的运动，争取到当地各界上层人士如卢怡若、刘公裕、刘大同等的支持。澳门当时最大的戏院——清平大戏院举行了"澳门华服剪辫会"，赴会人数逾千，同盟会会员在大会上发表演说，已剪去发辫的人穿着华服到会做示范，受感染而当场剪去辫子的就有百余人。澳门各界人士还以镜湖医院的名义向广东军政府捐输数万元巨款，缓解了广东军政府的财政困难。不少热血的澳门青年报名参加广东北伐军，一直战斗至徐州前线。

四　澳门与反袁世凯斗争

在袁世凯妄图复辟封建帝制时，孙中山领导的革命党人利用澳门的特殊环境，将此作为根据地，进行了一系列的反袁斗争。

清帝退位以后，袁世凯便转身扼杀革命，在派人刺杀宋教仁的同时，从帝国主义手中大借外债作为镇压革命党人的军费，出动军队南下。1913 年 3 月，以孙中山为首的国民党人决定起兵倒袁，进行"二次革命"。同年 6 月，孙中山由上海赴澳门，与新任广东都督陈炯明在澳门海面的军舰上会晤，促使陈同意"四省独立，广东同时宣布"的计划。7 月 12 日，江西宣布独立。随后，江苏、安徽、上海、广东、福建、湖南、四川等省、市相继宣布独立。但在袁世凯重兵压境和金钱贿买下，各省讨袁军相继瓦解，致使"二次革命"失败。广东被袁氏心腹龙济光攻占。这时候，老同盟会会员朱执信以澳门为根据地，召集同盟会会员、绿林朋友与之进行斗争。当时朱执信主持中华革命党广东军务，李文范、古应芬、邓铿、李朗如等人充当助手，其指挥部则设在澳门。他们联络了大批转移到澳门的老同盟会会员，奔走珠江三角洲一带，以发动绿林为主要工作，策划讨袁军事斗争。从此，澳门又成为革命党人讨袁基地。

1916 年春，袁世凯应龙济光请求，命肇和军舰从上海调防广东省。革命党人获知肇和舰南下消息，立即制定夺取该舰以攻袭广州的计划，当即派遣马伯麟等 100 多名敢死队员假充乘客，登上澳门赴广州的渡轮，于该船将抵黄埔海面时，突然使用武力夺取渡轮驾驶权，强行将船驶近肇和舰，企图攀登甲板上，并拟在夺取该舰后利用舰上的大炮轰击广州。可是寡不敌众,马伯麟等均被敌军擒获,直至龙济光失势去粤,方才获释。其后数月,中华革命党又从澳门派刘少延、周伯甘等人进行活动,驻扎香山小榄之龙济光部旅长纳顺洪易帜反正。

1920年冬驱逐桂氏军阀陆荣廷、莫荣新之役中,由澳门出发的轰炸机起了重要作用。当时中国尚无空军,然而从美国回国的飞行员杨仙逸培训的几名飞行员亦毕业回国,他们是张惠长、李光辉、陈庆云等人。杨仙逸奉孙中山之命在美国发动侨胞捐款,购得12架飞机,分别运到菲律宾和澳门。1923年1月,因急需飞机打击陈炯明叛军,杨仙逸等经过周密策划,决定先把放在澳门的飞机运回广州,派杨官宇、黄璇、吴势等到澳门征得曾任杨官宇飞行教官的一位意大利人同意,以其名义向香港当局申请把飞机从澳门经香港运往菲律宾。经港方批准后,他们把已包装好的飞机配件装船运至香港海面,杨官宇等坐押运随船策应,黄光锐等驾驶两艘海军小型炮舰巡守于澳门至香港必经水道伶仃洋面,当运载飞机的船驶经时,即以检查为名登船,迫令船长驶入广州起卸,迅速把飞机装配。①

与此同时,孙中山得悉澳门电灯公司法国人利古有水上飞机出售的消息,立即派张惠长、陈庆云前往澳门与利古洽谈购买飞机事宜。澳门商人卢廉若获悉,主动出钱购买大鸭婆机1架送给孙中山,增强粤军军事力量,积极支持孙中山驱逐桂系军阀出广东,恢复军政府。之后,孙中山筹得一笔款项,陆续购买了利古的另外5架大小鸭婆机。当时,澳葡当局唯恐卷入中国内战,不准革命军使用澳门水上飞机场。国民党元老朱执信为了使这支年轻的空军早日建功,奔走于虎门、香港、澳门之间,亲自策动虎门要塞司令丘渭南反正,于9月中旬,在虎门建立了第一个空军水上机场,又把居住在澳门的两名美国飞机师史密斯和维纳及吴势等10名中国籍地勤人员招聘到新建的空军中。这支队伍在随后的战斗中表现十分出色。9月26日(农历八月十五)深夜,杨仙逸偕两名美国飞机师驾驶着大鸭婆机,张惠长独驾小鸭婆机(两架飞机均装上炸弹),飞往广州观音山,在空中向莫荣新的军队驻地投下3颗炸弹,吓得岑春煊、莫荣新等狼狈逃跑。第二天清晨,叛军即退出广州,经三水向广西撤退。岑春煊、莫荣新见大势已去,遂通电辞职。

---

① 《澳门华侨与革命运动》,冯自由:《革命逸史》(第四集),北京:商务印书馆,1947,第75~76页。

澳门爱国学者黄汉强[*]

黄汉强先生是澳门居民，1950年18岁时回内地献身祖国建设事业，24年后（1974年）返回澳门，服务于新闻教育界，牵头创立澳门社会科学学会，积极参加社会活动，热心为澳门人谋福利。他的高尚品格，以及对澳门社会所做的贡献，至今仍深深地感动着澳门人。

开春之时，恰逢亡友辞世10周年。仅奉此文，简评其爱国爱澳业绩，以做祭奠。

一 澳门社会科学的带头人

黄汉强居留澳门以后，应聘到《华侨报》从事新闻工作。他的才华深得社长赏识，相继被任命为主笔、经济版主编和副总编辑等。他写新闻报道严谨执着，坚持原则，决不妥协，大胆揭露澳门当局时弊，批评台湾国民党当局的反动与腐败。一次，他在专栏撰写揭露澳葡政府内有贪污存在的文章，被澳葡政府某官员约见，并被要求在报上刊登更正启事，承认文章有错。黄汉强的回答是，要我登启事可以，首先要政府方面先给我一封信，确认政府部门没有贪污。我可将来信和我的启事同时刊登。对方见他坚持原则，只得作罢。他对于国内某些官员所犯的错误也同样大胆揭露和评论。

黄汉强身在澳门，胸怀祖国，热情宣传祖国内地新面貌。1978年夏天，他参加港澳新闻界代表团，应中央有关单位的邀请回内地参观北方多个省市。在此期间，他工作满腔热忱，采访新闻不畏艰苦，不怕炎热，深入少数

---

[*] 原文载于《濠镜》2008年总第20期，第1~18页。

民族、工人、炊事员、农民、牧民、孤儿中去采访，收集第一手材料。回澳门后，他在《华侨报》发表《北行漫话》系列报道，介绍内地人民在共产党的领导下如何战胜地震灾害，唐山市震后孤儿如何重获新生，大庆油田工人如何艰苦奋斗增产石油……描述真挚感人，读者反映良好。

黄汉强在新闻岗位上勇于开拓创新。他充分应用自己经济学的专业知识，在《华侨报》创办经济版，撰写社论，编写《澳门经济年鉴》，在澳门新闻界掀起关注经济的新风尚，并为人们研究澳门经济提供翔实的资料。当中葡谈判即将开始时，海内外人士广泛关心澳门，渴望了解澳门。黄汉强适应形势的需要，在《华侨报》连续出版几辑《澳门问题研究》，供读者了解澳门历史问题的来龙去脉。他在新闻界的杰出表现，使他很快成为澳门的知名人士。

黄汉强青年时代曾经酷爱学习理论，刻苦钻研马克思主义。20世纪80年代，为了迎接港澳回归，国人在海内外迅速掀起了一股认识港澳、研究与宣传港澳的热潮。这时候，他又重新焕发研究理论的热情，于1985年联络澳门学者杨允中、魏美昌、程祥徽、黄伟文、徐新、赵文房等人，发起成立澳门社会科学学会，任创会会长，其后多次连任会长，成为澳门社会科学界的领军人物。在黄汉强的倡议下，学会提出了一个十分响亮、十分鲜明的口号，"研究澳门，服务澳门，面向社会，联系实际！"我们知道，学会集中了当时澳门学界的精英，他们大声呐喊，表明决心，开了一个好头，竖起一面旗帜，影响十分深远。

1987年，黄汉强被澳门东亚大学校长林达光聘任为澳门研究所研究助理，以后又出任澳门大学澳门研究中心副主任，开始在学术研究方面大显身手。

黄汉强深知澳门研究内涵丰富，研究任务十分艰巨，而澳门当时研究力量有限；因此，他一方面致力于整合澳门本地的学术队伍，主编《濠镜》（澳门社会科学学会学报）和《澳门研究》，作为学术研究的园地，另一方面与海内外学者广泛联络，携手合作，共同开展澳门研究。1993年，黄汉强和其他澳门学者共同努力，促成"澳门与中西文化交流国际学术研讨会"在澳门顺利召开，并担任了大会的主席。出席这次学术盛会的海内外知名学者共有100余人，提交论文近百篇，从多个角度论证了中西文化交流的历史经验，以及澳门在近代中西文化交流中的重要作用。这次历史性的学术聚会打响了澳门研究的第一炮，使海内外学者知晓澳门历史文化的特质。此后，黄汉强又大力推动台澳和粤澳之间的合作研究。

关于台澳合作研究方面，应中华港澳之友委员会（后为中华港澳之友协会）的邀请，1992年1月，黄汉强访问台北，与台湾关心台澳关系人士30多人举行"澳门基本法研讨会"。与会人士一致认为这类会议对于增进了解、发展双方关系都有助益。于是，黄汉强以澳门社会科学学会会长身份，与中华港澳之友委员会会长张希哲商定，每两年举办一次台澳关系研讨会，轮流在台北和澳门举行。从1993年至1999年，双方轮流做东，共举办了5次研讨会，讨论内容除分别收集于《濠镜》和《港澳之友通讯》之外，还结集成《台港澳关系探讨》和《澳门现势与台澳关系展望》两本书出版。通过这种学术交流，台澳学者之间的联系愈加密切，促进了相互的了解，他们对进一步发展台澳关系充满信心。

关于粤澳合作研究方面，早在20世纪80年代，黄汉强便随同东亚大学林达光校长到广州进行学术访问，与广东社会科学院等单位商讨共同开展粤澳关系研究。此后每年由广东或澳门轮流做东，举办学术研讨会。粤澳关系研究涉及范围十分广泛，每次年会都确定专题，出版特刊和论文集。黄汉强作为澳门学界的带头人，精心策划每次年会的研讨主题，使之切合粤澳两地经济文化的建设和发展，如澳门历史文化名城、澳门经济转型、港澳珠跨海大桥、横琴岛的合作开发、泛珠江三角洲开发、建立澳门学、推进粤澳区域合作、促进粤澳第三产业的发展等等。单从这些研讨课题便可看出，服务澳门是他们研究的出发点，研究的终极目的也是推动澳门社会的发展。

80年代后期，黄汉强率先倡导建立澳门学，全面推进澳门研究。他的倡议得到了内地学者的热烈响应。其后，他又发表专文，充分阐述澳门学研究的对象、内容和意义。他写道："澳门是一座既古又新、既小又大、有独特个性的城市，并非是独沽一味以赌维生的赌城。在经济方面，是以旅游博彩业、出口、工业、建筑房地产业及金融业为五大支柱的多元化经济架构。人均生产总值稳居亚洲前列，堪称亚洲第五小龙。""在文化方面澳门绝不是文化沙漠，四百多年前已是东西方贸易的枢纽、中西文化交汇的中心，中国通向世界的海上丝绸之路（又称丝银之路）的门户，拥有灿烂丰富的历史文化，是一座社会科学的富矿，是一座藏品丰富的博物馆。全人类最有代表性的希腊文化、伊斯兰文化、印度文化和中国文化，都先后在澳门自然地相遇和碰撞，经过四个多世纪融会和沉淀，澳门成为东西方文化的圣殿，产生独特的澳门多元文化模式，主导澳门社会的发展，创造了澳门奇迹。澳门文化将像灯塔一样,给这个不安宁的世界带来光明和希望。"

黄汉强对澳门学做了精辟的分析,特别是把澳门研究与建立人类和谐社会、实现世界持久和平紧密联系起来,足见他的胸怀非常之宽广。他把澳门研究工作落到实处,亲自组织和主持了多次澳门文化的大型学术研讨会,大大推动了澳门学研究的开展。

黄汉强勤奋好学,笔耕不辍。历年来主要著作有:(1)《澳门经济年鉴》(主编,1983年版和1986年版);(2)《澳门经济》(英文版,1988);(3)《澳门总览》(主编,1999年版);(4)《澳门经济》(1999年版);(5)《澳门丛书》(主编);(6)《澳门研究》(主编);(7)《新来澳定居之内地移民论析》(2005年版);(8)《长洲村志》(主编,2006年版)。此外还有100多篇学术论文,以及发表在《华侨报》的3000多篇政治评论。

二 热心公益的社会活动家

1988年,全国人大常委会成立澳门基本法起草委员会,任命黄汉强为澳门草委委员。澳门回归前夕,他被全国人大常委会委任为澳门特别行政区筹备委员会委员。特区成立后,先后两次被任命为全国人大常委会澳门特别行政区基本法委员会委员。此外,他还担任广州市政府决策咨询顾问、广西大学及陕西师范大学兼职教授,以及广西壮族自治区政协委员、中山市政协委员等职务,其他社会任职尚有:北京大学澳门校友会创会会长、港澳珠大桥关注小组组长、《长洲村志》主编等。从此,黄汉强又成为澳门非常活跃的社会活动家。

黄汉强获知自己被任命为澳门基本法起草委员会委员后,他提笔写了《黄汉强自白》一文,宣示自己的决心和信心:当得知全国人大常委会表决选举我为草委的消息时,面对来自朋友的祝福和传媒的访问,我平静地对传媒做出承诺:"当选成为澳门基本法起草委员,有机会直接参加起草澳门基本法起草工作,感到责任重大,今后肯定站在全体澳门居民的立场努力做好这项工作。"又表示"愿望与全体草委在一起,争取起草一个符合澳门人意愿的和切合澳门实际情况的澳门基本法。这部基本法,一定要能够在'一国两制'下保证澳人的高度自治和自由民主。为此,既要多多了解澳门的实际,听取澳人的意见,又要多作理论研究,寻求对'一国两制'下澳人高度自治和自由民主的正确共识,如果没有这个真正的共识,就很难草拟一部能够保证而且完全符合澳门高度自治的基本法。因此,我今后打算在这方面多做努力。在这过程中,希望继续得到澳门居民的支持、帮助和督促"。

1988年9月6日的《华侨报》刊登了这段话,《澳门日报》等亦有类似的报道。黄汉强说:"这是我的誓言,我相信自己一定能够做到。'士之立身,忠信为本'也。"

黄汉强在参与起草《澳门基本法》的过程中,确实遵照他的誓言,对《澳门基本法》的几个关键问题认真研究,坚持要为起草一部符合澳门人高度自治精神的基本法做贡献。通过他的努力,一些关键的问题取得共识并被写入《澳门基本法》。其中包括:

(1)《香港基本法》中关于居港权有这样的规定,凡是香港居民在外地出生的子女都享有合法居港权。有委员提出澳门应该效法香港,同香港一样。黄先生提出个人见解,认为澳门的条件与香港不同,不能照搬,因为澳门只是弹丸之地,有的人70多岁才移民来澳门,他的直系后人就拥有一大班,如此一来,澳门将不堪重负。他认为关于居澳权问题应该是这样写的:"成为澳门永久性居民后在澳门以外出生的中国籍子女,在澳门享有合法居留权。"他的论点得到大多数委员的认同,并经全国人大表决通过,被写入《澳门基本法》。这样,澳门就避免了出现香港的情况,要全国人大站出来释法,保障了澳门社会的稳定。

(2)关于特区首长的参选资格问题,《香港基本法》是这样规定的:在香港要参加竞选特首长,必须放弃外国居留权。有委员提出澳门也要像《香港基本法》那样,竞选特首者要主动放弃外国居留权。黄先生提出论点:"澳门居民的居葡权是与生俱来的,1983年前,凡是在澳门出生的居民都自动拥有居葡权。而香港居民的居英权是香港总督给予的,是英国人为了使殖民主义在香港延续下去而这样做。澳门有三分之一的居民是在澳门出生的,他们是地地道道的澳门人。如果这一大批的澳门人都无法参选特首,难道只有国内移民才有资格参选特首吗?当然,当澳门出生的澳门人成为特区首长以后,避免效忠的混淆,必须放弃外国居留权。"黄的论点得到大会肯定,并被写入《澳门基本法》。

(3)他与康冀民、宗光耀一致认为,修建澳门机场是一件意义深远的大事,决定共同提出议案。可是他们为此受到有些人的批评,这些人认为在这个问题上不应同中央唱反调，不要那么认真，只要穿靴戴帽，轻描淡写一下就可以了。但黄汉强坚持要提出。现在看来，建澳门机场是正确的，是沟通海峡两岸的桥梁，经济和政治意义重大，也使澳门的地位大大提高。

（4）《香港基本法》写明香港的制度50年不变，没下文。《澳门基本法》50年不变有下文，这个下文是黄汉强提出的。他说澳门同香港不同，他动了脑筋，看了很多资料，提出《澳门基本法》可在适当的条件下做适当的修改。这一点与香港不同，香港写明50年不变，李柱铭等人就抓住不放，大做文章。

《澳门基本法》的每一条条文都经过委员们认真、充分讨论才得以肯定通过，黄汉强更是逐字逐句斟酌，一点都不含糊。委员之间经常发生激辩，言辞激烈，各不相让。在辩论中有人曾拍桌子指责他，但他毫不退让，仍然据理力争。最后事实证明真理在他这一边。当时有工作人员赞扬道："黄委员真是舌战群雄，相当精彩。"那个指责他的同志后来也对他的执着精神表示由衷敬佩。

黄汉强对制定澳门基本法这项工作十分投入，竭尽全力，呕心沥血。1993年3月间，有一天在北京人民大会堂开会时，因为劳累过度，突然昏迷，不省人事，随后被用速效救心丹抢救苏醒过来。他苏醒后不顾自己身体的虚弱，继续参加会议。制定《澳门基本法》期间，他曾作诗一首，叙述自己的体会：

> 人权写入法，详简费思量。自由民主路，澳人最牵肠。
> 字字千斤重，句句万斗粮。论争一而再，会议日夜忙。
> 调查咨民意，已见满厅堂。分歧无须惧，子孙系炎黄。
> ……

黄汉强的人生之路是坎坷不平的。然而身处逆境的他却没有沉沦下去，而是坚持奋斗，自强不息。任何时间、在任何岗位上，他总是怀着崇高的爱国情操，以充沛的热情，默默地为祖国和人民发挥自己的一份光和热，并在晚年走向人生的辉煌，对澳门社会做出了贡献。

黄汉强待人热情诚恳，尤其关心培育后辈，大力扶掖精英。他经常为身边的年轻助理解答疑难，指点迷津，鼓励他们在工作中学习和前进。青年杨开荆立志向学,边做工,边读书,完成大学课程和硕士毕业之后,黄汉强特为她写推荐信报考北京大学图书馆学专业,三年后读到杨女士沉甸甸的博士论文《澳门特色文献资源研究》,他欣喜万分,并积极协助出版。他认为这本学术著作可贵之处"在于与时俱进的开拓与创新","对澳门文献资源的特色、发展规律和发展策略进行整体性、开创性的研究和探索,从而填补了澳门文献资源这方面的空白"。

黄汉强作为一位严谨的学者,尽管社会活动十分丰富,仍心系学术研究。他晚年最大的愿望是根据本人参政经历,撰写一本理论与实际相结合的、关于《澳门基本法》制定过程的著作。他还申报了"澳门文化研究"和"澳门与一国两制研究"两个科研项目,制定了研究计划。可惜的是,他来不及完成自己期待的工作,就被突发的疾病夺去了生命。

我与黄汉强先生是同时代的人。读了他的资料,仿佛回到了那个激情的年代。纵观他的一生,他身上有许多优良品格,闪亮着耀目的光辉。概括说来,他是一个具有正义感,追求真理,胸怀远大理想,立志为中华民族振兴而献身的革命青年。此后,他在祖国建设几十年风风雨雨中,虽然历经磨难,但他报效祖国、服务人民的初衷与热情丝毫没有改变,反而表现得越来越出色、越优秀,贡献越来越大。他有刚直不阿的秉性,又有明辨是非的洞察力,凡是他认准了于国于民有利的事,敢于据理力争,舌战高官,毫无惧色。他一贯敬业乐群,勤于思考,敢于创新,积极参与社会工作,且不断提出新的理念、新的见解,为澳门社会科学学会的创立,以及理论研究的开展,为澳门社会建设的发展,都起了推动作用。

曾记得有一个伟人说过,一个人做一点好事不难,但一辈子都做好事,不做坏事就不是那么容易了。黄汉强就是一辈子只做好事的人,他是一个好人,一个优秀的人,是值得我们怀念的人。

镜海微澜

第五编

澳门史学的发展和思考[*]

澳门社会科学学会欢庆创会20周年之际,我很荣幸蒙学会邀请参加这次学术研讨会。[①] 借此机会,我将对澳门史学的体会与大家分享,并以此表示对学会的敬意。但澳门史学是个大题目,内容丰富,牵涉面广,本人学识有限,只能就某些问题谈一点不成熟看法,聊充引玉之砖。不当之处,请学者们批评指正。

一 澳门历史文化热的出现

目前澳门史研究的情况是非常好的,以下几点足以说明。

(1) 20世纪80年代中英与中葡两个联合声明签署以后,国人为了迎接港澳回归,在海内外迅速掀起了一股认识港澳、研究与宣传港澳的热潮。在澳门,这个热潮促成了1985年澳门社会科学学会的成立。当时学会提出了一个十分响亮、十分鲜明的口号,"研究澳门,服务澳门,面向社会,联系实际!"我们知道,学会集中了当时澳门学界的精英,他们大声呐喊,表明决心,开了一个好头,竖起一面旗帜,影响十分深远。

(2) 澳门学术研究队伍在不断壮大。自从1981年东亚大学建立后,澳门大力培养人才;加上外来人才流入,澳门人才不仅数量大增,而且队伍中不乏硕士和博士,质量大为提高。于是学术团体如雨后春笋,纷

---

[*] 原文题为《略论澳门史学》,载于邓安琪编《社会科学与澳门:澳门社会科学学会成立二十周年学术研讨会论文集》,澳门:澳门社会科学学会,2005,第46~59页。

[①] 2005年澳门社会科学学会成立20周年,作者为该会创会特邀会员,应邀参加庆祝学术研讨会,并做澳门史学的大会发言。

镜海微澜：黄鸿钊澳门史研究选集

纷建立，成为澳门文化热的另一个重要标志。每个团体都有自己的活动规划和指标，它们都为澳门学术的繁荣做出了贡献。团体多自然学术会议就多。据有关方面统计，澳门学术团体召开的各类大小澳门问题研讨会达数十次之多。尤其是澳门社会科学学会举办过多次大型的国际学术研讨会；其他如澳门历史文化研究会、澳门学者同盟等学会亦举办了不少学术会议。

（3）在研究澳门这股热潮的推动下，内地和港澳陆续出版了大量专著和译著等，成果丰硕，全面展示了澳门历史与文化的丰富内容。回归以后，澳门研究仍在继续发展，历久不衰。如今澳门研究百花齐放、百家争鸣的繁荣局面已经形成。《文化杂志》《"一国两制"研究》《澳门研究》《中西文化研究》等刊物，均在澳门学术界影响较大，对推动澳门历史文化的研究起了巨大作用。其中《文化杂志》以其内容丰富、装帧精美、图文并茂，堪称澳门的文化名片。特别是澳门基金会主持出版了多种澳门丛书，为澳门的学术繁荣做出了巨大贡献。2005 年申报澳门基金会社科评奖的著作达 600 多种。一些澳门学者还力倡开展"澳门学"的研究。这都是非常可喜的现象，说明澳门研究正在深入发展。

（4）值得注意的是史料的发掘与出版在澳门基金会等单位的大力倡导下，成绩非常突出。已出版的中文、葡文和英文的史料，达 2000 万字之多，其中包括《明清时期澳门问题档案文献汇编》、《清代澳门中文档案汇编》（葡萄牙东波塔馆藏中文档案）等珍贵档案文献；《远游记》（平托著）、《早期澳门史》（龙思泰著）、《历史上的澳门》（徐萨斯著）等名著译本。这些史料，有我们见过的和从未见过的；也有我们听说过的或未听说过的。以前做澳门史研究的学问，由于史料分散，搜求十分艰难，所谓"巧妇难为无米之炊"，没有米无法做饭，没有史料无法进行历史研究。而往日史料"踏破铁鞋无觅处"，如今却可方便获取，随手翻看，可谓"得来全不费功夫"。总之，史料的大量出版是澳门史学最重要的基础建设，是对学术研究的重大贡献。

二 澳门史研究的目的与方向

（1）为什么研究澳门历史？研究的目的是什么？我们之所以研究澳门

历史,是要探寻澳门历史的因果关系,揭示澳门历史真相,阐明澳门历史发展的规律性,既要探索"澳门历史是怎样演变的",又要说明"历史为什么会这样演变,其中有什么规律性"。通过研究,可使人们知道:澳门为什么会成为第一个对外贸易的港口?葡萄牙人为何会成为澳门的居留者?明清时期中国政府是如何管理澳门的?葡萄牙人是如何在澳门建立殖民统治的?后来中国政府又是如何收回澳门的?等等。还可阐明澳门文化的特征,以及澳门在中西文化交流中的地位和作用;澳门如何从远东最大的转运贸易港,转变为以博彩旅游业为龙头的东方蒙特卡洛,今后它的发展方向又是什么;等等。有人说:"历史是一面映照现实的明镜,也是一本最富哲理的教科书。"澳门历史对于我们,也是这样的一面明镜和教科书。

(2) 澳门历史属于地方史的范畴,但又不同于一般的地方史。澳门是一个开放的对外贸易港口,澳门史从一开始就是涉外的历史。澳门历史大致可以分为以下几个时期:①舶口贸易时期;②葡人居留贸易时期;③葡人殖民统治时期;④回归以后。几乎每个历史时期都同葡萄牙人有关。因此,中葡关系是澳门几百年发展史的核心问题。这是澳门历史的一根主线。澳门历史有许许多多的问题可以研究,但通常研究澳门历史都从研究中葡关系入手。因为如果离开这条主线,澳门史研究就失去它的重要意义。

(3) 澳门历史具有它本身鲜明的特色,其中,最主要的特色有三点:

首先,澳门曾经是长期被葡萄牙占领的我国领土。一般说来,葡占澳门与英占香港,都是殖民主义性质,但也有不同之处。因为,葡萄牙之占领澳门,是一个长期的渐进过程,其间经历了"临时的居留地""长期的居留地""永居管理澳门"这样几个阶段。而在葡人居澳的头 300 年中,我国政府一直有效地对澳门行使主权,只是在鸦片战争后的 100 多年内,中国对澳门的管辖权才遭到葡人的破坏。但即便如此,葡萄牙仍保证,未经中国政府允许,永远不得将澳门让与其他国家。同时葡人也不是通过战争手段夺取澳门。这些都与英国占领香港有所区别。

其次,澳门是中国开放的第一个贸易"特区"。澳门港的开放,大大促进了海上丝绸之路的兴旺发达。丝绸之路亦贸易之路,因中国出口著名特产丝绸而得名。海上丝绸之路古代早就有了,明代郑和下西洋时,曾大大推动海外贸易的发展。前来进行朝贡贸易的国家多了,从东南亚、西亚,直到东非,一共有 30 多个国家。而东南沿海地区中外商人勾结,从事走私贸易的现象更加普遍了。及至葡人居留澳门,海外贸易又有了质的飞跃。由于明清时期中国官方对海外贸易的漠视,中外进出口贸易几乎被葡人垄断。葡人作为转运贸易商人,大量采购中国商品运销海外各地,一直到亚、非、欧、美各洲,同时又运来当地的各种特产。这种贸易对于中国东南沿海地区的经济起了刺激作用,促进了中国资本主义萌芽的产生;而某些外国特产输入中国,对中国人民的生活也产生一定影响。

最后,澳门又是最早的中西文化交流的桥梁。跟随外国商人一起来到澳门的,有一大批身穿天主教袍的西方文化人,他们热心于中西文化交流,向中国传入西方先进的科学技术和思想文化,同时又努力学习中国传统文化,并推介于西方。他们往往视中国为第二祖国,居住三四十年不归,许多人甚至老死于中国。而居留澳门的葡萄牙人则世代生息繁衍,使西方文化在当地扎根。在近代中国历史上,中西文化交流曾经掀起过两次高潮。第一次发生于 16~18 世纪,第二次发生于 19 世纪末 20 世纪初。其中,澳门在第一次文化交流的高潮中,扮演了非常重要的角色。

以上这几点,既是澳门史的特点,也是研究的重点。只有准确地阐析这些问题,才能恰当地确定澳门的历史地位。

(4) 研究澳门历史,还必须注意一些关键的年代和事件。例如:1553~1557 年,葡萄牙人进入澳门贸易和居留;1744 年,中国政府正式设置澳门同知官职,加强对澳门的管治;1849 年,澳葡当局驱赶中国官员,开始对澳门实行殖民统治;1887 年,签订《中葡和好通商条约》,同意葡人永居管理澳门;1909 年,中葡澳门划界交涉;1987 年,中葡关于澳门问题的联合声明宣布澳门于 1999 年回归中国。只有好好把握住这些典型事件,认真分析它的来龙去脉,才能对澳门历史的转折性变化有比较准确的认识。

三 史料、观点及其他

(1) 历史研究有两个要素:一是史料,二是观点。历史是客观的,但研究历史的人却是主观的。同一个事件,不同的人便会有不同的看法,皆因各人的立场不同,观察问题的角度和方法不同。虽然众说纷纭,但真理只有一个,将何所适从呢?我们认为,凡是经过大量史实印证并为大多数人所接受的看法,才会成为公认的正确结论。因此,我们研究澳门史唯一正确的方

澳门史学的发展和思考

法,是进行史料与观点的统一,或者说"论从史出",以保证历史研究的客观性。这就是说,要尊重客观事实,事实就是史料。有人说,研究澳门历史,一定要看葡人怎么说。不对。不是看他们怎么说,而应该看他们有什么史料。首先要力求占有大量史料,并对史料进行去粗取精、去伪存真的处理,经过深入分析而得出观点。这种做法,就是一种实事求是的态度。

(2)史料真实,才能作为历史研究的证据,虚假的史料则只会把我们引入迷途。因此,史料要辨伪打假。例如葡萄牙传教士曾德昭(又名谢务禄)于1641年出版的《大中国志》一书,其中有一段关于葡人因为帮中国驱逐海盗有功,而获得澳门的"史料":

……离那里(指上川)54英里之处,有另一个叫香山(Gan Xan)的岛,葡人称之为Macao(澳门),它很小,而且布满岩石,易于防守,有利于海盗和盗贼藏身;确实,在那时,有很多盗匪集中在该地,骚扰附近的海岛。中国人商议如何消弭这种祸害,但或者他们缺乏勇气去解决它,或者他们宁愿不冒任何危险,再丧失人,因深知葡人的勇气,就让他们去干这件事,答允他们说,如果他们能逐走海盗,则给他们一处居留地。

葡人满意地接受这一条件,尽管他们人数比海盗少许多,但在军事上则很有技巧,他们列成阵势,英勇地向海盗进攻,他们未损一人,而敌人伤亡很重,马上成为战场和岛屿的主人。他们很快开始在岛上进行建设,每人取一块他选中的土地,开始不值一文的地方,后来都高价出售,今天要在城里买一小片盖房的地,其价钱高到令人难以置信。①

这条史料是不真实的,因为:第一,它缺乏明确的时间,也没有具体的人名,如中国官员、葡萄牙人头目、海盗首领是什么人,均不清楚。第二,史料没有注明出处。葡人于1553~1557年入居澳门,而曾德昭是在1641年说驱逐海盗的事,中间相距将近90年之久,显然并非他的亲身经历。那么他是怎么知道这件事的呢?他根据什么这样说呢?他也没有任何交代。因此,

---

① 曾德昭:《大中国志》,何高济译,上海:上海古籍出版社,1998,第208页。

399

这条史料缺乏可信性，显然不能成为信史。

（3）史料有直接史料和间接史料之分。直接史料是第一手史料，间接史料是第二手史料。有些史料本身是直接史料，但经过转引或移译而有某些变化，也会变成第二手史料，并会部分地损害原来的真实性。因此，为了避免史料失真，就要对史料进行考订。

例如1517年葡萄牙人初到广东时，曾由广东官员顾应祥负责接待事宜，顾应祥以当事人身份写了一篇文章记述事情的经过，这本身是第一手史料。但《筹海图编》引用时，只转述了该文的大意，省去了一些内容。这些被引用的内容就变成第二手史料，即间接史料了。且看该书的记述："刑部尚书顾应祥云：佛郎机国名也，非铳名也。正德丁丑，予任广东佥事，署海道事，蓦有大海船二只，直至广城怀远驿，称系佛郎机国进贡。其船主名加必丹。其人皆高鼻深目，以白布缠头，如回回打扮，即报总督陈西轩公金临广城。以其人不知礼，令于光孝寺习仪三日，而后引见。查《大明会典》并无此国入贡，具本参奏。朝廷许之，起送赴部。时武庙南巡，留会同馆者将一年。今上登极，以其不恭，将通事明正典刑，其人押回广东，驱之出境，去讫。其人在广久，好读佛书。"①

《筹海图编》是明朝影响巨大的名著，它采用顾应祥这段史料，使我们知道葡使初访中国的一些情况。但由于该书是一部研究海防的军事著作，它引用顾应祥的话，只是为了证明佛郎机不仅是一种兵器，而且是一个国家的名字。该书编者对葡萄牙人早期的外交活动并不重视，便将顾应祥的文章大加删削。最近北京研究员万明从顾应祥《静虚斋惜阴录》中查到原文，才使我们有幸见到这段史料有许多于我们有用的记述："正德间，予任广东按察司佥事，时巡海副使汪鋐进表赴京，予带管海道。蓦有番舶三只至省城下，放铳三个，城中尽惊。盖前此番舶俱在东莞千户所海澳湾泊，未有径至城下者。市舶提举吴洪赐禀，予亲至怀远驿审视。其通事乃江西浮梁人也，禀称此乃佛郎机国遣使臣进贡，其使臣名加必丹，不曾相见。予即差人往梧州呈禀。三堂总镇太监宁诚、总兵武定侯郭勋俱至。其头目远迎，俱不拜跪。总督都御史陈金独后至，将通事责治二十棍，吩咐提举：远夷慕义而来，不知天朝礼仪，我系朝廷重臣，着他去光孝寺习仪三日方见。第一日始

---

① 胡宗宪：《筹海图遍》（卷一三），《兵器·佛郎机图说》。

澳门史学的发展和思考

跪左腿，第二日跪右腿，三日才磕头，始引见。总督衙门吩咐：《大明会典》原不载此国，令在驿中安歇，待奏准才可起送。所进方物有珊瑚树、片脑、各色锁袱、金盔甲、玻璃等物。又有一种如红线褐，名'撒哈剌'；三刃剑一口；又一剑，铁可折转，放手即直，其锋甚利。人皆高鼻深目如回回状……头目常看书，取而视之，乃佛经也。后奉旨许令进贡，至京，见礼部亦不拜跪。武庙南巡，留于会同馆半年有余，今上登极，将通事问罪，发回广东，逐之出境。"① 如果将这前后两段文字对比，第二手与第一手史料的差距是多么明显呀！

又如意大利传教士利玛窦曾经在《利玛窦中国札记》一书中写道：

他们（广东人）从未完全禁止贸易。事实上他们允许增加贸易，但不能太快，而且始终附有这样的条件：即贸易时期结束后，葡萄牙人就要带着他们全部的财物立即返回印度。这种交往持续了好几年，直到中国人的疑惧逐渐消失，于是他们把邻近岛屿的一块地方划给来访的商人作为一个贸易点。那里有一尊叫做阿妈（Ama）的偶像。今天还可以看到它，而这个地方就叫做澳门，在阿妈湾内。②

上述《利玛窦中国札记》中关于澳门和天妃女神的一段话，指出澳门得名，是因为"那里有一尊叫做阿妈（Ama）的偶像"。我们过去引用这段文字时，虽觉得"偶像"一词有些别扭，但总认为利玛窦已经把天妃女神与澳门得名的关系表述出来了，因此没有过多去推敲。其实该书开始是利玛窦用意大利文撰写，后由金尼阁整理和翻译成拉丁文，于 1615 年出版。加莱格尔再从拉丁文译成英文，于 1953 年出版。最后由何高济等人从英文译成中文，于 1982 年出版。中间经过几种文字的转换，翻译过程中还有一词多义等等问题，这样难免会造成某些词在翻译上的差错。近年有学者对澳门妈阁庙的始建时间提出了新的见解，引发了一场关于建造妈祖庙时间的讨论。于是有学者开始对何高济等人的译文提出质疑。谭志强先生认为"偶

---

① 转引自万明《中葡早期关系史》，北京：社会科学文献出版社，2001，第 29～30 页。
② 利玛窦：《利玛窦中国札记》，何高济等译，北京：中华书局，1983，第 140 页。

401

像"应译为"神龛",而金国平先生则认为应译成"神庙"。他们根据意大利文 pagoda 和葡文 pagode 来证明自己的见解,纠正了英文的误译,为妈阁庙建成于 16 世纪中叶以前提供了有力的证据。

以上是澳门史学者善于独立思考、认真考订史料而取得新突破的两个典型事例。

(4)要分析和鉴别史料。不能见史料就信。如我初学澳门史时,查阅地方志和明清笔记,见到许多关于葡人在中国东南沿海各处掠买男妇、烹食小儿的记载:

陈文辅《都宪汪公遗爱祠记》说:佛郎机占领屯门后,"杀人抢船,势甚猖獗,志在吞并,图形立石管辖,诸藩脍炙生人,以充常食,民甚苦之"。①

祁敕《重建汪公生祠记》载:"正德丁丑(1517 年),西番佛郎机假以修贡,扰我边圉,狼狈蜂毒,实繁有徒,掠婴孺屠以为膳,闻者惴惻。"②

严从简《殊域周咨录》载:"(佛郎机)退泊东莞南头,盖屋树栅,恃火铳以自固。每发铳,声如雷。潜出买十余岁小儿食之。每一儿予金钱百。……广之恶少,掠小儿竞趋之,所食无算。居二三年,儿被掠益众。"③

张燮《东西洋考》载:"(佛郎机)先年潜遣火者亚三,假充满剌加使臣,风飘到粤,往来窥伺,熟我道途,略买小儿,烹而食之。"④

朱纨《甓余杂集》载:"(佛郎机)近年连至福建,地方甚遭陵砾。去年掳得郑秉义,支解剖腹,食其肺肝。略取童男童女,烹而食之。"⑤。

《月山丛谈》载:"嘉靖初,佛郎机国遣使来贡,初至行者皆金钱,后乃觉之。其人好食小儿,云其国惟国王得食之,臣僚以下,皆不能得也。至是潜市十余岁小儿食之。每一儿市金钱百文。广之恶少,掠小儿竞趋途,所食无算。其法以巨锅煎滚滚汤,以铁笼盛小儿置之锅上,蒸之出汗,尽乃取出,用铁刷刷去苦皮,其儿犹活,乃杀而剖其腹,去肠胃蒸食之。居二三

---

① 康熙:《新安县志》(卷一二),《艺文志》。
② 康熙:《新安县志》(卷一二),《艺文志》。
③ 严从简:《殊域周咨录》(卷九),"佛郎机"词条。
④ 张燮:《东西洋考》(卷五),《吕宋》。
⑤ 朱纨:《甓余杂集》(卷六)。

年。儿被掠益众,远近患之。"①

此外如黄佐的《广东通志》、陈仁锡的《皇明世法录》、王希文的《重边防以苏民命疏》,甚至《明史》中,都有关于"佛郎机"吃人的记载。

总之,当时从地方文献至大臣奏疏,都对葡萄牙海盗烹食小儿一事众口一词,言之凿凿,连烹食方法也描写得十分具体。

此事是真是假?究竟葡人有没有烹食中国婴儿?当时葡萄牙海盗确实在中国沿海地区掳掠和购买人口,这是毫无疑问的,但他们主要是为了进行奴隶贸易。他们疯狂掠买人口的罪行引起中国人民的义愤。可是人们并不知道葡人这样做是为了奴隶贸易,而误认为他们是吃人的生番。于是在谈到掠买人口的同时,又有许多食人的故事,开始仅是一种传闻,后来以讹传讹,轰动一时。此事缺乏足够证据,不可置信。我们从文献中提到的"被掠益众""所食无算""远近患之"等词语可知,葡萄牙海盗掠买的人口当不在少数,所以引起沿海人民普遍的恐惧感。

(5)研究澳门史是先通史,还是先专史?研究通史是必要的,它使人们从整体上认识澳门的历史,通晓澳门历史发展和演变的规律。但没有深入研究而去写通史,面面俱到,容易流于泛泛,吃力不讨好。要深入,就要先从专史入手,缩小范围,各个击破。在各个主要专题取得研究成果后,再去写通史。撰写通史时,除了本人的研究之外,还要把学界人士最新研究成果吸纳到著作中去,以保证通史的高质量。

(6)冷静对待学术分歧与争鸣。前面说过,历史是客观的,但研究历史的人是主观的,因此难免会产生歧见,引发争论。这一点也不奇怪。因为资料多了,研究深入了,自然会根据不同的材料,修正某些旧的观点和看法。例如有学者提出修改建造妈祖庙的时间。同时对某个问题,学者们看问题的方法和角度不同,或者依据的史料不同,也会产生不同的看法。例如葡人赶走海盗与居留澳门的关系问题的争议。

有分歧是好事,不是坏事。任何人都不可能垄断澳门史学,也不可能掌握全部真理。因此必须百家争鸣、集思广益。真理越辩越明,许多问题通过争鸣和讨论,最后才获得解决,从而推动澳门史学的前进和深入。我本人由于学术水平所限,在著作中总是存在许多错误和不足之处,对于来自其他

---

① 顾炎武:《天下郡国利病书》(卷三十四),《交趾西南夷》。

学者的意见和批评，向来表示欢迎，并抱着有则改之、无则加勉的态度，来审视自身存在的问题，从中获益匪浅。

澳门历史具有无穷的魅力，最近澳门历史城区被成功列入世界文化遗产，必将吸引更多人研究澳门历史。然而历史是永恒的、无限的；人生却是有限的，人们对历史的认识也是有限的。历史总是不断发展和演变，人们永远不可能完成全部历史研究。许多前辈曾经为澳门史的研究付出艰辛的劳动，留下了许多著名的作品，我们今天只是在前辈已有的基础上继续探索，如果能在研究中取得一点成绩，有所发现，有所前进，就应该感到欣慰与自豪，但绝不能自满和停止脚步。我深信，只要坚持不懈地学习与探索，就会有收获，而不至于感叹"江郎才尽"，碌碌无为。回顾已往，展望未来，在新世纪新的起点上，我们将继续前进。

东波塔澳门古文献探秘[*]

一

1997年间，我有幸获得澳门东方基金会资助，前往葡萄牙进行为期3个月的学术访问。葡萄牙是欧洲最早的航海国家，它的航海家们经过几百年的航海探险，历经艰难险阻，开辟了通往东方的新航路，为东西方文明的直接沟通和交流做出了贡献。我此行的目的，主要是搜集葡萄牙的东方海上扩张史和澳门史史料，特别是试图直接查阅珍藏于东波塔内的澳门古文献。这是我一向梦寐以求的事情。

在此之前许久，就有人介绍过这些文献。1952年6~7月，台湾历史学家方豪牧师前往罗马教廷途中，曾访问里斯本，在东波塔档案馆发现有中国文献，并且应档案馆馆长的请求，做了一些登记和整理工作。他从7月3日整理至14日，实际一共只工作了12天，其后由于赶着要同教廷官员会晤而匆匆离去，显然并没有做完他的工作。后来他发表了一篇名为《流落于西葡的中国文献》的文章，简略地介绍了这些文献。1961年，西班牙马德里大学教授、华裔学者卜德贤也曾写过《从国立东波塔档案馆藏中文文书简述18世纪澳门的国际贸易》一文。仅此二例，此后，就再也没有人使用过这些文献。近年来我虽然也从澳门青年学者邓思平先生和刘芳女士那里听说过一些有关讯息，但始终未能一睹原件。由于"不识庐山真面目"，"东波塔文献"在我心目中，就真有这么一点儿神秘感。作为澳门史学者，我很想有这么一天，自己能够亲自去探索这个神秘的宝藏。现在这个愿望有可能实现了，我内心的兴奋是可想而知的。

---

[*] 原文部分以《东波塔香山古文献探秘》为题，载于《行政》2002年总第58期，第1237~1244页。

镜海微澜：黄鸿钊澳门史研究选集

来到里斯本的次日，我的葡萄牙朋友鲁伊·洛礼多（Rui D'Avila Lourido）博士便从意大利返回。他花了几天时间，驾车带我游览了里斯本的一些名胜古迹，参观了葡萄牙王宫、航海博物馆、水博物馆、贝伦塔博物馆、国家图书馆，以及其他几家古老的图书馆。然后又驱车载我远游距里斯本几百公里的埃武拉古城。待我充分领略了葡萄牙古代的历史文化之后，终于有一天，我们来到东波塔，他引荐我会见德高望重的馆长。很快我便如愿以偿地见到了该馆所珍藏的全部澳门古文献。

东波塔一词，原为葡文 Torre do Tombo 之中文音译，是档案塔的意思。东波塔档案馆（Arquivo Nacional da Torre do Tombo）是建立于14世纪的葡萄牙国家档案馆，因它当时设在里斯本城堡的主塔楼内，故称为档案塔。其后该馆几度搬迁，1990年迁入里斯本大学城的新馆，仍沿用古名东波塔。塔馆内珍藏着一大批中文文献（Chapas Sínicas），这些文献，人们通常称为"澳门文献"。也有人称为香山古文献。其实澳门向来是香山县的一部分，这些文献主要是香山县管治澳门的档案，是由澳门同知、香山知县和县丞等地方官员发给澳葡理事官的官方文书。因此称为香山古文献也无不可。我本来怀着一种好奇心理来查阅文献，可这一查不得了，原来它是个极其珍贵的文献宝藏，其数量之多、内容之广、质量之高，皆为我研究澳门史以来所未见。而且这是地道的香山史料，乡土档案呀！我不禁为之倾倒。在里斯本以后的访学日子里，我除了完成预定计划之外，其余的时间几乎都泡在东波塔里，仔细翻检这些古文献。三个月下来，我把文献从头到尾翻阅了一遍，初步进行了分类统计，并选抄了其中一部分我认为有代表性的文件。由于文献数量大，手抄费时费力、进度缓慢，后来就请档案馆制作了一些复印件。但东波塔的文献制作费用昂贵，而我的经费有限，因此也只能有选择地加以复制。所抄及复制文献约占文献总数的1/4，但已足够说明当时香山县管治澳门的情况，作为我进行研究的参考。

二

这些古文献全部来自澳门。当时澳门葡萄牙人的理事官将收到的香山县的官方文书，保存在澳葡当局手里。后来又从澳门运到里斯本，为东波塔所收藏。运往葡萄牙的确切时间如今难以查考，大抵是在1886～1952年初这段时间发生的。方豪先生说，当时他见到文献并未整理过，捆成4大束。而

406

东波塔澳门古文献探秘

里斯本的中国访问学者鲁宴宾先生和王锁瑛女士则对我说,他们在1988年曾参观东波塔,见有4大箱中国文献堆在一旁,便告诉葡人,这些是香山县与澳门关系的文献,十分有价值,建议加以整理。由4大束到装成4大箱,此时文献的保护已有了进步,但尚未整理,难以使用。从这以后,东波塔档案馆便开始制作缩微胶卷编号储存,并供读者借阅。根据我粗略的统计,这些香山古文献共有2223件(账簿除外),分别制成20盒缩微胶卷。这20盒缩微胶卷的编号和文献数量如下:

缩微号	档案号	文献数量
R01	AN/TT 0666	127
R02	AN/TT 0667	144
R03	AN/TT 0668	233
R04	AN/TT 0669	120
R05	AN/TT 0670	145
R06	AN/TT 0671	123
R07	AN/TT 0672	115
R08	AN/TT 0673	104
R09	AN/TT 0674	82
R10	AN/TT 0675	107
R11	AN/TT 0676	85
R12	AN/TT 0677	93
R13	AN/TT 0678	81
R14	AN/TT 0679	(康熙年间账簿)
—	AN/TT 1175	13(文件之前为账簿)
—	AN/TT 1175A	234
—	AN/TT 1175B	105
—	AN/TT 0107	12
—	AN/TT 1332	150
—	AN/TT 1332A	150
总　计		2223

但是档案馆的缩微胶卷粗制滥造,错误百出。拍摄文件时,有正拍,有横拍,也有倒拍,混乱不堪;年代也是如此。基本上没有按照时间顺序排列,而是嘉庆、乾隆、道光、康熙几个不同年号的文献混合串编,令人眼花缭乱。同类事件的交涉过程往往有几个文件,却被拆开,分别拍摄入不同的胶卷之中。某些较长的文件,也有内容次序被颠倒和脱漏现象。而且胶卷也凌乱无

序，编号不统一。前面的14盒胶卷是按顺序编号的，当我全部阅读完之后，求索于该馆管理人员，他们又先后找出后面的6盒，但只标明档案号，而没有缩微胶卷号。制作质量如此之差，实在使人难以容忍。显然这都是该馆人员对中文一窍不通所致。其实里斯本也有不少中国留学生和访问学者，如果从中聘人帮忙整理，就不至于如此混乱了。可是他们没有这样做，如果不是缺乏责任心，就是缺乏经费。究竟属于哪一种情况，我无从得知，也不能妄下结论。然而这些管理上的错失，却无法掩盖文献本身金子般的价值。

经过一番梳理之后，我基本上弄清楚香山古文献是清代的地方档案，起自1693年，迄于1886年，跨越清代8个皇帝，约200年之久。文献分布情况如下：

康熙朝	2件
乾隆朝	727件
嘉庆朝	1324件
道光朝	167件
咸丰朝	1件
同治朝	1件
光绪朝	1件

从中可以看出，嘉庆朝的文献最多，占全部文献的一半以上。乾隆朝次之，约占1/3。按照常例，乾隆在位60年，比嘉庆在位时间长一倍多，文书往来亦应大大超过之。可是这些文献是经过大量流失之后，侥幸保存下来的资料，为此我们还应该感谢澳葡当局，幸亏有他们保存了这些珍贵文献，才使我们得以洞悉香山县与澳门关系的实在内容。显然，这些古文献之所以能够保存下来，与葡萄牙政局安定，较少有战争和动乱有关。葡萄牙在两次世界大战都宣布中立，没有遭到战火的蹂躏。澳门也因此受益，几百年来均处于世外桃源状态，安享太平。这是有利于保存文献档案的客观条件。按照常例，香山县发出的官方文书都应该有副本存档，可是这些澳门古文献在内地片纸无存。之所以如此，也许是国内政治动乱和战争频繁所致。在动荡的年代里，人民的生命财产尚且难以自保，档案遭殃更是在所难免了。

三

葡萄牙人入居澳门以后，中国历朝政府都很重视加强对澳门的管治。而澳门地属香山县，主要由香山县来行使这种管治权。当时专责管治澳门的官员是香山知县和县丞，以及其后加设的澳门同知等。

香山知县。澳门地属香山县，开埠以后，仍由香山县管辖，管治的范围涉及澳门事务的方方面面，重大民刑事件或由县令亲自审理，或由县令报请总督做出处理决定。在向澳葡理事官发文时，县令常自称为"香山县正堂"。知县衙门设在县城石岐。

香山县丞。由于澳门港口日趋重要，澳门事务日渐繁重，而县城离澳门较远，往往会影响事件的及时处理；因此，1731年，总督郝玉麟奏请清政府批准，在前山寨设立县丞衙门，作为县政府的派出机构，"察理民情，以专责成"。香山县丞是常驻澳门进行管理的官员。县丞在向澳葡理事官发文时常自称为"左堂"或"分县"。

澳门同知。这一管治机构设立时间较迟，但更为重要。1743年，总督策楞等向清政府提出，澳门为"夷人聚居之地，海洋出入，防范不可不周，现驻县丞一员，实不足以资弹压"，要求在县丞之上，再增设职权更大的"澳门海防军民同知"，"专理澳夷事务，兼管督捕海防"，"遇有奸匪窜匿、唆使民夷争斗、盗窃，及贩卖人口、私运禁物等事，悉归查察办理"。并规定县丞与前山驻军均由澳门同知指挥。澳门同知的衙门设在前山寨，而县丞衙门则搬迁到望厦村。澳门同知在向澳葡理事官发文时，常自称"军民府"，或"军民府正堂"。

当时香山知县、香山县丞和澳门同知，都是澳葡当局的上级，在发出文书时，亦皆居高临下，构成了"三元治澳"的架势。当然，除此之外，总督、巡抚、知府、海关监督等也偶有文书发往澳门，但为数极少。总之，管治澳门的责任主要落在香山官员身上。

澳葡理事官是同香山县官员们交涉的葡方官员，在中国官方文书中一向被称为"委黎哆"，葡文为Procurador，一称检察长，是澳葡理事会（Senado）成员之一。其职能主要为澳葡当局内部的船舶税课、兵饷、财政收支、修理城台街道，以及同香山县地方政府往来协调关系，解决有关澳门地租商税、船舶进出、人员往来、案件处理等等重大问题。理事官向香山县官员发出文书时，通常自称督理濠镜澳事务西洋理事官委黎哆，或简称西洋理事官委黎哆、西洋理事官、理事官委黎哆、澳门委黎哆等。

澳门古文献虽然在国内散失殆尽，但香山县志中仍保存了某些记载，可

镜海微澜：黄鸿钊澳门史研究选集

使我们了解到当时地方当局管治澳门的一些情况。这说明我国政府一贯对澳门葡人严加管治，以捍卫自己对澳门的神圣主权。但与几百年的历史相比，这些记载实在少得可怜！东波塔澳门古文献的重要性在于，它用十分珍贵的档案史料印证并补充了这一铁的事实，从而更加真实地反映了清代中葡关系的状况。当然，比起地方志的简略记载来说，这些古文献资料的内容更丰富具体，涉及面也更广。据我对这些古文献的初步归纳，香山县之管治澳门，大致包含以下几个方面。

第一，中方与澳葡文献规定了官员之间的管治关系。其体现为上司与下属关系，由中方督理澳门事务。中方与澳葡文献规定了两地当局之呈禀批复手续；广东地方官员对澳门公务进行巡视，要求澳葡当局做好接受检查的准备，提供公馆住宿办事，为进出澳门人员发放护照；以及地方官员督理澳葡当局查处各种事件；等等。

第二，澳门地租与商税的征收。分为澳地收租、商船输税。包括每年冬至前后催缴地租，地租银入库后，发给澳葡当局收据；当发现地租银两成色不足时，责令澳葡当局补交短缺银两。不许澳葡当局扩展地盘，增建房屋。同时，向前来贸易的商船征收船钞，查处各种走私漏税事件，坚决打击抗税行为。

第三，澳门民蕃案件的审断。分为刑事案件、民事案件，诸如在澳门发生的各种偷窃、抢劫和凶杀案件；以及澳门民蕃之间有关债务、房屋出租、转让，还有诈骗钱财所发生的纠纷。

第四，澳门贸易与人员往来之管理。分为商船出入港口、人员往来交流。包括颁布贸易规章，厉行审批制度，不许船只擅自出入港口，查处违禁品非法贸易；另外，稽查往来澳门之人员，审查考核征用入京专业人员，等等。

第五，澳门海防安全的保障。分为加强澳门海防管理，不许外船擅自进入澳门；密切注意海盗动态，加强防范措施，督令辅助澳葡助剿海盗；坚持斗争，反抗英军入侵澳门。

以上几个部分，虽然没有囊括文献的全部内容，但至少可以说，已经包含了中国政府管治澳门的主要方面，并且可以充分说明中国政府在澳门非常有效地行使着自己的神圣主权。

《澳门记略》的问世及其意义[*]

一 《澳门记略》成书的曲折经历

18世纪中叶,中国出版了第一部澳门史著作《澳门记略》,作者是香山官员印光任和张汝霖。

印光任,字黻昌,号炳岩,江南宝山(今上海市宝山县)人。雍正年间由廪生举孝廉方正,被委派到广东为官。历任石城、广宁、高要、东莞等地知县,长于经办中外交涉事。曾备受袁牧称赞:"公任海疆久,于诸夷种类支派某弱某强、某狡某愚、某地之山川形势,靡不部居别白于胸中,以故先事预谋,当机立断。终公之任,海面肃然。"[①] 1744年被派为首任澳门同知。印光任到任后,颇能忠于职守,曾亲自拟定规约7条,加强对澳门的管辖,并能妥善处置各项突发的涉外事端。印光任后来还担任广东南澳同知和广西庆远、太平知府。因事去职,居家赋闲,终年68岁。

张汝霖(1709~1769),字芸墅,安徽宣城(今宣州市)人。乾隆初年贡生出身,先后出任广东河源、香山、阳春等县知县。1746年代理澳门同知,两年后实授。在任期间,曾报请查封澳门向华人传教的天主教堂"唐人庙"。1748年5月,澳门发生葡兵亚吗卢·安哆呢杀害华人李廷富、简亚二案,澳门总督若些拒不交出凶手。但是张汝霖等中国官员同澳葡当局进行坚决斗争,并采取中断贸易,撤出中国商人、通事和工匠,停止米粮和副食品供应等等

---

[*] 原文题为《〈澳门记略〉对澳门史研究的贡献》,载于《中西文化研究》2010年总第18期,第72~80页。

[①] 袁牧:《广西太平府知府印公传》,《小仓山房诗文集》续集卷34,上海:上海古籍出版社,1988。

非常手段,最后使若些受到惩处,遏制了澳葡当局实行治外法权的企图,捍卫了中国的司法主权。张汝霖又同香山知县一起制定了《澳夷善后事宜条议》12款,勒石刊布。虽然如此,但凶犯已被若些擅自遣送帝汶,未能归案。张汝霖受到朝廷申斥,降职去任。自此张汝霖遂黯然退隐,不复为官。

首先想到撰写《澳门记略》的是印光任。他在任同知期间深深体会到,澳门这个国际贸易港口开埠已有200多年,华洋杂处,商务往来频繁,各类关系复杂,国际影响巨大,日益凸显出其特殊性、重要性和复杂性,要求中国政府必须制定完善的管治规章制度,建立有效的管治体制。因此,他作为有责任感的官员,便细心地注意调查情况,搜集资料,结合自身工作中的经验教训、心得体会,撰写成书,以便作为其后任者治澳的参考。印光任曾有一段话,专门谈及他写书的动机,他说:"澳门,香邑一隅耳。然其地孤悬海表,直接外洋,凡夷商海舶之来粤者,必经此而达,且有外夷寄处,戒何可弛?雍正八年,设香山县丞,分驻前山寨,专司民夷交错之事。乾隆八年,大府又议设同知一员,辖弁兵镇压之,擢余领其事。余不才,念事属创始,爰历海岛、访民番、蒐卷帙,就所见闻者记之,冀万一补志乘之缺,而考之未备,辞之不文,必俟诸博雅君子。此《记略》之所由来也。"①

《澳门记略》一书的写作和问世,可谓一波三折。1746年春天,印光任刚刚撰成《澳门记略》初稿,便奉命调任南澳军民同知。于是他将书稿送到继任者张汝霖手中,请其增补、修改、定稿。张汝霖称财力不足,转荐广东粤秀书院山长徐鸿泉。可是徐鸿泉收到书稿后不久即病故,稿本下落不明。辛未年四月间,印光任在潮州做官,与张汝霖相遇,两人谈起书稿失落之事,感到十分惋惜,遂决定携手合作,重新启动书稿的写作。印光任于是四处"搜觅遗纸,零落辏集,旬日间得其八九",交由张汝霖修改增补,终于定稿和出版。

印光任和张汝霖平生十分喜好吟咏诗文,因此在《澳门记略》书中,他们经常有意插入许多诗作,本人的和他人的,为书稿增添了文艺色彩。印光任其他著作尚有《炳岩诗文集》《翙蕲编》《补亭集话》《雨吟碎琴草》《铁城唱和》等,张汝霖亦著有《辛辛草》《吴越吟》《耳鸣集》等,但这些著作多已散失。倒是《澳门记略》这部名著使他们的若干绚丽诗篇得以传世。

---

① 印光任、张汝霖:《澳门记略》"序"。

二 《澳门记略》的结构与内容

《澳门记略》全书共约 7 万字，按照地方志结构，分为两卷三篇，上卷为形势篇和官守篇，下卷为诸蕃篇。篇末附录中葡文互译生活用语字典。此外，尚有插图 21 幅，包括地理形势图、海防配置图、各级管治机构图、澳葡民情风俗图、天主教堂图等等。因此，该书结构完整，图文并茂。可谓"麻雀虽小，五脏俱全"。

《澳门记略》以形势篇首叙地理形势，包括澳门的地理位置、居留者概况、邻近地区形势，以及本地一年四季的气候变化、潮汐消长规律等等。作者通过这些描述，勾画出一幅完整的澳门图像。

澳门位于香山县陆地的最南端，由半岛的濠镜澳与其南面的十字门合称而得名。自香山县城迤南百里至前山，又由前山通过一条狭长的莲花茎沙堤连接莲花山而至濠镜澳半岛。澳门北接大陆，其余三面向洋。南面海上，分立大、小横琴岛和氹仔、路环岛，成十字形状，称为十字门。而在澳门的周边是三角洲滨海地区，东面为九星洲山、伶仃山，东北为虎门、蕉门，北面为秋风角、娘妈角，西端为今珠海市的北山、沙尾、斗门、磨刀门、黄杨山以及新会的虎跳门，南方海面上则有老万山等，均为港澳弯曲、形势险要、把守珠江门户之所。

澳门形势的一个最大特点，是从 16 世纪中期以来，澳门便成为葡萄牙人的贸易居留地。葡人岁输地租 500 两，长期在澳门生息繁衍，到乾隆年间，其人口已有 420 户 3400 多人。当时在澳门居住谋生的华人大致也有同样数量。于是形成了所谓"无多莲瓣地，错杂汉蛮居"的自然形势。[①] 而澳门葡人则单独建立了完整的社会组织，包括总督，掌管兵权；理事官，分管司库；判事官，执掌司法；主教，主理天主教事务。澳内有教堂 8 座，还有学校、医院、监狱、驻军和 6 座炮台等等。以上这些，便是当时葡萄牙人居留地澳门的基本概况。

官守篇是《澳门记略》的主体部分。作者指出，唐宋以来，中国政府

---

① 雍正时香山诗人李珠光写的《澳门诗》，参见章文钦《澳门诗词笺注》（明清卷），珠海：珠海出版社，2003。

镜海微澜：黄鸿钊澳门史研究选集

设市舶提举司，按照封贡贸易体制的原则管理海舶贸易。"东南地控夷邦，而暹罗、占城、琉球、爪哇、浡泥五国贡献，道经于东莞。我祖宗一统无外，万邦来庭，不过因而羁縻之而已，非利其所有也。故来有定期，舟有定数，比对符验相同，乃为伴送，附搭货物，官给钞买。"① 但在 16 世纪初，由于葡萄牙人侵扰广东，占据屯门，从事海盗走私活动，破坏正常的海舶贸易秩序，中国政府下令实行海禁。直至 1529 年林富奏议②力争，海舶贸易才得以逐步恢复。1535 年，广东将市舶船只移往澳门进行市舶贸易。1553 年，葡萄牙人开始混入澳门贸易。中国政府对葡萄牙严加管治。1614 年，广东海道副使制定澳门 5 条规章。1621 年朝廷设参将于前山寨监视控制澳门葡人，着重军事方面的防范。1713 年中国政府将县丞衙门移驻于前山，以加强民事方面管治。至 1744 年，又专设澳门同知统领其事，使管治澳门逐步规范化。

澳蕃篇概述澳门葡人的社会结构、人种特征、衣着服饰、民情习俗、宗教信仰、住房寺庙之建筑风格等等。

《澳门记略》提及前来澳门贸易的商人来源十分广泛。计有：暹罗（泰国）、占城（越南中南部）、爪哇（印尼爪哇岛）、琉球（日本琉球群岛）、浡泥（文莱，又名婆罗）、佛郎机（葡萄牙）、贺兰（荷兰）、古里（印度西南科泽科德）、柯枝（印度柯钦）、锡兰山（斯里兰卡）、忽鲁谟斯（霍尔木兹）、意大里亚（意大利）、吕宋（菲律宾吕宋岛）、巴西（苏门答腊岛八昔）、西班牙、法国、英吉利（英国）、噶啰吧（印尼雅加达）、日本、琐里（印度柯罗曼德尔海岸）、地满（东帝汶）、马西、哥斯达（印度东西海岸）、小西洋（印度果阿）、苏禄（菲律宾苏禄群岛）、林邑（越南中部）、真腊（柬埔寨和越南南部）、古里（印度卡利卡特）、瑞国（瑞典）、琏国（丹麦）、安南（越南北部）、美洛居（印尼马鲁古群岛）、苏门答剌（印尼苏门答腊岛）、小琐八月里（又名沙里八丹，印度纳加帕塔姆）等国家和地区。作者对其中大部分国家做了简略介绍，虽然这些介绍有许多不足之处，但在帮助国人放眼看世界方面起了积极作用。这些来自世界各地的商人运来大量外国货物，包括各种工农业产品、花木虫鱼、飞禽走兽、奇珍异宝、火

---

① 印光任、张汝霖：《澳门记略》（上卷），《官守篇》。
② 按：该奏议是黄佐撰写的，见《香山改革家黄佐通市舶疏》一文。

414

铳大炮以及各种香货,大大丰富了中国人的物质文化生活。本篇末尾又附录中文葡文对译字典,还有人物和地图等插图。

《澳门记略》是一部开创性的澳门史著作。它具有鲜明的地方史特色,但又不是一般的地方史,而是一部地方对外贸易史,或外贸港口的历史,或中西经济与文化的交流史。说它是开创性的,因为这样的历史著作在国内是前所未有的,是第一部。它的内容丰富,叙事详尽,可以说这个对对外贸易港口方方面面的内容都有论及,尤其是它除了讲述澳门的对外贸易情况之外,还特别详细地讲述了葡萄牙人居留澳门的过程,以及中国政府管治澳门的情况。因此,它又是澳门居留地形成的历史。与此同时,它首次向中国人民介绍了当时世界各国的情况,又可以说是一部简略的世界史。它是帮助中国人放眼看世界的第一部著作,自18世纪首版以来,就受到读者的重视和欢迎,以后多次再版,流传至今。

三 早期文化交流的翔实载体

《澳门记略》的出版,在当时和以后,都具有重大的历史意义。据我看来,它至少具有以下三点重大贡献:一是考证和公布了澳门开埠的重要史料,阐明了澳门历史的一些重大的实质性问题。二是论证了明清政府对澳门的管治政策,以及中国对澳门不容置疑的主权。三是描述了澳门文化的鲜明特色,揭示了中西文化在澳门的汇聚、交流与融合的过程。

首先,《澳门记略》作者治学态度非常严谨,这一点,尤其表现为他著述时往往有意识地采取"让史料说话"的做法,基本上每叙事一段,即引述官员和学者所写的奏议、笔记乃至诗歌等史料,作为佐证,真正做到持之有据,言之成理。当然这些都是经过慎重的比对和考订之后,被认为是可靠的史料,然后作者有选择地采用。因此本书史料丰富翔实,不仅大量汇集了澳门开埠以来200年的各方史料,而且有澳门同知设立前后的史料。

作者旁征博引,阐明了葡人入居澳门的真实过程。葡萄牙人究竟是怎样入居澳门的?对此,印光任和张汝霖做出了明确的回答。《澳门记略》这样写道:"(嘉靖)三十二年,蕃舶讬言舟触风涛,愿借濠镜地暴诸水渍贡物,海道副使汪柏许之。初仅茇舍,商人牟奸利者渐运瓴甓椽桷为屋,佛郎机遂得混入,高栋飞甍,栉比相望,久之遂专为所据。蕃人之入居澳,自汪柏始。"①

这段话当然不是随便说的,而是查看许多历史资料之后得出的结论。一般认为,葡人于嘉靖三十二年即 1553 年开始谋求进入澳门贸易,其后逐渐定居下来。这一说法根据何在?显然首先是来自 16 世纪末编撰的《广东通志》:嘉靖三十二年(1553 年),舶夷趋濠镜者,托言舟触风涛缝裂,水湿贡物,愿借地晾晒。海道副使汪柏徇贿许之。初仅篷累数十间,后工商牟奸利者,始渐运砖瓦木石为屋,若聚落焉。自是诸澳俱废,濠镜为舶薮矣。② 从这段话中可以看出,葡人居留澳门经过了几个步骤,先是船舶趋濠镜贸易;而后借地晾晒货物;然后搭篷暂住;再后渐运砖瓦木石为屋,若聚落焉。说得很清楚,这是渐进的过程。

其实在葡人混入澳门之后不久,澳门便成为文武官员热议的话题。最早提出质疑的是庞尚鹏。他在 1564 年的奏章中提到葡人居澳的经过:"往年俱泊浪白等澳,限隔海洋,水土甚恶,难于久驻,守澳官权令搭篷栖息,迨舶出洋即撤去。近数年来,始入镜澳筑室,以便交易,不踰年多至数百区,今殆千区以上。日与华人相接济,岁规厚利,所获不赀。故举国而来,负老携幼,更相接踵,今筑室又不知其几许,而夷众殆万人矣。"③ 庞尚鹏在这里谈到葡萄牙商人之所以从浪白转移到澳门,是为了改善其贸易环境。虽然他没有明白说守澳官同意这样做,也没有提到贿赂的事,但至少给人以这次迁移贸易地点是得到默许的感觉。

同一时期的抗倭名将俞大猷,也于 1564 年写信给两广总督,明确指出葡人占住澳门的非法性,并表示极大愤慨,提出要用武力将之驱逐。他指出:"商夷用强梗法盖屋成村,澳官姑息,已非一日……今欲翦之,岂无良方?若以水兵数千,攻之于水;陆兵数千,攻之于陆;水陆并进,彼何能逭……今与之大做一场,以造广人之福。"④ 如果葡人是合法得到澳门居留权利,俞大猷就不会这样说了。

后来到了明末清初,广东著名学者屈大均再次明确指出葡人因为采取

---

① 印光任、张汝霖:《澳门记略》(上卷),《官守篇》。
② 郭棐:《广东通志》(卷六九),《澳门》。
③ 印光任、张汝霖:《澳门记略》(上卷),《官守篇》。
④ 俞大猷:《正气堂集》(卷一五),《论商夷不得恃功恣横》。

"重贿当事"的方法,才得以居留澳门。他说,"香山故有澳,名曰浪白,广百余里,诸番互市其中。嘉靖间,诸番以浪白辽远,重贿当事,求蚝镜为澳"。①

以上史料说明,葡人商船原来停泊浪白澳,其后寻找借口向中国官员请求移泊澳门,并重贿当时的广东海道副使汪柏,获许入澳贸易。除此之外,还可在葡人索扎和平托的记述中得到相关的印证。索扎在1561年向葡萄牙亲王路易斯汇报了他与广东海道副使接触谈判、通过行贿获准贸易的经过,但他未提及获取澳门居留权利之事。而平托则在他的《远游记》一书中,坦然承认中国政府应葡人的请求,于1557年把澳门给他们居住。不过没有进一步提到什么因由。

根据中国的记载,葡人混入澳门贸易之初,"守澳官权令搭篷栖息,迨舶出洋即撤去"。②葡人只能在岸上搭篷贸易,不能长期居留,货尽即要离去。那时澳门只是葡萄牙商人的"暂时栖泊所",③其后因为中国官员的疏忽,才逐步被葡人"用强梗法,盖屋成村",占据该地。

综上所述,《澳门记略》关于葡人入居澳门的基本事实,是毋庸置疑的。

其次,《澳门记略》作者充分论述了中国政府设立澳门同知以后,是如何行使澳门管治权的,从而确认中国政府对澳门拥有完整的主权。一般来说,中国政府管治澳门的工作大体上包括:征收澳门地租和商税,严控界限,审理案件,管理贸易,处理涉外往来事务等等方面。

《澳门记略》指出,自万历初年起,中国政府每年征收澳门地租500两,另外向往来商船征收船钞货税,税额为每年2万两。中国官员严格限制澳门葡人居住界限,反对葡人蚕食领土,扩大居留地范围,保障国土安全。凡有葡人借口开荒占地,或托词修缮房屋而扩大住宅面积,或非法占有公地建筑铺屋等,都会遭到揭发处理,被勒令拆除,恢复原貌。同时,中国官员还审理澳门发生的各类案件,包括租约纠纷和债务纠纷,乃至偷盗打劫、凶杀命案、黑奴闹事等刑事犯罪案件,处理澳门葡人内部的争议事件,等等,

---

① 屈大均:《广东新语注》,广州:广东人民出版社,1991,第33~34页。
② 庞尚鹏:《百可亭摘稿》(卷一),《陈末议以保海隅万世治安》。
③ 马士:《中华帝国对外关系史》(第一卷),北京:商务印书馆,1963,第47页。

这些都是澳门同知经常性的事务。由于港口贸易的日趋繁荣,澳门人口日渐增加,达到5000人甚至万人以上;华人与洋人杂居一处,语言文化互不相同,日常往来交涉,往往会出现各种利益纠纷,乃至发生种种刑事与民事案件。这些案件通常耗费官员大量时间和精力。但这些事件的处理,乃是为了保障澳门居民的生命财产安全,维护社会稳定和人民的安居乐业,实在事关重大。因此,中国官员总是严肃对待,认真处理,绝不掉以轻心。管理澳门贸易事务,更是官员的一项中心工作。澳门是一个贸易港,葡人居留澳门主要是经营贸易,澳门同知行使政府管理贸易的职能,要求澳葡商船依法输钞,反对偷漏商税;申明进出口禁令,反对走私违禁商品;严格限制葡人商船数额,监督船只修理;等等。其目的是使澳门成为一个遵纪守法、公平交易、秩序井然的贸易港口。澳门同知设立以后,加强了处理外国商人、教士往来澳门的事务。当时清政府只准许葡人居留澳门贸易,并规定其商船额限为25艘,享受优惠贸易税。其他国家商船一概不得进入澳门停泊,只能前往黄埔海关按章报税。但澳门作为国际贸易港口,每年依然有许多外国人来来往往,络绎不绝。因此,有大量的涉外事务需要处理。其中,有外国商船遭受海难的船民被中国收容,暂住澳门,等候搭便船回国;有来华贸易商人前来"压冬",等候第二年季风回国;有外国商船突然前来澳门希图贸易;有外国教士前来澳门等候进京供职,或从外地来澳门等候搭便船回国;最后还有外国人在中国犯罪被审,在澳门羁押监管;等等。这些涉外事务牵涉国家甚多,情况复杂,处理费力。

总之,从《澳门记略》的叙述中可以看出,中国官员管治澳门措施得力,卓有成效,为澳门贸易港的安全、稳定与繁荣做出了积极贡献,并且充分捍卫了中国政府对澳门毋庸置疑的庄严主权。

再次,《澳门记略》又着力描述澳门文化的鲜明特色,揭示了中西文化在澳门的汇聚、交流与融合的真相。

1557年以后,澳门成为一个华洋杂居的海港城市。外国商人和中国商人在共同促进澳门经济繁荣的同时,也促进了澳门文化的繁荣。当时先后有20多个国家的商人来到澳门。他们长期居留,生息繁衍,带来了西方生活方式:住洋房、着洋服、吃西餐、执洋礼、说洋话、写洋文,以及建教堂、办学校和设医院等。这就带来了浓厚的西洋文化气氛。当时澳门华人仍按中国传统方式生活,并用惊讶的眼光注视澳门出现的西方文化。

《澳门记略》的问世及其意义

中西文化既然共处一地，就必然相互间产生潜移默化的影响。渐渐地便有中国人穿洋服、习洋文、进洋学堂、信奉洋教，乃至出洋留学，学习西洋科学知识；同样，也有洋人穿汉服、讲汉语、研究汉学、翻译中国典籍等等。华洋通婚的事也时有发生。这说明中国人对西方文化并不是反对，而是包容，就如同对待之前进入中国的其他文化一样。可见，澳门提供了充分条件，使中西文化相互渗透与融合。这种融合，又是在长期共处中自然发生的。

由于中国商人到澳门做生意，并受雇于葡人，充当买办、通事（翻译）、工匠等，而与葡人频繁接触，进而习染其文化，穿洋服、讲洋语；当然葡人也有穿汉服、讲汉语的。同时，葡人"于澳门建造屋宇楼房，携眷居住，并招民人赁居楼下，岁收租息"。赴澳贸易的内地商人自然都租住这些洋房，而与葡人成为上下邻居，朝夕相处，融洽无间，不但互相影响，甚至互通婚嫁。葡人认为东方女性纯良温顺，乐于娶中国女子为妻，也很乐意把女儿嫁给中国人。他们往往因为"得一唐人为婿，皆相贺"。[①]可见两国人民在澳门的友好相处。总之，两国人民通过贸易往来频繁接触，使文化习俗相互影响，这应是澳门中西居民文化融合的一个主要的表现形式。

总之，《澳门记略》作者是近代早期中西文化交流的见证者和参与者，并且在书中对此做了翔实的记载，为后人提供了非常珍贵的史料。

[①] 印光任、张汝霖：《澳门记略》（上卷），《官守篇》。

419

龙思泰的《早期澳门史》

19世纪初，一个名叫龙思泰（Anders Ljungstedt）的瑞典人来到澳门，悄悄定居下来，在这美丽的海港安度余生，并广泛收集史料，潜心进行学术研究，完成了名著《早期澳门史》。

龙思泰是瑞典商人和学者。1759年3月23日，出生于瑞典林雪平（Linköping）一个城市贫民之家，父亲是教堂的敲钟人，在他3岁时便去世。母亲被迫带着他和弟弟改嫁。由于家道贫寒，龙思泰直到13岁才同弟弟一起上学。在学期间，他经常替人上课赚取一些生活费用。

1781年，龙思泰和弟弟一起到乌普萨拉上大学，但他只就读几个月便离开学校，在一家公司当雇员。1784年到俄国谋生，为一些富人当家庭教师。10年后返回瑞典，担任政府公职。

1797年，龙思泰结婚后，受聘于瑞典东印度公司，并于次年乘商船"皇后"号远航中国，抵达广州。随后担任瑞典东印度公司的大班，开始长驻广州，一面为公司服务，一面做自己的生意，很快成为富翁。

1813年，瑞典东印度公司结束在华业务，龙思泰从广州移居澳门，继续做自己的生意。1820年他被任命为瑞典驻华总领事，而他仍居留澳门。

龙思泰出身寒门，经商致富后乐于行善。他于1824年出资在家乡兴办学校，免费招收穷人家的孩子入学。学校实行半工半读，精心培养学生的某种专业技能，使之毕业后能立足于社会。龙思泰为了实现其办学善举，不但捐出本人的大部分财产，而且连他去世的妻子和弟弟的全部遗产也奉献出来了。

龙思泰经商致富后，依然好学不倦，他是一个自学成才的学者。虽然早年因为家贫未能完成学业，被迫中途停学，走向社会，为生活奔波；但他始终坚持自学，先后通过自修掌握了英、法、德、俄、葡等多种外语，并且曾

龙思泰的《早期澳门史》

经编写过俄瑞词典,充分表现了他自强不息的精神。定居澳门以后,他又潜心研究澳门历史,经过多年努力,完成《早期澳门史》吴义雄等译,一书的写作,并于1836年由美国波士顿芒罗公司出版。

《早期澳门史》分上下两篇,上篇题为"在华葡萄牙居留地简史",下篇为"在华罗马天主教会及其布道团简史"。龙思泰治学态度严谨,从不轻信别人的论断,而要亲自进行仔细的调查研究。该书旁征博引,囊括了极其丰富的史料。按照龙思泰的序言所说,大致收集了以下方面资料:(1)盖有官印的中国官方文书的译文;(2)原始记录的葡文文献手稿;(3)私人记述的葡文手稿;(4)收藏于议事会的会议记录;(5)教堂提供的大量档案文献资料;(6)另一个准备写澳门史的圣若瑟修院教师萨赖瓦主教于临终前赠送给他的资料;(7)罗马天主教神父马尔志尼提供的在华天主教团体资料;(8)进行实地考察,特别是对于一些行将湮没的遗址进行踏勘所获取的资料。

《早期澳门史》的写作采取让史料说话的方法,别具特色。龙思泰说:"我的所有努力都限制在简要而忠实地叙述事实的范围内,留待读者运用自己的聪明才智去判断所讨论的问题。"① 在本书上篇"在华葡萄牙居留地简史"中,他把葡萄牙人在华居留地分为两个时期。1517~1553年前,葡人先后至屯门、双屿、浯屿、月港、上川和浪白等处居留贸易,但为时短暂,这是临时居留地时期。1553~1557入居澳门,才进入固定居留地时期。

龙思泰指出,葡人居留澳门以后,迅速建立起一个城市的自治体制,选举两名法官、三名高级市政官和一名理事官组成议事会,作为市政机构,处理港口的各种政治经济事务。从果阿派来的判事官(大法官)和总督(兵头),则分别行使司法和军事方面的权力。另外,葡王向澳门派来主教,掌管宗教事务。遇有争议问题,则召集全体议事会成员、主教、总督和判事官举行政务委员会,由多数票通过决定。这种民主体制到18世纪后期有所改变,葡萄牙政府强调中央集权制,判事官由国王直接任命,成为澳门民政部门的首领,与总督共同主持议事会。

但葡人的自治机构职权有限,因为澳门毕竟是中国领土。明清政府为了维护对澳门的主权,在澳门设置官员,驻扎军队,颁布治安条例,对葡人行动严加约束,防止其扩张地盘,监督商船贸易,缉拿走私,防止偷漏税,审理地方

---

① 龙思泰:《早期澳门史》,吴义雄等译,北京:东方出版社,1997,第7页。

421

各项司法案件,对澳门葡人自治体制进行管控,以及防止外来侵略,保障澳门安全;等等。葡人为了长期在澳门居留下去,必须向中国缴租纳税,必须像藩属国一样向中国皇帝呈献贡品,还要不断贿赂管辖澳门的各级地方官员。

在下篇"在华罗马天主教会及其布道团简史"中,龙思泰阐述了明清时代耶稣会、多明我会、方济各会、遣使会和罗马传信部等宗教团体在华的活动,重点是耶稣会的活动。

1567年教皇颁布谕旨,成立澳门教区,任命耶稣会士贾耐劳为第一任主教。其辖区范围包括广东、广西和海南岛等。

澳门主教的座堂为大堂(大庙),此外,风顺堂(圣老楞佐堂)和花王庙(圣安多尼堂)各有一位副主教,葡人的早期行政区域,亦以这三座教堂来划分。对华传教的天主教各团体设在澳门的教堂,以耶稣会的圣保禄教堂(三巴寺),以及专门培养耶稣会士的圣保禄学院(三巴静院)和圣若瑟教堂(小三巴寺)最为重要。此外还有方济各会的伽思兰庙(嘉思栏庙)、奥斯定会的龙松庙(圣奥斯定堂)、多明我会的板樟庙(圣玫瑰堂)和圣嘉辣堂女修道院等。

当时葡萄牙掌控着天主教在东方的传教权,澳门是远东的传教中心,所有前往这个地区传教的传教士,都必须获得里斯本宫廷的批准,宣誓效忠于葡王,然后从里斯本启程,至果阿上岸,再分散至亚洲各国传教。前往中国、日本的传教士,还必须在澳门上岸,学习中日语言,进行必要的准备,再分赴目的地。

澳门葡人的宗教活动十分频繁,欢庆宗教节日活动颇具特色。圣母玛利亚在澳门最受崇敬,欢庆圣母的节日达18个之多,每年皆有奉圣母像出游的活动。此外,在纪念耶稣受难的圣十字主日、纪念澳门保护神施洗约翰的圣约翰日、纪念航海保护神的圣安多尼日等,皆有热烈隆重的纪念活动和出游场面。

但18世纪后,受到礼仪之争导致的中国禁教的影响,澳门主教区的传教活动呈现衰落之势。1830年,澳门主教区所辖的顺德、海南、韶州、肇庆、南海、南雄等6个教区仅有教徒6090人;1833年,澳门本地天主教会教徒有7000人。

《早期澳门史》是西方史学家撰写的第一部澳门史著作,它的问世在西方社会产生了巨大的影响。正如文德泉神父所说,"由于龙思泰用英文写成的史书,澳门开始闻名于世界"。① 尤其值得注意的是,龙思泰通过大量原

---

① 文德泉所写1992年版序,参见龙思泰《早期澳门史》,吴义雄等译,北京:东方出版社,1997,第10~11页。

龙思泰的《早期澳门史》

始资料的研究，公正地指出，澳门是中国的领土，"尽管葡萄牙人占有澳门几乎达三个世纪之久，他们从未获得澳门的主权"。① 这一论断石破天惊，震动了学术界。因为从17世纪中期开始，葡萄牙人就开始大造舆论，论证葡人因为驱逐海盗有功而获得澳门。曾德昭的书首先支持这一说法。1641年，葡萄牙人曾德昭（Álvaro de Semedo，又名谢务禄）写了《大中国志》一书，提出了"驱逐海盗得澳说"，公开声称，葡萄牙人因为帮助中国政府驱逐海盗有功而获得澳门。他在书中写道：

> 有另一个叫香山（Gan Xan）的岛，葡人称之为 Macao（澳门），它很小，而且布满岩石，易于防守，有利于海盗和盗贼藏身；确实，在那时，有很多盗匪集中在该地，骚扰附近的海岛。中国人商议如何消弭这种祸害，但或者他们缺乏勇气去解决它，或者他们宁愿不冒任何危险，再丧失人，因深知葡人的勇气，就让他们去干这件事，答允他们说，如果他们能逐走海盗，则给他们一处居留地。
>
> 葡人满意地接受这一条件，尽管他们人数比海盗少很多，但在军事上则很有技巧，他们列成阵势，英勇地向海盗进攻，他们未损一人，而敌人伤亡很重，马上成为战场和岛屿的主人。他们很快开始在岛上进行建设，每人取一块他选中的土地，开始不值一文的地方，后来都高价出售，今天要在城里买一小片盖房的地，其价钱高到令人难以置信。②

然后，葡萄牙大臣卡斯特罗又在1783年的《王室制诰》中再次宣称：葡萄牙在澳门有不容置疑的主权。一时之间，许多西方人士都相信了葡人的说法，以为澳门主权应该属于葡萄牙人，这是毋庸置疑的。这种强大的舆论

---

① 龙思泰：《早期澳门史》，吴义雄等译，北京：东方出版社，1997，"自序"，第1页。
② 曾德昭：《大中国志》，何高济译，上海：上海古籍出版社，1998，第208页。曾德昭于1613年由果阿来华传教，取汉名谢务禄。1616年发生南京教案，他与另一耶稣会士王丰肃同时被捕，并被遣返澳门。1620年，他又重入内地传教，改名曾德昭。1658年死于广州，死后葬于澳门。曾德昭1637年离开澳门时开始撰写本书，并于1638年在果阿完成。原稿为葡萄牙文，从1642年起先后被译成西班牙文、意大利文、法文和英文，在欧洲主要国家出版，成为当时流行广泛、影响巨大的一本汉学著作。但书中对葡人最初入居澳门的阐述却显然是他在煞费苦心编造故事，无非是为葡萄牙人长期居留澳门的权利寻找历史根据。

压力,其影响十分恶劣。龙思泰说道:"30年前,很少有人怀疑,葡萄牙国王在澳门行使最高权力。由于为中华帝国效劳,葡萄牙臣民通过皇帝的一项特许而拥有该地。本书的作者最初也持这种观点。"① 但是他通过对史料的考订和对现实的仔细观察,却得出了否定这种说法的结论,于是立即写入自己的著作中去。在这里,我们不仅对作者实事求是的科学态度表示赞赏,更加钦佩他顶住压力,敢于反潮流,敢于坚持真理的大无畏精神。

然而,龙思泰关于澳门主权的论断引起葡萄牙人的不满。20世纪初,葡萄牙学者徐萨斯在《历史上的澳门》一书中,对龙思泰进行措辞激烈的责难。② 但真理之光是扑灭不了的。其实葡萄牙政府在1783年《王室制诰》中,便要求由果阿派主教赴澳门,"着手了解中国皇帝给予葡国在澳门的特权、豁免和自由。以便在北京寻求确认其存在的依据。同时重新寻回由于过失、大意或意外,而失去的特权、豁免及自由。这件事极为重要,须高度重视。"③《王室制诰》中的这一段话的重要性在于,它无意之中泄露了天机,原来直到这时候为止,即在葡人居留澳门220多年之后,葡萄牙政府仍根本不知道究竟中国皇帝给了澳门葡人哪些特权、豁免和自由。葡萄牙政府一点资料也没有,这就足以证明中国皇帝根本没有给予这些特权。而葡人曾德昭著书散布"因驱逐海盗有功而获得澳门"的说法,更是捕风捉影、牵强附会之谈。如果真有其事,为什么葡萄牙政府毫不知情,而要派主教去"着手了解"呢?

历史终于证明了龙思泰论断的正确性。1991年3月,澳门史学家文德泉神父在欢迎瑞典历史访问团的演说辞中,明确指出:"其后的葡萄牙历史学家来到这里,利用他的著作;但从不对他表示感激,反而激烈地攻击他。其理由是:龙思泰在历史文献的基础上,坚持说澳门是中国的领土。他们否认这一点,声称中国皇帝把它给予葡萄牙人。而中国皇帝从未这样做。因此,龙思泰是正确的,而他们是错误的。"④

---

① 龙思泰:《早期澳门史》,吴义雄等译,北京:东方出版社,1997,"自序",第1页。
② 徐萨斯:《历史上的澳门》,黄鸿钊、李保平译,澳门:澳门基金会,2000,第1页。
③ 参见《王室制诰》圣谕第五条。
④ 文德泉:《对瑞典历史访问团演说摘要》,龙思泰:《早期澳门史》,吴义雄等译,北京:东方出版社,1997,第12页。

徐萨斯的《历史上的澳门》[*]

徐萨斯（Montalto de Jesus）是葡萄牙为数不多的撰写了澳门史专著的历史学家之一，他的《历史上的澳门》（1902年版）一书，在葡萄牙被奉为圭臬之作。在他之后，另一个葡萄牙人布拉加（一译白乐嘉，J. M. Braga）也写过《西方开拓者及其发现澳门》（1949年版），同样享有盛名。他们所写的澳门史代表了迄今葡萄牙在这个问题上的基本观点，并成为政府殖民政策的代言人和辩护者。但两人著作问世相隔了半个世纪之久。比较起来，徐萨斯的资格似乎更老一些，也更权威一些。因此，我们特地把他的《历史上的澳门》一书翻译出版，以便让中国读者领略一下葡萄牙国学者的澳门史观，拓宽领域，扩大视野，丰富研究资料。

本书的主要特点之一，就是根据葡萄牙史料撰写澳门史。这同时也是它的一个优点。徐萨斯作为一个葡萄牙历史学家，非常熟悉本国史料，他使用葡萄牙史料撰写澳门史，将澳门葡人内部的情况描写得十分真实具体，使我们阅读起来充满新鲜感。他在本书中，基本上已把最为重要的葡文澳门史料展示出来。迄今我们在一些著作或译著中所见到比较重要的葡文史料，一般来说，已被徐萨斯在当年写作此书时使用过了。应该承认，徐萨斯在写作本书时确实下了一番功夫，他勤于搜集资料、善于表达，使得本书具有丰富的史料，而又行文生动流畅，可读性强，很多地方对我们颇有参考和借鉴的价值。

但从另一方面看，本书重视葡萄牙史料的同时，却又存在忽视中国和其他外国史料的倾向，书中许多地方没有客观地使用葡文以外的史料，尤其是中文史料。同时在使用葡文史料时也未能进行客观的分析，而是用自己的观

---

[*] 原为徐萨斯著，黄鸿钊、李保平译《历史上的澳门》（澳门基金会，2000）的译序。

点对史料进行随心所欲的解释。史料的片面加上观点的武断,必然导致许多问题背离客观事实,从而大大削弱了本书的科学性。

历史是客观的,但研究历史的人往往是主观的。同一个事件,不同的人便会有不同的看法,皆因各人的立场不同。例如澳门历史,葡萄牙人同中国人的看法便显然不同,因为一方是殖民者,另一方则是殖民受害者,怎么会有相同看法呢?但如果历史家平心静气地抱着追求真理的态度来研究问题,那他就会尊重起码的客观事实:澳门是中国的领土,葡萄牙人非法地从中国人手里占领了这个地方;然后,如果他没有丧失人类的正义感和良知,便会反对本国的殖民主义政策,支持中国人民收回澳门的正义要求。可是徐萨斯不是这样,他在撰写澳门历史的时候,采取殖民者的立场,充当殖民主义狂热的辩护人,书中字里行间,时时处处大谈葡萄牙侵略有理、殖民统治有理,而攻击中国捍卫主权无理、管治澳门无理。他在澳门历史的重大的、关键性问题上,完全颠倒黑白、混淆是非,其逻辑之荒谬,态度之蛮横,已经到了无以复加的地步。此类事例在书中不胜枚举。我们在翻译的时候,曾经讨论过如何处理书中这些明显歪曲史实,以及对中国肆意诬蔑谩骂之处,最终还是认为,作为译者应当无条件忠实原文,就按照它的原貌翻译,让中国读者知道葡萄牙人的殖民史观,并没有什么坏处。

据说,徐萨斯的《历史上的澳门》一书于1902年初版问世后,在澳葡殖民当局中赢得了一片喝彩声,澳门市政厅因为他出版了"迄今为止有关葡萄牙在华居留地的最佳作品",而特地对他进行表彰。[①] 于是,徐萨斯成了名噪一时的殖民主义斗士。但1926年该书再版时,他在书后面新增的三章中猛烈抨击了澳门存在的腐败现象,激怒了殖民当局,当局遂下令将印好的书籍扣押,已卖出的追回,全部公开烧毁。当然这只是殖民者内部的矛盾,但他遭到了致命的一击,从英雄神坛被掀翻落地,再也无人理睬他了。他遭到了历史无情的嘲弄,向法院上诉又被驳回,遂成为向隅而泣的失意者,次年在香港病故。

尽管徐萨斯撰写的这本书存在许多问题,但它毕竟是一部具有特色的著作,它的中文版问世,必将使澳门学的研究工作向前推进一步。而这也正是我们翻译本书的初衷。

---

① 吴志良:《东西交汇看澳门》,沈阳:辽宁教育出版社,1999,第75页。

澳门研究丛书书目

澳门人文社会科学研究文选
    社会卷　　　　　　　　　　　程惕洁／主编
    行政卷　　　　　　　　　　　娄胜华／主编
    政治卷　　　　　　　　　　　余　振　林　媛／主编
    法律卷　　　　　　　　　　　赵国强／主编
    基本法卷　　　　　　　　　　骆伟建　王　禹／主编
    经济卷　　　　　　　　　　　杨允中／主编
    教育卷　　　　　　　　　　　单文经　林发钦／主编
    语言翻译卷　　　　　　　　　程祥徽／主编
    文学卷　　　　　　　　　　　李观鼎／主编
    文化艺术卷　　　　　　　　　龚　刚／主编
    历史卷　　　　　　　　　　　吴志良　林发钦　何志辉／主编
    综合卷　　　　　　　　　　　吴志良　陈震宇／主编
新秩序　　　　　　　　　　　　　娄胜华　潘冠瑾　林媛／著
澳门土生葡人的宗教信仰　　　　　霍志钊／著
明清澳门涉外法律研究　　　　　　王巨新　王　欣／著
珠海、澳门与近代中西文化交流　　珠海市委宣传部等／主编
澳门博彩产业竞争力研究　　　　　阮建中／著
澳门社团体制变迁　　　　　　　　潘冠瑾／著
澳门法律新论　　　　　　　　　　刘高龙　赵国强／主编
韦卓民与中西方文化交流　　　　　珠海市委宣传部等／主编

镜海微澜：黄鸿钊澳门史研究选集

澳门中文新诗发展史研究（1938~2008）		
	吕志鹏	/著
现代澳门社会治理模式研究	陈震宇	/著
赃款赃物跨境移交、私营贿赂及毒品犯罪研究		
	赵秉志 赵国强	/主编
近现当代传媒与港澳台文学经验	朱寿桐 黎湘萍	/主编
一国两制与澳门特区制度建设	冷铁勋	/著
澳门特区社会服务管理改革研究	高炳坤	/著
一国两制与澳门治理民主化	庞嘉颖	/著
一国两制下澳门产业结构优化	谢四德	/著
澳门人文社会科学研究文选（2008~2011）（上中下）		
	《澳门人文社会科学研究文选（2008~2011)》编委会	/编
澳门土地法改革研究	陈家辉	/著
澳门行政法规的困境与出路	何志远	/著
个人资料的法律保护	陈海帆 赵国强	/主编
澳门出土明代青花瓷器研究	马锦强	/著
动荡年代	黄鸿钊	/编著
当代刑法的理论与实践	赵秉志 赵国强 张丽卿 傅华伶	/主编
澳门行政主导体制研究	刘 倩	/著
转型时期的澳门政治精英	蔡永君	/著
澳门基本法与澳门特别行政区法治研究	蒋朝阳	/著
澳门民事诉讼制度改革研究	黎晓平 蔡肖文	/著
澳门人文社会科学研究文选（2012~2014）（上中下）		
	《澳门人文社会科学研究文选（2012~2014)》编委会	/编
澳门特别行政区立法会产生办法研究	王 禹 沈 然	/著
中葡澳门谈判（1986~1999）	〔葡〕卡门·曼德思	/著
	臧小华	/译
全球化与澳门	魏美昌	/主编

图书在版编目(CIP)数据

镜海微澜：黄鸿钊澳门史研究选集/黄鸿钊著.--北京：社会科学文献出版社，2017.12
（澳门研究丛书）
ISBN 978-7-5097-7639-1

Ⅰ.①镜… Ⅱ.①黄… Ⅲ.①澳门-地方史-研究 Ⅳ.①K296.59

中国版本图书馆CIP数据核字（2015）第169359号

·澳门研究丛书·
镜海微澜：黄鸿钊澳门史研究选集

著　　者 /	黄鸿钊
出 版 人 /	谢寿光
项目统筹 /	高明秀　沈　艺
责任编辑 /	王晓卿　沈　艺　陆　彬
出　　版 /	社会科学文献出版社·当代世界出版分社（010）59367004
	地址：北京市北三环中路甲29号院华龙大厦　邮编：100029
	网址：www.ssap.com.cn
发　　行 /	市场营销中心（010）59367081　59367018
印　　装 /	北京季蜂印刷有限公司
规　　格 /	开　本：787mm×1092mm　1/16
	印　张：27.75　字　数：458千字
版　　次 /	2017年12月第1版　2017年12月第1次印刷
书　　号 /	ISBN 978-7-5097-7639-1
定　　价 /	119.00元

本书如有印装质量问题，请与读者服务中心（010-59367028）联系

▲ 版权所有 翻印必究